Atlas d

L'HOMME QUI RIT

*Publié avec le concours
du Centre National des Lettres*

*Du même auteur
dans la même collection*

L'Art d'être grand-père.
Les Burgraves.
Les Chansons des rues et des bois.
Les Châtiments.
Les Contemplations.
Cromwell.
Hernani.
L'homme qui rit (volume 1).
La Légende des siècles (deux volumes).
Les Misérables (trois volumes).
Notre-Dame de Paris.
Odes et Ballades. Les Orientales.
Poèmes.
Quatre-vingt-treize.
Ruy Blas.
Théâtre : Amy Robsart. Marion de Lorme. Hernani. Le roi s'amuse.
Théâtre : Lucrèce Borgia. Ruy Blas. Marie Tudor. Angelo, tyran de Padoue.
Les Travailleurs de la mer.

VICTOR HUGO

L'HOMME QUI RIT

II

Introduction
par
Marc EIGELDINGER et Gérald SCHAEFFER

Notes
par
Gérald SCHAEFFER

GF-Flammarion

© 1982, FLAMMARION, Paris.
ISBN 2-08-070-384-6

PAR ORDRE DU ROI

LIVRE TROISIÈME

COMMENCEMENT DE LA FÊLURE [1]

I

L'INN TADCASTER

Londres n'avait à cette époque qu'un pont, le Pont de Londres, avec des maisons dessus. Ce pont reliait à Londres Southwark, faubourg pavé et caillouté avec des galets de la Tamise, tout en ruettes et ruelles, ayant des lieux fort serrés et, comme la cité, quantité de bâtisses, logis et cahutes de bois, pêle-mêle combustible où l'incendie a ses aises. 1666 l'avait prouvé.

Southwark alors se prononçait *Soudric ;* aujourd'hui on prononce *Sousouorc,* à peu près. Du reste, une excellente manière de prononcer les noms anglais, c'est de ne pas les prononcer du tout. Ainsi, Southampton, dites *Stpntn.*

C'était le temps où *Chatam* se prononçait *Je t'aime* [2].

Le Southwark de ce temps-là ressemble au Southwark d'aujourd'hui comme Vaugirard ressemble à Marseille. C'était un bourg ; c'est une ville. Pourtant il s'y faisait un grand mouvement de navigation. Dans un long vieux mur cyclopéen sur la Tamise étaient scellés des anneaux où s'amarraient les coches de rivière. Ce mur s'appelait le mur d'Effroc ou Effroc-Stone. York, quand elle était saxonne, s'appelait Effroc. La légende contait qu'un duc d'Effroc s'était noyé au pied de ce mur. L'eau en effet y était assez profonde pour un duc. A mer basse il y avait encore six bonnes brasses. L'excellence de ce petit mouillage attirait les navires de mer, et la vieille panse de

Hollande, dite la *Vograat*[3], venait s'amarrer à l'Effroc-Stone. La *Vograat* faisait directement une fois par semaine la traversée de Londres à Rotterdam et de Rotterdam à Londres. D'autres coches partaient deux fois par jour, soit pour Deptfort, soit pour Greenwich, soit pour Gravesend, descendant par une marée et remontant par l'autre. Le trajet jusqu'à Gravesend, quoique de vingt milles, se faisait en six heures.

La *Vograat* était d'un modèle qu'on ne voit plus aujourd'hui que dans les musées de marine. Cette panse était un peu une jonque. En ce temps-là, pendant que la France copiait la Grèce, la Hollande copiait la Chine. La *Vograat,* lourde coque à deux mâts, était cloisonnée étanche perpendiculairement, avec une chambre très creuse au milieu du bâtiment et deux tillacs, l'un à l'avant, l'autre à l'arrière, pontés ras, comme les vaisseaux de fer à tourelles d'aujourd'hui, ce qui avait l'avantage de diminuer la prise du flot sur le navire dans les gros temps, et l'inconvénient d'exposer l'équipage aux coups de mer, à cause de l'absence de parapet[4]. Rien n'arrêtait au bord celui qui allait tomber. De là de fréquentes chutes et des pertes d'hommes qui ont fait abandonner ce gabarit. La panse *Vograat* allait droit en Hollande et ne faisait même pas escale à Gravesend.

Une antique corniche de pierre, roche autant que maçonnerie, longeait le bas de l'Effroc-Stone, et, praticable à toute mer, facilitait l'abord des bateaux amarrés au mur. Le mur était de distance en distance coupé d'escaliers. Il marquait la pointe sud de Southwark. Un remblai permettait aux passants de s'accouder au haut de l'Effroc-Stone comme au parapet d'un quai. De là on voyait la Tamise. De l'autre côté de l'eau, Londres cessait. Il n'y avait plus que des champs.

En amont de l'Effroc-Stone, au coude de la Tamise, presque vis-à-vis le palais de Saint-James, derrière Lambeth-House, non loin de la promenade appelée alors Foxhalt (*vaux-halt* probablement), il y avait, entre une poterie où l'on faisait la porcelaine et une verrerie où l'on faisait des bouteilles peintes, un de ces vastes terrains vagues où l'herbe pousse, appelés autrefois en France cultures et mails, et en Angleterre bowling-greens. De bowling-green, tapis vert à rouler une boule, nous avons fait boulingrin. On a aujourd'hui ce pré-là dans sa maison ; seulement on le met sur une table, il est en drap au lieu d'être en gazon, et on l'appelle billard.

Du reste, on ne voit pas pourquoi, ayant *boulevard* (voule-vert), qui est le même mot que *bowling-green*, nous nous sommes donné *boulingrin*. Il est surprenant qu'un personnage grave comme le dictionnaire ait de ces luxes inutiles.

Le bowling-green de Southwark s'appelait Tarrinzeau-field, pour avoir appartenu jadis aux barons Hastings, qui sont barons Tarrinzeau and Mauchline. Des lords Hastings, le Tarrinzeau-field avait passé aux lords Tadcaster, lesquels l'avaient exploité en lieu public, ainsi que plus tard un duc d'Orléans a exploité le Palais-Royal. Puis le Tarrinzeau-field était devenu vaine pâture et propriété paroissiale.

Le Tarrinzeau-field était une sorte de champ de foire permanent, encombré d'escamoteurs, d'équilibristes, de bateleurs, et de musiques sur des tréteaux, et toujours pleins d'imbéciles qui « viennent regarder le diable », comme disait l'archevêque Sharp. Regarder le diable, c'est aller au spectacle.

Plusieurs inns, qui prenaient et envoyaient du public à ces théâtres forains, s'ouvraient sur cette place fériée toute l'année et y prospéraient. Ces inns étaient de simples échoppes, habitées seulement le jour. Le soir le tavernier mettait dans sa poche la clef de la taverne, et s'en allait. Un seul de ces inns était une maison. Il n'y avait pas d'autre logis dans tout le bowling-green, les baraques du champ de foire pouvant toujours disparaître d'un moment à l'autre, vu l'absence d'attache et le vagabondage de tous ces saltimbanques. Les bateleurs ont une vie déracinée.

Cet inn, appelé l'inn Tadcaster, du nom des anciens seigneurs, plutôt auberge que taverne, et plutôt hôtellerie qu'auberge, avait une porte cochère et une assez grande cour.

La porte cochère, ouvrant de la cour sur la place, était

la porte légitime de l'auberge Tadcaster, et avait à côté d'elle une porte bâtarde par où l'on entrait. Qui dit bâtarde dit préférée [5]. Cette porte basse était la seule par où l'on passât. Elle donnait dans le cabaret proprement dit, qui était un large galetas enfumé, garni de tables et bas de plafond. Elle était surmontée d'une fenêtre au premier étage, aux ferrures de laquelle était ajustée et pendue l'enseigne de l'inn. La grande porte, barrée et verrouillée à demeure, restait fermée.

Il fallait traverser le cabaret pour entrer dans la cour.

Il y avait dans l'inn Tadcaster un maître et un boy. Le maître s'appelait maître Nicless. Le boy s'appelait Govicum. Maître Nicless — Nicolas sans doute, qui devient par la prononciation anglaise Nicless — était un veuf avare et tremblant et ayant le respect des lois. Du reste, poilu aux sourcils et sur les mains. Quant au garçon de quatorze ans qui versait à boire et répondait au nom de Govicum, c'était une grosse tête joyeuse avec un tablier. Il était tondu ras, signe de servitude.

Il couchait au rez-de-chaussée, dans un réduit où l'on avait jadis mis un chien. Ce réduit avait pour fenêtre une lucarne ouvrant sur le bowling-green.

II

ÉLOQUENCE EN PLEIN VENT

Un soir qu'il faisait grand vent, et assez froid, et qu'on avait toutes les raisons du monde de se hâter dans la rue, un homme [6] qui cheminait dans le Tarrinzeau-field, sous le mur de l'auberge Tadcaster, s'arrêta brusquement. On était dans les derniers mois de l'hiver de 1704 à 1705. Cet homme, dont les vêtements indiquaient un matelot, était de bonne mine et de belle taille, ce qui est prescrit aux gens de cour et n'est pas défendu aux gens du peuple. Pourquoi s'était-il arrêté ? Pour écouter. Qu'écoutait-il ? Une voix qui parlait probablement dans une cour, de l'autre côté du mur, voix un peu sénile, mais pourtant si haute, qu'elle venait jusqu'aux passants dans la rue. En même temps, on entendait, dans l'enclos où la voix pérorait, un bruit de foule. Cette voix disait [7] :

— Hommes et femmes de Londres, me voici. Je vous félicite cordialement d'être anglais. Vous êtes un grand peuple. Je dis plus, vous êtes une grande populace. Vos coups de poing sont encore plus beaux que vos coups d'épée. Vous avez de l'appétit. Vous êtes la nation qui mange les autres. Fonction magnifique. Cette succion du monde classe à part l'Angleterre. Comme politique et philosophie, et maniement des colonies, populations, et industries, et comme volonté de faire aux autres du mal qui est pour soi du bien, vous êtes particuliers et surprenants. Le moment approche où il y aura sur la terre deux écriteaux ; sur l'un on lira : *Côté des hommes ;* sur l'autre on lira : *Côté des Anglais.* Je constate ceci à votre gloire, moi qui ne suis ni anglais, ni homme, ayant l'honneur d'être un docteur. Cela va ensemble. Gentlemen, j'enseigne. Quoi ? Deux espèces de choses, celles que je sais et celles que j'ignore. Je vends des drogues et je donne des idées [8]. Approchez, et écoutez. La science vous y convie. Ouvrez votre oreille. Si elle est petite, elle tiendra peu de vérité ; si elle est grande, beaucoup de stupidité y entrera. Donc, attention, J'enseigne la Pseudodoxia Epidemica. J'ai un camarade qui fait rire, moi je fais penser [9]. Nous habitons la même boîte, le rire étant d'aussi bonne famille que le savoir. Quand on demandait à Démocrite : Comment savez-vous ? il répondait : Je ris. Et moi, si l'on me demande : Pourquoi riez-vous ? je répondrai : Je sais. Du reste, je ne ris pas. Je suis le rectificateur des erreurs populaires. J'entreprends le nettoyage de vos intelligences. Elles sont malpropres. Dieu permet que le peuple se trompe et soit trompé. Il ne faut pas avoir de pudeurs bêtes ; j'avoue franchement que je crois en Dieu, même quand il a tort. Seulement, quand je vois des ordures, — les erreurs sont des ordures, — je les balaie. Comment sais-je ce que je sais ? Cela ne regarde que moi. Chacun prend la science comme il peut. Lactance faisait des questions à une tête de Virgile en bronze qui lui répondait ; Sylvestre II dialoguait avec les oiseaux ; les oiseaux parlaient-ils ? le pape gazouillait-il ? Questions. L'enfant mort du rabbin Éléazar causait avec saint Augustin. Entre nous, je doute de tous ces faits, excepté du dernier. L'enfant mort parlait, soit ; mais il avait sous la langue une lame d'or, où étaient gravées diverses constellations. Donc il trichait. Le fait s'explique. Vous voyez ma modération. Je sépare le vrai du faux. Tenez voici d'autres erreurs que vous partagez sans doute, pauvres gens du peuple, et dont je désire vous dégager. Dioscoride croyait qu'il y avait un dieu dans la jusquiame, Chrysippe dans le cynopaste, Josèphe dans la racine bauras, Homère dans la plante moly. Tous se trompaient. Ce qui est dans ces herbes, ce n'est pas un dieu, c'est un démon. Je l'ai vérifié. Il n'est pas vrai que le serpent qui tenta Ève eût, comme Cadmus, une face humaine. Garcias de Horto, Cadamosto et Jean Hugo, archevêque de Trèves, nient qu'il suffise de scier un arbre pour prendre un éléphant. J'incline à leur avis. Citoyens, les efforts de Lucifer sont la cause des fausses opinions. Sous le règne d'un tel prince, il doit paraître des météores d'erreur et de perdition. Peuple, Claudius Pulcher ne mourut pas parce que les poulets refusèrent de sortir du poulailler ; la vérité est que Lucifer ayant prévu la mort de Claudius Pulcher prit soin d'empêcher ces animaux de manger. Que Belzébuth ait donné à l'empereur Vespasien la vertu de redresser les boiteux et de rendre la vue aux aveugles en les touchant, c'était une action louable en soi, mais dont le motif était coupable. Gentlemen, défiez-vous des faux savants qui exploitent la racine de brioine et la couleuvrée blanche, et qui font des collyres avec du miel et du sang de coq. Sachez voir clair dans les mensonges. Il n'est point exact qu'Orion soit né d'un besoin naturel de Jupiter ; la vérité est que ce fut Mercure qui produisit cet astre de cette façon. Il n'est pas vrai qu'Adam eût un nombril. Quand saint Georges a tué un dragon, il n'avait pas près de lui la fille d'un saint. Saint Jérôme dans son cabinet n'avait pas sur sa cheminée une pendule ; premièrement parce qu'étant dans une grotte, il n'avait pas de cabinet ; deuxièmement parce qu'il n'avait pas de cheminée ; troisièmement, parce que les pendules n'existaient pas. Rectifions. Rectifions. O gentils qui m'écoutez, si l'on vous dit que quiconque flaire l'herbe valériane, il lui naît un lézard dans le cerveau, que dans sa putréfaction le bœuf se change en abeilles et le cheval en frelons, que l'homme pèse plus mort que vivant, que le sang de bouc dissout l'émeraude, qu'une chenille, une mouche et une araignée aperçues sur le même arbre annoncent la famine, la guerre et la peste, qu'on guérit le mal caduc au moyen d'un ver qu'on trouve dans la tête du chevreuil, n'en croyez rien, ce sont des erreurs. Mais voici des vérités : la peau de veau marin garantit du tonnerre ; le crapaud se nourrit de terre, ce qui lui fait venir une pierre dans la tête ; la rose de Jéricho fleurit la

veille de Noël; les serpents ne peuvent supporter l'ombre
du frêne; l'éléphant n'a pas de jointures et est forcé de
dormir debout contre un arbre; faites couver par un crapaud un œuf de coq, vous aurez un scorpion qui vous fera
une salamandre; un aveugle recouvre la vue en mettant
une main sur le côté gauche de l'autel et l'autre main
sur ses yeux; la virginité n'exclut pas la maternité [10].
Braves gens, nourrissez-vous de ces évidences. Sur
ce, vous pouvez croire en Dieu de deux façons, ou
comme la soif croit à l'orange, ou comme l'âne croit
au fouet. Maintenant je vais vous présenter mon personnel.

Ici un coup de vent assez violent secoua les chambranles, et les volets de l'inn, qui était une maison isolée.
Cela fit une espèce de long murmure céleste. L'orateur
attendit un moment, puis reprit le dessus.

— Interruption. Soit. Parle, aquilon. Gentlemen, je ne
me fâche pas. Le vent est loquace, comme tous les
solitaires. Personne ne lui tient compagnie là-haut. Alors
il bavarde. Je reprends mon fil. Vous contemplez ici des
artistes associés. Nous sommes quatre. *A lupo princi-
pium*. Je commence par mon ami qui est un loup. Il ne
s'en cache pas. Voyez-le. Il est instruit, grave et sagace.
La providence a probablement eu un moment l'idée d'en
faire un docteur d'université; mais il faut pour cela être
un peu bête, et il ne l'est pas. J'ajoute qu'il est sans
préjugés et point aristocrate. Il cause dans l'occasion avec
une chienne, lui qui aurait droit à une louve. Ses dau-
phins, s'il en a eu, mêlent probablement avec grâce le
jappement de leur mère au hurlement de leur père. Car il
hurle. Il faut hurler avec les hommes. Il aboie aussi, par
condescendance pour la civilisation. Adoucissement ma-
gnanime. Homo est un chien perfectionné. Vénérons le
chien. Le chien — quelle drôle de bête ! — a sa sueur sur
sa langue et son sourire dans sa queue. Gentlemen, Homo
égale en sagesse et surpasse en cordialité le loup sans poil
du Mexique, l'admirable xoloïtzeniski [11]. J'ajoute qu'il
est humble. Il a la modestie d'un loup utile aux humains.
Il est secourable et charitable, silencieusement. Sa patte
gauche ignore la bonne action qu'a faite sa patte droite.

Tels sont ses mérites. De cet autre, mon deuxième ami, je ne dis qu'un mot; c'est un monstre. Vous l'admirerez. Il fut jadis abandonné par des pirates sur les bords du sauvage océan. Celle-ci est une aveugle. Est-ce une exception? Non. Nous sommes tous des aveugles [12]. L'avare est un aveugle; il voit l'or et ne voit pas la richesse. Le prodigue est un aveugle; il voit le commencement et ne voit pas la fin. La coquette est une aveugle; elle ne voit pas ses rides. Le savant est un aveugle; il ne voit pas son ignorance. L'honnête homme est un aveugle; il ne voit pas le coquin. Le coquin est un aveugle; il ne voit pas Dieu. Dieu est un aveugle; le jour où il a créé le monde, il n'a pas vu que le diable se fourrait dedans. Moi je suis un aveugle; je parle, et je ne vois pas que vous êtes des sourds. Cette aveugle-ci, qui nous accompagne, est une prêtresse mystérieuse [13]. Vesta lui eût confié son tison. Elle a dans le caractère des obscurités douces comme les hiatus qui s'ouvrent dans la laine d'un mouton. Je la crois fille de roi, sans l'affirmer. Une louable défiance est l'attribut du sage. Quant à moi, je ratiocine et je médicamente. Je pense et je panse [14]. *Chirurgus sum.* Je guéris les fièvres, miasmes et pestes. Presque toutes nos phlegmasies et souffrances sont des exutoires, et, bien soignées, nous débarrassent gentiment d'autres maux qui seraient pires. Nonobstant, je ne vous conseille pas d'avoir un anthrax, autrement dit carbuncle. C'est une maladie bête qui ne sert à rien. On en meurt, mais c'est tout. Je ne suis pas inculte ni rustique. J'honore l'éloquence et la poésie, et je vis avec ces déesses dans une intimité innocente. Et je termine par un avis. Gentlemen et gentlewomen, en vous, du côté d'où vient la lumière, cultivez la vertu, la modestie, la probité, la justice et l'amour. Chacun ici-bas peut, comme cela, avoir son petit pot de fleurs sur sa fenêtre. Milords et messieurs, j'ai dit. Le spectacle va commencer.

L'homme, matelot probable, qui écoutait du dehors, entra dans la salle basse de l'inn, la traversa, paya quelque monnaie qu'on lui demanda, pénétra dans une cour pleine de public, aperçut au fond de la cour une baraque à roues, toute grande ouverte, et vit sur ce tréteau un homme vieux vêtu d'une peau d'ours, un homme jeune qui avait l'air d'un masque, une fille aveugle, et un loup.

— Vivedieu! s'écria-t-il, voilà d'admirables gens.

III

OU LE PASSANT REPARAIT

La Green-Box, on vient de la reconnaître, était arrivée à Londres. Elle s'était établie à Southwark. Ursus avait été attirée par le bowling-green, lequel avait cela d'excellent, que la foire n'y chômait jamais, pas même en hiver.

Voir le dôme de Saint-Paul avait été agréable à Ursus.

Londres, à tout prendre, est une ville qui a du bon. Avoir dédié une cathédrale à saint Paul, c'est de la bravoure. Le vrai saint cathédral est saint Pierre. Saint Paul est suspect d'imagination, et, en matière ecclésiastique, imagination signifie hérésie. Saint Paul n'est saint qu'avec des circonstances atténuantes. Il n'est entré au ciel que par la porte des artistes [15].

Une cathédrale est une enseigne. Saint Pierre indique Rome, la ville du dogme; saint Paul signale Londres, la ville du schisme.

Ursus, dont la philosophie avait de si grands bras qu'elle contenait tout, était homme à apprécier ces nuances, et son attrait pour Londres venait peut-être d'un certain goût pour saint Paul.

La grande cour de l'inn Tadcaster avait fixé le choix d'Ursus. La Green-Box semblait prévue par cette cour; c'était un théâtre tout construit. Cette cour était carrée et bâtie de trois côtés, avec un mur faisant vis-à-vis aux étages, et auquel on adossa la Green-Box, introduite grâce aux vastes dimensions de la porte cochère. Un grand balcon de bois, couvert d'un auvent et porté sur poteaux, lequel desservait les chambres du premier étage, s'appliquait sur les trois pans de la façade intérieure de cette cour, avec deux retours en équerre. Les fenêtres du rez-de-chaussée firent les baignoires, le pavé de la cour fit le parterre, et le balcon fit le balcon. La Green-Box, rangée contre le mur, avait devant elle cette salle de spectacle. Cela ressemblait beaucoup au Globe, où furent joués *Othello,* le *Roi Lear* et la *Tempête*.

Dans un recoin, en arrière de la Green-Box, il y avait une écurie.

Ursus avait pris ses arrangements avec le tavernier, maître Nicless, qui, vu le respect des lois, n'admit le loup qu'en payant plus cher. L'écriteau «GWYNPLAINE — L'HOMME QUI RIT», décroché de la Green-Box, avait été accroché près de l'enseigne de l'inn. La salle-cabaret avait, on le sait, une porte intérieure qui donnait sur la cour. A côté de cette porte fut improvisée, au moyen d'un tonneau éventré, une logette pour «la buraliste», qui était tantôt Fibi, tantôt Vinos. C'était à peu près comme aujourd'hui. Qui entre paie. Sous l'écriteau L'HOMME QUI RIT fut pendue à deux clous une planche peinte en blanc, portant, charbonné en grosses lettres, le titre de la grande pièce d'Ursus, *Chaos vaincu*.

Au centre du balcon, précisément en face de la Green-Box, un compartiment, qui avait pour entrée principale une porte-fenêtre, avait été réservé entre deux cloisons «pour la noblesse».

Il était assez large pour contenir, sur deux rangs, dix spectateurs.

— Nous sommes à Londres, avait dit Ursus. Il faut s'attendre à de la gentry.

Il avait fait meubler cette «loge» des meilleures chaises de l'inn, et placer au centre un grand fauteuil de velours d'Utrecht bouton d'or à dessins cerise pour le cas où quelque femme d'alderman viendrait.

Les représentations avaient commencé.

Tout de suite, la foule vint.

Mais le compartiment pour la noblesse resta vide.
A cela près, le succès fut tel que de mémoire de saltimbanque on n'en avait pas vu de pareil. Tout Southwark accourut en cohue admirer l'Homme qui Rit.

Les baladins et bateleurs de Tarrinzeau-field furent effarés de Gwynplaine. Un épervier s'abattant dans une cage de chardonnerets et leur becquetant leur mangeoire, tel fut l'effet. Gwynplaine leur dévora leur public.

Outre le menu peuple des avaleurs de sabres et des grimaciers, il y avait sur le bowling-green de vrais spectacles. Il y avait un circus à femmes retentissant du matin au soir d'une sonnerie magnifique de toutes sortes d'instruments[16], psaltérions, tambours, rubèbes, micamons, timbres, chalumelles, dulcaynes, gingues, chevrettes, cornemuses, cornets d'Allemagne, eschaqueils d'Angleterre, pipes, fistules, flajos et flageolets. Il y avait sous une large tente ronde des sauteurs que n'eussent point égalés nos coureurs actuels des Pyrénées, Dalma, Bordenave et Meylonga, lesquels du pic de Pierrefitte descendent au plateau du Limaçon, ce qui est presque tomber. Il y avait une ménagerie ambulante où l'on voyait un tigre bouffe, qui, fouaillé par un belluaire, tâchait de lui happer son fouet et d'en avaler la mèche. Ce comique à gueules et à griffes fut lui-même éclipsé.

Curiosité, applaudissements, recettes, foule, l'Homme qui Rit prit tout. En un clin d'œil ce fut fait. Il n'y eut plus que la Green-Box.

— Chaos vaincu est Chaos vainqueur, disait Ursus, se mettant de moitié dans le succès de Gwynplaine, et tirant la nappe à lui, comme on dit en langue cabotine.

Le succès de Gwynplaine fut prodigieux. Pourtant il resta local. Passer l'eau est difficile pour une renommée. Le nom de Shakespeare a mis cent trente ans à venir d'Angleterre en France; l'eau est une muraille, et si Voltaire, ce qu'il a bien regretté plus tard, n'avait pas fait à Shakespeare la courte échelle, Shakespeare, à l'heure qu'il est, serait peut-être encore de l'autre côté du mur, en Angleterre, captif d'une gloire insulaire.

La gloire de Gwynplaine ne passa point le pont de Londres. Elle ne prit point les dimensions d'un écho de grande ville. Du moins dans les premiers temps. Mais Southwark peut suffire à l'ambition d'un clown. Ursus disait : — La sacoche des recettes, comme une fille qui a fait une faute, grossit à vue d'œil.

On jouait *Ursus Rursus,* puis *Chaos vaincu.*

Dans les entractes, Ursus justifiait sa qualité d'engastrimythe et faisait de la ventriloquie transcendante ; il imitait toute voix qui s'offrait dans l'assistance, un chant, un cri, à ébahir par la ressemblance le chanteur ou le crieur lui-même, et parfois il copiait le brouhaha du public, et il soufflait comme s'il eût été à lui seul un tas de gens. Talents remarquables.

En outre, il haranguait, on vient de le voir, comme Cicéron, vendait des drogues, soignait les maladies et même guérissait les malades.

Southwark était captivé.

Ursus était satisfait des applaudissements de Southwark, mais il n'en était point étonné.

— Ce sont les anciens trinobantes, disait-il.

Et il ajouta :

— Que je ne confonds point, pour la délicatesse du goût, avec les atrobates qui ont peuplé Berks, les Belges qui ont habité le Somerset, et les Parisiens qui ont fondé York [17].

A chaque représentation, la cour de l'inn, transformée en parterre, s'emplissait d'un auditoire déguenillé et enthousiaste. C'étaient les bateliers, des porte-chaises, des charpentiers de bord, des cochers de coches de rivière, des matelots frais débarqués dépensant leur solde en ripailles et en filles. Il y avait des estafiers, des ruffians, et des gardes noirs, qui sont des soldats condamnés pour quelque faute disciplinaire à porter leur habit rouge retourné du côté de la doublure noire, et nommés pour cela blackquards, d'où nous avons fait *blagueurs.* Tout cela affluait de la rue dans le théâtre et refluait du théâtre dans la salle à boire. Les chopes bues ne nuisaient pas au succès.

Parmi ces gens qu'on est convenu d'appeler « la lie », il y en avait un plus haut que les autres, plus grand, plus fort, moins pauvre, plus carré d'épaules, vêtu comme le commun du peuple, mais pas déchiré [18], admirateur à tout rompre, se faisant place à coups de poing, ayant une perruque à la diable, jurant, criant, gouaillant, point malpropre, et au besoin pochant un œil et payant bouteille.

Cet habitué était le passant dont on a entendu tout à l'heure le cri d'enthousiasme.

Ce connaisseur immédiatement fasciné avait tout de suite adopté l'Homme qui Rit. Il ne venait pas à toutes les représentations. Mais quand il venait, il était le « trainer » du public ; les applaudissements se changeaient en acclamations ; le succès allait, non aux frises, il n'y en avait pas, mais aux nues, il y en avait. (Mais ces nues, vu l'absence de plafond, pleuvaient quelquefois sur le chef-d'œuvre d'Ursus.)

Si bien qu'Ursus remarqua cet homme et que Gwynplaine le regarda.

C'était un fier ami inconnu qu'on avait là !

Ursus et Gwynplaine voulurent le connaître, ou du moins savoir qui c'était.

Ursus un soir, de la coulisse, qui était la porte de la cuisine de la Green-Box, ayant par hasard maître Nicless l'hôtelier près de lui, lui montra l'homme mêlé à la foule, et lui demanda :

— Connaissez-vous cet homme ?
— Sans doute.
— Qu'est-ce ?
— Un matelot.
— Comment s'appelle-t-il ? dit Gwynplaine, intervenant.
— Tom-Jim-Jack, répondit l'hôtelier.

Puis, tout en redescendant l'escalier marchepied de l'arrière de la Green-Box pour rentrer dans l'inn, maître Nicless laissa tomber cette réflexion, profonde à perte de vue :

— Quel dommage qu'il ne soit pas lord ! ce serait une fameuse canaille [19].

Du reste, quoique installé dans une hôtellerie, le groupe de la Green-Box n'avait rien modifié de ses mœurs, et maintenait son isolement. A cela près de quelques mots échangés çà et là avec le tavernier, ils ne se mêlaient point aux habitants, permanents ou passagers, de l'auberge, et ils continuaient de vivre entre eux.

Depuis qu'on était à Southwark, Gwynplaine avait pris l'habitude, après le spectacle, après le souper des gens et des chevaux, d'aller, pendant qu'Ursus et Dea se couchaient chacun de son côté, respirer un peu le grand air dans le bowling-green entre onze heures et minuit. Un certain vague qu'on a dans l'esprit pousse aux promenades nocturnes et aux flâneries étoilées; la jeunesse est une attente mystérieuse [20]; c'est pourquoi on marche volontiers la nuit, sans but. A cette heure-là, il n'y avait plus personne dans le champ de foire, tout au plus quelques titubations d'ivrognes faisant des silhouettes chancelantes dans les coins obscurs; les tavernes vides se fermaient, la salle basse de l'auberge Tadcaster s'éteignait, ayant à peine dans quelque angle une dernière chandelle éclairant un dernier buveur, une lueur indistincte sortait entre les chambranles de l'inn entrouvert, et Gwynplaine, pensif, content, songeant, heureux d'un divin bonheur trouble, allait et venait devant cette porte entrebâillée. A quoi pensait-il? à Dea, à rien, à tout, aux profondeurs. Il s'écartait peu de l'auberge, retenu, comme par un fil, près de Dea. Faire quelques pas dehors lui suffisait.

Puis il rentrait, trouvait toute la Green-Box endormie, et s'endormait.

IV

LES CONTRAIRES FRATERNISENT
DANS LA HAINE

Le succès n'est pas aimé, surtout par ceux dont il est la chute. Il est rare que les mangés adorent les mangeurs. L'Homme qui Rit, décidément, faisait événement. Les bateleurs d'alentour étaient indignés. Un succès de théâtre est un siphon, pompe la foule, et fait le vide autour de lui. La boutique en face est éperdue. A la hausse des recettes de la Green-Box avait tout de suite correspondu, nous l'avons dit, une baisse dans les recettes environnantes. Brusquement, les spectacles, jusqu'alors fêtés, chômèrent. Ce fut comme un étiage se marquant en sens inverse, mais avec une concordance parfaite, la crue ici, la diminution là. Tous les théâtres connaissent ces effets de marée; elle n'est haute chez celui-ci qu'à la condition d'être basse chez celui-là. La fourmilière foraine, qui exhibait ses talents et ses fanfares sur les tréteaux circonvoisins, se voyant ruinée par l'Homme qui Rit, entra en désespoir, mais fut éblouie. Tous les grimes, tous les clowns, tous les bateleurs enviaient Gwynplaine. En voilà un qui est heureux d'avoir un mufle de bête féroce ! Des mères baladines et danseuses de cordes, qui avaient de jolis enfants, les regardaient avec colère en montrant Gwynplaine et en disant: Quel dommage que tu n'aies pas une figure comme cela ! Quelques-unes battaient leurs petits de fureur de les trouver beaux. Plus d'une, si elle eût su le secret, eût arrangé son fils «à la Gwynplaine». Une tête d'ange qui ne rapporte rien ne vaut pas une face de diable lucrative. On entendit un jour la mère d'un petit qui était un chérubin de gentillesse et qui jouait les cupidons, s'écrier: — On nous a manqué nos enfants. Il n'y a que ce Gwynplaine de réussi. Et, montrant le poing à son fils, elle ajouta: — Si je connaissais ton père, je lui ferais une scène!

Gwynplaine était une poule aux œufs d'or. Quel merveilleux phénomène! Ce n'était qu'un cri dans toutes les baraques. Les saltimbanques, enthousiasmés et exaspérés, contemplaient Gwynplaine en grinçant des dents. La rage admire, cela s'appelle l'envie. Alors elle hurle. Ils essayèrent de troubler *Chaos vaincu*, firent cabale, sifflèrent, grognèrent, huèrent. Cela fut pour Ursus un motif de harangues hortensiennes à la populace, et pour l'ami Tom-Jim-Jack une occasion de donner quelques-uns de ces coups de poing qui rétablissent l'ordre. Les coups de poing de Tom-Jim-Jack achevèrent de le faire remarquer par Gwynplaine et estimer par Ursus. De loin, du reste; car le groupe de la Green-Box se suffisait à lui-même et se tenait à distance de tout, et quant à Tom-Jim-Jack, ce leader de la canaille, faisait l'effet d'une sorte d'estafier suprême, sans liaison, sans intimité, casseur de vitres, meneur d'hommes, paraissant, disparaissant, camarade de tout le monde et compagnon de personne [21].

Ce déchaînement d'envie contre Gwynplaine ne se tint pas pour battu, pour quelques gifles de Tom-Jim-Jack. Les huées ayant avorté, les saltimbanques du Tarrinzeaufield rédigèrent une supplique. Ils s'adressèrent à l'autorité. C'est la marche ordinaire. Contre un succès qui nous gêne, on ameute la foule, puis on implore le magistrat.

Aux bateleurs se joignirent les révérends. L'Homme qui Rit avait porté coup aux prêches. Le vide ne s'était pas fait seulement dans les baraques, mais dans les églises. Les chapelles des cinq paroisses de Southwark n'avaient plus d'auditoire. On délaissait le sermon pour aller à Gwynplaine. *Chaos vaincu*, la Green-Box, l'Homme qui Rit, toutes ces abominations de Baal l'emportaient sur l'éloquence de la chaire. La voix qui harangue dans le désert, *vox clamantis in deserto,* n'est pas contente, et adjure volontiers le gouvernement. Les pasteurs des cinq paroisses se plaignirent à l'évêque de Londres, lequel se plaignit à sa majesté.

La plainte des bateleurs se fondait sur la religion. Ils la déclaraient outragée. Ils signalaient Gwynplaine comme sorcier et Ursus comme impie.

Les révérends, eux, invoquaient l'ordre social. Ils prenaient fait et cause pour les actes du parlement violés, laissant l'orthodoxie de côté. C'était plus malin. Car on était à l'époque de M. Locke, mort depuis six mois à peine, le 28 octobre 1704, et le scepticisme, que Bolingbroke allait insuffler à Voltaire, commençait. Wesley devait plus tard venir restaurer la bible comme Loyola a restauré le papisme [22].

De cette façon, la Green-Box était battue en brèche des deux côtés, par les bateleurs au nom du pentateuque [23], par les chapelains au nom des règlements de police. D'une part le ciel, d'autre part la voirie, les révérends tenant pour la voirie, et les saltimbanques pour le ciel. La Green-Box était dénoncée par les prêtres comme encombrante, et par les baladins comme sacrilège.

Y avait-il prétexte ? donnait-elle prise ? Oui. Quel était son crime ? Ceci : elle avait un loup. Un loup en Angleterre est un proscrit. Le dogue, soit ; le loup, point. L'Angleterre admet le chien qui aboie et non le chien qui hurle ; nuance entre la basse-cour et la forêt. Les recteurs et vicaires des cinq paroisses de Southwark rappelaient dans leurs requêtes les nombreux statuts royaux et parlementaires mettant le loup hors la loi. Ils concluaient à quelque chose comme l'incarcération de Gwynplaine et la mise en fourrière du loup, ou tout au moins l'expulsion. Question d'intérêt public, de risques pour les passants, etc. Et là-dessus, ils faisaient appel à la faculté. Ils citaient le verdict du collège des Quatrevingts médecins de Londres, corps docte qui date de Henri VIII, qui a un sceau comme l'État, qui élève les malades à la dignité de justiciables, qui a le droit d'emprisonner ceux qui enfreignent ses lois et contreviennent à ses ordonnances, et qui, entre autres constatations utiles à la santé des citoyens, a mis hors de doute ce fait acquis à la science : — Si un loup voit un homme le premier, l'homme est enroué pour la vie. — De plus, on peut être mordu.

Donc Homo était le prétexte.

Ursus, par l'hôtelier, avait vent de ces menées. Il était inquiet. Il craignait ces deux griffes, police et justice. Pour avoir peur de la magistrature, il suffit d'avoir peur; il n'est pas nécessaire d'être coupable. Ursus souhaitait peu le contact des shériffs, prévôts, baillis et coroners. Son empressement de contempler de près ces visages officiels était nul. Il avait de voir des magistrats la même curiosité que le lièvre de voir des chiens d'arrêt.

Il commençait à regretter d'être venu à Londres.

— Le mieux est ennemi du bien, murmurait-il en aparté. Je croyais ce proverbe déconsidéré, j'ai eu tort. Les vérités bêtes sont les vérités vraies.

Contre tant de puissances coalisées, saltimbanques prenant en main la cause de la religion, chapelains s'indignant au nom de la médecine, la pauvre Green-Box, suspecte de sorcellerie en Gwynplaine et d'hydrophobie en Homo, n'avait pour elle qu'une chose, mais qui est une grande force en Angleterre, l'inertie municipale. C'est du laissez-faire local qu'est sortie la liberté anglaise. La liberté en Angleterre se comporte comme la mer autour de l'Angleterre. C'est une marée. Peu à peu les mœurs montent sur les lois. Une épouvantable législation engloutie, l'usage dessus, un code féroce encore visible sous la transparence de l'immense liberté, c'est là l'Angleterre.

L'Homme qui Rit, *Chaos vaincu,* Homo, pouvaient avoir contre eux les bateleurs, les prédicants, les évêques, la chambre des communes, la chambre des lords, sa majesté, et Londres, et toute l'Angleterre, et rester tranquilles tant que Southwark serait pour eux. La Green-Box était l'amusement préféré du faubourg, et l'autorité locale semblait indifférente. En Angleterre, indifférence, c'est protection. Tant que le shériff du comté de Surrey, à qui ressortit Southwark, ne bougerait pas, Ursus respirait, et Homo pouvait dormir sur ses deux oreilles de loup.

A la condition de ne point aboutir au coup de pouce, ces haines servaient le succès. La Green-Box pour l'instant ne s'en portait pas plus mal. Au contraire. Il transpirait dans le public qu'il y avait des intrigues. L'Homme qui Rit en devenait plus populaire. La foule a le flair des choses dénoncées, et les prend en bonne part. Être suspect recommande. Le peuple adopte d'instinct ce que l'index menace [24]. La chose dénoncée, c'est un commencement de fruit défendu; on se hâte d'y mordre. Et puis un applaudissement qui taquine quelqu'un, surtout quand ce quelqu'un est l'autorité, c'est doux. Faire, en passant une soirée agréable, acte d'adhésion à l'opprimé et d'opposition à l'oppresseur, cela plaît. On protège en même temps qu'on s'amuse. Ajoutons que les baraques théâtrales du bowling-green continuaient de huer et de cabaler contre l'Homme qui Rit. Rien de meilleur pour le succès. Les ennemis font un bruit efficace qui aiguise et avive le triomphe. Un ami est plus vite las de louer qu'un ennemi d'injurier. Injurier n'est pas nuire. Voilà ce que les ennemis ignorent. Ils ne peuvent pas ne point insulter, et c'est là leur utilité. Ils ont une impossibilité de se taire qui entretient l'éveil public. La foule grossissait à *Chaos vaincu*.

Ursus gardait pour lui ce que lui disait maître Nicless des intrigues et des plaintes en haut lieu, et n'en parlait pas à Gwynplaine, pour ne point troubler la sérénité des représentations par des préoccupations. S'il arrivait malheur, on le saurait toujours assez tôt.

V

LE WAPENTAKE [25]

Une fois pourtant il crut devoir déroger à cette prudence, par prudence même, et il jugea utile de tâcher d'inquiéter Gwynplaine. Il est vrai qu'il s'agissait d'une chose beaucoup plus grave encore, dans la pensée d'Ursus, que les cabales de foire et d'église. Gwynplaine, en ramassant un farthing tombé à terre dans un moment où l'on comptait la recette, s'était mis à l'examiner, et, en présence de l'hôtelier, avait tiré du contraste entre le farthing, représentant la misère du peuple, et l'empreinte représentant, sous la figure d'Anne, la magnificence parasite du trône, un propos mal sonnant. Ce propos, répété par maître Nicless, avait fait tant de chemin qu'il était revenu à Ursus par Fibi et Vinos. Ursus en eut la fièvre. Paroles séditieuses. Lèse-majesté. Il admonesta rudement Gwynplaine.

— Veille sur ton abominable gueule. Il y a une règle pour les grands, ne rien faire ; et une règle pour les petits, ne rien dire. Le pauvre n'a qu'un ami, le silence. Il ne doit prononcer qu'un monosyllabe : oui. Avouer et consentir [26], c'est tout son droit. Oui, au juge. Oui, au roi. Les grands, si bon leur semble, nous donnent des coups de bâton, j'en ai reçu, c'est leur prérogative, et ils ne perdent nullement de leur grandeur en nous rompant les os. L'ossifrage est une espèce d'aigle. Vénérons le sceptre qui est le premier des bâtons. Respect, c'est prudence, et platitude, c'est égoïsme. Qui outrage son roi se met en même danger qu'une fille coupant témérairement la jube [27] à un lion. On m'informe que tu as jasé sur le compte du farthing, qui est la même chose que le liard, et que tu as médit de cette médaille auguste moyennant laquelle on nous octroie au marché le demi-quart d'un hareng salé. Prends garde. Deviens sérieux. Apprends qu'il existe des punitions. Imprègne-toi des vérités législatives. Tu es dans un pays où celui qui scie un petit arbre de trois ans est paisiblement mené au gibet. Les jureurs, on leur met les pieds aux ceps. L'ivrogne est enfermé dans une barrique défoncée par en bas pour qu'il marche, avec un trou en haut du tonneau par où passe sa tête et deux trous dans la bonde par où passent ses mains, de sorte qu'il ne peut se coucher. Qui frappe quelqu'un dans la salle de Westminster est en prison pour sa vie, et ses biens confisqués. Qui frappe quelqu'un dans le palais du roi a la main droite tranchée. Une chiquenaude sur un nez qui saigne, et te voilà manchot. Le convaincu d'hérésie en cour d'évêque est brûlé vif. C'est pour pas grand-chose que Cuthbert Simpson a été écartelé au tourniquet. Voilà trois ans, en 1702, ce n'est pas loin, comme tu vois, on a tourné au pilori un scélérat appelé Daniel de Foë, lequel avait eu l'audace d'imprimer les noms des membres des communes qui avaient parlé la veille au parlement. Celui qui est félon à sa majesté, on l'éventre vivant et on lui arrache le cœur dont on lui soufflette les deux joues. Inculque-toi ces notions de droit et de justice. Ne jamais se permettre un mot, et, à la plus petite inquiétude, prendre sa volée ; telle est la bravoure que je pratique et que je conseille. En fait de témérité, imite les oiseaux, et en fait de bavardage, imite les poissons. Du reste, l'Angleterre a cela d'admirable que sa législation est fort douce [28].

Son admonition faite, Ursus fut inquiet quelque temps ; Gwynplaine point. L'intrépidité de la jeunesse se compose de défaut d'expérience. Toutefois il sembla que Gwynplaine avait eu raison d'être tranquille, car les semaines s'écoulèrent pacifiquement, et il ne parut pas que le propos sur la reine eût des suites.

Ursus, on le sait, manquait d'apathie, et, comme le chevreuil au guet, était en éveil de tous les côtés.

Un jour, peu de temps après sa semonce à Gwynplaine, en regardant par la lucarne du mur qui avait vue sur le dehors, Ursus devint pâle.

— Gwynplaine?
— Quoi?
— Regarde.
— Où?
— Dans la place.
— Et puis?
— Vois-tu ce passant?
— Cet homme en noir?
— Oui.
— Qui a une espèce de masse au poing?
— Oui.
— Eh bien?
— Eh bien, Gwynplaine, cet homme est le wapentake.
— Qu'est-ce que c'est que le wapentake?
— C'est le bailli de la centaine.
— Qu'est-ce que c'est que le bailli de la centaine?
— C'est le *præpositus hundredi*.
— Qu'est-ce que le *præpositus hundredi?*
— C'est un officier terrible.
— Qu'est-ce qu'il a à la main?
— C'est l'iron-weapon [29].
— Qu'est-ce que l'iron-weapon?
— C'est une chose en fer.
— Qu'est-ce qu'il fait de ça?
— D'abord il jure dessus. Et c'est pour cela qu'on l'appelle le wapentake.
— Ensuite?
— Ensuite il vous touche avec.
— Avec quoi?
— Avec l'iron-weapon.
— Le wapentake vous touche avec l'iron-weapon?
— Oui.
— Qu'est-ce que cela veut dire?
— Cela veut dire: suivez-moi.
— Et il faut le suivre?

— Oui.
— Où?
— Est-ce que je sais, moi?
— Mais il vous dit où il vous mène?
— Non.
— Mais on peut bien le lui demander?
— Non.
— Comment?
— Il ne vous dit rien, et vous ne lui dites rien.
— Mais...
— Il vous touche de l'iron-weapon, tout est dit. Vous devez marcher.
— Mais où?
— Derrière lui.
— Mais où?
— Où bon lui semble, Gwynplaine.
— Et si l'on résiste?
— On est pendu.

Ursus remit la tête à la lucarne, respira largement, et dit:

— Dieu merci, le voilà passé! ce n'est pas chez nous qu'il vient.

Ursus s'effrayait probablement plus que de raison des indiscrétions et des rapports possibles au sujet des paroles inconsidérées de Gwynplaine.

Maître Nicless, qui les avait entendues, n'avait aucun intérêt à compromettre les pauvres gens de la Green-Box. Il tirait latéralement de l'Homme qui Rit une bonne petite fortune. *Chaos vaincu* avait deux réussites; en même temps qu'il faisait triompher l'art dans la Green-Box, il faisait prospérer l'ivrognerie dans la taverne.

VI

LA SOURIS INTERROGÉE
PAR LES CHATS

Ursus eut encore une autre alerte, assez terrible. Cette fois, c'était lui qui était en question. Il fut mandé à Bishopsgate devant une commission composée de trois visages désagréables. Ces trois visages étaient trois docteurs, qualifiés préposés[30]; l'un était un docteur en théologie, délégué du doyen de Westminster, l'autre était un docteur en médecine, délégué du collège des Quatre-vingts, l'autre était un docteur en histoire et droit civil, délégué du collège de Gresham. Ces trois experts *in omni re scibili* avaient la police des paroles prononcées en public dans tout le territoire des cent trente paroisses de Londres, des soixante-treize de Middlesex, et, par extension, des cinq de Southwark. Ces juridictions théologales subsistent encore en Angleterre, et sévissent utilement. Le 23 décembre 1868, par sentence de la cour des Arches, confirmée par arrêt des lords du conseil privé, le révérend Mackonochie a été condamné au blâme, plus aux dépens, pour avoir allumé des chandelles sur une table. La liturgie ne plaisante pas.

Ursus donc un beau jour reçut des docteurs délégués un ordre de comparution qui, heureusement, lui fut remis en mains propres et qu'il put tenir secret. Il se rendit, sans mot dire, à la sommation, frémissant à la pensée qu'il pouvait être considéré comme donnant prise jusqu'au point d'avoir l'air de pouvoir être soupçonné d'être peut-être, dans une certaine mesure, téméraire. Lui qui recommandait tant le silence aux autres, il avait là une rude leçon. *Carrule, sana te ipsum* [31].

Les trois docteurs préposés et délégués siégeaient à Bishopsgate, au fond d'une salle de rez-de-chaussée, sur trois chaises à bras en cuir noir, avec les trois bustes de Minos, d'Éaque et de Rhadamante [32] au-dessus de leur tête dans la muraille, une table devant eux, et à leurs pieds une sellette.

Ursus, introduit par un estafier paisible et sévère, entra, les aperçut, et, sur-le-champ, dans sa pensée, donna à chacun d'eux le nom d'un juge d'enfer que le personnage avait au-dessus de sa tête.

Minos, le premier des trois, le préposé à la théologie, lui fit signe de s'asseoir sur la sellette.

Ursus salua correctement, c'est-à-dire jusqu'à terre, et, sachant qu'on enchante les ours avec du miel et les docteurs avec du latin, dit, en restant à demi courbé par respect :

— *Tres faciunt capitulum* [33].

Et tête basse, la modestie désarme, il vint s'asseoir sur le tabouret.

Chacun des trois docteurs avait devant lui sur la table un dossier de notes qu'il feuilletait.

Minos commença :

— Vous parlez en public.

— Oui, répondit Ursus.

— De quel droit ?

— Je suis philosophe.

— Ce n'est pas là un droit.

— Je suis aussi saltimbanque, fit Ursus.

— C'est différent.

Ursus respira, mais humblement. Minos reprit :

— Comme saltimbanque, vous pouvez parler, mais comme philosophe, vous devez vous taire.

— Je tâcherai, dit Ursus.

Et il songea en lui-même : — Je puis parler, mais je dois me taire. Complication.

Il était fort effrayé.

Le préposé à Dieu continua :

— Vous dites des choses mal sonnantes. Vous outragez la religion. Vous niez les vérités les plus évidentes. Vous propagez de révoltantes erreurs. Par exemple, vous avez dit que la virginité excluait la maternité [34].

Ursus leva doucement les yeux.

— Je n'ai pas dit cela. J'ai dit que la maternité excluait la virginité.

Minos fut pensif et grommela :

— Au fait, c'est le contraire.

C'était la même chose. Mais Ursus avait paré le premier coup.

Minos, méditant la réponse d'Ursus, s'enfonça dans la profondeur de son imbécillité, ce qui fit un silence.

Le préposé à l'histoire, celui qui pour Ursus était Rhadamante, masqua la déroute de Minos par cette interpellation :

— Inculpé, vos hardiesses et vos erreurs sont de toutes sortes. Vous avez nié que la bataille de Pharsale eût été perdue parce que Brutus et Cassius avaient rencontré un nègre.

— J'ai dit, murmura Ursus, que cela tenait aussi à ce que César était un meilleur capitaine.

L'homme de l'histoire passa sans transition à la mythologie.

— Vous avez excusé les infamies d'Actéon.

— Je pense, insinua Ursus, qu'un homme n'est pas déshonoré pour avoir vu une femme nue [35].

— Et vous avez tort, dit le juge sévèrement.

Rhadamante rentra dans l'histoire.

— A propos des accidents arrivés à la cavalerie de Mithridate, vous avez contesté les vertus des herbes et des plantes. Vous avez nié qu'une herbe, comme la securiduca, pût faire tomber les fers des chevaux.

— Pardon, répondit Ursus. J'ai dit que cela n'était possible qu'à l'herbe sferra-cavallo. Je ne nie la vertu d'aucune herbe.

Et il ajouta à demi-voix :

— Ni d'aucune femme.

Par ce hors-d'œuvre ajouté à sa réponse, Ursus se prouvait à lui-même que, si inquiet qu'il fût, il n'était pas désarçonné. Ursus était composé de terreur et de présence d'esprit.

— J'insiste, reprit Rhadamante. Vous avez déclaré que ce fut une simplicité à Scipion, quand il voulut ouvrir les portes de Carthage, de prendre pour clef l'herbe Æthiopis, parce que l'herbe Æthiopis n'a pas la propriété de rompre les serrures.

— J'ai simplement dit qu'il eût mieux fait de se servir de l'herbe Lunaria.

— C'est une opinion, murmura Rhadamante touché à son tour.

Et l'homme de l'histoire se tut.

L'homme de la théologie, Minos, revenu à lui, questionna de nouveau Ursus. Il avait eu le temps de consulter le cahier de notes.

— Vous avez classé l'orpiment parmi les produits arsenicaux, et vous avez dit qu'on pouvait empoisonner avec de l'orpiment. La bible le nie.

— La bible le nie, soupira Ursus, mais l'arsenic l'affirme.

Le personnage en qui Ursus voyait Éaque, qui était le préposé à la médecine et qui n'avait pas encore parlé, intervint, et, les yeux superbement fermés à demi, appuya Ursus de très haut. Il dit :

— La réponse n'est pas inepte.

Ursus remercia de son sourire le plus avili.

Minos fit une moue affreuse.

— Je continue, reprit Minos. Répondez. Vous avez dit qu'il était faux que le basilic soit roi des serpents sous le nom de Cocatrix.

— Très révérend, dit Ursus, j'ai si peu voulu nuire au basilic que j'ai dit qu'il était certain qu'il avait une tête d'homme.

— Soit, répliqua sévèrement Minos, mais vous avez ajouté que Pocrius en avait vu un qui avait une tête de faucon. Pourriez-vous le prouver ?

— Difficilement, dit Ursus.

Ici il perdit un peu de terrain.

Minos, ressaisissant l'avantage, poussa.

— Vous avez dit qu'un juif qui se fait chrétien ne sent pas bon.

— Mais j'ai ajouté qu'un chrétien qui se fait juif sent mauvais.

Minos jeta un regard sur le dossier dénonciateur.

— Vous affirmez et propagez des choses invraisemblables. Vous avez dit qu'Élien avait vu un éléphant écrire des sentences.

— Non pas, très révérend. J'ai simplement dit qu'Oppien avait entendu un hippopotame discuter un problème philosophique.

— Vous avez déclaré qu'il n'est pas vrai qu'un plat de bois de hêtre se couvre de lui-même de tous les mets qu'on peut désirer.

— J'ai dit que, pour qu'il eût cette vertu, il faut qu'il vous ait été donné par le diable.

— Donné à moi!

— Non, à moi, révérend! — Non! à personne! à tout le monde!

Et, à part, Ursus songea : Je ne sais plus ce que je dis. Mais son trouble extérieur, bien qu'extrême, n'était pas trop visible. Ursus luttait.

— Tout ceci, repartit Minos, implique une certaine foi au diable.

Ursus tint bon.

— Très révérend, je ne suis pas impie au diable. La foi au diable est l'envers de la foi en Dieu. L'une prouve l'autre. Qui ne croit pas un peu au diable ne croit pas beaucoup en Dieu. Qui croit au soleil doit croire à l'ombre. Le diable est la nuit de Dieu. Qu'est-ce que la nuit? La preuve du jour [36].

Ursus improvisait ici une insondable combinaison de philosophie et de religion. Minos redevint pensif et refit un plongeon dans le silence.

Ursus respira de nouveau.

Une brusque attaque eut lieu. Éaque, le délégué de la médecine, qui venait de protéger dédaigneusement Ursus contre le préposé à la théologie, se fit subitement d'auxiliaire assaillant. Il posa son poing fermé sur son dossier, qui était épais et chargé. Ursus reçut de lui en plein torse cette apostrophe :

— Il est prouvé que le cristal est de la glace sublimée et que le diamant est du cristal sublimé ; il est avéré que la glace devient cristal en mille ans, et que le cristal devient diamant en mille siècles. Vous l'avez nié.

— Point, répliqua Ursus avec mélancolie. J'ai seulement dit qu'en mille ans la glace avait le temps de fondre, et que mille siècles, c'était malaisé à compter.

L'interrogatoire continua, les demandes et les réponses faisant comme un cliquetis d'épées.

— Vous avez nié que les plantes pussent parler.

— Nullement. Mais il faut pour cela qu'elles soient sous un gibet.

— Avouez-vous que la mandragore crie ?

— Non, mais elle chante.

— Vous avez nié que le quatrième doigt de la main gauche eût une vertu cordiale.

— J'ai seulement dit qu'éternuer à gauche était un signe malheureux.

— Vous avez témérairement et injurieusement parlé du phénix.

— Docte juge, j'ai simplement dit que, lorsqu'il a écrit que le cerveau du phénix était un morceau délicat, mais qui causait des maux de tête, Plutarque s'était fort avancé, attendu que le phénix n'a jamais existé.

— Parole détestable. Le cinnamalque qui fait son nid avec des bâtons de cannelle, le rhintace que Parysatis employait à ses empoisonnements, le manucodiate qui est l'oiseau de paradis, et la semenda dont le bec a trois tuyaux, ont passé à tort pour le phénix ; mais le phénix a existé.

— Je ne m'y oppose pas.

— Vous êtes une bourrique.

— Je ne demande pas mieux.

— Vous avez confessé que le sureau guérissait l'esquinancie, mais vous avez ajouté que ce n'était pas parce qu'il avait dans sa racine une excroissance fée.

— J'ai dit que c'était parce que Judas s'était pendu à un sureau.

— Opinion plausible, grommela le théologien Minos, satisfait de rendre son coup d'épingle au médecin Éaque.

L'arrogance froissée est tout de suite colère. Éaque s'acharna.

— Homme nomade, vous errez par l'esprit autant que par les pieds [37]. Vous avez des tendances suspectes et surprenantes. Vous côtoyez la sorcellerie. Vous êtes en relation avec des animaux inconnus. Vous parlez aux populaces d'objets qui n'existent que pour vous seul, et qui sont d'une nature ignorée, tels que l'hœmorrhoüs.

— L'hœmorrhoüs est une vipère qu'a vue Tremellius.

Cette riposte produisit un certain désarroi dans la science irritée du docteur Éaque.

Ursus ajouta :

— L'hœmorrhoüs est tout aussi réel que l'hyène odoriférante et que la civette décrite par Castellus.

Éaque s'en tira par une charge à fond.

— Voici des paroles textuelles de vous, et très diaboliques. Écoutez.

L'œil sur le dossier, Éaque lut :

— « Deux plantes, la thalagssigle et l'aglaphotis sont lumineuses le soir. Fleurs le jour, étoiles la nuit [38]. »

Et regardant fixement Ursus :

— Qu'avez-vous à dire ?

Ursus répondit :

— Toute plante est lampe. Le parfum est de la lumière [39].

Éaque feuilleta d'autres pages.

— Vous avez nié que les vésicules de loutre fussent équivalentes au castoreum.

— Je me suis borné à dire qu'il fallait peut-être se défier d'Aétius sur ce point.

Éaque devint farouche.

— Vous exercez la médecine ?

— Je m'exerce à la médecine, soupira timidement Ursus.

— Sur les vivants ?

— Plutôt que sur les morts, fit Ursus.

Ursus ripostait avec solidité, mais avec platitude ; mélange admirable où la suavité dominait. Il parlait avec

tant de douceur que le docteur Éaque sentit le besoin de
l'insulter.
— Que nous roucoulez-vous là? dit-il rudement.
Ursus fut ébahi et se borna à répondre :
— Le roucoulement est pour les jeunes et le gémissement pour les vieux. Hélas! je gémis.
Éaque répliqua :
— Soyez averti de ceci : si un malade est soigné par vous, et s'il meurt, vous serez puni de mort.
Ursus hasarda une question.
— Et s'il guérit?
— En ce cas-là, répondit le docteur, adoucissant sa voix, vous serez puni de mort.
— C'est peu varié, dit Ursus.
Le docteur reprit :
— S'il y a mort, on punit l'ânerie. S'il y a guérison, on punit l'outrecuidance. La potence dans les deux cas.
— J'ignorais ce détail, murmura Ursus. Je vous remercie de me renseigner. On ne connaît pas toutes les beautés de la législation.
— Prenez garde à vous.
— Religieusement, dit Ursus.
— Nous savons ce que vous faites.
— Moi, pensa Ursus, je ne le sais pas toujours.
— Nous pourrions vous envoyer en prison.
— Je l'entrevois, messeigneurs.
— Vous ne pouvez nier vos contraventions et vos empiétements.
— Ma philosophie demande pardon.
— On vous attribue des audaces.
— On a énormément tort.
— On dit que vous guérissez les malades?
— Je suis victime des calomnies.
La triple paire de sourcils horrifiques braquée sur Ursus se fronça; les trois savantes faces se rapprochèrent et chuchotèrent. Ursus eut la vision d'un vague bonnet d'âne s'esquissant au-dessus de ces trois têtes autorisées [40]; le bougonnement intime et compétent de cette trinité dura quelques minutes, pendant lesquelles Ursus sentit toutes les glaces et toutes les braises de l'angoisse;

enfin Minos, qui était le præses, se tourna vers lui et lui dit d'un air furieux :

— Allez-vous-en.

Ursus eut un peu la sensation de Jonas sortant du ventre de la baleine.

Minos continua :

— On vous relaxe !

Ursus se dit :

— Si l'on m'y reprend ! — Bonsoir la médecine !

Et il ajouta dans son for intérieur :

— Désormais je laisserai soigneusement crever les gens.

Ployé en deux, il salua tout, les docteurs, les bustes, la table et les murs, et se dirigea vers la porte à reculons, disparaissant presque comme de l'ombre qui se dissipe [41].

Il sortit de la salle lentement, comme un innocent, et de la rue rapidement, comme un coupable. Les gens de justice sont d'une approche si singulière et si obscure, que, même absous, on s'évade.

Tout en s'enfuyant, il grommelait :

— Je l'ai échappé belle. Je suis le savant sauvage, eux sont les savants domestiques. Les docteurs tracassent les doctes. La fausse science est l'excrément de la vraie ; et on l'emploie à la perte des philosophes. Les philosophes, en produisant les sophistes, produisent leur propre malheur. De la fiente de la grive naît le gui, avec lequel on fait la glu, avec laquelle on prend la grive. *Turdus sibi malum cacat* [42].

Nous ne donnons pas Ursus pour un délicat. Il avait l'effronterie de se servir des mots qui rendaient sa pensée. Il n'avait pas plus de goût que Voltaire.

Ursus rentra à la Green-Box, raconta à maître Nicless qu'il s'était attardé à suivre une jolie femme, et ne souffla mot de son aventure.

Seulement le soir il dit tout bas à Homo :

— Sache ceci. J'ai vaincu les trois têtes de Cerbère [43].

VII

QUELLES RAISONS PEUT AVOIR
UN QUADRUPLE
POUR VENIR S'ENCANAILLER
PARMI LES GROS SOUS?

Une diversion survint.

L'inn Tadcaster était de plus en plus une fournaise de joie et de rire. Pas de plus gai tumulte. L'hôtelier et son boy ne suffisaient pas à verser l'ale, le stout et le porter. Le soir, la salle basse, toutes vitres éclairées, n'avait pas une table vide. On chantait, on criait; le grand vieil âtre en cul-de-four, grillé de fer et gorgé de houille, flambait. C'était comme une maison de feu et de bruit.

Dans la cour, c'est-à-dire dans le théâtre, plus de foule encore.

Tout le public de faubourg que pouvait donner Southwark abondait à tel point aux représentations de *Chaos vaincu* que, sitôt le rideau levé, c'est-à-dire sitôt le panneau de la Green-Box abaissé, il était impossible de trouver une place. Les fenêtres regorgeaient de spectateurs; le balcon était envahi. On ne voyait plus un seul des pavés de la cour, tous remplacés par des visages.

Seulement le compartiment pour la noblesse restait toujours vide.

Cela faisait, à cet endroit, qui était le centre du balcon,

un trou noir, ce qu'on appelle, en métaphore d'argot, « un four ». Personne. Foule partout, excepté là.

Un soir, il y eut quelqu'un.

C'était un samedi, jour où les Anglais se dépêchent de s'amuser, ayant à s'ennuyer le dimanche. La salle était comble.

Nous disons *salle*. Shakespeare aussi n'a eu longtemps pour théâtre qu'une cour d'hôtellerie, et il l'appelait salle. *Hall*.

Au moment où la triveline s'écarta sur le prologue de *Chaos vaincu*, Ursus, Homo et Gwynplaine étant en scène, Ursus jeta, comme d'habitude, un coup d'œil sur l'assistance, et eut une commotion.

Le compartiment « pour la noblesse » était occupé.

Une femme était assise, seule, au milieu de la loge, sur le fauteuil de velours d'Utrecht.

Elle était seule, et elle emplissait la loge.

De certains êtres ont de la clarté. Cette femme, comme Dea, avait sa lueur à elle, mais autre. Dea était pâle, cette femme était vermeille. Dea était l'aube, cette femme était l'aurore. Dea était belle, cette femme était superbe. Dea était l'innocence, la candeur, la blancheur, l'albâtre ; cette femme était la pourpre, et l'on sentait qu'elle ne craignait pas la rougeur. Son irradiation débordait la loge, et elle siégeait au centre, immobile, dans on ne sait quelle plénitude d'idole [44].

Au milieu de cette foule sordide, elle avait le rayonnement supérieur de l'escarboucle, elle inondait ce peuple de tant de lumière qu'elle le noyait d'ombre, et toutes ces faces obscures subissaient son éclipse. Sa splendeur était l'effacement de tout.

Tous les yeux la regardaient.

Tom-Jim-Jack était mêlé à la cohue. Il disparaissait comme les autres dans le nimbe de cette personne éclatante.

Cette femme absorba d'abord l'attention du public, fit concurrence au spectacle, et nuisit un peu aux premiers effets de *Chaos vaincu*.

Quel que fût son air de rêve, pour ceux qui étaient près d'elle, elle était réelle. C'était bien une femme. C'était peut-être même trop une femme. Elle était grande et forte, et se montrait magnifiquement le plus nue qu'elle pouvait. Elle portait de volumineux pendants d'oreilles en perles où étaient mêlés ces bijoux bizarres dits *clefs d'Angleterre*. Sa robe de dessus était de mousseline de Siam brodée en or passé, grand luxe, car telle de ces robes de mousseline valait alors six cents écus. Une large agrafe de diamants fermait sa chemise qu'on voyait à fleur de gorge, mode lascive du temps, et qui était de cette toile de Frise dont Anne d'Autriche avait des draps si fins qu'ils passaient à travers une bague. Cette femme avait comme une cuirasse de rubis, quelques-uns cabochons, et des pierreries cousues partout à son corps de jupe. De plus, les deux sourcils noircis à l'encre de Chine, et les bras, les coudes, les épaules, le menton, le dessous des narines, le dessus des paupières, le lambeau des oreilles, la paume des mains, le bout des doigts, touchés avec le fard et ayant on ne sait quelle pointe rouge et provocante. Et sur tout cela une implacable volonté d'être belle. Elle l'était au point d'être farouche. C'était la panthère, pouvant être chatte, et caresser. Un de ses yeux était bleu, l'autre était noir [45].

Gwynplaine, comme Ursus, considérait cette femme.

La Green-Box était un peu un spectacle fantasmagorique, *Chaos vaincu* était plutôt un songe qu'une pièce, ils étaient habitués à faire sur le public un effet de vision ; cette fois l'effet de vision revenait sur eux, la salle renvoyait au théâtre la surprise, et c'était leur tour d'être effarés. Ils avaient le ricochet de la fascination [46].

Cette femme les regardait, et ils la regardaient.

Pour eux, à la distance où ils étaient, et dans la brume lumineuse que fait la pénombre théâtrale, les détails s'effaçaient ; et c'était comme une hallucination. C'était une femme sans doute, mais n'était-ce pas aussi une chimère [47] ? Cette entrée d'une lumière dans leur obscurité les stupéfiait. C'était comme l'arrivée d'une planète inconnue. Cela venait du monde des heureux. L'irradiation amplifiait cette figure. Cette femme avait sur elle des scintillations nocturnes, comme une voie lactée. Ces pierreries semblaient des étoiles. Cette agrafe de diamants était peut-être une pléiade. Le modelé splendide de son sein semblait surnaturel. On sentait, en voyant cette créature astrale, l'approche momentanée et glaciale des régions de félicité. C'était des profondeurs d'un paradis que se penchait sur la chétive Green-Box et sur son misérable public cette face de sérénité inexorable. Curiosité suprême qui se satisfaisait, et qui, en même temps, donnait pâture à la curiosité populaire. En haut permettait à En bas de le regarder.

Ursus, Gwynplaine, Vinos, Fibi, la foule, tous, avaient la secousse de cet éblouissement, excepté Dea, ignorante dans sa nuit [48].

Il y avait, dans cette présence, de l'apparition, mais aucune des idées qu'éveille ordinairement ce mot n'était réalisée par cette figure; elle n'avait rien de diaphane, rien d'indécis, rien de flottant; aucune vapeur; c'était une apparition rose et fraîche, bien portante. Et pourtant, dans les conditions d'optique où étaient placés Ursus et Gwynplaine, c'était visionnaire. Les fantômes gras, qu'on nomme les vampires, existent. Telle belle reine qui, elle aussi, est pour la foule une vision, et qui mange trente millions par an au peuple des pauvres, a cette santé-là.

Derrière cette femme, dans la pénombre, on apercevait son mousse, *el mozo*, un petit homme enfantin, blanc et joli, à l'air sérieux. Un groom très jeune et très grave était la mode de ce temps-là. Ce mousse était vêtu, chaussé et coiffé de velours couleur feu, et avait sur sa calotte galonnée d'or un bouquet de plumes de tisserin, ce qui est le signe d'une haute domesticité, et indique qu'on est le valet d'une très grande dame.

Le laquais fait partie du seigneur, et il était impossible de ne pas remarquer dans l'ombre de cette femme ce page porte-queue. La mémoire prend des notes souvent à notre insu; et, sans que Gwynplaine s'en doutât, les joues rondes, la mine sérieuse, la calotte galonnée et le bouquet de plumes du mousse de la dame laissèrent une trace quelconque dans son esprit. Ce groom du reste ne faisait rien pour se faire regarder; attirer l'attention, c'est manquer de respect; il se tenait debout et passif au fond de la loge, et reculé aussi loin que le permettait la porte fermée.

Quoique son muchacho porte-queue fût là, cette femme n'en était pas moins seule dans le compartiment, attendu qu'un valet ne compte pas.

Si puissante que fût la diversion produite par cette personne qui faisait l'effet d'un personnage, le dénouement de *Chaos vaincu* fut plus puissant encore. L'impression fut, comme toujours, irrésistible. Peut-être même y eut-il dans la salle, à cause de la radieuse spectatrice, car quelquefois le spectateur s'ajoute au spectacle, un surcroît d'électricité. La contagion du rire de Gwynplaine fut plus triomphante que jamais. Toute l'assistance se pâma dans une indescriptible épilepsie d'hilarité, où l'on distinguait le rictus sonore et magistral de Tom-Jim-Jack.

Seule, la femme inconnue qui regardait ce spectacle dans une immobilité de statue et avec des yeux de fantôme, ne rit pas.

Spectre, mais solaire [49].

La représentation finie, le panneau relevé, l'intimité refaite dans la Green-Box, Ursus ouvrit et vida sur la table du souper le sac de la recette. C'était une cohue de gros sous parmi laquelle ruissela subitement une once d'or d'Espagne.

— Elle! s'écria Ursus.

Cette once d'or au milieu de ces sous vert-de-grisés, c'était en effet cette femme au milieu de ce peuple.

— Elle a payé sa place un quadruple! reprit Ursus enthousiasmé.

En ce moment l'hôtelier entra dans la Green-Box, passa son bras par la fenêtre de l'arrière, ouvrit dans le mur auquel la Green-Box s'adossait un vasistas dont nous avons parlé, qui permettait de voir dans la place, et qui était à la hauteur de cette fenêtre, puis fit silencieusement signe à Ursus de regarder dehors. Un carrosse empanaché de laquais à plumes portant des torches, et magnifiquement attelé, s'éloignait au grand trot.

Ursus prit respectueusement le quadruple entre son pouce et son index, le montra à maître Nicless et dit:

— C'est une déesse.

Puis ses yeux tombèrent sur le carrosse prêt à tourner le coin de la place, et sur l'impériale duquel les torches

des valets éclairaient une couronne d'or à huit fleurons.
Et il s'écria:
— C'est plus. C'est une duchesse.
Le carrosse disparut. Le bruit du roulement s'éteignit.
Ursus demeura quelques instants extatique, faisant entre ses deux doigts, devenus ostensoir, l'élévation du quadruple comme on ferait l'élévation de l'hostie.
Puis il le posa sur la table, et, tout en le contemplant, se mit à parler de « la madame ». L'hôtelier lui donnait la réplique. C'était une duchesse. Oui. On savait le titre. Mais le nom? on l'ignorait. Maître Nicless avait vu de près le carrosse, tout armorié, et les laquais, tout galonnés. Le cocher avait une perruque à croire voir un lord chancelier. Le carrosse était de cette forme rare nommée en Espagne *coche-tumbonu*, variété splendide qui a un couvercle de tombe, ce qui est un support magnifique pour une couronne. Le mousse était un échantillon d'homme si mignon qu'il pouvait se tenir assis sur l'étrier du carrosse en dehors de la portière. On emploie ces jolis êtres-là à porter les queues des dames; ils portent aussi leurs messages. Et avait-on remarqué le bouquet de plumes de tisserin de ce mousse? Voilà qui est grand. On paie l'amende si l'on porte ces plumes-là sans droit. Maître Nicless avait aussi regardé la dame de près. Une espèce de reine. Tant de richesse donne de la beauté. La peau est plus blanche, l'œil est plus fier, la démarche est plus noble, la grâce est plus insolente. Rien n'égale l'élégance impertinente de ces mains qui ne travaillent pas. Maître Nicless racontait cette magnificence de la chair blanche avec des veines bleues, ce cou, ces épaules, ces bras, ce fard partout, ces pendeloques de perles, cette coiffure poudrée d'or, ces profusions de pierreries, ces rubis, ces diamants.
— Moins brillants que les yeux, murmura Ursus.
Gwynplaine se taisait.
Dea écoutait.
— Et savez-vous, dit le tavernier, le plus étonnant?
— Quoi? demanda Ursus.
— C'est que je l'ai vue monter en carrosse.
— Après?

— Elle n'y est pas montée seule.
— Bah!
— Quelqu'un est monté avec elle.
— Qui?
— Devinez.
— Le roi? dit Ursus.
— D'abord, fit maître Nicless, il n'y a pas de roi pour le moment. Nous ne sommes pas sous un roi. Devinez qui est monté dans le carrosse de cette duchesse.
— Jupiter, dit Ursus.
L'hôtelier répondit:
— Tom-Jim-Jack.
Gwynplaine, qui n'avait pas articulé un mot, rompit le silence.
— Tom-Jim-Jack! s'écria-t-il.
Il y eut une pause d'étonnement pendant laquelle on put entendre Dea dire à voix basse:
— Est-ce qu'on ne pourrait pas empêcher cette femme-là de venir [50]?

VIII

SYMPTÔMES D'EMPOISONNEMENT

« L'apparition » ne revint pas.
Elle ne revint pas dans la salle, mais elle revint dans l'esprit de Gwynplaine.

Gwynplaine fut, dans une certaine mesure, troublé.

Il lui sembla que, pour la première fois de sa vie, il venait de voir une femme.

Il fit tout de suite cette demi-chute de songer étrangement. Il faut prendre garde à la rêverie qui s'impose. La rêverie a le mystère et la subtilité d'une odeur. Elle est à la pensée ce que le parfum est à la tubéreuse. Elle est parfois la dilatation d'une idée vénéneuse, et elle a la pénétration d'une fumée. On peut s'empoisonner avec des rêveries comme avec des fleurs. Suicide enivrant, exquis et sinistre [51].

Le suicide de l'âme, c'est de penser mal. C'est là l'empoisonnement. La rêverie attire, enjôle, leurre, enlace, puis fait de vous son complice. Elle vous met de moitié dans les tricheries qu'elle fait à la conscience. Elle vous charme. Puis vous corrompt. On peut dire de la rêverie ce qu'on dit du jeu. On commence par être dupe, on finit par être fripon.

Gwynplaine songea.

Il n'avait jamais vu la Femme.

Il en avait vu l'ombre dans toutes les femmes du peuple, et il en avait vu l'âme dans Dea.

Il venait d'en voir la réalité.

Une peau tiède et vivante, sous laquelle on sentait couler un sang passionné, des contours ayant la précision du marbre et l'ondulation de la vague, un visage hautain et impassible, mêlant le refus à l'attrait, et se résumant en un resplendissement, des cheveux colorés comme d'un reflet d'incendie, une galanterie de parure ayant et donnant le frisson des voluptés, la nudité ébauchée trahissant le souhait dédaigneux d'être possédée à distance par la foule, une coquetterie inexpugnable, l'impénétrable ayant du charme, la tentation assaisonnée de perdition entrevue, une promesse aux sens et une menace à l'esprit, double anxiété, l'une qui est le désir, l'autre qui est la crainte. Il venait de voir cela. Il venait de voir une femme.

Il venait de voir plus et moins qu'une femme, une femelle.

Et en même temps une olympienne.

Une femelle de Dieu.

Ce mystère, le sexe, venait de lui apparaître.

Et où? dans l'inaccessible.

A une distance infinie.

Destinée ironique, l'âme, cette chose céleste, il la tenait, il l'avait dans sa main, c'était Dea; le sexe, cette chose terrestre, il l'apercevait au plus profond du ciel, c'était cette femme [52].

Une duchesse.

Plus qu'une déesse, avait dit Ursus.

Quel escarpement!

Le rêve lui-même reculerait devant une telle escalade.

Allait-il faire la folie de songer à cette inconnue? Il se débattait.

Il se rappelait tout ce qu'Ursus lui avait dit de ces hautes existences quasi royales; les divagations du philosophe, qui lui avaient semblé inutiles, devenaient pour lui des jalons de méditation; nous n'avons souvent dans la mémoire qu'une couche d'oubli très mince, laquelle, dans l'occasion laisse tout à coup voir ce qui est dessous; il se représentait ce monde auguste, la seigneurie, dont était cette femme, inexorablement superposé au monde infime, le peuple, dont il était. Et même était-il du peuple ? N'était-il pas, lui bateleur, au-dessous de ce qui est au-dessous ? Pour la première fois, depuis qu'il avait l'âge de réflexion, il eut vaguement le cœur serré de sa bassesse, que nous appellerions aujourd'hui abaissement[53]. Les peintures et les énumérations d'Ursus, ses inventaires lyriques, ses dithyrambes de châteaux, de parcs, de jets d'eau et de colonnades, ses étalages de la richesse et de la puissance, revivaient dans la pensée de Gwynplaine avec le relief d'une réalité mêlée aux nuées. Il avait l'obsession de ce zénith. Qu'un homme pût être un lord, cela lui semblait chimérique. Cela était pourtant. Chose incroyable ! il y avait des lords ! mais étaient-ils de chair et d'os, comme nous ? C'était douteux. Il se sentait, lui, au fond de l'ombre, avec de la muraille tout autour de lui, et il apercevait dans un lointain suprême, au-dessus de sa tête, comme par l'ouverture d'un puits[54] au fond duquel il serait, cet éblouissant pêle-mêle d'azur, de figures et de rayons qui est l'olympe. Au milieu de cette gloire resplendissait la duchesse.

Il sentait de cette femme on ne sait quel besoin bizarre compliqué[55] d'impossible.

Et ce contresens poignant se retournait sans cesse malgré lui dans son esprit : voir auprès de lui, à sa portée, dans la réalité étroite et tangible, l'âme, et dans l'insaisissable, au fond de l'idéal, la chair.

Aucune de ces pensées ne lui arrivait à l'état de précision. C'était du brouillard qu'il avait en lui. Cela changeait à chaque instant de contour et flottait. Mais c'était un profond obscurcissement.

Du reste, l'idée qu'il y eût là quoi que ce soit d'abordable n'effleura pas un instant son esprit. Il n'ébaucha, pas même en songe, aucune ascension vers la duchesse. Heureusement.

Le tremblement de ces échelles-là, une fois qu'on a mis le pied dessus, peut vous rester à jamais dans le cerveau ; on croit monter à l'olympe, et l'on arrive à Bedlam. Une convoitise distincte, qui eût pris forme en lui, l'eût terrifié. Il n'éprouva rien de pareil.

D'ailleurs reverrait-il jamais cette femme? probablement non. S'éprendre d'une lueur qui passe à l'horizon, la démence ne va point jusque-là. Faire les yeux doux à une étoile, à la rigueur, cela se comprend, on la revoit, elle reparaît, elle est fixe. Mais est-ce qu'on peut être amoureux d'un éclair?

Il avait un va-et-vient de rêves. L'idole au fond de la loge, majestueuse et galante, s'estompait lumineusement dans la diffusion de ses idées, puis s'effaçait. Il y pensait, n'y pensait pas, s'occupait d'autre chose, y retournait. Il subissait un bercement, rien de plus.

Cela l'empêcha de dormir plusieurs nuits. L'insomnie est aussi pleine de songes que le sommeil.

Il est presque impossible d'exprimer dans leurs limites exactes les évolutions abstruses qui se font dans le cerveau. L'inconvénient des mots, c'est d'avoir plus de contour que les idées. Toutes les idées se mêlent par les bords; les mots, non. Un certain côté diffus de l'âme leur échappe toujours. L'expression a des frontières, la pensée n'en a pas [56].

Notre sombre immensité intérieure est telle que ce qui se passait en Gwynplaine touchait à peine, dans sa pensée, à Dea. Dea était au centre de son esprit, sacrée. Rien ne pouvait approcher d'elle.

Et pourtant, ces contradictions sont toute l'âme humaine, il y avait en lui un conflit. En avait-il conscience? tout au plus.

Il sentait dans son for intérieur, à l'endroit des fêlures possibles, nous avons tous cet endroit-là, un choc de velléités. Pour Ursus, c'eût été clair; pour Gwynplaine, c'était indistinct.

Deux instincts, l'un l'idéal, l'autre le sexe, combattaient en lui. Il y a de ces luttes entre l'ange blanc et l'ange noir sur le pont de l'abîme.

Enfin l'ange noir fut précipité [57].

Un jour, tout à coup, Gwynplaine ne pensa plus à la femme inconnue.

Le combat entre les deux principes, le duel entre son côté terrestre et son côté céleste, s'était passé au plus obscur de lui-même, et à de telles profondeurs qu'il ne s'en était que très confusément aperçu.

Ce qui est certain, c'est qu'il n'avait pas cessé une minute d'adorer Dea.

Il y avait eu en lui, et très avant, un désordre, son sang avait eu une fièvre, mais c'était fini. Dea seule demeurait.

On eût même bien étonné Gwynplaine si on lui eût dit que Dea avait pu être un moment en danger.

En une semaine ou deux le fantôme qui avait semblé menacer ces âmes s'effaça.

Il n'y eut plus dans Gwynplaine que le cœur, foyer, et l'amour, flamme.

Du reste, nous l'avons dit, « la duchesse » n'était pas revenue.

Ce qu'Ursus trouva tout simple. « La dame au quadruple » est un phénomène. Cela entre, paie, et s'évanouit. Ce serait trop beau si cela revenait.

Quant à Dea, elle ne fit même pas allusion à cette femme qui avait passé. Elle écoutait probablement, et était suffisamment renseignée par des soupirs d'Ursus, et, çà et là, par quelque exclamation significative comme : *on n'a pas des onces d'or tous les jours!* Elle ne parla plus de « la femme ». C'est là un instinct profond. L'âme prend de ces précautions obscures, dans le secret desquelles elle n'est pas toujours elle-même. Se taire sur quelqu'un, il semble que c'est l'éloigner. En s'informant, on craint d'appeler. On met du silence de son côté comme on fermerait une porte.

L'incident s'oublia.

Était-ce même quelque chose ? Cela avait-il existé ? Pouvait-on dire qu'une ombre eût flotté entre Gwynplaine et Dea ? Dea ne le savait pas, et Gwynplaine ne le savait plus. Non. Il n'y avait rien eu. La duchesse elle-même s'estompa dans la perspective lointaine comme une illusion. Ce ne fut rien qu'une minute de songe traversée par Gwynplaine, et dont il était hors. Une dissipation de rêverie, comme une dissipation de brume, ne laisse point trace, et, le nuage passé, l'amour n'est pas plus diminué dans le cœur que le soleil dans le ciel [58].

IX

ABYSSUS ABYSSUM VOCAT [59]

Une autre figure disparue, ce fut Tom-Jim-Jack. Brusquement il cessa de venir dans l'inn Tadcaster.

Les personnes situées de façon à voir les deux versants de la vie élégante des grands seigneurs de Londres purent noter peut-être qu'à la même époque la Gazette de la Semaine, entre deux extraits de registres de paroisses, annonça le « départ de lord David Dirry-Moir, sur l'ordre de sa majesté d'aller reprendre, dans l'escadre blanche en croisière sur les côtes de Hollande, le commandement de sa frégate ».

Ursus s'aperçut que Tom-Jim-Jack ne venait plus ; il en fut très préoccupé. Tom-Jim-Jack n'avait point reparu depuis le jour où il était parti dans le même carrosse que la dame au quadruple. C'était, certes, une énigme que ce Tom-Jim-Jack qui enlevait des duchesses à bras tendu ! Quel approfondissement intéressant à faire ! que de questions à poser ! que de choses à dire ! C'est pourquoi Ursus ne dit pas un mot.

Ursus, qui avait vécu, savait quelles cuissons donnent les curiosités téméraires. La curiosité doit toujours être proportionnée au curieux. A écouter, on risque l'oreille ; à guetter, on risque l'œil. Ne rien entendre et ne rien voir est prudent. Tom-Jim-Jack était monté dans ce carrosse princier, l'hôtelier avait été témoin de cette ascension. Ce matelot s'asseyant à côté de cette lady avait un aspect de prodige qui rendait Ursus circonspect. Les caprices de la vie d'en haut doivent être sacrés pour les personnes basses. Tous ces reptiles qu'on appelle les pauvres n'ont rien de mieux à faire que de se tapir dans leur trou quand ils aperçoivent quelque chose d'extraordinaire. Se tenir coi est une force. Fermez vos yeux, si vous n'avez pas le bonheur d'être aveugle ; bouchez vos oreilles, si vous n'avez pas la chance d'être sourd ; paralysez votre langue, si vous n'avez pas la perfection d'être muet. Les grands sont ce qu'ils veulent, les petits sont ce qu'ils peuvent, laissons passer l'inconnu. N'importunons point la mythologie ; n'ennuyons point les apparences ; ayons un profond respect pour les simulacres. Ne dirigeons pas nos commérages vers les rapetissements ou les grossissements qui s'opèrent dans les régions supérieures pour des motifs que nous ignorons. Ce sont la plupart du temps, pour nous chétifs, des illusions d'optique[60]. Les métamorphoses sont l'affaire des dieux ; les transformations et les désagrégations des grands personnages éventuels qui flottent au-dessus de nous, sont des nuages impossibles à comprendre et périlleux à étudier. Trop d'attention impatiente les olympiens dans leurs évolutions d'amusement et de fantaisie, et un coup de tonnerre pourrait bien vous apprendre que ce taureau trop curieusement examiné par vous est Jupiter. N'entrebâillons pas les plis du manteau couleur de muraille des puissants terribles. Indifférence, c'est intelligence. Ne bougez point, cela est salubre. Faites le mort, on ne vous tuera pas. Telle est la sagesse de l'insecte. Ursus la pratiquait.

L'hôtelier, intrigué de son côté, interpella un jour Ursus.

— Savez-vous qu'on ne voit plus Tom-Jim-Jack ?

— Tiens, dit Ursus, je ne l'avais pas remarqué.

Maître Nicless fit à demi-voix une réflexion, sans doute sur la promiscuité du carrosse ducal avec Tom-Jim-Jack, observation probablement irrévérente et dangereuse, qu'Ursus eut soin de ne pas écouter.

Ursus néanmoins était trop artiste pour ne point regretter Tom-Jim-Jack. Il eut un certain désappointement.

Il ne fit part de son impression qu'à Homo, seul confident de la discrétion duquel il fût sûr. Il dit tout bas à l'oreille du loup :

— Depuis que Tom-Jim-Jack ne vient plus, je sens un vide comme homme et un froid comme poète.

Cet épanchement dans le cœur d'un ami soulagea Ursus.

Il resta muré vis-à-vis de Gwynplaine qui, de son côté, ne fit aucune allusion à Tom-Jim-Jack.

Au fait, Tom-Jim-Jack de plus ou de moins importait peu à Gwynplaine, absorbé en Dea.

L'oubli s'était fait de plus en plus dans Gwynplaine. Dea, elle, ne se doutait même pas qu'un vague ébranlement eût eu lieu. En même temps, on n'entendait plus parler de cabales et de plaintes contre l'Homme qui Rit. Les haines semblaient avoir lâché prise. Tout s'était apaisé dans la Green-Box et autour de la Green-Box. Plus de cabotinage, ni des cabotins, ni des prêtres. Plus de grondement extérieur. On avait le succès sans la menace. La destinée a de ces sérénités subites[61]. La splendide félicité de Gwynplaine et de Dea était, pour l'instant, absolument sans ombre. Elle était peu à peu montée jusqu'à ce point où rien ne peut plus croître. Il y a un mot qui exprime ces situations-là, l'apogée. Le bonheur, comme la mer, arrive à faire son plein. Ce qui est inquiétant pour les parfaitement heureux, c'est que la mer redescend[62].

Il y a deux façons d'être inaccessible, c'est d'être très haut et d'être très bas. Au moins autant peut-être que la première, la deuxième est souhaitable. Plus sûrement que l'aigle n'échappe à la flèche, l'infusoire échappe à l'écrasement. Cette sécurité de la petitesse, nous l'avons dit déjà, si quelqu'un l'avait sur la terre, c'étaient ces deux êtres, Gwynplaine et Dea ; mais jamais elle n'avait été si complète. Ils vivaient de plus en plus l'un par l'autre, l'un en l'autre, extatiquement. Le cœur se sature d'amour comme d'un sel divin qui le conserve ; de là l'incorruptible adhérence de ceux qui se sont aimés dès l'aube de la vie, et la fraîcheur des vieilles amours prolongées. Il existe un embaumement d'amour. C'est de Daphnis et

Chloé que sont faits Philémon et Baucis. Cette vieillesse-là, ressemblance du soir avec l'aurore, était évidemment réservée à Gwynplaine et à Dea. En attendant, ils étaient jeunes[63].

Ursus regardait cet amour comme un médecin fait sa clinique. Du reste il avait ce qu'on appelait en ce temps-là « le regard hippocratique ». Il attachait sur Dea, frêle et pâle, sa prunelle sagace, et il grommelait : — C'est bien heureux qu'elle soit heureuse ! — D'autres fois il disait : — Elle est heureuse pour sa santé.

Il hochait la tête, et parfois lisait attentivement Avicenne, traduit par Vopiscus Fortunatus, Louvain, 1650, un bouquin qu'il avait, à l'endroit des « troubles cardiaques ».

Dea, aisément fatiguée, avait des sueurs et des assoupissements, et faisait, on s'en souvient, sa sieste dans le jour. Une fois qu'elle était ainsi endormie, étendue sur la peau d'ours, et que Gwynplaine n'était pas là, Ursus se pencha doucement et appliqua son oreille contre la poitrine de Dea, du côté du cœur. Il sembla écouter quelques instants, et en se redressant il murmura : — Il ne lui faudrait pas une secousse. La fêlure grandirait bien vite[64].

La foule continuait d'affluer aux représentations de *Chaos vaincu*. Le succès de l'Homme qui Rit paraissait inépuisable. Tout accourait ; ce n'était plus seulement Southwark, c'était déjà un peu Londres. Le public commençait même à se mélanger ; ce n'étaient plus de purs matelots et cochers ; dans l'opinion de maître Nicless, connaisseur en canaille, il y avait maintenant dans cette populace des gentilshommes et des baronnets, déguisés en gens du peuple. Le déguisement est un des bonheurs de l'orgueil, et c'était la grande mode d'alors. Cette aristocratie mêlée à la mob[65] était bon signe et indiquait une extension de succès gagnant Londres. La gloire de Gwynplaine avait décidément fait son entrée dans le grand public. Et le fait était réel. Il n'était plus question dans Londres que de l'Homme qui Rit. On en parlait jusque chez le Mohock-Club, hanté des lords.

Dans la Green-Box on ne s'en doutait pas ; on se

contentait d'être heureux. L'enivrement de Dea, c'était de toucher tous les soirs le front crépu et fauve de Gwynplaine. En amour, rien n'est tel qu'une habitude. Toute la vie s'y concentre. La réapparition de l'astre est une habitude de l'univers. La création n'est pas autre chose qu'une amoureuse, et le soleil est un amant [66].

La lumière est une cariatide éblouissante qui porte le monde. Tous les jours, pendant une minute sublime, la terre couverte de nuit s'appuie sur le soleil levant. Dea, aveugle, sentait la même rentrée de chaleur et d'espérance en elle dans le moment où elle posait sa main sur la tête de Gwynplaine.

Être deux ténébreux qui s'adorent, s'aimer dans la plénitude du silence, on s'accommoderait de l'éternité passée ainsi [67].

Un soir, Gwynplaine, ayant en lui cette surcharge de félicité qui, pareille à l'ivresse des parfums, cause une sorte de divin malaise, rôdait, comme il faisait d'ordinaire après le spectacle terminé, dans le pré, à quelque cent pas de la Green-Box. On a de ces heures de dilatation où l'on dégorge le trop-plein de son cœur. La nuit était noire et transparente ; il faisait clair d'étoiles. Tout le champ de foire était désert, et il n'y avait que du sommeil et de l'oubli dans les baraques éparses autour du Tarrinzeau-field.

Une seule lumière n'était pas éteinte ; c'était la lanterne de l'inn Tadcaster, entrouvert et attendant la rentrée de Gwynplaine.

Minuit venait de sonner aux cinq paroisses de Southwark avec les intermittences et les différences de voix d'un clocher à l'autre.

Gwynplaine songeait à Dea. A quoi eût-il songé ? Mais ce soir-là, singulièrement confus, plein d'un charme où il y avait de l'angoisse, il songeait à Dea comme un homme songe à une femme. Il se reprochait. C'était une diminution. La sourde attaque de l'époux commençait en lui. Douce et impérieuse impatience. Il franchissait la frontière invisible ; en deçà il y a la vierge, au-delà il y a la femme. Il se questionnait avec anxiété ; il avait ce qu'on pourrait nommer la rougeur intérieure. Le Gwynplaine des premières années s'était peu à peu transformé dans l'inconscience d'une croissance mystérieuse. L'ancien adolescent pudique se sentait devenir trouble et inquiétant. Nous avons l'oreille de lumière où parle l'esprit, et l'oreille d'obscurité où parle l'instinct[68]. Dans cette oreille amplifiante des voix inconnues lui faisaient des offres. Si pur que soit le jeune homme qui rêve d'amour, un certain épaississement de chair finit toujours par s'interposer entre son rêve et lui. Les intentions perdent leur transparence. L'inavouable voulu par la nature fait son entrée dans la conscience. Gwynplaine éprouvait on ne sait quel appétit de cette matière où sont toutes les tentations, et qui manquait presque à Dea. Dans sa fièvre, qui lui semblait malsaine, il transfigurait Dea, du côté périlleux peut-être, et il tâchait d'exagérer cette forme séraphique jusqu'à la forme féminine. C'est de toi, femme, que nous avons besoin[69].

Trop de paradis, l'amour en arrive à ne pas vouloir cela. Il lui faut la peau fiévreuse, la vie émue, le baiser électrique et irréparable, les cheveux dénoués, l'étreinte ayant un but. Le sidéral gêne. L'éthéré pèse. L'excès de ciel dans l'amour, c'est l'excès de combustible dans le feu; la flamme en souffre. Dea saisissable et saisie, la vertigineuse approche qui mêle en deux êtres l'inconnu de la création. Gwynplaine, éperdu, avait ce cauchemar exquis. Une femme! Il entendait en lui ce profond cri de la nature. Comme un Pygmalion du rêve modelant une Galatée de l'azur[70], il faisait témérairement, au fond de son âme, des retouches à ce contour chaste de Dea; contour trop céleste et pas assez édénique; car l'éden, c'est Ève; et Ève était une femelle, une mère charnelle, une nourrice terrestre, le ventre sacré des générations, la mamelle du lait inépuisable, la berceuse du monde nouveau-né; et le sein exclut les ailes[71]. Pourtant, dans les mirages de Gwynplaine, Dea jusqu'alors avait été au-dessus de la chair. En ce moment, égaré, il essayait dans sa pensée de l'y faire redescendre, et il tirait ce fil, le sexe, qui tient toute jeune fille liée à la terre. Pas un seul de ces oiseaux n'est lâché. Dea, pas plus qu'une autre, n'était hors la loi, et Gwynplaine, tout en ne l'avouant qu'à demi, avait une vague volonté qu'elle s'y soumît. Il avait cette volonté malgré lui, et dans une rechute continuelle. Il se figurait Dea humaine. Il en était à concevoir une idée inouïe : Dea, créature, non plus seulement d'extase, mais de volupté ; Dea la tête sur l'oreiller. Il avait honte de cet empiétement visionnaire ; c'était comme un effort de profanation ; il résistait à cette obsession ; il s'en détournait, puis il y revenait ; il lui semblait commettre un attentat à la pudeur. Dea était pour lui un nuage. Frémissant, il écartait ce nuage comme s'il eût soulevé une chemise. On était en avril [73].

La colonne vertébrale a ses rêveries.

Il faisait des pas au hasard avec cette oscillation distraite qu'on a dans la solitude. N'avoir personne autour de soi, cela aide à divaguer. Où allait sa pensée ? il n'eût osé se le dire à lui-même. Dans le ciel ? Non. Dans un lit. Vous le regardiez, astres.

Pourquoi dit-on un amoureux ? On devrait dire un possédé. Être possédé du diable, c'est l'exception ; être possédé de la femme, c'est la règle. Tout homme subit cette aliénation de soi-même. Quelle sorcière qu'une jolie femme ! Le vrai nom de l'amour, c'est captivité.

On est fait prisonnier par l'âme d'une femme. Par sa chair aussi. Quelquefois plus encore par la chair que par l'âme. L'âme est l'amante ; la chair est la maîtresse.

On calomnie le démon. Ce n'est pas lui qui a tenté Ève. C'est Ève qui l'a tenté. La femme a commencé.

Lucifer passait tranquille. Il a aperçu la femme. Il est devenu Satan [74].

La chair, c'est le dessus de l'inconnu. Elle provoque, chose étrange, par la pudeur. Rien de plus troublant. Elle a honte, cette effrontée.

En cet instant-là, ce qui agitait Gwynplaine et ce qui le tenait, c'était cet effrayant amour de surface. Moment redoutable que celui où l'on veut la nudité. Un glissement dans la faute est possible. Que de ténèbres dans cette blancheur de Vénus [75] !

Quelque chose en Gwynplaine appelait à grands cris Dea, Dea fille, Dea moitié d'un homme. Dea chair et flamme. Dea gorge nue [76]. Il chassait presque l'ange.

Crise mystérieuse que tout amour traverse, et où l'idéal est en danger. Ceci est la préméditation de la création.

Moment de corruption céleste.

L'amour de Gwynplaine pour Dea devenait nuptial. L'amour virginal n'est qu'une transition. Le moment était arrivé. Il fallait à Gwynplaine cette femme.

Il lui fallait une femme.

Pente dont on ne voit que le premier plan.

L'appel indistinct de la nature est inexorable.

Toute la femme, quel gouffre !

Heureusement, pour Gwynplaine, il n'y avait d'autre femme que Dea. La seule dont il voulût. La seule qui pût vouloir de lui.

Gwynplaine avait ce grand frisson vague qui est la réclamation vitale de l'infini.

Ajoutez l'aggravation du printemps. Il aspirait les effluves sans nom de l'obscurité sidérale. Il allait devant lui, délicieusement hagard. Les parfums errants de la sève en travail, les irradiations capiteuses qui flottent dans l'ombre, l'ouverture lointaine des fleurs nocturnes, la complicité des petits nids cachés, les bruissements d'eaux et de feuilles, les soupirs sortant des choses, la fraîcheur, la tiédeur, tout ce mystérieux éveil d'avril et de mai, c'est l'immense sexe épars proposant à voix basse la volupté, provocation vertigineuse qui fait bégayer l'âme. L'idéal ne sait plus ce qu'il dit [77].

Qui eût vu marcher Gwynplaine eût pensé : Tiens ! un ivrogne !

Il chancelait presque en effet sous le poids de son cœur, du printemps et de la nuit.

La solitude dans le bowling-green était si paisible que, par instants, il parlait haut.

Se sentir pas écouté fait qu'on parle.

Il se promenait à pas lents, la tête baissée, les mains derrière le dos, la gauche dans la droite, les doigts ouverts.

Tout à coup il sentit comme le glissement de quelque chose dans l'entrebâillement inerte de ses doigts.

Il se retourna vivement.

Il avait dans la main un papier et devant lui un homme.

C'était cet homme venu jusqu'à lui par-derrière avec la précaution d'un chat, qui lui avait mis ce papier entre les doigts.

Le papier était une lettre.

L'homme, suffisamment éclairé par la pénombre stellaire, était petit, joufflu, jeune, grave, et vêtu d'une livrée couleur feu, visible du haut en bas par la fente verticale d'un long surtout gris qu'on appelait alors capenoche, mot espagnol contracté qui veut dire cape de nuit. Il était coiffé d'une gorra cramoisie, pareille à une calotte de cardinal où la domesticité serait accentuée par un galon. Sur cette calotte on apercevait un bouquet de plumes de tisserin.

Il était immobile devant Gwynplaine. On eût dit une silhouette de rêve.

Gwynplaine reconnut le mousse de la duchesse.

Avant que Gwynplaine eût pu jeter un cri de surprise, il entendit la voix grêle, à la fois enfantine et féminine, du mousse qui lui disait :

— Trouvez-vous demain à pareille heure à l'entrée du pont de Londres. J'y serai. Je vous conduirai.

— Où? demanda Gwynplaine.

— Où vous êtes attendu.

Gwynplaine abaissa ses yeux sur la lettre qu'il tenait machinalement dans sa main.

Quand il les releva, le mousse n'était plus là.

On distinguait dans la profondeur du champ de foire une vague forme obscure qui décroissait rapidement. C'était le petit laquais qui s'en allait. Il tourna un coin de rue, et il n'y eut plus personne.

Gwynplaine regarda le mousse disparaître, puis il regarda la lettre. Il est des moments dans la vie où ce qui vous arrive ne vous arrive pas ; la stupeur vous maintient quelque temps à une certaine distance du fait. Gwynplaine approcha la lettre de ses yeux comme quelqu'un qui veut lire ; alors, il s'aperçut qu'il ne pouvait la lire pour deux raisons : premièrement, parce qu'il ne l'avait pas décachetée ; deuxièmement, parce qu'il faisait nuit. Il fut plusieurs minutes avant de se rendre compte qu'il y avait une lanterne dans l'inn. Il fit quelques pas, mais de côté, et comme s'il ne savait où aller. Un somnambule à qui un fantôme a remis une lettre marche de la sorte.

Enfin il se décida, courut plutôt qu'il n'avança vers l'inn, se plaça dans le rayon de la porte entrouverte, et considéra encore une fois, à cette clarté, la lettre fermée[78]. On ne voyait aucune empreinte sur le cachet, et sur l'enveloppe il y avait: *A Gwynplaine*. Il brisa le cachet, déchira l'enveloppe, déplia la lettre, la mit en plein sous la lumière, et voici ce qu'il lut:

« Tu es horrible, et je suis belle. Tu es histrion, et je suis duchesse. Je suis la première, et tu es le dernier. Je veux de toi. Je t'aime. Viens. »

LIVRE QUATRIÈME

LA CAVE PÉNALE

I

LA TENTATION DE SAINT GWYNPLAINE [79]

Tel jet de flamme fait à peine une piqûre aux ténèbres ; tel autre met le feu à un volcan.
Il y a des étincelles énormes.
Gwynplaine lut la lettre, puis la relut. Il y avait bien ce mot : Je t'aime !
Les épouvantes se succédèrent dans son esprit.
La première, ce fut de se croire fou.
Il était fou. C'était certain. Ce qu'il venait de voir n'existait pas. Les simulacres crépusculaires jouaient de lui, misérable. Le petit homme écarlate était une lueur de vision. Quelquefois, la nuit, rien condensé en une flamme vient rire de vous [80]. Après s'être moqué, l'être illusoire avait disparu, laissant derrière lui Gwynplaine fou. L'ombre fait de ces choses-là.
La seconde épouvante, ce fut de constater qu'il avait toute sa raison.
Une vision ? mais non. Eh bien ! et cette lettre ? Est-ce qu'il n'avait pas une lettre entre les mains ? Est-ce que ne voilà pas une enveloppe, un cachet, du papier, une écriture ? Est-ce qu'il ne sait pas de qui cela vient ? Rien d'obscur dans cette aventure. On a pris une plume et de l'encre et l'on a écrit. On a allumé une bougie, et l'on a cacheté avec de la cire. Est-ce que son nom n'est pas écrit sur la lettre ? *A Gwynplaine*. Le papier sent bon. Tout est

clair. Le petit homme, Gwynplaine le connaît. Ce nain est un groom. Cette lueur est une livrée. Ce groom a donné rendez-vous à Gwynplaine pour le lendemain à la même heure, à l'entrée du pont de Londres. Est-ce que le pont de Londres est une illusion? Non, non, tout cela se tient. Il n'y a là-dedans aucun délire. Tout est réalité [81]. Gwynplaine est parfaitement lucide. Ce n'est pas une fantasmagorie tout de suite décomposée au-dessus de sa tête, et dissipée en évanouissement; c'est une chose qui lui arrive. Non, Gwynplaine n'est pas fou. Gwynplaine ne rêve pas. Et il relisait la lettre.

Eh bien, oui. Mais alors?

Alors c'est formidable.

Il y a une femme qui veut de lui.

Une femme veut de lui! En ce cas que personne ne prononce plus jamais ce mot: incroyable. Une femme veut de lui! une femme qui a vu son visage! une femme qui n'est pas aveugle! Et qui est cette femme? Une laide? non. Une belle. Une bohémienne? non. Une duchesse.

Qu'y avait-il là-dedans, et qu'est-ce que cela voulait dire? Quel péril qu'un tel triomphe! mais comment ne pas s'y jeter à tête perdue?

Quoi! cette femme! la sirène, l'apparition, la lady, la spectatrice de la loge visionnaire, la ténébreuse éclatante! Car c'était elle. C'était bien elle.

Le pétillement de l'incendie commençant éclatait en lui de toutes parts. C'était cette étrange inconnue! la même qui l'avait tant troublé! Et ses premières pensées tumultueuses sur cette femme reparaissaient, comme chauffées à tout ce feu sombre. L'oubli n'est autre chose qu'un palimpseste [82]. Qu'un accident survienne, et tous les effacements revivent dans les interlignes de la mémoire étonnée. Gwynplaine croyait avoir retiré cette figure de son esprit, et il l'y retrouvait, et elle y était empreinte, et elle avait fait son creux dans ce cerveau inconscient, coupable d'un songe. A son insu, la profonde gravure de la rêverie avait mordu très avant. Maintenant un certain mal était fait. Et toute cette rêverie, désormais peut-être irréparable, il la reprenait avec emportement.

Quoi! on voulait de lui! Quoi! la princesse descendait

de son trône, l'idole de son autel, la statue de son piédestal, le fantôme de sa nuée ! Quoi ! du fond de l'impossible, la chimère arrivait ! Quoi ! cette déité du plafond, quoi ! cette irradiation, quoi ! cette néréide toute mouillée de pierreries, quoi ! cette beauté inabordable et suprême, du haut de son escarpement de rayons, elle se penchait vers Gwynplaine ! Quoi ! son char d'aurore, attelé à la fois de tourterelles et de dragons, elle l'arrêtait au-dessus de Gwynplaine, et elle disait à Gwynplaine : Viens ! Quoi ! lui, Gwynplaine, il avait cette gloire terrifiante d'être l'objet d'un tel abaissement de l'empyrée ! Cette femme, si l'on peut donner ce nom à une forme sidérale et souveraine, cette femme se proposait, se donnait, se livrait ! Vertige ! L'olympe se prostituait ! à qui ? à lui, Gwynplaine ! Des bras de courtisane s'ouvraient dans un nimbe pour le serrer contre un sein de déesse ! Et cela sans souillure. Ces majestés-là ne noircissent pas. La lumière lave les dieux. Et cette déesse qui venait à lui savait ce qu'elle faisait. Elle n'était pas ignorante de l'horreur incarnée en Gwynplaine. Elle avait vu ce masque qui était le visage de Gwynplaine ! et ce masque ne la faisait pas reculer. Gwynplaine était aimé quoique[83] !

Chose qui dépassait tous les songes, il était aimé parce que ! Loin de faire reculer la déesse, ce masque l'attirait ! Gwynplaine était plus qu'aimé, il était désiré. Il était mieux qu'accepté, il était choisi. Lui, choisi !

Quoi ! là où était cette femme, dans ce royal milieu du resplendissement irresponsable et de la puissance en plein libre arbitre, il y avait des princes, elle pouvait prendre un prince ; il y avait des lords, elle pouvait prendre un lord ; il y avait des hommes beaux, charmants, superbes, elle pouvait prendre Adonis. Et qui prenait-elle ? Gnafron ! Elle pouvait choisir au milieu des météores et des foudres l'immense séraphin à six ailes, et elle choisissait la larve rampant dans la vase. D'un côté, les altesses et les seigneuries, toute la grandeur, toute l'opulence, toute la gloire ; de l'autre, un saltimbanque. Le saltimbanque l'emportait ! Quelle balance y avait-il donc dans le cœur de cette femme ? à quel poids pesait-elle son amour ?

Cette femme ôtait de son front le chapeau ducal et le jetait sur le tréteau du clown! Cette femme ôtait de sa tête l'auréole olympienne et la posait sur le crâne hérissé du gnome! On ne sait quel renversement du monde, le fourmillement d'insectes en haut, les constellations en bas, engloutissait Gwynplaine éperdu sous un écroulement de lumière, et lui faisait un nimbe dans le cloaque[84]. Une toute-puissante, en révolte contre la beauté et la splendeur, se donnait au damné de la nuit, préférait Gwynplaine à Antinoüs[85], entrait en accès de curiosité devant les ténèbres, et y descendait, et, de cette abdication de la déesse, sortait, couronnée et prodigieuse, la royauté du misérable. « Tu es horrible. Je t'aime. » Ces mots atteignaient Gwynplaine à l'endroit hideux de l'orgueil. L'orgueil, c'est là le talon où tous les héros sont vulnérables. Gwynplaine était flatté dans sa vanité de monstre. C'était comme être difforme qu'il était aimé. Lui aussi, autant et plus peut-être que les Jupiters et les Apollons, il était l'exception. Il se sentait surhumain, et tellement monstre qu'il était dieu. Éblouissement épouvantable[86].

Maintenant, qu'était-ce que cette femme? que savait-il d'elle? Tout et rien. C'était une duchesse, il le savait; il savait qu'elle était belle, qu'elle était riche, qu'elle avait des livrées, des laquais, des pages, et des coureurs à flambeaux autour de son carrosse à couronne. Il savait qu'elle était amoureuse de lui, ou du moins qu'elle le lui disait. Le reste, il l'ignorait. Il savait son titre, et ne savait pas son nom. Il savait sa pensée, et ne savait pas sa vie. Était-elle mariée, veuve, fille? était-elle libre? était-elle sujette à des devoirs quelconques? A quelle famille appartenait-elle? Y avait-il autour d'elle des pièges, des embûches, des écueils? Ce qu'est la galanterie dans les hautes régions oisives, qu'il y ait sur ces sommets des antres où rêvent des charmeuses féroces ayant pêle-mêle autour d'elles des ossements d'amour déjà dévorés[87], à quels essais tragiquement cyniques peut aboutir l'ennui d'une femme qui se croit au-dessus de l'homme, Gwynplaine ne soupçonnait rien de cela; il n'avait pas même dans l'esprit de quoi échafauder une conjecture, on est mal renseigné dans le sous-sol social où il vivait; pourtant il voyait de l'ombre. Il se rendait compte que toute cette clarté était obscure. Comprenait-il? Non. Devinait-il? Encore moins. Qu'y avait-il derrière cette lettre? Une ouverture à deux battants, et en même temps une fermeture inquiétante. D'un côté l'aveu. De l'autre l'énigme.

L'aveu et l'énigme, ces deux bouches, l'une provocante, l'autre menaçante, prononcent la même parole: Ose!

Jamais la perfidie du hasard n'avait mieux pris ses mesures, et n'avait fait arriver plus à point une tentation. Gwynplaine, remué par le printemps et par la montée de la sève universelle, était en train de faire le rêve de la chair. Le vieil homme insubmersible dont aucun de nous ne triomphe, s'éveillait en cet éphèbe attardé, resté adolescent à vingt-quatre ans. C'est à ce moment-là, c'est à la minute la plus trouble de cette crise, que l'offre lui était faite, et que se dressait devant lui, éblouissante, la gorge nue du sphinx. La jeunesse est un plan incliné. Gwynplaine penchait, on le poussait. Qui? la saison. Qui? la nuit. Qui? cette femme. S'il n'y avait pas le mois d'avril, on serait bien plus vertueux. Les buissons en fleur, tas de complices! l'amour est le voleur, le printemps est le receleur.

Gwynplaine était bouleversé.

Il y a une certaine fumée du mal qui précède la faute, et qui n'est pas respirable à la conscience. L'honnêteté tentée a la nausée obscure de l'enfer. Ce qui s'entrouvre dégage une exhalaison qui avertit les forts et étourdit les faibles. Gwynplaine avait ce mystérieux malaise.

Des dilemmes, à la fois fugaces et opiniâtres, flottaient devant lui. La faute, obstinée à s'offrir, prenait forme. Le lendemain, minuit, le pont de Londres, le page! irait-il? Oui! criait la chair. Non! criait l'âme.

Pourtant, disons-le, si singulier que cela semble au premier abord, cette question: — Irait-il? — il ne se l'adressa pas une seule fois distinctement. Les actions reprochables ont des endroits réservés. Comme les eaux-de-vie trop fortes, on ne les boit pas tout d'un trait. On pose le verre, on verra plus tard, la première goutte est déjà bien étrange.

Ce qui est sûr, c'est qu'il se sentait poussé par-derrière vers l'inconnu.

Et il frémissait. Et il entrevoyait un bord d'écroulement[88]. Et il se rejetait en arrière, ressaisi de tous côtés par l'effroi. Il fermait les yeux. Il faisait effort pour se nier à lui-même cette aventure, et pour se remettre à douter de sa raison. Évidemment c'était le mieux. Ce qu'il avait de plus sage à faire, c'était de se croire fou.

Fièvre fatale. Tout homme surpris par l'imprévu a eu dans sa vie de ces pulsations tragiques. L'observateur écoute toujours avec anxiété le retentissement des sombres coups de bélier du destin contre une conscience[89].

Hélas! Gwynplaine s'interrogeait. Là où le devoir est net, se poser des questions, c'est déjà la défaite.

Du reste, détail à noter, l'effronterie de l'aventure qui peut-être eût choqué un homme corrompu, ne lui apparaissait point. Ce que c'est que le cynisme, il l'ignorait. L'idée de prostitution, indiquée plus haut, ne l'approchait pas. Il n'était pas de force à la concevoir. Il était trop pur pour admettre les hypothèses compliquées. De cette femme, il ne voyait que la grandeur. Hélas! il était flatté. Sa vanité ne constatait que sa victoire. Qu'il fût l'objet d'une impudeur plutôt que d'un amour, il lui eût fallu, pour conjecturer cela, beaucoup plus d'esprit que n'en a l'innocence. Près de : *Je t'aime,* il n'apercevait pas ce correctif effrayant : *Je veux de toi.*

Le côté bestial de la déesse lui échappait.

L'esprit peut subir des invasions. L'âme a ses vandales, les mauvaises pensées, qui viennent dévaster notre vertu. Mille idées en sens inverse se précipitaient sur Gwynplaine l'une après l'autre, quelquefois toutes ensemble. Puis il se faisait en lui des silences. Alors il prenait sa tête entre ses mains, dans une sorte d'attention lugubre, pareille à la contemplation d'un paysage de la nuit[90].

Tout à coup il s'aperçut d'une chose, c'est qu'il ne pensait plus. Sa rêverie était arrivée à ce moment noir où tout disparaît.

Il remarqua aussi qu'il n'était pas rentré. Il pouvait être deux heures du matin.

Il mit la lettre apportée par le page dans sa poche de côté, mais s'apercevant qu'elle était sur son cœur, il l'ôta de là, et la fourra toute froissée dans le premier gousset venu de son haut-de-chausses, puis il se dirigea vers l'hôtellerie, y pénétra silencieusement, ne réveilla pas le petit Govicum qui l'attendait tombé de sommeil sur une table avec ses deux bras pour oreiller, referma la porte, alluma une chandelle à la lanterne de l'auberge, tira les verrous, donna un tour de clef à la serrure, prit machinalement les précautions d'un homme qui rentre tard, remonta l'escalier de la Green-Box, se glissa dans l'ancienne cahute qui lui servait de chambre, regarda Ursus qui dormait, souffla sa chandelle, et ne se coucha pas.

Une heure passa ainsi. Enfin, las, se figurant que le lit c'est le sommeil, il posa sa tête sur son oreiller, sans se déshabiller, et il fit à l'obscurité la concession de fermer les yeux ; mais l'orage d'émotions qui l'assaillait n'avait pas discontinué un instant. L'insomnie est un sévice de la nuit sur l'homme [91]. Gwynplaine souffrait beaucoup. Pour la première fois de sa vie, il n'était pas content de lui. Intime douleur mêlée à sa vanité satisfaite. Que faire ? Le jour vint. Il entendit Ursus se lever, et n'ouvrit pas les paupières. Aucune trêve cependant. Il songeait à cette lettre. Tous les mots lui revenaient dans une sorte de chaos. Sous de certains souffles violents du dedans de l'âme, la pensée est un liquide. Elle entre en convulsions, elle se soulève, et il en sort quelque chose de semblable au rugissement sourd de la vague. Flux, reflux, secousses, tournoiements, hésitations du flot devant l'écueil, grêles et pluies, nuages avec des trouées où sont des lueurs, arrachements misérables d'une écume inutile, folles ascensions tout de suite écroulées, immenses efforts perdus, apparition du naufrage de toutes parts, ombre et dispersion, tout cela, qui est dans l'abîme, est dans l'homme. Gwynplaine était en proie à cette tourmente.

Au plus fort de cette angoisse, les paupières toujours fermées, il entendit une voix exquise qui disait : — Est-ce que tu dors, Gwynplaine ? — Il ouvrit les yeux en sursaut et se leva sur son séant, la porte de la cahute vestiaire était entrouverte, Dea apparaissait dans l'entrebâillement. Elle avait dans les yeux et sur les lèvres son ineffable sourire. Elle se dressait charmante, dans la sérénité inconsciente de son rayonnement. Il y eut une sorte de minute sacrée. Gwynplaine la contempla, tressaillant, ébloui, réveillé; réveillé de quoi? du sommeil? non, de l'insomnie. C'était elle, c'était Dea; et tout à coup il sentit au plus profond de son être l'indéfinissable évanouissement de la tempête et la sublime descente du bien sur le mal; le prodige du regard d'en haut s'opéra, la douce aveugle lumineuse, sans autre effort que sa présence, dissipa toute l'ombre en lui, le rideau de nuage s'écarta de cet esprit comme tiré par une main invisible, et Gwynplaine, enchantement céleste, eut dans la conscience une rentrée d'azur. Il redevint subitement, par la vertu de cet ange, le grand et bon Gwynplaine innocent. L'âme, comme la création, a de ces confrontations mystérieuses; tous deux se taisaient, elle la clarté, lui le gouffre, elle divine, lui apaisé; et au-dessus du cœur orageux de Gwynplaine, Dea resplendissait avec on ne sait quel inexprimable effet d'étoile de la mer [92].

II

DU PLAISANT AU SÉVÈRE

Comme c'est simple, un miracle! C'était dans la Green-Box l'heure du déjeuner, et Dea venait tout bonnement savoir pourquoi Gwynplaine n'arrivait pas à leur petite table du matin.

— Toi! cria Gwynplaine, et tout fut dit. Il n'eut plus d'autre horizon et d'autre vision que ce ciel où était Dea.

Qui n'a pas vu, après l'ouragan, le sourire immédiat de la mer, ne peut se rendre compte de ces apaisements-là. Rien ne se calme plus vite que les gouffres. Cela tient à leur facilité d'engloutissement. Ainsi est le cœur humain. Pas toujours, pourtant[93].

Dea n'avait qu'à se montrer, toute la lumière qui était en Gwynplaine sortait et allait à elle, et il n'y avait plus derrière Gwynplaine ébloui qu'une fuite de fantômes. Quelle pacificatrice que l'adoration!

Quelques instants après, tous deux étaient assis l'un devant l'autre, Ursus entre eux, Homo à leurs pieds. La théière, sous laquelle flambait une petite lampe, était sur la table. Fibi et Vinos étaient dehors et vaquaient au service.

Le déjeuner, comme le souper, se faisait dans le compartiment du centre. De la façon dont la table très étroite était placée, Dea tournait le dos à la baie de la cloison qui répondait à la porte d'entrée de la Green-Box.

Leurs genoux se touchaient. Gwynplaine versait le thé à Dea.

Dea soufflait gracieusement sur sa tasse. Tout à coup, elle éternua. Il y avait en ce moment-là, au-dessus de la flamme de la lampe, une fumée qui se dissipait, et quelque chose comme du papier qui tombait en cendre. Cette fumée avait fait éternuer Dea.

— Qu'est cela ? demanda-t-elle.
— Rien, répondit Gwynplaine.

Et il se mit à sourire.

Il venait de brûler la lettre de la duchesse.

L'ange gardien de la femme aimée, c'est la conscience de l'homme qui aime.

Cette lettre de moins sur lui le soulagea étrangement, et Gwynplaine sentit son honnêteté comme l'aigle sent ses ailes.

Il lui sembla qu'avec cette fumée la tentation s'en allait, et qu'en même temps que ce papier, la duchesse tombait en cendre [94].

Tout en mêlant leurs tasses, buvant l'un après l'autre dans la même, ils parlaient. Babil d'amoureux, caquetage de moineaux. Enfantillages dignes de la Mère l'Oie et d'Homère. Deux cœurs qui s'aiment, n'allez pas chercher plus loin la poésie ; et deux baisers qui dialoguent, n'allez pas chercher plus loin la musique.

— Sais-tu une chose ?
— Non.
— Gwynplaine, j'ai rêvé que nous étions des bêtes, et que nous avions des ailes.
— Ailes, cela veut dire oiseaux, murmura Gwynplaine.
— Bêtes, cela veut dire anges, grommela Ursus.

La causerie continuait.

— Si tu n'existais pas, Gwynplaine...
— Eh bien ?
— C'est qu'il n'y aurait pas de bon Dieu.
— Le thé est trop chaud. Tu vas de brûler, Dea.
— Souffle sur ma tasse.
— Que tu es belle ce matin !
— Figure-toi qu'il y a toutes sortes de choses que je veux te dire.

— Dis.
— Je t'aime !
— Je t'adore !
Et Ursus faisait cet aparté :
— Par le ciel, voilà d'honnêtes gens.
Quand on s'aime, ce qui est exquis, ce sont les silences. Il se fait comme des amas d'amour, qui éclatent ensuite doucement.
Il y eut une pause après laquelle Dea s'écria :
— Si tu savais ! le soir, quand nous jouons la pièce, à l'instant où ma main touche ton front... — Oh ! tu as une noble tête, Gwynplaine ! — ... à l'instant où je sens tes cheveux sous mes doigts, c'est un frisson, j'ai une joie du ciel, je me dis : Dans tout ce monde de noirceur qui m'enveloppe, dans cet univers de solitude, dans cet immense écroulement obscur où je suis, dans cet effrayant tremblement de moi et de tout, j'ai un point d'appui, le voilà. C'est lui. — C'est toi.
— Oh ! tu m'aimes, dit Gwynplaine. Moi aussi je n'ai que toi sur la terre. Tu es tout pour moi. Dea, que veux-tu que je fasse ? Désires-tu quelque chose ? que te faut-il ?
Dea répondit :
— Je ne sais pas. Je suis heureuse.
— Oh ! reprit Gwynplaine, nous sommes heureux !
Ursus éleva la voix sévèrement :
— Ah ! vous êtes heureux. C'est une contravention. Je vous ai déjà avertis. Ah ! vous êtes heureux ! Alors, tâchez qu'on ne vous voie pas. Tenez le moins de place possible. Ça doit se fourrer dans des trous, le bonheur. Faites-vous encore plus petits que vous n'êtes, si vous pouvez. Dieu mesure la grandeur du bonheur à la petitesse des heureux. Les gens contents doivent se cacher comme des malfaiteurs. Ah ! vous rayonnez, méchants vers luisants que vous êtes, morbleu, on vous marchera dessus, et l'on fera bien. Qu'est-ce que c'est que toutes ces mamours-là ? Je ne suis pas une duègne, moi, dont l'état est de regarder les amoureux se becqueter. Vous me fatiguez, à la fin ! Allez au diable !
Et sentant que son accent revêche mollissait jusqu'à

l'attendrissement, il noya cette émotion dans un fort souffle de bougonnement.

— Père, dit Dea, comme vous faites votre grosse voix!

— C'est que je n'aime pas qu'on soit trop heureux, répondit Ursus.

Ici Homo fit écho à Ursus. On entendit un grondement sous les pieds des amoureux.

Ursus se pencha et mit la main sur le crâne d'Homo.

— C'est cela, toi aussi, tu es de mauvaise humeur. Tu grognes. Tu hérisses ta mèche sur ta caboche de loup. Tu n'aimes pas les amourettes. C'est que tu es sage. C'est égal, tais-toi. Tu as parlé, tu as dit ton avis, soit; maintenant silence.

Le loup gronda de nouveau.

Ursus le regarda sous la table.

— Paix donc, Homo! Allons, n'insiste pas, philosophe!

Mais le loup se dressa et montra les dents du côté de la porte.

— Qu'est-ce que tu as donc? dit Ursus.

Et il empoigna Homo par la peau du cou.

Dea, inattentive aux grincements du loup, toute à sa pensée, et savourant en elle-même le son de voix de Gwynplaine, se taisait, dans cette sorte d'extase propre aux aveugles, qui semble parfois leur donner intérieurement un chant à écouter et leur remplacer par on ne sait quelle musique idéale la lumière qui leur manque. La cécité est un souterrain d'où l'on entend la profonde harmonie éternelle [95].

Pendant qu'Ursus, apostrophant Homo, baissait le front, Gwynplaine avait levé les yeux.

Il allait boire une tasse de thé, et ne la but pas; il la posa sur la table avec la lenteur d'un ressort qui se détend, ses doigts restèrent ouverts, et il demeura immobile, l'œil fixe, ne respirant plus.

Un homme était debout derrière Dea, dans l'encadrement de la porte.

Cet homme était vêtu de noir avec une cape de justice. Il avait une perruque jusqu'aux sourcils et il tenait à la main un bâton de fer sculpté en couronne aux deux bouts.

Ce bâton était court et massif.

Qu'on se figure Méduse passant sa tête entre deux branches du paradis [96].

Ursus, qui avait senti la commotion d'un nouveau venu et qui avait dressé la tête sans lâcher Homo, reconnut ce personnage redoutable.

Il eut un tremblement de la tête aux pieds.

Il dit à l'oreille de Gwynplaine :

— C'est le wapentake.

Gwynplaine se souvint.

Une parole de surprise allait lui échapper. Il la retint.

Le bâton de fer terminé en couronne aux deux extrémités était l'iron-weapon.

C'était de l'iron-weapon, sur lequel les officiers de justice urbaine prêtaient serment en entrant en charge, que les anciens wapentakes de la police anglaise tiraient leur qualification.

Au-delà de l'homme à la perruque, dans la pénombre, on entrevoyait l'hôtelier consterné.

L'homme, sans dire une parole, et personnifiant cette *muta Themis* [97] des vieilles chartes, abaissa son bras droit par-dessus Dea rayonnante, et toucha du bâton de fer l'épaule de Gwynplaine, pendant que, du pouce de sa main gauche, il montrait derrière lui la porte de la Green-Box. Ce double geste, d'autant plus impérieux qu'il était silencieux, voulait dire : Suivez-moi.

Pro signo exeundi, sursum trahe [98], dit le cartulaire normand.

L'individu sur lequel venait se poser l'iron-weapon n'avait d'autre droit que le droit d'obéir. Nulle réplique à cet ordre muet. Les rudes pénalités anglaises menaçaient le réfractaire.

Sous ce rigide attouchement de la loi, Gwynplaine eut une secousse, puis fut comme pétrifié.

Au lieu d'être simplement effleuré du bâton de fer sur l'épaule, il en eût été violemment frappé sur la tête, qu'il n'eût pas été plus étourdi. Il se voyait sommé de suivre l'officier de police. Mais pourquoi ? Il ne comprenait pas.

Ursus, jeté lui aussi de son côté dans un trouble poignant, entrevoyait quelque chose d'assez distinct. Il songeait aux bateleurs et aux prédicateurs, ses concurrents, à la Green-Box dénoncée, au loup, ce délinquant, à son propre démêlé avec les trois inquisitions de Bishops'gate ; et qui sait ? peut-être, mais ceci était effrayant, aux bavardages malséants et factieux de Gwynplaine touchant l'autorité royale. Il tremblait profondément.

Dea souriait.

Ni Gwynplaine, ni Ursus ne prononcèrent une parole. Tous deux eurent la même pensée : ne pas inquiéter Dea. Le loup l'eut peut-être aussi, car il cessa de gronder. Il est vrai qu'Ursus ne le lâchait point.

D'ailleurs Homo, dans l'occasion, avait ses prudences. Qui n'a remarqué certaines anxiétés intelligentes des animaux ?

Peut-être, dans la mesure de ce qu'un loup peut comprendre des hommes, se sentait-il proscrit.

Gwynplaine se leva.

Aucune résistance n'était possible, Gwynplaine le savait, il se rappelait les paroles d'Ursus, et aucune question n'était faisable.

Il demeura debout devant le wapentake.

Le wapentake lui retira le weapon de dessus l'épaule, et ramena à lui le bâton de fer qu'il tint droit dans la posture du commandement, attitude de police comprise alors de tout le peuple, et qui intimait l'ordre que voici :

— Que cet homme me suive, et personne autre. Restez tous où vous êtes. Silence.

Pas de curieux. La police a, de tout temps, eu le goût de ces clôtures-là.

Ce genre de saisie était qualifié « séquestre de la personne ».

Le wapentake, d'un seul mouvement, et comme une pièce mécanique qui pivote sur elle-même, tourna le dos et se dirigea d'un pas magistral et grave vers l'issue de la Green-Box.

Gwynplaine regarda Ursus.

Ursus eut cette pantomime composée d'un haussement d'épaules, des deux coudes aux hanches avec les mains écartées, et des sourcils froncés en chevrons, laquelle signifie : soumission à l'inconnu.

Gwynplaine regarda Dea. Elle songeait. Elle continuait de sourire.

Il posa l'extrémité de ses doigts sur ses lèvres, et lui envoya un inexprimable baiser.

Ursus, soulagé d'une certaine quantité de terreur par le dos tourné du wapentake, saisit ce moment pour glisser dans l'oreille de Gwynplaine ce murmure :

— Sur ta vie, ne parle pas avant qu'on t'interroge !

Gwynplaine, avec ce soin de ne pas faire de bruit qu'on a dans la chambre d'un malade, décrocha de la cloison son chapeau et son manteau, s'enveloppa du manteau jusqu'aux yeux, et se rabattit le chapeau sur le front ; ne s'étant pas couché, il avait encore ses vêtements de travail et au cou son esclavine de cuir ; il regarda encore une fois Dea ; le wapentake, arrivé à la porte extérieure de la Green-Box, éleva son bâton et commença à descendre le petit escalier de sortie ; alors Gwynplaine se mit en marche comme si cet homme le tirait avec une chaîne invisible ; Ursus regarda Gwynplaine sortir de la Green-Box ; le loup, à ce moment-là, ébaucha un grondement plaintif, mais Ursus le tint en respect, et lui dit tout bas : Il va revenir.

Dans la cour, maître Nicless, d'un geste servile et impérieux, refoulait les cris d'effarement dans les bouches de Vinos et de Fibi qui considéraient avec détresse Gwynplaine emmené, et les vêtements couleur deuil et le bâton de fer du wapentake.

Deux pétrifications, c'étaient ces deux filles. Elles avaient des attitudes de stalactites.

Govicum, abasourdi, écarquillait sa face dans une fenêtre entrebâillée.

Le wapentake précédait Gwynplaine de quelques pas sans se retourner et sans le regarder, avec cette tranquillité glaciale que donne la certitude d'être la loi.

Tous deux, dans un silence de sépulcre, franchirent la cour, traversèrent la salle obscure du cabaret et débouchèrent sur la place. Il y avait là quelques passants groupés devant la porte de l'auberge, et le justicier-quorum à la tête d'une escouade de police. Ces curieux, stupéfaits, et sans souffler mot, s'écartèrent et se rangèrent avec la discipline anglaise devant le bâton du constable; le wapentake prit la direction des petites rues, dites alors Little Strand, qui longeaient la Tamise; et Gwynplaine, ayant à sa droite et à sa gauche les gens du justicier-quorum alignés en double haie, pâle, sans un geste, sans autre mouvement que les pas qu'il faisait, couvert de son manteau ainsi que d'un suaire, s'éloigna lentement de l'inn, marchant muet derrière l'homme taciturne, comme une statue qui suit un spectre [99].

III

LEX, REX, FEX [100]

L'arrestation sans explication, qui étonnerait fort un Anglais d'aujourd'hui, était un procédé de police fort usité alors dans la Grande-Bretagne. On y eut recours, particulièrement pour les choses délicates auxquelles pourvoyaient en France les lettres de cachet, et en dépit de l'*habeas corpus,* jusque sous Georges II, et une des accusations dont Walpole eut à se défendre, ce fut d'avoir fait ou laissé arrêter Neuhoff de cette façon. L'accusation était probablement peu fondée, car Neuhoff, roi de Corse, fut incarcéré par ses créanciers.

Les prises de corps silencieuses, dont la Sainte-Vœhme en Allemagne avait fort usé, étaient admises par la coutume germanique qui régit une moitié des vieilles lois anglaises, et recommandées, en certain cas, par la coutume normande qui régit l'autre moitié. Le maître de police du palais de Justinien s'appelait « le silentiaire impérial », *silentiarius imperialis*. Les magistrats anglais qui pratiquaient cette sorte de prise de corps, s'appuyaient sur de nombreux textes normands : — *Canes latrant, sergentes silent*. — *Sergenter agere, id est tacere*. — Ils citaient Lundulphus Sagax, paragraphe 16 : — *Facit imperator silentium*. — Ils citaient la charte du roi Philippe, de 1307 : — *Multos tenebimus bastonerios qui, obmutescentes, sergentare valeant*. — Ils citaient les statuts de Henri Ier d'Angleterre, chapitre LIII : — *Surge signo jussus. Taciturnior esto. Hoc est esse in captione regis* [101]. — Ils se prévalaient spécialement de cette prescription considérée comme faisant partie des antiques franchises féodales de l'Angleterre : — « Sous les viscomtes sont les serjans de l'espée, lesquels doivent justicier vertueusement à l'espée tous ceux qui suient malveses compagnies, gens diffamez d'aucuns crimes, et gens fuitis et forbannis... et les doivent si vigoureusement et si discrètement appréhender, que la bonne gent qui sont paisibles soient gardez paisiblement, et que les malfeteurs soient espoantés. » Être arrêté de la sorte, c'était être saisi « ô le glaive de l'espée » (*Vetus Consuetudo Normanniæ*, MS. I. part. Sect. I, cap. II). Les jurisconsultes invoquaient en outre, *in Charta Ludovici Hutini pro normannis*, le chapitre *servientes spathæ*. Les *servientes spathæ*, dans l'approche graduelle de la basse latinité jusqu'à nos idiomes, sont devenus *sergentes spadæ*.

Les arrestations silencieuses étaient le contraire de la clameur de haro, et indiquaient qu'il convenait de se taire jusqu'à ce que certaines obscurités fussent éclaircies.

Elles signifiaient : Questions réservées.

Elles indiquaient, dans l'opération de police, une certaine quantité de raison d'état.

Le terme de droit *private*, qui veut dire *à huis clos*, s'appliquait à ce genre d'arrestations.

C'est de cette manière qu'Édouard III avait, selon quelques annalistes, fait saisir Mortimer dans le lit de sa mère Isabelle de France. Ici encore on peut douter, car Mortimer soutint un siège dans sa ville avant d'être pris.

Warwick, le Faiseur de rois, pratiquait volontiers ce mode « d'attraire les gens ».

Cromwell l'employait, surtout dans le Connaugh ; et ce fut avec cette précaution du silence que Trailie-Arcklo, parent du comte d'Ormond, fut arrêté dans Kilmacaugh.

Ces prises de corps par le simple geste de justice représentaient plutôt le mandat de comparution que le mandat d'arrêt.

Elles n'étaient parfois qu'un procédé d'information, et

impliquaient même, par le silence imposé à tous, un certain ménagement pour la personne saisie.

Pour le peuple, peu au fait de ces nuances, elles étaient particulièrement terrifiantes.

L'Angleterre, qu'on ne l'oublie pas, n'était pas en 1705, ni même beaucoup plus tard, ce qu'elle est de nos jours. L'ensemble était très confus et parfois très oppressif; Daniel de Foe, qui avait tâté du pilori, caractérise quelque part l'ordre social anglais par ces mots: « les mains de fer de la loi ». Il n'y avait pas seulement la loi, il y avait l'arbitraire. Qu'on se rappelle Steele chassé du parlement, Locke chassé de sa chaire; Hobbes et Gibbon, forcés de fuir; Charles Churchill, Hume, Priestley persécutés; John Wilkes mis à la Tour. Qu'on énumère, le compte sera long, les victimes du statut *seditious libel* [102]. L'Inquisition avait un peu fusé par toute l'Europe; ses pratiques de police faisaient école. Un attentat monstrueux à tous les droits était possible en Angleterre; qu'on se souvienne du *Gazetier cuirassé*. En plein XVIIIe siècle, Louis XV faisait enlever dans Piccadilly les écrivains qui lui déplaisaient. Il est vrai que Georges III empoignait en France le prétendant au beau milieu de la salle de l'Opéra. C'étaient deux bras très longs; celui du roi de France allait jusque dans Londres, et celui du roi d'Angleterre jusque dans Paris. Telles étaient les libertés.

Ajoutons qu'on exécutait volontiers les gens dans l'intérieur des prisons; escamotage mêlé au supplice; expédient hideux, auquel l'Angleterre revient en ce moment; donnant ainsi au monde le singulier spectacle d'un grand peuple qui, voulant améliorer, choisit le pire, et qui, ayant devant lui, d'un côté le passé, de l'autre le progrès, se trompe de visage, et prend la nuit pour le jour [103].

IV

URSUS ESPIONNE LA POLICE

Ainsi que nous l'avons dit, selon les très rigides lois de la police d'alors, la sommation de suivre le wapentake, adressée à un individu, impliquait pour toute autre personne présente le commandement de ne point bouger.

Quelques curieux pourtant s'obstinèrent, et accompagnèrent de loin le cortège qui emmenait Gwynplaine.

Ursus fut du nombre.

Ursus avait été pétrifié autant qu'on a le droit de l'être. Mais Ursus, tant de fois assailli par les surprises de la vie errante et par les méchancetés de l'inattendu, avait, comme un navire de guerre, son branle-bas de combat qui appelle au poste de bataille tout l'équipage, c'est-à-dire toute l'intelligence.

Il se dépêcha de n'être plus pétrifié, et se mit à réfléchir. Il ne s'agit pas d'être ému, il s'agit de faire face.

Faire face à l'incident, c'est le devoir de quiconque n'est pas imbécile.

Ne pas chercher à comprendre, mais agir. Tout de suite. Ursus s'interrogea.

Qu'y avait-il à faire?

Gwynplaine parti, Ursus se trouvait placé entre deux craintes: la crainte pour Gwynplaine, qui lui disait de suivre; la crainte pour lui-même, qui lui disait de rester.

Ursus avait l'intrépidité d'une mouche et l'impassibilité d'une sensitive. Son tremblement fut indescriptible. Pourtant il prit héroïquement son parti, et se décida à braver la loi et à suivre le wapentake, tant il était inquiet, de ce qui pouvait arriver à Gwynplaine.

Il fallait qu'il eût bien peur pour avoir tant de courage.

A quels actes de vaillance l'épouvante peut pousser un lièvre !

Le chamois éperdu saute les précipices. Être effrayé jusqu'à l'imprudence, c'est une des formes de l'effroi.

Gwynplaine avait été enlevé plutôt qu'arrêté. L'opération de police s'était exécutée si rapidement que le champ de foire, d'ailleurs peu fréquenté à cette heure matinale, avait été à peine ému. Presque personne ne se doutait dans les baraques du Tarrinzeau-field que le wapentake était venu chercher l'Homme qui Rit. De là le peu de foule.

Gwynplaine, grâce à son manteau et à son feutre, qui se rejoignaient presque sur son visage, ne pouvait être reconnu des passants.

Avant de sortir à la suite de Gwynplaine, Ursus eut une précaution. Il prit à part maître Nicless, le boy Govicum, Fibi et Vinos, et leur prescrivit le plus absolu silence vis-à-vis de Dea, ignorante de tout ; qu'on eût soin de ne pas souffler un mot qui pût lui faire soupçonner ce qui s'était passé ; qu'on lui expliquât par les soins de ménage de la Green-Box l'absence de Gwynplaine et d'Ursus ; que d'ailleurs c'était bientôt l'heure de son sommeil au milieu du jour, et qu'avant que Dea fût éveillée, il serait de retour, lui, Ursus, avec Gwynplaine, tout cela n'étant qu'un malentendu, un mistake, comme on dit en Angleterre ; qu'il leur serait bien facile à Gwynplaine et à lui d'éclairer les magistrats et la police ; qu'ils feraient toucher du doigt la méprise, et que tout à l'heure ils allaient revenir tous deux. Surtout que personne ne dît rien à Dea. Ces recommandations faites, il partit.

Ursus put, sans être remarqué, suivre Gwynplaine. Quoiqu'il se tînt à la plus grande distance possible, il s'arrangea de façon à ne pas le perdre de vue. La hardiesse dans le guet, c'est la bravoure des timides.

Après tout, et si solennel que fût l'appareil, Gwynplaine n'était peut-être que cité à comparaître devant le magistrat de simple police pour quelque infraction sans gravité.

Ursus se disait que cette question allait être tout de suite résolue.

L'éclaircissement se ferait, sous ses yeux mêmes, par la direction que prendrait l'escouade emmenant Gwynplaine au moment où, parvenue aux limites du Tarrinzeau-field, elle atteindrait l'entrée des ruelles du Little Strand.

Si elle tournait à gauche, c'était qu'elle conduisait Gwynplaine à la maison de ville de Southwark. Peu de chose à craindre alors; quelque méchant délit municipal, une admonition du magistrat, deux ou trois shillings d'amende, puis Gwynplaine serait lâché, et la représentation de *Chaos vaincu* aurait lieu le soir même comme à l'ordinaire. Personne ne se serait aperçu de rien.

Si l'escouade tournait à droite, c'était sérieux.

Il y avait de ce côté-là des lieux sévères.

A l'instant où le wapentake, menant les deux files d'argousins entre lesquelles marchait Gwynplaine, arriva aux petites rues, Ursus, haletant, regarda. Il existe des moments où tout l'homme passe dans les yeux.

De quel côté allait-on tourner?

On tourna à droite.

Ursus, chancelant d'effroi, s'appuya contre un mur pour ne point tomber.

Rien d'hypocrite comme ce mot qu'on se dit à soi-même : *Je veux savoir à quoi m'en tenir*. Au fond, on ne le veut pas du tout. On a une peur profonde. L'angoisse se complique d'un effort obscur pour ne point conclure. On ne se l'avoue pas, mais on reculerait volontiers, et quand on a avancé, on se le reproche.

C'est ce que fit Ursus. Il pensa avec frisson :

— Voilà qui tourne mal. J'aurais toujours su cela assez tôt. Qu'est-ce que je fais là à suivre Gwynplaine?

Cette réflexion faite, comme l'homme n'est que contradiction, il doubla le pas, et maîtrisant son anxiété, il se hâta, afin de se rapprocher de l'escouade et de ne pas laisser se rompre dans le dédale des rues de Southwark le fil entre Gwynplaine et lui Ursus.

Le cortège de police ne pouvait aller vite, à cause de sa solennité.

Le wapentake l'ouvrait.

Le justicier-quorum le fermait.

Cet ordre impliquait une certaine lenteur.

Toute la majesté possible au recors éclatait dans le justicier-quorum. Son costume tenait le milieu entre le splendide accoutrement du docteur en musique d'Oxford et l'ajustement sobre et noir du docteur en divinité de Cambridge. Il avait des habits de gentilhomme sous un long godebert qui est une mante fourrée de dos de lièvre de Norvège. Il était mi-parti gothique et moderne, ayant une perruque comme Lamoignon et des manches mahoîtres comme Tristan l'Hermite. Son gros œil rond couvait Gwynplaine avec une fixité de hibou. Il marchait en cadence. Impossible de voir un bonhomme plus farouche.

Ursus, un moment dérouté dans l'écheveau brouillé des ruelles, parvint à rejoindre près de Saint-Marie Over-Ry le cortège qui, heureusement, avait été retardé dans le préau de l'église par une batterie d'enfants et de chiens, incident habituel des rues de Londres, *dogs and boys,* disent les vieux registres de police, lesquels font passer les chiens avant les enfants.

Un homme conduit au magistrat par les gens de police étant, après tout, un événement fort vulgaire, et chacun ayant ses affaires, les curieux s'étaient dispersés. Il n'était resté, sur la piste de Gwynplaine, qu'Ursus.

On passa devant les deux chapelles, qui se faisaient face, des Recreative Religionists et de la Ligue Halleluiah, deux sectes d'alors qui subsistent encore aujourd'hui.

Puis le cortège serpenta de ruelle en ruelle, choisissant de préférence les roads non encore bâtis, les rows où poussait l'herbe et les lanes déserts, et fit force zigzags.

Enfin il s'arrêta.

On était dans une ruette exiguë. Pas de maisons, si ce n'est à l'entrée deux ou trois masures. Cette ruette était composée de deux murs, l'un à gauche, bas; l'autre à droite, haut. La muraille haute était noire et maçonnée à la saxonne, avec des créneaux, des scorpions et des carrés de grosses grilles sur des soupiraux étroits. Aucune fenêtre ; çà et là seulement des fentes, qui étaient d'anciennes embrasures de pierriers et d'archegayes. On voyait, au pied de ce grand mur, comme le trou au bas de la ratière, un tout petit guichet, très surbaissé.

Ce guichet, emboîté dans un lourd plein cintre de pierre, avait un judas grillé, un marteau massif, une large serrure, des gonds noueux et robustes, un enchevêtrement de clous, une cuirasse de plaques et de peintures, et était fait de fer plus que de bois.

Personne dans la ruette. Pas de boutiques, pas de passants. Mais on entendait tout près un bruit continu comme si la ruette eût été parallèle à un torrent. C'était un vacarme de voix et de voitures. Il était probable qu'il y avait de l'autre côté de l'édifice noir une grande rue, sans doute la rue principale de Southwark, laquelle se reliait d'un bout à la route de Cantorbery et de l'autre bout au pont de Londres.

Dans toute la longueur de la ruette un guetteur, en dehors du cortège enveloppant Gwynplaine, n'eût vu d'autre face humaine que le blême profil d'Ursus, risqué et à demi avancé dans la pénombre d'un coin de mur, regardant et ayant peur de voir. Il s'était posté dans le repli que faisait un zigzag de la rue.

L'escouade se groupa devant le guichet.

Gwynplaine était au centre, mais avait maintenant derrière lui le wapentake et son bâton de fer.

Le justicier-quorum leva le marteau et frappa trois coups.

Le judas s'ouvrit.

Le justicier-quorum dit :

— De par sa majesté.

La pesante porte de chêne et de fer tourna sur des gonds, et une ouverture livide et froide s'offrit, pareille à une bouche d'antre. Une voûte hideuse se prolongeait dans l'ombre.

Ursus vit Gwynplaine disparaître là-dessous [104].

V

MAUVAIS LIEU

Le wapentake entra après Gwynplaine.
Puis le justicier-quorum.
Puis toute l'escouade.
Le guichet se referma.
La pesante porte revint s'appliquer hermétiquement sur ses chambranles de pierre sans qu'on vît qui l'avait ouverte ni qui la refermait. Il semblait que les verrous rentrassent d'eux-mêmes dans leurs alvéoles. Quelques-uns de ces mécanismes inventés par l'antique intimidation existent encore dans les très vieilles maisons de force. Porte dont on ne voyait pas le portier. Cela faisait ressembler le seuil de la prison au seuil de la tombe [105].

Ce guichet était la porte basse de la geôle de Southwark.

Rien dans cet édifice vermoulu et revêche ne démentait la mine discourtoise propre à une prison.

Un temple païen, construit par les vieux cattieuchlans pour les Mogons qui sont d'anciens dieux anglais, devenu palais pour Ethelulfe et forteresse pour saint Édouard, puis élevé à la dignité de prison en 1199 par Jean sans Terre, c'était là la geôle de Southwark. Cette geôle, d'abord traversée par une rue, comme Chenonceaux l'est par une rivière, avait été pendant un siècle ou deux une *gate*, c'est-à-dire une porte de faubourg ; puis on avait muré le passage. Il reste en Angleterre quelques prisons de ce genre; ainsi, à Londres, Newgate; à Cantorbery, Westgate; à Édimbourg, Canongate. En France la Bastille a d'abord été une porte.

Presque toutes les geôles d'Angleterre offraient le même aspect, grand mur au-dehors, au-dedans une ruche de cachots. Rien de funèbre comme ces gothiques prisons où l'araignée et la justice tendaient leurs toiles [106], et où John Howard, ce rayon, n'avait pas encore pénétré. Toutes, comme l'antique géhenne de Bruxelles, eussent pu être appelées Treurenberg, *maison des pleurs*.

On éprouvait, en présence de ces constructions inclémentes et sauvages, la même angoisse que ressentaient les navigateurs antiques devant les enfers d'esclaves dont parle Plaute, îles ferricrépitantes, *ferricrepiditæ insulæ*, lorsqu'ils passaient assez près pour entendre le bruit des chaînes.

La geôle de Southwark, ancien lieu d'exorcismes et de tourments, avait d'abord eu pour spécialité les sorciers, ainsi que l'indiquaient ces deux vers gravés sur une pierre fruste au-dessus du guichet :

> Sunt arreptitii vexati dœmone multo.
> Est energumenus quem dœmon possidet unus*.

Vers qui fixent la nuance délicate entre le démoniaque et l'énergumène.

Au-dessus de cette inscription était clouée à plat contre le mur, signe de haute justice, une échelle de pierre, laquelle avait été de bois jadis, mais changée en pierre par l'enfouissement dans la terre pétrifiante du lieu nommé Aspley-Gowis, près l'abbaye de Woburn.

La prison de Southwark, aujourd'hui démolie, donnait sur deux rues, auxquelles, comme *gate,* elle avait autrefois servi de communication, et avait deux portes sur la grande rue, la porte d'apparat, destinée aux autorités, et, sur la ruette, la porte de souffrance, destinée au reste des vivants. Et aux trépassés aussi ; car lorsqu'il mourait un

---

* Dans le démoniaque un enfer se démène.
 Avec un simple diable, on n'est qu'énergumène.

prisonnier dans la geôle, c'était par là que le cadavre sortait. Une libération comme une autre.

La mort, c'est l'élargissement dans l'infini.

C'est par l'entrée de souffrance que Gwynplaine venait d'être introduit dans la priosn.

La ruette, nous l'avons dit, n'était autre chose qu'un petit chemin caillouté, serré entre deux murs se faisant face. Il y a en ce genre à Bruxelles le passage dit : *Rue d'une personne*. Les deux murs étaient inégaux ; le haut mur était la prison, le mur bas était le cimetière. Ce mur bas, clôture du pourrissoir mortuaire de la geôle, ne dépassait guère la stature d'un homme. Il était percé d'une porte, vis-à-vis le guichet de la geôle. Les morts n'avaient que la peine de traverser la rue. Il suffisait de longer le mur une vingtaine de pas pour entrer au cimetière. Sur la muraille haute était appliquée une échelle patibulaire, en face sur la muraille basse était sculptée une tête de mort. L'un de ces murs n'égayait pas l'autre.

VI

QUELLES MAGISTRATURES IL Y AVAIT
SOUS LES PERRUQUES D'AUTREFOIS

Quelqu'un qui, en ce moment-là, eût regardé de l'autre côté de la prison, du côté de la façade, eût aperçu la grande rue de Southwark, et eût pu remarquer, en station devant la porte monumentale et officielle de la geôle, une voiture de voyage, reconnaissable à sa « loge de carrosse » qu'on appellerait aujourd'hui cabriolet. Un cercle de curieux entourait cette voiture. Elle était armoriée, et l'on en avait vu descendre un personnage qui était entré dans la prison; probablement un magistrat, conjecturait la foule; les magistrats en Angleterre étant souvent nobles et ayant presque toujours « droit d'écuage ». En France, blason et robe s'excluaient presque; le duc de Saint-Simon dit en parlant des magistrats : « les gens de cet état ». En Angleterre un gentilhomme n'était point déshonoré parce qu'il était juge.

Le magistrat ambulant existe en Angleterre; il s'appelle *juge de circuit,* et rien n'était plus simple que de voir dans ce carrosse le véhicule d'un magistrat en tournée. Ce qui était moins simple, c'est que le personnage supposé magistrat était descendu, non de la voiture même, mais de la loge de devant, place qui n'est pas habituellement celle du maître. Autre particularité : on voyageait à cette époque, en Angleterre, de deux façons, par «le carrosse de diligence» à raison d'un shelling tous les cinq milles, et en poste à franc étrier moyennant trois sous par mille et quatre sous au postillon après chaque poste; une voiture de maître, qui se passait la fantaisie de voyager par relais, payait par cheval et par mille autant de shellings que le cavalier courant la poste payait de sous; or la voiture arrêtée devant la geôle de Southwark était attelée de quatre chevaux et avait deux postillons, luxe de prince. Enfin, ce qui achevait d'exciter et de déconcerter les conjectures, cette voiture était minutieusement fermée. Les panneaux pleins étaient levés. Les vitres étaient bouchées avec des volets; toutes les ouvertures par où l'œil eût pu pénétrer étaient masquées; du dehors on ne pouvait rien voir dedans, et il est probable que du dedans on ne pouvait rien voir dehors. Du reste, il ne semblait pas qu'il y eût quelqu'un dans cette voiture.

Southwark étant dans le Surrey, c'est au shériff du comté de Surrey que ressortissait la prison de Southwark. Ces juridictions distinctes étaient très fréquentes en Angleterre. Ainsi, par exemple, la Tour de Londres n'était supposée située dans aucun comté; c'est-à-dire que, légalement, elle était en quelque sorte en l'air. La Tour ne reconnaissait d'autre autorité juridique que son constable, qualifié *custos turris*. La Tour avait sa juridiction, son église, sa cour de justice et son gouvernement à part. L'autorité du *custos,* ou constable, s'étendait hors de Londres sur vingt et un *hamlets,* traduisez: *hameaux.* Comme en Grande-Bretagne les singularités légales se greffent les unes sur les autres, l'office de maître canonnier d'Angleterre relevait de la Tour de Londres.

D'autres habitudes légales semblent plus bizarres encore. Ainsi la cour de l'amirauté anglaise consulte et applique les lois de Rhodes et d'Oléron (île française qui a été anglaise).

Le shériff d'une province était très considérable. Il était toujours écuyer, et quelquefois chevalier. Il était qualifié *spectabilis* dans les vieilles chartes; «homme à regarder». Titre intermédiaire entre *illustris* et *clarissimus,* moins que le premier, plus que le second. Les shériffs des comtés étaient jadis choisis par le peuple;

mais Édouard II, et après lui Henri VI, ayant repris cette nomination pour la couronne, les shériffs étaient devenus une émanation royale. Tous recevaient leur commission de sa majesté, excepté le shériff du Westmoreland qui était héréditaire, et les shériffs de Londres et de Midlesex qui étaient élus par la livery dans le Commonhall. Les shériffs de Galles et de Chester possédaient de certaines prérogatives fiscales. Toutes ces charges subsistent encore en Angleterre, mais, usées peu à peu au frottement des mœurs et des idées, elles n'ont plus la même physionomie qu'autrefois. Le shériff du comté avait la fonction d'escorter et de protéger les «juges itinérants». Comme on a deux bras, il avait deux officiers, son bras droit, le sous-shériff, et son bras gauche, le justicier-quorum. Le justicier-quorum, assisté du bailli de la centaine, qualifié wapentake, appréhendait, interrogeait, et, sous la responsabilité du shériff, emprisonnait, pour être jugés par les juges de circuit, les voleurs, meurtriers, séditieux, vagabonds, et tous gens de félonie. La nuance entre le sous-shériff et le justicier-quorum, dans leur service hiérarchique vis-à-vis du shériff, c'est que le sous-shériff accompagnait, et que le justicier-quorum assistait. Le shériff tenait deux cours, une cour sédentaire et centrale, la County-court, et une cour voyageante, la Shériff-turn. Il représentait ainsi l'unité et l'ubiquité. Il pouvait comme juge se faire aider et renseigner, dans les questions litigieuses, par un sergent de la coiffe, dit *sergens coifæ,* qui est un sergent en droit et qui porte, sous la calotte noire, une coiffe de toile blanche de Cambrai. Le shériff désencombrait les maisons de justice; quand il arrivait dans une ville de sa province, il avait le droit d'expédier sommairement les prisonniers, ce qui aboutissait soit à leur renvoi, soit à leur pendaison, et ce qui s'appelait «délivrer la geôle», *goal delivery.* Le shériff présentait le bill de mise en cause aux vingt-quatre jurés d'accusation; s'ils l'approuvaient, ils écrivaient dessus: *billa vera;* s'ils le désapprouvaient, ils écrivaient: *ignoramus;* alors l'accusation était annulée et le shériff avait le privilège de déchirer le bill. Si, pendant la délibération, un juré mourait, ce qui, de droit, acquittait l'accusé et le faisait innocent, le shériff, qui avait eu le privilège d'arrêter l'accusé, avait le privilège de le mettre en liberté. Ce qui faisait singulièrement estimer et craindre le shériff, c'est qu'il avait pour charge d'exécuter *tous les ordres de sa majesté;* latitude redoutable. L'arbitraire se loge dans ces rédactions-là. Les officiers qualifiés verdeors, et les coroners faisaient cortège au shériff, et les clercs du marché lui prêtaient main-forte, et il avait une très belle suite de gens à cheval et de livrées. Le shériff, dit Chamberlayne, est « la vie de la Justice, de la Loi et de la Comté [107] ».

En Angleterre, une démolition insensible pulvérise et désagrège perpétuellement les lois et les coutumes. De nos jours, insistons-y, ni le shériff, ni le wapentake, ni le justicier-quorum, ne pratiqueraient leurs charges comme ils les pratiquaient en ce temps-là. Il y avait dans l'ancienne Angleterre une certaine confusion de pouvoirs, et les attributions mal définies se résolvaient en empiétements, qui seraient impossibles aujourd'hui. La promiscuité de la police et de la justice a cessé. Les noms sont restés, les fonctions se sont modifiées. Nous croyons même que le mot *wapentake* a changé de sens. Il signifiait une magistrature, maintenant il signifie une division territoriale; il spécifiait le centenier, il spécifie le canton (*centum*).

Du reste, à cette époque, le shériff de comté combinait, avec quelque chose de plus et quelque chose de moins, et condensait dans son autorité, à la fois royale et municipale, les deux magistrats qu'on appelait jadis en France Lieutenant civil de Paris et Lieutenant de police. Le lieutenant civil de Paris est assez bien qualifié par cette vieille note de police : « M. le lieutenant civil ne hait pas les querelles domestiques, parce que le pillage est toujours pour lui. » (22 juillet 1704.) Quant au lieutenant de police, personnage inquiétant, multiple et vague, il se résume en l'un de ses meilleurs types, René d'Argenson, qui, au dire de Saint-Simon, avait sur son visage les trois juges d'enfer mêlés.

Ces trois juges d'enfer étaient, on l'a vu, à la Bishopsgate de Londres.

VII

FRÉMISSEMENT

Quand Gwynplaine entendit le guichet, grinçant de tous ses verrous, se refermer, il tressaillit. Il lui sembla que cette porte, qui venait de se clore, était la porte de communication de la lumière avec les ténèbres, donnant d'un côté sur le fourmillement terrestre, et de l'autre sur le monde mort, et que maintenant toutes les choses qu'éclaire le soleil étaient derrière lui, qu'il avait franchi la frontière de ce qui est la vie, et qu'il était dehors [108]. Ce fut un profond serrement de cœur. Qu'allait-on faire de lui ? Qu'est-ce que tout cela voulait dire ?

Où était-il ?

Il ne voyait rien autour de lui ; il se trouvait dans du noir. La porte en se fermant l'avait fait momentanément aveugle. Le vasistas était fermé comme la porte. Pas de soupirail, pas de lanterne. C'était une précaution des vieux temps. Il était défendu d'éclairer l'abord intérieur des geôles, afin que les nouveaux venus ne pussent faire aucune remarque.

Gwynplaine étendit les mains et toucha le mur à sa droite et à sa gauche ; il était dans un couloir. Peu à peu, ce jour de cave qui suinte on ne sait d'où et qui flotte dans les lieux obscurs, et auquel s'ajuste la dilatation des pupilles, lui fit distinguer çà et là un linéament, et le couloir s'ébaucha vaguement devant lui.

Gwynplaine, qui n'avait jamais entrevu les sévérités pénales qu'à travers les grossissements d'Ursus, se sentait saisi par une sorte de main énorme et obscure. Être manié par l'inconnu de la loi, c'est effrayant. On est brave en présence de tout, et l'on se déconcerte en présence de la justice. Pourquoi ? c'est que la justice de l'homme n'est que crépusculaire, et que le juge s'y meut à tâtons. Gwynplaine se rappelait ce qu'Ursus lui avait dit de la nécessité du silence; il voulait revoir Dea; il y avait dans sa situation on ne sait quoi de discrétionnaire qu'il ne voulait pas irriter. Parfois vouloir éclaircir, c'est empirer. Pourtant, d'un autre côté, la pesée de cette aventure était si forte qu'il finit par y céder, et qu'il ne put retenir une question.

— Messieurs, demanda-t-il, où me conduisez-vous ?

On ne lui répondit pas.

C'était la loi des prises de corps silencieuses, et le texte normand est formel : *A silentiariis ostio præpositis introducti sunt* [109].

Ce silence glaça Gwynplaine. Jusque-là il s'était cru fort; il se suffisait; se suffire, c'est être puissant. Il avait vécu isolé, s'imaginant qu'être isolé, c'est être inexpugnable. Et voilà que tout à coup il se sentait sous la pression de la hideuse force collective. De quelle façon se débattre avec cet anonyme horrible, la loi ? Il défaillait sous l'énigme. Une peur d'une espèce inconnue avait trouvé le défaut de son armure. Et puis il n'avait pas dormi, il n'avait pas mangé; à peine avait-il trempé ses lèvres dans une tasse de thé. Il avait eu toute la nuit une sorte de délire, et il lui restait de la fièvre. Il avait soif, il avait faim peut-être. L'estomac mécontent dérange tout. Depuis la veille, il était assailli d'incidents. Les émotions qui le tourmentaient le soutenaient; sans l'ouragan, la voile serait chiffon. Mais cette faiblesse profonde du haillon que le vent gonfle jusqu'à ce qu'il le déchire, il la sentait en lui. Il sentait venir l'affaissement. Allait-il tomber sans connaissance sur le pavé ? Se trouver mal, c'est la ressource de la femme et l'humiliation de l'homme. Il se roidissait, mais il tremblait.

Il avait la sensation de quelqu'un qui perd pied [110].

VIII

GÉMISSEMENT

On se mit en marche.
On avança dans le couloir.
Aucun greffe préalable. Aucun bureau avec registres. Les prisons de ce temps-là n'étaient point paperassières. Elles se contentaient de se fermer sur vous, souvent sans savoir pourquoi. Être une prison, et avoir des prisonniers, cela leur suffisait.

Le cortège avait dû s'allonger et prendre la forme du corridor. On marchait presque un à un; d'abord le wapentake, ensuite Gwynplaine, ensuite le justicier-quorum; puis les gens de police, avançant en bloc et bouchant le corridor derrière Gwynplaine comme un tampon. Le couloir se resserrait; maintenant Gwynplaine touchait le mur de ses deux coudes; la voûte en caillou noyé de ciment avait d'intervalle en intervalle des voussures de granit en saillie faisant étranglement; il fallait baisser le front pour passer; pas de course possible dans ce corridor; la fuite eût été forcée de marcher lentement; ce boyau faisait des détours; toutes les entrailles sont tortueuses, celles d'une prison comme celles d'un homme; çà et là, tantôt à droite, tantôt à gauche, des coupures dans le mur, carrées et closes de grosses grilles, laissaient apercevoir des escaliers, ceux-ci montant, ceux-là plongeant. On arriva à une porte fermée, elle s'ouvrit, on passa, elle se referma. Puis on rencontra une deuxième porte, qui livra passage, puis une troisième, qui tourna de même sur ses gonds. Ces portes s'ouvraient et se refermaient comme toutes seules. On ne voyait personne. En même temps que le couloir se rétrécissait, la voûte s'abaissait, et l'on en était à ne plus pouvoir marcher que la tête courbée. Le mur suintait; il tombait de la voûte des gouttes d'eau; le dallage qui pavait le corridor avait la viscosité d'un intestin. L'espèce de pâleur diffuse qui tenait lieu de clarté devenait de plus en plus opaque; l'air manquait. Ce qu'il y avait de singulièrement lugubre, c'est que cela descendait.

Il fallait y faire attention pour s'apercevoir qu'on descendait. Dans les ténèbres, une pente douce, c'est sinistre. Rien n'est redoutable comme les choses obscures auxquelles on arrive par des pentes insensibles.

Descendre, c'est l'entrée dans l'ignoré terrible.

Combien de temps marcha-t-on ainsi? Gwynplaine n'eût pu le dire.

Passées à ce laminoir, l'angoisse, les minutes s'allongent démesurément.

Subitement on fit halte.

L'obscurité était épaisse.

Il y avait un certain élargissement du corridor.

Gwynplaine entendit tout près de lui un bruit dont le gong chinois pourrait seul donner une idée; quelque chose comme un coup frappé sur le diaphragme de l'abîme [111].

C'était le wapentake qui venait de heurter de son bâton une lame de fer.

Cette lame était une porte.

Non une porte qui tourne, mais une porte qui se lève et s'abat. A peu près comme une herse.

Il y eut un froissement strident dans une rainure, et Gwynplaine eut subitement devant les yeux un morceau de jour carré.

C'était la lame qui venait de se hisser dans une fente de la voûte de la façon dont se lève le panneau d'une souricière.

Une ouverture s'était faite.

Ce jour n'était pas du jour; c'était de la lueur. Mais, pour la prunelle très dilatée de Gwynplaine, cette clarté pâle et brusque fut d'abord comme le choc d'un éclair.

Il fut quelque temps avant de rien voir. Discerner dans l'éblouissement est aussi difficile que dans la nuit.

Puis, par degrés, sa pupille se proportionna à la lumière comme elle s'était proportionnée à l'obscurité; il finit par distinguer; la clarté, qui lui avait d'abord paru trop vive, s'apaisa dans sa prunelle et se refit livide; il hasarda son regard dans l'ouverture béante devant lui, et ce qu'il aperçut était effroyable.

A ses pieds, une vingtaine de marches, hautes, étroites, frustes, presque à pic, sans rampe à droite ni à gauche, sorte de crête de pierre pareille à un pan de mur biseauté en escalier, entraient et s'enfonçaient dans une cave très creuse. Elles allaient jusqu'en bas.

Cette cave était ronde, à voûte ogive en arc rampant, à cause du défaut de niveau des impostes, dislocation propre à tous les souterrains sur lesquels se sont tassés de très lourds édifices.

L'espèce de coupure tenant lieu de porte que la lame de fer venait de démasquer et à laquelle aboutissait l'escalier était entaillée dans la voûte, de sorte que de cette hauteur l'œil plongeait dans la cave comme dans un puits.

La cave était vaste, et, si c'était le fond d'un puits, c'était le fond d'un puits cyclopéen. L'idée qu'éveille l'ancien mot «cul-de-basse-fosse» ne pouvait s'appliquer à cette cave qu'à la condition de se figurer une fosse à lions ou à tigres.

La cave n'était pas dallée ni pavée. Elle avait pour sol la terre mouillée et froide des lieux profonds.

Au milieu de la cave, quatre colonnes basses et difformes soutenaient un porche lourdement ogival dont les quatre nervures en se rejoignant à l'intérieur du porche dessinaient à peu près le dedans d'une mitre. Ce porche, pareil aux pinacles sous lesquels jadis on mettait des sarcophages, montait jusqu'à la voûte et faisait dans la cave une sorte de chambre centrale, si l'on peut appeler du nom de chambre un compartiment ouvert de tous les côtés, ayant, au lieu de quatre murs, quatre piliers.

A la clef de voûte du porche pendait une lanterne de cuivre, ronde et grillée comme une fenêtre de prison. Cette lanterne jetait autour d'elle, sur les piliers, sur les voûtes et sur le mur circulaire entrevu vaguement en arrière des piliers, une clarté blafarde, coupée de barres d'ombre.

C'était cette clarté qui avait d'abord ébloui Gwynplaine. Maintenant ce n'était plus pour lui qu'une rougeur presque confuse.

Pas d'autre jour dans cette cave. Ni fenêtre, ni porte, ni soupirail.

Entre les quatre piliers, précisément au-dessous de la lanterne, à l'endroit où il y avait le plus de lumière, était appliquée à plat sur le sol une silhouette blanche et terrible.

C'était couché sur le dos. On voyait une tête dont les yeux étaient fermés, un corps dont le torse disparaissait sous on ne sait quel monceau informe, quatre membres se rattachant au torse en croix de saint André et tirés vers les quatre piliers par quatre chaînes liées aux pieds et aux mains. Ces chaînes aboutissaient à un anneau de fer au bas de chaque colonne. Cette forme, immobilisée dans l'atroce posture de l'écartèlement, avait la lividité glacée du cadavre. C'était nu ; c'était un homme.

Gwynplaine, pétrifié, debout au haut de l'escalier, regardait.

Tout à coup il entendit un râle.

Ce cadavre était vivant.

Tout près de ce spectre, dans une des ogives du porche, des deux côtés d'un grand fauteuil à bras exhaussé par une large pierre plate, se tenaient droits deux hommes vêtus de longs suaires noirs, et dans le fauteuil un vieillard enveloppé d'une robe rouge était assis, blême, immobile, sinistre, un bouquet de roses à la main.

Ce bouquet de roses eût renseigné un moins ignorant que Gwynplaine. Le droit de juger en tenant une touffe de fleurs caractérisait le magistrat à la fois royal et municipal. Le lord-maire de Londres juge encore ainsi. Aider les juges à juger, c'était la fonction des premières roses de la saison.

Le vieillard assis dans le fauteuil était le shériff du comté de Surrey.

Il avait la rigidité majestueuse d'un Romain revêtu de l'augustat.

Le fauteuil était le seul siège qu'il y eût dans la cave.

A côté du fauteuil, on voyait une table couverte de papiers et de livres et sur laquelle était posée la longue baguette blanche du shériff.

Les hommes debout à gauche et à droite du shériff étaient deux docteurs, l'un en médecine, l'autre en lois; celui-ci reconnaissable à sa coiffe de sergent en droit sur sa perruque. Tous deux avaient la robe noire, l'un de juge, l'autre de médecin. Ces deux sortes d'hommes portent le deuil des morts qu'ils font.

Derrière le shériff, au rebord de la marche que faisait la pierre plate, se tenait accroupi avec une écritoire près de lui sur la dalle, un dossier de carton sur ses genoux, et une feuille de parchemin sur le dossier, un greffier en perruque ronde, la plume à la main, dans l'attitude d'un homme prêt à écrire.

Ce greffier était de l'espèce dite *greffier garde-sacs;* ce qu'indiquait une sacoche qui était devant lui à ses pieds. Ces sacoches, jadis employées dans les procès, étaient qualifiées « sacs de justice ».

A l'un des piliers était adossé, croisant les bras, un homme tout vêtu de cuir. C'était un valet de bourreau.

Ces hommes semblaient enchantés dans leur posture funèbre autour de l'homme enchaîné. Pas un ne remuait ni ne parlait.

Il y avait sur tout cela un calme monstrueux.

Ce que Gwynplaine voyait là, c'était une cave pénale. Ces caves abondaient en Angleterre. La crypte de la Beauchamp Tower a longtemps servi à cet usage, de même que le souterrain de la Lollard's Prison. Il y avait, et l'on peut voir encore à Londres, en ce genre, le lieu bas dit « les vault de Lady Place ». Dans cette dernière chambre, il y a une cheminée en-cas pour la chauffe des fers.

Toutes les prisons du temps du King-John, et la geôle de Southwark en était une, avaient leur cave pénale.

Ce qui va suivre se pratiquait alors fréquemment en

Angleterre, et pourrait, à la rigueur, en procédure criminelle, s'y exécuter même aujourd'hui ; car toutes ces lois-là existent toujours. L'Angleterre offre ce curieux spectacle d'un code barbare vivant en bonne intelligence avec la liberté. Le ménage, disons-le, est excellent.

Quelque défiance pourtant ne serait pas hors de propos. Si une crise survenait, un réveil pénal n'est pas impossible. La législation anglaise est un tigre apprivoisé. Elle fait patte de velours, mais elle a toujours ses griffes.

Couper les ongles aux lois, cela est sage.

La loi ignore presque le droit. Il y a d'un côté la pénalité, de l'autre l'humanité. Les philosophes protestent ; mais il se passera du temps encore avant que la justice des hommes ait fait sa jonction avec la justice.

Respect de la loi ; c'est le mot anglais. En Angleterre on vénère tant les lois qu'on ne les abroge jamais. On se tire de cette vénération en ne les exécutant point. Une vieille loi tombe en désuétude comme une vieille femme ; mais on ne tue pas plus l'une de ces vieilles que l'autre. On cesse de les pratiquer, voilà tout. Libre à elles de se croire toujours belles et jeunes. On les laisse rêver qu'elles existent. Cette politesse s'appelle respect.

La coutume normande est bien ridée ; cela n'empêche pas plus d'un juge anglais de lui faire encore les yeux doux. On conserve amoureusement une antiquaille atroce, si elle est normande. Quoi de plus féroce que la potence ? En 1867 on a condamné un homme*[112] à être coupé en quatre quartiers qui seraient offerts à une femme, la reine.

Du reste, la torture n'a jamais existé en Angleterre. C'est l'histoire qui le dit. L'aplomb de l'histoire est beau.

Mathieu de Westminster prend acte de ce que « la loi saxonne, fort clémente et débonnaire » ne punissait pas de mort les criminels, et il ajoute : « On se bornait à leur couper le nez, à leur crever les yeux, et à leur arracher les parties qui distinguent le sexe. » Seulement !

Gwynplaine, hagard au haut de l'escalier, commençait

à trembler de tous ses membres. Il avait toutes sortes de frissons. Il cherchait à se rappeler quel crime il pouvait avoir commis. Au silence du wapentake venait de succéder la vision d'un supplice. C'était un pas de fait, mais un pas tragique. Il voyait s'obscurcir de plus en plus la sombre énigme légale sous laquelle il se sentait pris.

La forme humaine couchée à terre râla une deuxième fois.

Gwynplaine eut l'impression qu'on lui poussait doucement l'épaule.

Cela venait du wapentake.

Gwynplaine comprit qu'il fallait descendre.

Il obéit.

Il s'enfonça de marche en marche dans l'escalier. Les degrés avaient un plat-bord très mince, et huit ou neuf pouces de haut. Avec cela pas de rampe. On ne pouvait descendre qu'avec précaution. Derrière Gwynplaine descendait, le suivant à la distance de deux degrés, le wapentake, tenant droit l'iron-weapon, et derrière le wapentake descendait, à la même distance, le justicier-quorum.

Gwynplaine, en descendant ces marches, sentait on ne sait quel engloutissement de l'espérance. C'était une sorte de mort pas à pas [113]. Chaque degré franchi éteignait en lui de la lumière. Il arriva, de plus en plus pâlissant, au bas de l'escalier.

L'espèce de larve terrassée et enchaînée aux quatre piliers continuait de râler.

Une voix dans la pénombre dit:

— Approchez.

C'était le shériff qui s'adressait à Gwynplaine.

Gwynplaine fit un pas.

— Plus près, dit la voix.

Gwynplaine fit encore un pas.

— Tout près, reprit le shériff.

Le justicier-quorum murmura à l'oreille de Gwynplaine, si gravement que ce chuchotement était solennel:

— Vous êtes devant le shériff du comté de Surrey.

Gwynplaine avança jusqu'au supplicié qu'il voyait étendu au centre de la cave. Le wapentake et le justicier-quorum restèrent où ils étaient et laissèrent Gwynplaine avancer seul.

Quand Gwynplaine, parvenu jusque sous le porche, vit de près cette chose misérable qu'il n'avait encore aperçue qu'à distance, et qui était un homme vivant, son effroi devint épouvante.

L'homme lié sur le sol était absolument nu, à cela près de ce haillon hideusement pudique qu'on pourrait nommer la feuille de vigne du supplice, et qui était le *succingulum* des Romains et le *christipannus* des gothiques, duquel notre vieux jargon gaulois a fait le *cripagne*. Jésus, nu sur la croix, n'avait que ce lambeau.

L'effrayant patient que considérait Gwynplaine semblait un homme de cinquante à soixante ans. Il était chauve. Des poils blancs de barbe lui hérissaient le menton. Il fermait les yeux et ouvrait la bouche. On voyait toutes ses dents. Sa face maigre et osseuse était voisine de la tête de mort. Ses bras et ses jambes, assujettis par les chaînes aux quatre poteaux de pierre, faisaient un X. Il avait sur la poitrine et le ventre une plaque de fer, et sur cette plaque étaient posées en tas cinq ou six grosses pierres. Son râle était tantôt un souffle, tantôt un rugissement.

Le shériff, sans quitter son bouquet de roses, prit sur la table, de la main qu'il avait libre, sa verge blanche et la dressa en disant :

— Obédience à sa majesté.

Puis il reposa la verge sur la table.

Ensuite, avec la lenteur d'un glas, sans un geste, aussi immobile que le patient, le shériff éleva la voix.

Il dit :

— Homme qui êtes ici lié de chaînes, écoutez pour la dernière fois la voix de justice. Vous avez été extrait de votre cachot et amené dans cette geôle. Dûment interpellé et dans les formes voulues, *formaliis verbis pressus,* sans égard aux lectures et communications qui vous ont été faites et qui vous vont être renouvelées, inspiré par un esprit de ténacité mauvaise et perverse, vous vous êtes enfermé dans le silence, et vous avez refusé de répondre au juge. Ce qui est un libertinage détestable, et ce qui

constitue, parmi les faits punissables du cashlit, le crime
et délit d'oversenesse.

Le sergent de la coiffe debout à droite du shériff interrompit et dit avec une indifférence qui avait on ne sait quoi de funèbre :

— *Overhernessa.* Lois d'Alfred et de Godrun. Chapitre six.

Le shériff reprit :

— La loi est vénérée de tous, excepté des larrons qui infestent les bois où les biches font leurs petits.

Comme une cloche après une cloche, le sergent dit :

— *Qui faciunt vastum in foresta ubi damæ solent founinare.*

— Celui qui refuse de répondre au magistrat, dit le shériff, est suspect de tous les vices. Il est réputé capable de tout le mal.

Le sergent intervint :

— *Prodigus, devorator, profusus, salax, ruffianus, ebriosus, luxuriosus, simulator, consumptor patrimonii, elluo, ambro, et gluto* [114].

— Tous les vices, dit le shériff, supposent tous les crimes. Qui n'avoue rien confesse tout. Celui qui se tait devant les questions du juge est de fait menteur et parricide.

— *Mendax et parricida,* fit le sergent.

Le shériff dit :

— Homme, il n'est point permis de se faire absent par le silence. Le faux contumace fait une plaie à la loi. Il ressemble à Diomède blessant une déesse. La taciturnité devant la justice est une forme de la rébellion. Lèse-justice, c'est lèse-majesté. Rien de plus haïssable et de plus téméraire. Qui se soustrait à l'interrogatoire vole la vérité. La loi y a pourvu. Pour des cas semblables, les Anglais ont de tout temps joui du droit de fosse, de fourche et de chaînes.

— *Anglica charta,* année 1088, dit le sergent.

Et, toujours avec la même gravité mécanique, le sergent ajouta :

— *Ferrum, et fossam, et furcas, cum aliis libertatibus* [115].

Le shériff continua :

— C'est pourquoi, homme, puisque vous n'avez pas voulu vous départir du silence, bien que sain d'esprit et parfaitement informé de ce que vous demande la justice, puisque vous êtes diaboliquement réfractaire, vous avez dû être géhenné, et vous avez été, aux termes des statuts criminels, mis à l'épreuve du tourment dit « la peine forte et dure ». Voici ce qui vous a été fait. La loi exige que je vous en informe authentiquement. Vous avez été amené dans cette basse-fosse, vous avez été dépouillé de vos vêtements, vous avez été couché tout nu à terre sur le dos, vos quatre membres ont été tendus et liés aux quatre colonnes de la loi, une planche de fer vous a été appliquée au ventre, et l'on vous a mis sur le corps autant de pierres que vous en pouvez porter. « Et davantage », dit la loi.

— *Plusque,* affirma le sergent.

Le shériff poursuivit :

— En cette situation, et avant de prolonger l'épreuve, il vous a été fait, par moi shériff du comté de Surrey, sommation itérative de répondre et de parler, et vous avez sataniquement persévéré dans le silence, bien qu'étant au pouvoir des gênes, chaînes, ceps, entraves et ferrements.

— *Attachiamenta legalia* [116], dit le sergent.

— Sur votre refus et endurcissement, dit le shériff, étant équitable que l'obstination de la loi soit égale à l'obstination du criminel, l'épreuve a continué, telle que la commandent les édits et textes. Le premier jour on ne vous a donné ni à boire ni à manger.

— *Hoc est super jejunare* [117], dit le sergent.

Il y eut un silence. On entendait l'affreuse respiration sifflante de l'homme sous le tas de pierres.

Le sergent en droit compléta son interruption :

— *Adde augmentum abstinentiae ciborum diminutione. Consuetudo britannica* [118], article cinq cent quatre.

Ces deux hommes, le shériff et le sergent, alternaient ; rien de plus sombre que cette monotonie imperturbable ; la voix lugubre répondait à la voix sinistre ; on eût dit le prêtre et le diacre du supplice, célébrant la messe féroce de la loi.

Le shériff recommença :

— Le premier jour on ne vous a donné ni à boire ni à manger. Le deuxième jour on vous a donné à manger et pas à boire ; on vous a mis entre les dents trois bouchées de pain d'orge. Le troisième jour on vous a donné à boire et pas à manger. On vous a versé dans la bouche, en trois fois et en trois verres, une pinte d'eau prise au ruisseau d'égout de la prison. Le quatrième jour est venu. C'est aujourd'hui. Maintenant, si vous continuez à ne pas répondre, vous serez laissé là jusqu'à ce que vous mouriez. Ainsi le veut justice.

Le sergent, toujours à sa réplique, approuva :

— *Mors rei homagium est bonæ legi* [119].

— Et tandis que vous vous sentirez trépasser lamentablement, repartit le shériff, nul ne vous assistera, quand même le sang vous sortirait de la gorge, de la barbe et des aisselles, et de toutes les ouvertures du corps depuis la bouche jusqu'aux reins.

— *A throtebolla,* dit le sergent, *et pabus et subhircis, et a grugno usque ad crupponum.*

Le shériff continua :

— Homme, faites attention. Car les suites vous regardent. Si vous renoncez à votre silence exécrable, et si vous avouez, vous ne serez que pendu, et vous aurez droit au meldefeoh qui est une somme d'argent.

— *Damnum confitens,* dit le sergent, *habeat le meldefeoh. Leges Inæ,* chapitre vingt.

— Laquelle somme, insista le shériff, vous sera payée en doitkins, suskins et galihalpens, seul cas où cette monnaie puisse être employée, aux termes du statut d'abolition, au troisième de Henri cinquième, et aurez le droit et jouissance de *scortum ante mortem* [120], et serez ensuite étranglé au gibet. Tels sont les avantages de l'aveu. Vous plaît-il répondre à justice ?

Le shériff se tut et attendit. Le patient demeura sans mouvement.

Le shériff reprit :

— Homme, le silence est un refuge où il y a plus de risque que de salut. L'opiniâtreté est damnable et scélérate. Qui se tait devant justice est félon à la couronne. Ne persistez point dans cette désobéissance non filiale. Songez à sa majesté. Ne résistez point à notre gracieuse reine. Quand je vous parle, répondez-lui. Soyez loyal sujet.

Le patient râla.

Le shériff repartit :

— Donc, après les soixante-douze premières heures de l'épreuve, nous voici au quatrième jour. Homme, c'est le jour décisif. C'est au quatrième jour que la loi fixe la confrontation.

— *Quarta die, frontem ad frontem adduce*, grommela le sergent.

— La sagesse de la loi, reprit le shériff, a choisi cette heure extrême, afin d'avoir ce que nos ancêtres appelaient « le jugement par le froid mortel », attendu que c'est le moment où les hommes sont crus sur leur oui et sur leur non.

Le sergent en droit reprit :

— *Judicium pro frodmortell, quod homines credensi sint per suum ya et per suum na.* Charte du roi Adelstan. Tome premier, page cent soixante-treize.

Il y eut un instant d'attente, puis le shériff inclina vers le patient sa face sévère.

— Homme qui êtes là couché à terre...

Et il fit une pause.

— Homme, cria-t-il, m'entendez-vous ?

L'homme ne bougea pas.

— Au nom de la loi, dit le shériff, ouvrez les yeux.

Les paupières de l'homme restèrent closes.

Le shériff se tourna vers le médecin debout à sa gauche.

— Docteur, donnez votre diagnostic.

— *Probe, da diagnosticum*, dit le sergent.

Le médecin descendit de la dalle avec la raideur magistrale, s'approcha de l'homme, se pencha, mit son oreille près de la bouche du patient, lui tâta le pouls au poignet, à l'aisselle et à la cuisse, et se redressa.

— Eh bien ? dit le shériff.

— Il entend encore, dit le médecin.

— Voit-il ? demanda le shériff.

Le médecin répondit :

— Il peut voir.

Sur un signe du shériff, le justicier-quorum et le wapentake s'avancèrent. Le wapentake se plaça près de la tête du patient; le justicier-quorum s'arrêta derrière Gwynplaine.

Le médecin recula d'un pas entre les piliers.

Alors le shériff, élevant le bouquet de roses comme un prêtre son goupillon, interpella le patient d'une voix haute, et devint formidable :

— O misérable, parle! la loi te supplie avant de t'exterminer. Tu veux sembler muet, songe à la tombe qui est muette; tu veux paraître sourd, songe à la damnation qui est sourde. Pense à la mort qui est pire que toi. Réfléchis, tu vas être abandonné dans ce cachot. Écoute, mon semblable, car je suis un homme! Écoute, mon frère, car je suis un chrétien! Écoute, mon fils, car je suis un vieillard! Prends garde à moi, car je suis le maître de ta souffrance, et je vais tout à l'heure être horrible. L'horreur de la loi fait la majesté du juge. Songe que moi-même je tremble devant moi. Mon propre pouvoir me consterne. Ne me pousse pas à bout. Je me sens plein de la sainte méchanceté du châtiment. Aie donc, ô infortuné, la salutaire et honnête crainte de la justice, et obéis-moi. L'heure de la confrontation est venue et tu dois répondre. Ne t'obstine point dans la résistance. N'entre pas dans l'irrévocable. Pense que l'achèvement est mon droit. Cadavre commencé, écoute! A moins qu'il ne te plaise expirer ici pendant des heures, des jours et des semaines, et agoniser longtemps d'une épouvantable agonie affamée et fécale, sous le poids de ces pierres, seul dans ce souterrain, délaissé, oublié, aboli, donné à manger aux rats et aux belettes, mordu par les bêtes des ténèbres, tandis qu'on ira et viendra, et qu'on achètera et qu'on vendra, et que les voitures rouleront dans la rue au-dessus de ta tête; à moins qu'il ne te convienne de râler sans rémission au fond de ce désespoir, grinçant, pleurant, blasphémant, sans un médecin pour apaiser tes plaies, sans un prêtre pour offrir le verre d'eau divin à ton âme; oh! à moins que tu ne veuilles sentir lentement éclore à tes lèvres l'écume affreuse du sépulcre, oh! je t'adjure et te conjure, entends-moi! je t'appelle à ton propre secours, aie pitié de toi-même, fais ce qui t'est demandé, cède à la justice, obéis, tourne la tête, ouvre les yeux, et dis si tu reconnais cet homme!

Le patient ne tourna pas la tête et n'ouvrit pas les yeux.

Le shériff jeta un coup d'œil tour à tour au justicier-quorum et au wapentake.

Le justicier-quorum ôta à Gwynplaine son chapeau et son manteau, le prit par les épaules et lui fit faire face à la lumière du côté de l'homme enchaîné. Le visage de Gwynplaine se détacha dans toute cette ombre, avec son relief étrange, pleinement éclairé.

En même temps le wapentake se courba, saisit par les tempes entre ses deux mains la tête du patient, tourna cette tête inerte vers Gwynplaine, et de ses deux pouces et de ses deux index écarta les paupières fermées. Les yeux farouches de l'homme apparurent.

Le patient vit Gwynplaine.

Alors, soulevant lui-même sa tête et ouvrant ses paupières toutes grandes, il le regarda.

Il tressaillit autant qu'on peut tressaillir quand on a une montagne sur la poitrine, et il cria:

— C'est lui! oui! c'est lui!

Et, terrible, il éclata de rire.

— C'est lui! répéta-t-il.

Puis il laissa retomber sa tête sur le sol, et il referma les yeux.

— Greffier, écrivez, dit le shériff.

Gwynplaine, quoique terrifié, avait fait jusqu'à ce moment-là à peu près bonne contenance. Le cri du patient: *C'est lui!* le bouleversa. Ce: *Greffier, écrivez,* le glaça. Il lui sembla comprendre qu'un scélérat l'entraînait dans sa destinée, sans que lui, Gwynplaine, pût deviner pourquoi, et que l'inintelligible aveu de cet homme se fermait sur lui comme la charnière d'un carcan. Il se figura cet homme et lui attachés au même pilori à deux poteaux jumeaux. Gwynplaine perdit pied dans cette épouvante, et se débattit. Il se mit à balbutier des bégaiements incohérents, avec le trouble profond de l'innocence, et, frémissant, effaré, éperdu, il jeta au hasard les premiers cris qui lui vinrent et toutes ces paroles de l'angoisse qui ont l'air de projectiles insensés.

— Ce n'est pas vrai. Ce n'est pas moi. Je ne connais pas cet homme. Il ne peut pas me connaître, puisque je ne le connais pas. J'ai ma représentation de ce soir qui m'attend. Qu'est-ce qu'on me veut? Je demande ma liberté. Ce n'est pas tout ça. Pourquoi m'a-t-on amené dans cette cave? Alors il n'y a plus de lois. Dites tout de suite qu'il n'y a plus de lois. Monsieur le juge, je répète que ce n'est pas moi. Je suis innocent de tout ce qu'on peut dire. Je le sais bien, moi. Je veux m'en aller. Cela n'est pas juste. Il n'y a rien entre cet homme et moi. On peut s'informer. Ma vie n'est pas une chose cachée. On est venu me prendre comme un voleur. Pourquoi est-on venu comme cela? Cet homme-là, est-ce que je sais ce que c'est? Je suis un garçon ambulant qui joue des farces dans les foires et les marchés. Je suis l'Homme qui Rit. Il y a assez de monde qui sont venus me voir. Nous sommes dans le Tarrinzeau-field. Voilà quinze ans que je fais mon état honnêtement. J'ai vingt-cinq ans. Je loge à l'inn Tadcaster. Je m'appelle Gwynplaine. Faites-moi la grâce de me faire mettre hors d'ici, monsieur le juge. Il ne faut pas abuser de la petitesse des malheureux. Ayez compassion d'un homme qui n'a rien fait, et qui est sans protection et sans défense. Vous avez devant vous un pauvre saltimbanque.

— J'ai devant moi, dit le shériff, lord Fermain Clancharlie [121], baron Clancharlie et Hunkerville, marquis de Corleone en Sicile, pair d'Angleterre.

Et se levant, et montrant son fauteuil à Gwynplaine, le shériff ajouta :

— Milord, que votre seigneurie daigne s'asseoir.

LIVRE CINQUIÈME

LA MER ET LE SORT REMUENT SOUS LE MÊME SOUFFLE

I

SOLIDITÉ DES CHOSES FRAGILES

La destinée nous tend parfois un verre de folie à boire. Une main sort du nuage et nous offre brusquement la coupe sombre où est l'ivresse inconnue.

Gwynplaine ne comprit pas.

Il regarda derrière lui pour voir à qui l'on parlait.

Le son trop aigu n'est plus perceptible à l'oreille; l'émotion trop aiguë n'est plus perceptible à l'intelligence. Il y a une limite pour comprendre comme pour entendre.

Le wapentake et le justicier-quorum s'approchèrent de Gwynplaine et le prirent sous le bras, et il sentit qu'on l'asseyait dans le fauteuil d'où le shériff s'était levé.

Il se laissa faire, sans s'expliquer comment cela se pouvait.

Quand Gwynplaine fut assis, le justicier-quorum et le wapentake reculèrent de quelques pas et se tinrent droits et immobiles en arrière du fauteuil.

Alors le shériff posa son bouquet de roses [122] sur la dalle, mit des lunettes que lui présenta le greffier, tira de dessous les dossiers qui encombraient la table une feuille de parchemin tachée, jaunie, verdie, rongée et cassée par places, qui semblait avoir été pliée à plis très étroits, et dont un côté était couvert d'écriture, et, debout sous la lumière de la lanterne, rapprochant de ses yeux cette feuille, de sa voix la plus solennelle, il lut ceci :

« Au nom du Père, du Fils et du Saint-Esprit,

« Ce jourd'hui vingt-neuvième de janvier mil six cent quatre-vingt-dix de Notre-Seigneur,

« A été méchamment abandonné, sur la côte déserte de Portland, dans l'intention de l'y laisser périr de faim, de froid et de solitude, un enfant âgé de dix ans.

« Cet enfant a été vendu à l'âge de deux ans par ordre de sa très gracieuse majesté le roi Jacques deuxième.

« Cet enfant est lord Fermain Clancharlie, fils légitime unique du lord Linnæus Clancharlie, baron Clancharlie et Hunkerville, marquis de Corleone en Italie, pair du royaume d'Angleterre, défunt, et d'Ann Bradshaw, son épouse, défunte.

« Cet enfant est héritier des biens et titres de son père. C'est pourquoi il a été vendu, mutilé, défiguré et disparu par la volonté de sa très gracieuse majesté.

« Cet enfant a été élevé et dressé pour être bateleur dans les marchés et foires.

« Il a été vendu à l'âge de deux ans après la mort du seigneur son père, et dix livres sterling ont été données au roi pour l'achat de cet enfant, ainsi que pour diverses concessions, tolérances et immunités.

« Lord Fermain Clancharlie, âgé de deux ans, a été acheté par moi soussigné qui écris ces lignes, et mutilé et défiguré par un Flamand de Flandre nommé Hardquanonne, lequel est seul en possession des secrets et procédés du docteur Conquest.

« L'enfant était destiné par nous à être un masque de rire. *Masca ridens*.

« A cette intention, Hardquanonne lui a pratiqué l'opération *Bucca fissa usque ad aures,* qui met sur la face un rire éternel.

« L'enfant par un moyen connu de Hardquanonne seul, ayant été endormi et fait insensible pendant ce travail, ignore l'opération qu'il a subie.

« Il ignore qu'il est lord Clancharlie.

« Il répond au nom de *Gwynplaine*.

« Cela tient à la bassesse de l'âge et à la petitesse de

mémoire qu'il avait quand il a été vendu et acheté, étant à peine âgé de deux ans.

« Hardquanonne est le seul qui sache faire l'opération *Bucca fissa,* et cet enfant est le seul vivant à qui elle ait été faite.

« Cette opération est unique et singulière à ce point que, même après de longues années, cet enfant, fût-il un vieillard au lieu d'être un enfant, et ses cheveux noirs fussent-ils devenus des cheveux blancs, serait immédiatement reconnu par Hardquanonne.

« A l'heure où nous écrivons ceci, Hardquanonne, lequel sait pertinemment tous ces faits et y a participé comme auteur principal, est détenu dans les prisons de son altesse le prince d'Orange, vulgairement appelé le roi Guillaume III. Hardquanonne a été appréhendé et saisi comme étant de ceux dits les Comprachicos ou Cheylas. Il est enfermé dans le donjon de Chatham.

« C'est en Suisse, près du lac de Genève, entre Lausanne et Vevey, dans la maison même où son père et sa mère étaient morts, que l'enfant nous a été, conformément aux commandements du roi, vendu et livré par le dernier domestique du feu lord Linnæus, lequel domestique a trépassé peu après comme ses maîtres, de sorte que cette affaire délicate et secrète n'est plus connue à cette heure de personne ici-bas, si ce n'est de Hardquanonne, qui est au cachot dans Chatham, et de nous, qui allons mourir.

« Nous soussignés, avons élevé et gardé huit ans, pour en tirer parti dans notre industrie, le petit seigneur acheté par nous au roi.

« Ce jourd'hui, fuyant l'Angleterre pour ne point partager le mauvais sort de Hardquanonne, nous avons, par timidité et crainte, à cause des inhibitions et fulminations pénales édictées en parlement, abandonné, à la nuit tombante, sur la côte de Portland, ledit enfant Gwynplaine qui est lord Fermain Clancharlie.

« Or, avons juré le secret au roi, mais pas à Dieu.

« Cette nuit, en mer, assaillis d'une sévère tempête par la volonté de la providence, en plein désespoir et détresse, agenouillés devant celui qui peut sauver nos vies et qui voudra peut-être sauver nos âmes, n'ayant plus rien à attendre des hommes et tout à craindre de Dieu, ayant pour ancre et ressource le repentir de nos actions mauvaises, résignés à mourir, et contents si la justice d'en haut se satisfait, humbles et pénitents et nous frappant la poitrine, faisons cette déclaration et la confions et remettons à la mer furieuse pour qu'elle en use selon le bien à l'obéissance de Dieu. Et que la très Sainte Vierge nous soit en aide. Ainsi soit-il. Et avons signé. »

Le shériff, s'interrompant, dit :

— Voici les signatures. Toutes d'écritures diverses.

Et il se remit à lire :

— « Docteur Gernardus Geestemunde. — Asuncion. — Une Croix, et à côté : Barbara Fermoy, de l'île Tyrryf, dans les Ébudes. — Gaïzdorra, captal. — Giangirate. — Jacques Quatourze, dit le Narbonnais. — Luc-Pierre Capgaroupe, du bagne de Mahon. »

Le shériff, s'arrêtant encore, dit :

— Note écrite de la même main que le texte et que la première signature.

Et il lut :

— « De trois hommes d'équipage, le patron ayant été enlevé par un coup de mer, il ne reste que deux. Et ont signé. — Galdeazun. — Ave-Maria, voleur. »

Le shériff, mêlant la lecture et les interruptions, continua :

— Au bas de la feuille est écrit : « En mer, à bord de la *Matutina*, ourque de Biscaye, du golfe de Pasages. »

— Cette feuille, ajouta le shériff, est un parchemin de chancellerie qui porte le filigrane du roi Jacques deuxième. En marge de la déclaration, et de la même écriture, il y a cette note :

— « La présente déclaration est écrite par nous au verso de l'ordre royal qui nous a été remis pour notre décharge d'avoir acheté l'enfant. Qu'on retourne la feuille, on verra l'ordre. »

Le shériff retourna le parchemin, et l'éleva dans sa main droite en l'exposant à la lumière. On vit une page blanche, si le mot page blanche peut s'appliquer à une telle moisissure, et au milieu de la page trois mots écrits ;

deux mots latins, *jussu regis* [123], et une signature, *Jeffreys*.

— *Jussu regis. Jeffreys,* dit le shériff, passant de la voix grave à la voix haute.

Un homme à qui il vient de tomber sur la tête une tuile du palais des rêves, c'était là Gwynplaine.

Il se mit à parler comme on parle dans l'inconscience :

— Gernardus, oui, le docteur. Un homme vieux et triste. J'en avais peur. Gaïzdorra, captal, cela veut dire le chef. Il y avait des femmes, Asuncion, et l'autre. Et puis le Provençal. C'était Capgaroupe. Il buvait dans une bouteille plate sur laquelle il y avait un nom écrit en rouge.

— La voici, dit le shériff.

Et il posa sur la table une chose que le greffier venait de tirer du sac de justice.

C'était une gourde à oreillons, revêtue d'osier. Cette bouteille avait visiblement eu des aventures. Elle avait dû séjourner dans l'eau. Des coquillages et des conferves y adhéraient. Elle était incrustée et damasquinée de toutes les rouilles de l'océan. Le goulot avait un collet de goudron indiquant qu'elle avait été hermétiquement bouchée. Elle était décachetée et ouverte. On avait toutefois replacé dans le goulot une sorte de tampon de funin goudronné qui avait été le bouchon.

— C'est dans cette bouteille, dit le shériff, qu'avait été enfermée, par les gens qui allaient mourir, la déclaration dont il vient d'être donné lecture. Ce message adressé à la justice lui a été fidèlement remis par la mer.

Le shériff augmenta la majesté de son intonation, et continua :

— De même que la montagne Harrow est excellente au blé et fournit la fine fleur de farine dont on cuit le pain pour la table royale, de même la mer rend à l'Angleterre tous les services qu'elle peut, et, quand un lord se perd, elle le retrouve et le rapporte.

Puis il reprit :

— Sur cette gourde il y a en effet un nom écrit en rouge.

Et haussant la voix, il se tourna vers le patient immobile :

— Votre nom à vous, malfaiteur qui êtes ici. Car telles sont les voies obscures par où la vérité, engloutie dans le gouffre des actions humaines, arrive du fond à la surface.

Le shériff prit la gourde et présenta à la lumière un des côtés de l'épave qui avait été nettoyé, probablement pour les besoins de la justice. On y voyait serpenter dans les entrelacements de l'osier un mince ruban de jonc rouge, devenu noir par endroits, travail de l'eau et du temps. Ce jonc, malgré quelques cassures, traçait distinctement dans l'osier ces douze lettres: *Hardquanonne*.

Alors le shériff, reprenant ce son de voix particulier qui ne ressemble à rien et qu'on pourrait qualifier d'accent de justice, se tourna vers le patient:

— Hardquanonne! quand, par nous, shériff, cette gourde, sur laquelle est votre nom, vous a été, pour la première fois, montrée, exhibée et présentée, vous l'avez tout d'abord et de bonne grâce reconnue comme vous ayant appartenu; puis, lecture vous ayant été faite, en sa teneur, du parchemin qui y était ployé et enfermé, vous n'avez pas voulu en dire davantage, et, dans l'espoir sans doute que l'enfant perdu ne serait pas retrouvé et que vous échapperiez au châtiment, vous avez refusé de répondre. A la suite duquel refus, vous avez été appliqué à la peine forte et dure, et deuxième lecture dudit parchemin, où est consignée la déclaration et confession de vos complices, vous a été donnée. Inutilement. Aujourd'hui, qui est le jour quatrième et le jour légalement voulu de la confrontation, ayant été mis en présence de celui qui a été abandonné à Portland le vingt-neuf janvier mil six cent quatre-vingt-dix, l'espérance diabolique s'est évanouie en vous, et vous avez rompu le silence et reconnu votre victime...

Le patient ouvrit les yeux, dressa la tête, et d'une voix où il y avait la sonorité étrange de l'agonie, avec on ne sait quel calme mêlé à son râle, prononçant tragiquement sous cet amas de pierres des mots pour chacun desquels il lui fallait soulever l'espèce de couvercle de tombe posé sur lui, il se mit à parler:

— J'ai juré le secret, et je l'ai gardé le plus que j'ai pu. Les hommes sombres sont les hommes fidèles, et il existe une honnêteté dans l'enfer [124]. Aujourd'hui le silence est devenu inutile. Soit. C'est pourquoi je parle. Eh bien, oui. C'est lui. Nous l'avons fait à nous deux le roi ; le roi par sa volonté, moi par mon art [125].

Et, regardant Gwynplaine, il ajouta :

— Maintenant ris à jamais.

Et lui-même il se mit à rire.

Ce second rire, plus farouche encore que le premier, aurait pu être pris pour un sanglot [126].

Le rire cessa, et l'homme se recoucha. Ses paupières se refermèrent.

Le shériff, qui avait laissé la parole au supplicié, poursuivit :

— De tout quoi il est pris acte.

Il donna au greffier le temps d'écrire, puis il dit :

— Hardquanonne, aux termes de la loi, après confrontation suivie d'effet, après troisième lecture de la déclaration de vos complices, désormais confirmée par votre reconnaissance et confession, après votre aveu itératif, vous allez être dégagé de ces entraves, et remis au bon plaisir de sa majesté pour être pendu comme plagiaire.

— Plagiaire, fit le sergent de la coiffe. C'est-à-dire acheteur et vendeur d'enfants. Loi visigothe, livre sept, titre trois, paragraphe *Usurpaverit;* et Loi salique, titre quarante et un, paragraphe deux ; et Loi des Frisons, titre vingt et un, *De Plagio.* Et Alexandre Nequam dit :

Qui pueros cendis, plagiartus est tibi nomen *.

Le shériff posa le parchemin sur la table, ôta ses lunettes, ressaisit le bouquet, et dit :

— Fin de la peine forte et dure. Hardquanonne, remerciez sa majesté.

D'un signe, le justicier-quorum mit en mouvement l'homme habillé de cuir.

Cet homme qui était un valet de bourreau, « groom du gibet », disent les vielles chartes, alla au patient, lui ôta l'une après l'autre les pierres qu'il avait sur le ventre, enleva la plaque de fer qui laissa voir les côtes déformées

---

* Toi qui vends des enfants, ton nom est plagiaire.

du misérable, puis lui défit des poignets et des chevilles les quatre carcans qui le liaient aux piliers.

Le patient, déchargé des pierres et délivré des chaînes, resta à plat sur la terre, les yeux fermés, les bras et les jambes écartés, comme un crucifié décloué [127].

— Hardquanonne, dit le shériff, levez-vous.

Le patient ne remua point.

Le groom du gibet lui prit une main et la lâcha; la main retomba. L'autre main, soulevée, retomba de même. Le valet de bourreau saisit un pied, puis l'autre, les talons revinrent frapper le sol. Les doigts restèrent inertes et les orteils immobiles. Les pieds nus d'un corps gisant ont on ne sait quoi de hérissé.

Le médecin s'approcha, tira d'une poche de sa robe un petit miroir d'acier et le mit devant la bouche béante de Hardquanonne; puis du doigt il lui ouvrit les paupières. Elles ne s'abaissèrent point. Les prunelles vitreuses demeurèrent fixes.

Le médecin se redressa et dit:

— Il est mort.

Et il ajouta:

— Il a ri, cela l'a tué.

— Peu importe, dit le shériff. Après l'aveu, vivre ou mourir n'est plus qu'une formalité.

Puis, désignant Hardquanonne d'un geste de son bouquet de roses, le shériff jeta cet ordre au wapentake:

— Carcasse à emporter d'ici cette nuit.

Le wapentake adhéra d'un hochement de tête.

Et le shériff ajouta:

— Le cimetière de la prison est en face.

Le wapentake fit un nouveau signe d'adhésion.

Le greffier écrivait.

Le shériff, ayant dans sa main gauche le bouquet, prit dans l'autre main sa baguette blanche, se plaça droit devant Gwynplaine toujours assis, lui fit une révérence profonde, puis, autre attitude de solennité, renversa sa tête en arrière, et, regardant Gwynplaine en face, lui dit:

— A vous qui êtes ici présent, nous Philippe Denzill Parsons, chevalier, shériff du comté de Surrey, assisté d'Aubrie Docminique, écuyer, notre clerc et greffier, et de nos officiers ordinaires, dûment pourvu de commandements directs et spéciaux de sa majesté, en vertu de notre commission, et des droits et devoirs de notre charge, et avec le congé du lord chancelier d'Angleterre, procès-verbaux dressés et actes pris, vu les pièces communiquées par l'amirauté, après vérification des attestations et signatures, après déclarations lues et ouïes, après confrontation faite, toutes les constatations et informations légales étant complétées, épuisées, et menées à bonne et juste fin, nous vous signifions et déclarons, afin qu'il en advienne ce que de droit, que vous êtes Fermain Clancharlie, baron Clancharlie et Hunkerville, marquis de Corleone en Sicile, pair d'Angleterre, et que Dieu garde votre seigneurie.

Et il salua.

Le sergent en droit, le docteur, le justicier-quorum, le wapentake, le greffier, tous les assistants, excepté le bourreau, répétèrent ce salut plus profondément encore, et s'inclinèrent jusqu'à terre devant Gwynplaine.

— Ah çà, cria Gwynplaine, réveillez-moi !

Et il se dressa debout, tout pâle.

— Je viens vous réveiller, en effet, dit une voix qu'on n'avait pas encore entendue.

Un homme sortit de derrière un des piliers. Comme personne n'avait pénétré dans la cave depuis que la lame de fer avait livré passage à l'arrivée du cortège de police, il était visible que cet homme était dans cette ombre avant l'entrée de Gwynplaine, qu'il avait un rôle régulier d'observation, et qu'il avait mission et fonction de se tenir là. Cet homme était gros et replet, en perruque de cour et en manteau de voyage, plutôt vieux que jeune, et très correct.

Il salua Gwynplaine avec respect et aisance, avec l'élégance d'un gentleman domestique, et sans gaucherie de magistrat.

— Oui, dit-il, je viens vous réveiller [128]. Depuis vingt-cinq ans, vous dormez. Vous faites un songe, et il faut en sortir. Vous vous croyez Gwynplaine, vous êtes Clancharlie. Vous vous croyez du peuple, vous êtes de la seigneurie. Vous vous croyez au dernier rang, vous êtes au premier. Vous vous croyez histrion, vous êtes sénateur. Vous vous croyez pauvre, vous êtes opulent. Vous vous croyez petit, vous êtes grand, Réveillez-vous, milord !

Gwynplaine, d'une voix très basse et où il y avait une certaine terreur, murmura :

— Qu'est-ce que tout cela veut dire ?

— Cela veut dire, milord, répondit le gros homme, que je m'appelle Barkilphedro, que je suis officier de l'amirauté, que cette épave, la gourde de Hardquanonne, a été trouvée au bord de la mer, qu'elle m'a été apportée pour être décachetée par moi, comme c'est la sujétion et la prérogative de ma charge, que je l'ai ouverte en présence des deux jurés assermentés de l'office Jetson, lesquels sont tous deux membres du parlement, William Blathwaith, pour la ville de Bath, et Thomas Jervoise pour Southampton, que les deux jurés ont décrit et certifié le contenu de la gourde, et signé le procès-verbal d'ouverture, conjointement avec moi, que j'ai fait mon rapport à sa majesté, que, par l'ordre de la reine, toutes les formalités légales nécessaires ont été remplies avec la discrétion que commande une si délicate matière, et que la dernière, la confrontation, vient d'avoir lieu ; cela veut dire que vous avez un million de rentes, cela veut dire que vous êtes lord du Royaume-Uni de la Grande-Bretagne, législateur et juge, juge suprême, législateur souverain, vêtu de la pourpre et de l'hermine, égal aux princes, semblable aux empereurs, que vous avez sur la tête la couronne de pair, et que vous allez épouser une duchesse, fille d'un roi.

Sous cette transfiguration croulant sur lui à coups de tonnerre, Gwynplaine s'évanouit.

II

CE QUI ERRE NE SE TROMPE PAS

Toute cette aventure était venue d'un soldat qui avait trouvé une bouteille au bord de la mer.
Racontons le fait.
A tout fait se rattache un engrenage.
Un jour un des quatre canonniers composant la garnison du château de Calshor avait ramassé dans le sable à marée basse une gourde d'osier jetée là par le flux. Cette gourde, toute moisie, était bouchée d'un bouchon goudronné. Le soldat avait porté l'épave au colonel du château, et le colonel l'avait transmise à l'amiral d'Angleterre. L'amiral, c'était l'amirauté ; pour les épaves, l'amirauté, c'était Barkilphedro. Barkilphedro avait ouvert et débouché la gourde, et l'avait portée à la reine. La reine avait immédiatement avisé. Deux conseillers considérables avaient été informés et consultés, le lord-chancelier, qui est, de par la loi, « gardien de la conscience du roi d'Angleterre », et le lord maréchal, qui est « juge des armes et de la descente de la noblesse ». Thomas Howard, duc de Norfolk, pair catholique, qui était héréditairement haut-maréchal d'Angleterre, avait fait dire par son député-comte-maréchal Henri Howard, comte de Bindon, qu'il serait de l'avis du lord-chancelier. Quant au lord-chancelier, c'était William Cowper. Il ne faut point confondre ce chancelier avec son homonyme et son

contemporain William Cowper, l'anatomiste commentateur de Bidloo, qui publia en Angleterre le *Traité des muscles* presque au moment où Étienne Abeille publiait en France l'*Histoire des os ;* un chirurgien est distinct d'un lord. Lord William Cowper était célèbre pour avoir, à propos de l'affaire de Talbot Yelverton, vicomte Longueville, émis cette sentence : « qu'au respect de la constitution d'Angleterre, la restauration d'un pair importait plus que la restauration d'un roi ». La gourde trouvée à Calshor avait éveillé au plus haut point son attention. L'auteur d'une maxime aime les occasions de l'appliquer. C'était un cas de restauration d'un pair. Des recherches avaient été faites. Gwynplaine ayant écriteau sur rue, était facile à trouver. Hardquanonne aussi. Il n'était pas mort. La prison pourrit l'homme, mais le conserve, si garder c'est conserver. Les gens confiés aux bastilles y étaient rarement dérangés. On ne changeait guère plus de cachot qu'on ne change de cercueil. Hardquanonne était encore dans le donjon de Chatham. On n'eut qu'à mettre la main dessus. On le transféra de Chatham à Londres. En même temps on s'informait en Suisse. Les faits furent reconnus exacts. On leva, dans les greffes locaux, à Vevey, à Lausanne, l'acte de mariage de lord Linnæus en exil, l'acte de naissance de l'enfant, les actes de décès du père et de la mère, et l'on eut « pour servir ce que de besoin » de doubles expéditions, dûment certifiées. Tout cela s'exécuta dans le plus sévère secret, avec ce qu'on appelait alors *la promptitude royale,* et avec le « silence de taupe » recommandé et pratiqué par Bacon, et plus tard érigé en loi par Blackstone, pour les affaires de chancellerie et d'État, et pour les choses qualifiées sénatoriales.

Le *jussu regis* et la signature *Jeffreys* furent vérifiés. Pour qui a étudié pathologiquement les cas de caprices dits « bon plaisir », ce *jussu regis* est tout simple. Pourquoi Jacques II, qui, ce semble, eût dû cacher de tels actes, en laissait-il, au risque même de compromettre la réussite, des traces écrites ? Cynisme. Indifférence hautaine. Ah ! vous croyez qu'il n'y a que les filles d'impudiques ! la raison d'État l'est aussi. *Et se cupit ante videri* [129]. Commettre un crime et s'en blasonner, c'est là toute l'histoire. Le roi se tatoue, comme le forçat. On a intérêt à échapper au gendarme et à l'histoire, on en serait bien fâché, on tient à être connu et reconnu. Voyez mon bras, remarquez ce dessin, un temple de l'amour et un cœur enflammé percé d'une flèche, c'est moi qui suis Lacenaire. *Jussu regis.* C'est moi qui suis Jacques II. On accomplit une mauvaise action, on met sa marque dessus. Se compléter par l'effronterie, se dénoncer soi-même, faire imperdable son méfait, c'est la bravade insolente du malfaiteur. Christine saisit Monaldeschi, le fait confesser et assassiner, et dit : *Je suis reine de Suède chez le roi de France.* Il y a le tyran qui se cache, comme Tibère, et le tyran qui se vante, comme Philippe II. L'un est plus scorpion, l'autre est plus léopard. Jacques II était de cette dernière variété. Il avait, on le sait, le visage ouvert et gai, différent en cela de Philippe II. Philippe était lugubre, Jacques était jovial. On est tout de même féroce. Jacques II était le tigre bonasse. Il avait, comme Philippe II, la tranquillité de ses forfaits. Il était monstre par la grâce de Dieu. Donc il n'avait rien à dissimuler et à atténuer, et ses assassinats étaient de droit divin. Il eût volontiers, lui aussi, laissé derrière lui ses archives de Simancas avec tous ses attentats numérotés, datés, classés, étiquetés et mis en ordre, chacun dans son compartiment, comme les poisons dans l'officine d'un pharmacien. Signer ses crimes, c'est royal.

Toute action commise est une traite tirée sur le grand payeur ignoré. Celle-ci venait d'arriver à échéance avec l'endos sinistre *Jussu regis*.

La reine Anne, point femme d'un côté, en ce qu'elle excellait à garder un secret, avait demandé, sur cette grave affaire, au lord-chancelier un rapport confidentiel du genre qualifié « rapport à l'oreille royale ». Les rapports de cette sorte ont toujours été usités dans les monarchies. A Vienne, il y avait le *conseiller de l'oreille*, personnage aulique. C'était une ancienne dignité carlovingienne, l'*auricularius* des vieilles chartes palatines. Celui qui parle bas à l'empereur.

William, baron Cowper, chancelier d'Angleterre, que

la reine croyait, parce qu'il était myope comme elle et plus qu'elle, avait rédigé un mémoire commençant ainsi : « Deux oiseaux étaient aux ordres de Salomon, une huppe, la hudbud, qui parlait toutes les langues, et un aigle, le simouganka, qui couvrait d'ombre avec ses ailes une caravane de vingt mille hommes. De même, sous une autre forme, la providence », etc. Le lord-chancelier constatait le fait d'un héritier de pairie enlevé et mutilé, puis retrouvé. Il ne blâmait point Jacques II, père de la reine après tout. Il donnait même des raisons. Premièrement, il y a les anciennes maximes monarchiques. *E senioratu eripimus. In roturagio cadat* [130]. Deuxièmement, le droit royal de mutilation existe. Chamberlayne l'a constaté. *Corpora et bona nostrorum subjectorum nostra sunt**, a dit Jacques Ier, de glorieuse et docte mémoire. Il a été crevé les yeux à des ducs de sang royal pour le bien du royaume. Certains princes, trop voisins du trône, ont été utilement étouffés entre deux matelas, ce qui a passé pour apoplexie. Or, étouffer, c'est plus que mutiler. Le roi de Tunis a arraché les yeux à son père, Muley-Assem, et ses ambassadeurs n'en ont pas moins été reçus par l'empereur. Donc le roi peut ordonner une suppression de membre comme une suppression d'état, etc., c'est légal, etc. Mais une égalité ne détruit pas l'autre. « Si le noyé revient sur l'eau et n'est pas mort, c'est Dieu qui retouche l'action du roi. Si l'héritier se retrouve, que la couronne lui soit rendue. Ainsi il fut fait pour lord Alla, roi de Northumbre, qui lui aussi avait été bateleur. Ainsi il doit être fait pour Gwynplaine, qui lui aussi est roi, c'est-à-dire lord. La bassesse du métier, traversée et subie par force majeure, ne ternit point le blason; témoin Abdolonyme, qui était roi et qui fut jardinier; témoin Joseph, qui était saint et qui fut menuisier; témoin Apollon, qui était dieu et qui fut berger. » Bref, le savant chancelier concluait à la réintégration en tous ses biens et dignités de Fermain, lord Clancharlie, faussement appelé Gwynplaine, « à la seule condition qu'il fût

---

* La vie et les membres des sujets dépendent du roi. » (Chamberlayne, 2e partie, chap. IV, p. 76.)

confronté avec le malfaiteur Hardquanonne, et reconnu par ledit». Et sur ce, le chancelier, garde constitutionnel de la conscience royale, rassurait cette conscience.

Le lord-chancelier rappelait, en post-scriptum, que, au cas où Hardquanonne refuserait de répondre, il devait être appliquée à «la peine forte et dure», auquel cas, pour atteindre la période dite de *frodmortell* voulue par la charte du roi Adelstan, la confrontation devait avoir lieu le quatrième jour; ce qui a bien un peu l'inconvénient que, si le patient meurt le second ou le troisième jour, la confrontation devient difficile; mais la loi doit être exécutée. L'inconvénient de la loi fait partie de la loi.

Du reste, dans l'esprit du lord-chancelier, la reconnaissance de Gwynplaine par Hardquanonne ne faisait aucun doute.

Anne, suffisamment informée de la difformité de Gwynplaine, ne voulant point faire tort à sa sœur, à laquelle avaient été substitués les biens des Clancharlie, décida avec bonheur que la duchesse Josiane serait épousée par le nouveau lord, c'est-à-dire par Gwynplaine.

La réintégration de lord Fermain Clancharlie était du reste un cas très simple, l'héritier étant légitime et direct. Pour les filiations douteuses ou pour les pairies «in abeyance» revendiquées par des collatéraux, la chambre des lords doit être consultée. Ainsi, sans remonter plus haut, elle le fut en 1782 pour la baronnie de Sidney, réclamée par Élisabeth Perry; en 1798, pour la baronnie de Beaumont, réclamée par Thomas Stapleton; en 1803, pour la baronnie de Chandos, réclamée par le révérend Tymewell Brydges; en 1813, pour la pairie-comté de Banbury, réclamée par le lieutenant général Knollys, etc.; mais, ici rien de pareil. Aucun litige; une légitimité évidente; un droit clair et certain; il n'y avait point lieu à saisir la chambre, et la reine, assistée du lord-chancelier, suffisait pour reconnaître et admettre le nouveau lord.

Barkilphedro mena tout.

L'affaire, grâce à lui, resta tellement souterraine, le secret fut si hermétiquement gardé, que ni Josiane, ni lord

David n'eurent vent du prodigieux fait qui se creusait sous eux. Josiane, très altière, avait un escarpement qui la rendait aisée à bloquer. Elle s'isolait d'elle-même. Quant à lord David, on l'envoya en mer, sur les côtes de Flandre. Il allait perdre la lordship et ne s'en doutait pas. Notons ici un détail. Il advint qu'à dix lieues du moufflage de la station navale commandée par lord David, un capitaine nommé Halyburton força la flotte française. Le comte de Pembroke, président du conseil, porta sur une proposition de promotion de contre-amiraux ce capitaine Halyburton, Anne raya Halyburton et mit lord David Dirry-Moir à sa place, afin que lord David eût au moins, lorsqu'il apprendrait qu'il n'était plus pair, la consolation d'être contre-amiral.

Anne se sentit contente. Un mari horrible à sa sœur, un beau grade à lord David. Malice et bonté.

Sa majesté allait se donner la comédie. En outre, elle se disait qu'elle réparait un abus de pouvoir de son auguste père, qu'elle restituait un membre à la pairie, qu'elle agissait en grande reine, qu'elle protégeait l'innocence selon la volonté de Dieu, que la providence dans ses saintes et impénétrables voies, etc. C'est bien doux de faire une action juste, qui est désagréable à quelqu'un qu'on n'aime pas.

Du reste, savoir que le futur mari de sa sœur était difforme avait suffi à la reine. De quelle façon ce Gwynplaine était-il difforme, quel genre de laideur était-ce ? Barkilphedro n'avait pas tenu à en informer la reine, et Anne n'avait pas daigné s'en enquérir. Profond dédain royal. Qu'importait d'ailleurs ? La chambre des lords ne pouvait qu'être reconnaissante. Le lord-chancelier, l'oracle, avait parlé. Restaurer un pair, c'est restaurer toute la pairie. La royauté, en cette occasion, se montrait bonne et respectueuse gardienne du privilège de la pairie. Quel que fût le visage du nouveau lord, un visage n'est pas une objection contre un droit. Anne se dit plus ou moins tout cela, et alla simplement à son but, à ce grand but féminin et royal, se satisfaire.

La reine était alors à Windsor, ce qui mettait une certaine distance entre les intrigues de cour et le public.

Les personnes seules d'absolue nécessité furent dans le secret de ce qui allait se passer.

Quant à Barkilphedro, il fut joyeux, ce qui ajouta à son visage une expression lugubre.

La chose en ce monde qui peut le plus être hideuse, c'est la joie.

Il eut cette volupté de déguster le premier la gourde de Hardquanonne. Il eut l'air peu surpris, l'étonnement étant d'un petit esprit. D'ailleurs, n'est-ce pas? cela lui était bien dû, à lui qui depuis si longtemps faisait faction à la porte du hasard. Puisqu'il attendait, il fallait bien que quelque chose arrivât.

Ce *nil mirari* [131] faisait partie de sa contenance. Au fond, disons-le, il avait été émerveillé. Quelqu'un qui eût pu lui ôter le masque qu'il mettait sur sa conscience devant Dieu même, eût trouvé ceci : Précisément, en cet instant-là, Barkilphedro commençait à être convaincu qu'il lui serait décidément impossible, à lui ennemi intime et infime, de faire une fracture à cette haute existence de la duchesse Josiane. De là un accès frénétique d'animosité latente. Il était parvenu à ce paroxysme qu'on appelle le découragement. D'autant plus furieux qu'il désespérait. Ronger son frein, expression tragique et vraie! un méchant rongeant l'impuissance. Barkilphedro était peut-être au moment de renoncer, non à vouloir du mal à Josiane, mais à lui en faire, non à la rage, mais à la morsure. Pourtant, quelle chute, lâcher prise! garder désormais sa haine dans le fourreau, comme un poignard de musée! Rude humiliation.

Tout à coup, à point nommé, — l'immense aventure universelle [132] se plaît à ces coïncidences, — la gourde de Hardquanonne vient, de vague en vague, se placer entre ses mains. Il y a dans l'inconnu on ne sait quoi d'apprivoisé qui semble être aux ordres du mal [133]. Barkilphedro, assisté des deux témoins quelconques, jurés indifférents de l'amirauté, débouche la gourde, trouve le parchemin, le déploie, lit... — Qu'on se représente cet épanouissement monstrueux!

Il est étrange de penser que la mer, le vent, les espaces, les flux et les reflux, les orages, les calmes, les souffles, peuvent se donner beaucoup de peine pour arriver à faire le bonheur d'un méchant. Cette complicité avait duré quinze ans. Œuvre mystérieuse. Pendant ces quinze années, l'océan n'avait pas été une minute sans y travailler. Les flots s'étaient transmis de l'un à l'autre la bouteille surnageante, les écueils avaient esquivé le choc du verre, aucune fêlure n'avait lézardé la gourde, aucun frottement n'avait usé le bouchon, les algues n'avaient point pourri l'osier, les coquillages n'avaient point rongé le mot *Hardquanonne,* l'eau n'avait pas pénétré dans l'épave, la moisissure n'avait pas dissous le parchemin, l'humidité n'avait pas effacé l'écriture, que de soins l'abîme avait dû se donner! Et de cette façon, ce que Gernardus avait jeté à l'ombre, l'ombre l'avait remis à Barkilphedro, et le message envoyé à Dieu était parvenu au démon. Il y avait eu abus de confiance dans l'immensité, et l'ironie obscure mêlée aux choses s'était arrangée de telle sorte qu'elle avait compliqué ce triomphe loyal, l'enfant perdu Gwynplaine redevenant lord Clancharlie, d'une victoire venimeuse, qu'elle avait fait méchamment une bonne action, et qu'elle avait mis la justice au service de l'iniquité [134]. Retirer sa victime à Jacques II, c'était donner une proie à Barkilphedro. Relever Gwynplaine, c'était livrer Josiane. Barkilphedro réussissait; et c'était pour cela que pendant tant d'années les vagues, les lames, les rafales, avaient ballotté, secoué, poussé, jeté, tourmenté et respecté cette bulle de verre où il y avait tant d'existences mêlées! c'était pour cela qu'il y avait eu entente cordiale entre les vents, les marées et les tempêtes! La vaste agitation du prodige complaisante pour un misérable! l'infini collaborateur d'un ver de terre! la destinée a de ces volontés sombres [135].

Barkilphedro eut un éclair d'orgueil titanique. Il se dit que tout cela avait été exécuté à son intention. Il se sentit centre et but.

Il se trompait. Réhabilitons le hasard [136]. Ce n'était point là le vrai sens du fait remarquable dont profitait la haine de Barkilphedro. L'océan se faisant père et mère d'un orphelin, envoyant la tourmente à ses bourreaux, brisant la barque qui a repoussé l'enfant, engloutissant les mains jointes des naufragés, refusant toutes leurs supplications et n'acceptant d'eux que leur repentir, la tempête recevant un dépôt des mains de la mort, le robuste navire où était le forfait remplacé par la fiole fragile où est la réparation, la mer changeant de rôle, comme une panthère qui se ferait nourrice, et se mettant à bercer, non l'enfant, mais sa destinée, pendant qu'il grandit ignorant de tout ce que le gouffre fait pour lui, les vagues, à qui a été jetée la gourde, veillant sur ce passé dans lequel il y a un avenir, l'ouragan soufflant dessus avec bonté, les courants dirigeant la frêle épave à travers l'insondable itinéraire de l'eau, les ménagements des algues, des houles, des rochers, toute la vaste écume de l'abîme prenant sous sa protection un innocent, l'onde imperturbable comme une conscience, le chaos rétablissant l'ordre, le monde des ténèbres aboutissant à une clarté, toute l'ombre employée à cette sortie d'astre, la vérité; le proscrit consolé dans sa tombe, l'héritier rendu à l'héritage, le crime du roi cassé, la préméditation divine obéie, le petit, le faible, l'abandonné, ayant l'infini pour tuteur [137]; voilà ce que Barkilphedro eût pu voir dans l'événement dont il triomphait; voilà ce qu'il ne vit pas. Il ne se dit point que tout avait été fait pour Gwynplaine; il se dit que tout avait été fait pour Barkilphedro; et qu'il en valait la peine. Tels sont les satans.

Du reste, pour s'étonner qu'une épave fragile ait pu nager quinze ans sans être avariée, il faudrait peu connaître la profonde douceur de l'océan. Quinze ans, ce n'est rien. Le 4 octobre 1867, dans le Morbihan, entre l'île de Groix, la pointe de la presqu'île de Gavres et le rocher des Errants, des pêcheurs de Port-Louis ont trouvé une amphore romaine du IVe siècle, couverte d'arabesques par les incrustations de la mer. Cette amphore avait flotté quinze cents ans.

Quelque apparence flegmatique que voulût garder Barkilphedro, sa stupéfaction avait égalé sa joie.

Tout s'offrait, tout était comme préparé. Les tronçons de l'aventure qui allait satisfaire sa haine étaient d'avance épars à sa portée. Il n'y avait qu'à les rapprocher et à faire les soudures. Ajustage amusant à exécuter. Ciselure.

Gwynplaine! il connaissait ce nom. *Masca ridens!* Comme tout le monde, il avait été voir l'Homme qui Rit. Il avait lu l'enseigne-écriteau accrochée à l'inn Tadcaster ainsi qu'on lit une affiche de spectacle qui attire la foule; il l'avait remarquée; il se la rappela sur-le-champ dans les moindres détails, quitte d'ailleurs à vérifier ensuite; cette affiche, dans l'évocation électrique qui se fit en lui, reparut devant son œil profond et vint se placer à côté du parchemin des naufragés, comme la réponse à côté de la question, comme le mot à côté de l'énigme, et ces lignes: « Ici l'on voit Gwynplaine abandonné à l'âge de dix ans, la nuit du 29 janvier 1690, au bord de la mer, à Portland », prirent brusquement sous son regard un resplendissement d'apocalypse. Il eut cette vision, le flamboiement de *Mane Thecel Pharès* [138] sur un boniment de la foire. C'en était fait de tout cet échafaudage qui était l'existence de Josiane. Écroulement subit. L'enfant perdu était retrouvé. Il y avait un lord Clancharlie. David Dirry-Moir était vidé. La pairie, la richesse, la puissance, le rang, tout cela sortait de lord David et entrait dans Gwynplaine. Tout, châteaux, chasses, forêts, hôtels, palais, domaines, y compris Josiane, était à Gwynplaine. Et Josiane, quelle solution! Qui maintenant avait-elle devant elle? Illustre et hautaine, un histrion; belle et précieuse, un monstre. Eût-on jamais espéré cela? La vérité est que Barkilphedro était dans l'enthousiasme. Toutes les combinaisons les plus haineuses peuvent être dépassées par la munificence infernale de l'imprévu. Quand la réalité veut, elle fait des chefs-d'œuvre. Barkilphedro trouvait bêtes tous ses rêves. Il avait mieux.

Le changement qui allait se faire par lui se fût-il fait contre lui, il ne l'eût pas moins voulu. Il existe de féroces insectes désintéressés qui piquent sachant qu'ils mourront de la piqûre. Barkilphedro était cette vermine-là.

Mais cette fois, il n'avait pas le mérite du désintéressement. Lord David Dirry-Moir ne lui devait rien, et lord Fermain Clancharlie allait lui devoir tout. De protégé, Barkilphedro allait devenir protecteur. Et protecteur de qui? d'un pair d'Angleterre. Il aurait un lord à lui! un lord qui serait sa créature! Le premier pli, Barkilphedro comptait bien le lui donner. Et ce lord serait le beau-frère morganatique de la reine! Étant si laid, il plairait à la reine de toute la quantité dont il déplairait à Josiane. Poussé par cette faveur, et en mettant des habits graves et modestes, Barkilphedro pouvait devenir un personnage. Il s'était toujours destiné à l'Église. Il avait une vague envie d'être évêque.

En attendant, il était heureux.

Quel beau succès! et comme toute cette quantité de besogne du hasard était bien faite! Sa vengeance, car il appelait cela sa vengeance, lui était mollement apportée par le flot. Il n'avait pas été vainement embusqué.

L'écueil, c'était lui. L'épave, c'était Josiane. Josiane venait s'échouer sur Barkilphedro! profonde extase scélérate [139].

Il était habile à cet art qu'on appelle la suggestion, et qui consiste à faire dans l'esprit des autres une petite incision où l'on met une idée à soi; tout en se tenant à l'écart, et sans avoir l'air de s'en mêler, il s'arrangea de façon à ce que Josiane allât à la baraque Green-Box et vît Gwynplaine. Cela ne pouvait pas nuire. Le saltimbanque vu en sa bassesse, bon ingrédient dans la combinaison. Plus tard, cela assaisonnerait.

Il avait silencieusement tout apprêté d'avance. Ce qu'il voulait, c'était on ne sait quoi de soudain. Le travail qu'il avait exécuté ne pourrait être exprimé que par ces mots étranges: construire un coup de foudre.

Les préliminaires achevés, il avait veillé à ce que toutes les formalités voulues fussent accomplies dans les formes légales. Le secret n'en avait point souffert, le silence faisant partie de la loi.

La confrontation de Hardquanonne avec Gwynplaine avait eu lieu; Barkilphedro y avait assisté. On vient d'en voir le résultat.

Le même jour, un carrosse de poste de la reine vint brusquement, de la part de sa majesté, chercher lady Josiane à Londres pour la conduire à Windsor où Anne en ce moment passait la saison. Josiane, pour quelque chose qu'elle avait dans l'esprit, eût bien souhaité désobéir, ou du moins retarder d'un jour son obéissance et remettre ce départ au lendemain, mais la vie de cour ne comporte point ces résistances-là. Elle dut se mettre immédiatement en route, et abandonner sa résidence de Londres, Hunkerville-house, pour sa résidence de Windsor, Corleone-lodge.

La duchesse Josiane avait quitté Londres au moment même où le wapentake se présentait à l'inn Tadcaster pour enlever Gwynplaine et le mener à la cave pénale de Southwark.

Quand elle arriva à Windsor, l'huissier de la verge noire, qui garde la porte de la chambre de présence, l'informa que sa majesté était enfermée avec le lord-chancelier, et ne pourrait la recevoir que le lendemain; qu'elle eût en conséquence à se tenir, à Corleone-lodge, à la disposition de sa majesté, et que sa majesté lui enverrait directement ses ordres le lendemain matin à son réveil. Josiane rentra chez elle fort dépitée, soupa de mauvaise humeur, eut la migraine, congédia tout le monde, son mousse excepté, puis le congédia lui-même, et se coucha qu'il faisait encore jour.

En arrivant elle avait appris que, ce même lendemain, lord David Dirry-Moir, ayant reçu en mer l'ordre de venir immédiatement prendre les ordres de la reine, était attendu à Windsor.

III

AUCUN HOMME NE PASSERAIT BRUSQUEMENT DE LA SIBÉRIE AU SÉNÉGAL SANS PERDRE CONNAISSANCE. (Humboldt.)

L'évanouissement d'un homme, même le plus ferme et le plus énergique, sous un brusque coup de massue de la fortune, n'a rien qui doive surprendre. Un homme s'assomme par l'imprévu comme un bœuf par le merlin. François d'Albescola, le même qui arrachait aux ports turcs leur chaîne de fer, demeura, quand on le fit pape, un jour entier sans connaissance. Or, du cardinal au pape l'enjambée est moindre que du saltimbanque au pair d'Angleterre.

Rien de violent comme les ruptures d'équilibre.

Quand Gwynplaine revint à lui et rouvrit les yeux, il était nuit. Gwynplaine était dans un fauteuil au milieu d'une vaste chambre toute tendue de velours pourpre, murs, plafond et plancher. On marchait sur du velours. Près de lui se tenait debout, tête nue, l'homme au gros ventre et au manteau de voyage qui était sorti de derrière un pilier dans la cave de Southwark. Gwynplaine était seul dans cette chambre avec cet homme. De son fauteuil, en étendant le bras, il pouvait toucher deux tables, portant chacune une girandole de six chandelles de cire allumées. Sur l'une de ces tables, il y avait des papiers et une cassette; sur l'autre un en-cas, volaille froide, vin, brandy, servi sur un plateau de vermeil.

Par le vitrage d'une longue fenêtre allant du plancher au plafond, un clair ciel nocturne d'avril faisait entrevoir au-dehors un demi-cercle de colonnes autour d'une cour d'honneur fermée d'un portail à trois portes, une fort large et deux basses; la porte cochère, très grande, au milieu; à droite, la porte chevalière, moindre; à gauche, la porte piétonne, petite. Ces portes étaient fermées de grilles dont les pointes brillaient; une haute sculpture couronnait la porte centrale. Les colonnes étaient probablement en marbre blanc, ainsi que le pavage de la cour, qui faisait un effet de neige et qui encadrait de sa nappe de lames plates une mosaïque confusément distincte dans l'ombre; cette mosaïque, sans doute, vue le jour, eût offert au regard, avec tous ses émaux et toutes ses couleurs, un gigantesque blason, selon la mode florentine. Des zigzags de balustres montaient et descendaient, indiquant des escaliers de terrasses. Au-dessus de la cour se dressait une immense architecture brumeuse et vague à cause de la nuit. Des intervalles de ciel, pleins d'étoiles, découpaient une silhouette de palais [140].

On apercevait un toit démesuré, des pignons à volutes, des mansardes à visières comme des casques, des cheminées pareilles à des tours, et des entablements couverts de dieux et de déesses immobiles. A travers la colonnade jaillissait dans la pénombre une de ces fontaines de féerie, doucement bruyantes, qui se versent de vasque en vasque, mêlent la pluie à la cascade, ressemblent à une dispersion d'écrin, et font au vent une folle distribution de leurs diamants et de leurs perles comme pour désennuyer les statues qui les entourent. De longues rangées de fenêtres se profilaient, séparées par des panoplies en ronde bosse, et par des bustes sur des piédouches. Sur les acrotères, des trophées et des morions à panaches de pierre alternaient avec les dieux.

Dans la chambre où était Gwynplaine, au fond, en face de la fenêtre, on voyait d'un côté une cheminée aussi haute que la muraille, et de l'autre, sous un dais, un de ces spacieux lits féodaux où l'on monte avec une échelle et où l'on peut se coucher en travers. L'escabeau du lit était à côté. Un rang de fauteuils au bas des murs et un rang de chaises en avant des fauteuils complétaient l'ameublement. Le plafond était de forme tumbon [141]; un grand feu de bois à la française flambait dans la cheminée; à la richesse des flammes et à leurs stries roses et vertes, un connaisseur eût constaté que ce feu était de bois de frêne, très grand luxe; la chambre était si grande que les deux girandoles la laissaient obscure. Çà et là, des portières, baissées et flottantes, indiquaient des communications avec d'autres chambres. Cet ensemble avait l'aspect carré et massif du temps de Jacques Ier, mode vieillie et superbe. Comme le tapis et la tenture de la chambre, le dais, le baldaquin, le lit, l'escabeau, les rideaux, la cheminée, les housses des tables, les fauteuils, les chaises, tout était velours cramoisi. Pas d'or, si ce n'est au plafond. Là, à égale distance des quatre angles, luisait, appliqué à plat, un énorme bouclier rond de métal repoussé, où étincelait un éblouissant relief d'armoiries; dans ces armoiries, sur deux blasons accostés, on distinguait un tortil de baron et une couronne de marquis; était-ce du cuivre doré? était-ce du vermeil? on ne savait. Cela semblait de l'or. Et au centre de ce piafond seigneurial, magnifique ciel obscur, ce flamboyant écusson avait le sombre resplendissement d'un soleil dans de la nuit [142].

Un homme sauvage dans lequel est amalgamé un homme libre est à peu près aussi inquiet dans un palais que dans une prison. Ce lieu superbe était troublant. Toute magnificence dégage de l'effroi. Quel pouvait être l'habitant de cette demeure auguste? A quel colosse toute cette grandeur appartenait-elle? De quel lion ce palais était-il l'antre? Gwynplaine, encore mal éveillé, avait le cœur serré.

— Où est-ce que je suis? dit-il.

L'homme, qui était debout devant lui, répondit:

— Vous êtes dans votre maison, milord.

IV

FASCINATION

Il faut du temps pour revenir à la surface.
Gwynplaine avait été jeté au fond de la stupéfaction.
On ne prend pas tout de suite pied dans l'inconnu.
Il y a des déroutes d'idées comme il y a des déroutes d'armées ; le ralliement ne se fait point immédiatement.
On se sent en quelque sorte épars. On assiste à une bizarre dissipation de soi-même.
Dieu est le bras, le hasard est la fronde, l'homme est le caillou. Résistez donc, une fois lancé.
Gwynplaine, qu'on nous passe le mot, ricochait d'un étonnement sur l'autre. Après la lettre d'amour de la duchesse, la révélation de la cave de Southwark.
Dans une destinée, quand l'inattendu commence, préparez-vous à ceci : coup sur coup. Cette farouche porte une fois ouverte, les surprises s'y précipitent [143]. La brèche faite à votre mur, le pêle-mêle des événements s'y engouffre. L'extraordinaire ne vient pas pour une fois.
L'extraordinaire, c'est une obscurité. Cette obscurité était sur Gwynplaine. Ce qui lui arrivait lui semblait inintelligible. Il percevait tout à travers ce brouillard qu'une commotion profonde laisse dans l'intelligence comme la poussière d'un écroulement. La secousse avait été de fond en comble. Rien de net ne s'offrait à lui. Pourtant la transparence se rétablit toujours peu à peu. La

poussière tombe. D'instant en instant, la densité de l'étonnement décroît. Gwynplaine était comme quelqu'un qui aurait l'œil ouvert et fixe dans un songe, et qui tâcherait de voir ce qu'il y a dedans. Il décomposait ce nuage, puis le recomposait. Il avait des intermittences d'égarement. Il subissait cette oscillation de l'esprit dans l'imprévu, laquelle, tour à tour, vous pousse du côté où l'on comprend, puis vous ramène du côté où l'on ne comprend plus. A qui n'est-il pas arrivé d'avoir ce balancier dans le cerveau?

Par degré la dilatation se faisait en sa pensée dans les ténèbres de l'incident comme elle s'était faite en sa pupille dans les ténèbres du souterrain de Southwark. Le difficile, c'était de parvenir à mettre un certain espacement entre tant de sensations accumulées. Pour que cette combustion des idées troubles, dite compréhension, puisse s'opérer, il faut de l'air entre les émotions. Ici l'air manquait. L'événement, pour ainsi dire, n'était pas respirable. En entrant dans la terrifiante cave de Southwark, Gwynplaine s'était attendu au carcan du forçat; on lui avait mis sur la tête la couronne de pair. Comment était-ce possible? Il n'y avait point assez de place entre ce que Gwynplaine avait redouté et ce qui lui arrivait, cela s'était succédé trop vite, son effroi se changeait en autre chose trop brusquement pour que ce fût clair. Les deux contrastes étaient trop serrés l'un contre l'autre. Gwynplaine faisait effort pour retirer son esprit de cet étau.

Il se taisait. C'est l'instinct des grandes stupeurs qui sont sur la défensive plus qu'on ne croit. Qui ne dit rien fait face à tout. Un mot qui vous échappe, saisi par l'engrenage inconnu, peut vous tirer tout entier sous on ne sait quelles roues.

L'écrasement, c'est la peur des petits. La foule craint toujours qu'on ne lui mette le pied dessus. Or Gwynplaine avait été de la foule bien longtemps.

Un état singulier de l'inquiétude humaine se traduit par ce mot: voir venir. Gwynplaine était dans cet état. On ne se sent pas encore en équilibre avec une situation qui surgit. On surveille quelque chose qui doit avoir une suite. On est vaguement attentif. On voit venir. Quoi ? on ne sait. Qui ? on regarde.

L'homme au gros ventre répéta :

— Vous êtes dans votre maison, milord.

Gwynplaine se tâta. Dans les surprises, on regarde, pour s'assurer que les choses existent, puis on se tâte, pour s'assurer qu'on existe soi-même. C'était bien à lui qu'on parlait ; mais lui-même était autre [144]. Il n'avait plus son capingot et son esclavine de cuir. Il avait un gilet de drap d'argent, et un habit de satin qu'en le touchant il sentait brodé ; il sentait une grosse bourse pleine dans la poche du gilet. Un large haut-de-chausses de velours recouvrait son étroite culotte collante de clown ; il avait des souliers à hauts talons rouges. De même qu'on l'avait transporté dans ce palais, on lui avait changé ses vêtements.

L'homme reprit :

— Que votre seigneurie daigne se souvenir de ceci : C'est moi qui me nomme Barkilphedro. Je suis clerc de l'amirauté. C'est moi qui ai ouvert la gourde de Hardquanonne et qui en ai fait sortir votre destinée. Ainsi, dans les contes arabes, un pêcheur fait sortir d'une bouteille un géant.

Gwynplaine fixa ses yeux sur le visage souriant qui lui parlait.

Barkilphedro continua :

— Outre ce palais, milord, vous avez Hunkerville-house, qui est plus grand. Vous avez Clancharlie-castle, où est assise votre pairie, et qui est une forteresse du temps d'Édouard le Vieux. Vous avez dix-neuf baillis à vous, avec leurs villages et leurs paysans. Ce qui met sous votre bannière de lord et de nobleman environ quatre-vingt mille vassaux et fiscalins. A Clancharlie, vous êtes juge, juge de tout, des biens et des personnes, et vous tenez votre cour de baron. Le roi n'a de plus que vous que le droit de frapper monnaie. Le roi, que la loi normande qualifie chiefsignor, a justice, cour et coin. Coin, c'est monnaie. A cela près, vous êtes roi dans votre seigneurie comme lui dans son royaume. Vous avez droit, comme baron, à un gibet de quatre piliers en Angleterre, et comme marquis, à une potence de sept poteaux en Sicile, la justice du simple seigneur ayant deux piliers, celle du châtelain trois, et celle du duc huit. Vous êtes qualifié prince dans les anciennes chartres de Northumbre. Vous êtes allié aux vicomtes Valentia en Irlande, qui sont Power, et aux comtes d'Umfraville en Écosse, qui sont Angus. Vous êtes chef de clan comme Campbell, Ardmannach, et Mac-Callummore. Vous avez huit châtellenies, Reculver, Buxton, Hell-Kerters, Homble, Moricambe, Gumdraith, Trenwardraith et d'autres. Vous avez un droit sur les tourbières de Pillinmore et sur les carrières d'albâtre de Trent ; de plus vous avez tout le pays de Pennethchase, et vous avez une montagne avec une ancienne ville qui est dessus. La ville s'appelle Vinecauton ; la montagne s'appelle Moil-enlli. Tout cela vous fait un revenu de quarante mille livres sterling, c'est-à-dire quarante fois les vingt-cinq mille francs de rente dont se contente un Français.

Pendant que Barkilphedro parlait, Gwynplaine, dans un crescendo de stupeur, se souvenait. Le souvenir est un engloutissement qu'un mot peut remuer jusqu'au fond. Tous ces noms prononcés par Barkilphedro, Gwynplaine les connaissait. Ils étaient inscrits aux dernières lignes de ces deux placards qui tapissaient la cahute où s'était écoulée son enfance, et, à force d'y avoir laissé machinalement errer ses yeux, il les savait par cœur. En arrivant, orphelin abandonné, dans la baraque roulante de Weymouth, il y avait trouvé son héritage inventorié qui l'attendait, et le matin, quand le pauvre petit s'éveillait, la première chose qu'épelait son regard insouciant et distrait, c'était sa seigneurie et sa pairie[145]. Détail étrange qui s'ajoutait à toutes ses surprises, pendant quinze ans, rôdant de carrefour en carrefour, clown d'un tréteau nomade, gagnant son pain au jour le jour, ramassant des liards et vivant de miettes, il avait voyagé avec sa fortune affichée sur sa misère.

Barkilphedro toucha de l'index la cassette qui était sur la table :

— Milord, cette cassette contient deux mille guinées que sa gracieuse majesté la reine vous envoie pour vos premiers besoins.

Gwynplaine fit un mouvement.

— Ce sera pour mon père Ursus, dit-il.

— Soit, milord, fit Barkilphedro, Ursus, à l'inn Tadcaster. Le sergent de la coiffe, qui nous a accompagnés jusqu'ici et qui va repartir tout à l'heure, les lui portera. Peut-être irai-je à Londres. En ce cas, ce serait moi. Je m'en charge.

— Je les lui porterai moi-même, repartit Gwynplaine.

Barkilphedro cessa de sourire, et dit:

— Impossible.

Il y a une inflexion de voix qui souligne. Barkilphedro eut cet accent. Il s'arrêta comme pour mettre un point après le mot qu'il venait de dire. Puis il continua, avec ce ton respectueux et particulier du valet qui se sent le maître:

— Milord, vous êtes ici à vingt-trois milles de Londres, à Corleone-lodge, dans votre résidence de cour, contiguë au château royal de Windsor. Vous y êtes sans que personne le sache. Vous y avez été transporté dans une voiture fermée qui vous atttendait à la porte de la geôle de Southwark. Les gens qui vous ont introduit dans ce palais ignorent qui vous êtes, mais me connaissent, et cela suffit. Vous avez pu être amené jusqu'à cet appartement, au moyen d'une clef secrète que j'ai. Il y a dans la maison des personnes endormies, et ce n'est pas l'heure de réveiller les gens. C'est pourquoi nous avons le temps d'une explication, qui sera courte d'ailleurs. Je vais vous la faire. J'ai commission de sa majesté.

Barkilphedro se mit à feuilleter tout en parlant une liasse de dossiers qui étaient près de la cassette.

— Milord, voici votre patente de pair. Voici le brevet de votre marquisat sicilien. Voici les parchemins et diplômes de vos huit baronnies avec les sceaux de onze rois, depuis Baldret, roi de Kent, jusqu'à Jacques VI et Ier, roi d'Angleterre et d'Écosse. Voici vos lettres de préséance. Voici vos baux à rentes, et les titres et descriptions de vos fiefs, alleux, mouvances, pays et domaines. Ce que vous avez au-dessus de votre tête dans ce blason qui est au plafond, ce sont vos deux couronnes, le tortil à perles de baron et le cercle à fleurons de marquis.

Ici, à côté, dans votre vestiaire, est votre robe de pair de velours rouge à bandes d'hermine. Aujourd'hui même, il y a quelques heures, le lord-chancelier, et le député-comte-maréchal d'Angleterre, informés du résultat de votre confrontation avec le comprachicos Hardquanonne, ont pris les ordres de sa majesté. Sa majesté a signé selon son bon plaisir qui est la même chose que la loi. Toutes les formalités sont remplies. Demain, pas plus tard que demain, vous serez admis à la chambre des lords; on y délibère depuis quelques jours sur un bill présenté par la couronne ayant pour objet d'augmenter de cent mille livres sterling, qui sont deux millions cinq cent mille livres de France, la dotation annuelle du duc de Cumberland, mari de la reine; vous pourrez prendre part à la discussion.

Barkilphedro s'interrompit, respira lentement et reprit:

— Pourtant rien n'est fait encore. On n'est pas pair d'Angleterre malgré soi. Tout peut s'annuler et disparaître, à moins que vous ne compreniez. Un événement qui se dissipe avant d'éclore, cela se voit dans la politique. Milord, le silence à cette heure est encore sur vous. La chambre des lords ne sera mise au fait que demain. Le secret de toute votre affaire a été gardé, par raison d'État, laquelle est d'une conséquence tellement considérable que les personnes graves, seules informées en ce moment de votre existence et de vos droits, les oublieront immédiatement, si la raison d'État leur commande de les oublier. Ce qui est dans la nuit peut rester dans la nuit. Il est aisé de vous effacer. Cela est d'autant plus facile que vous avez un frère, fils naturel de votre père et d'une femme qui depuis, pendant l'exil de votre père, a été la maîtresse du roi Charles II, ce qui fait que votre frère est bien en cour; or c'est à ce frère, tout bâtard qu'il est, que reviendrait votre pairie. Voulez-vous cela? je ne le suppose pas. Eh bien, tout dépend de vous. Il faut obéir à la reine. Vous ne quitterez cette résidence que demain, dans une voiture de sa majesté, et pour aller à la chambre des lords. Milord, voulez-vous être pair d'Angleterre, oui ou non? La reine a des vues sur vous. Elle vous destine à une alliance quasi royale. Lord Fermain Clancharlie, ceci est l'instant décisif. Le destin n'ouvre point une porte sans en fermer une autre. Après de certains pas en avant, un pas en arrière n'est plus possible. Qui entre dans la transfiguration a derrière lui un évanouissement [146] Milord, Gwynplaine est mort. Comprenez-vous ?

Gwynplaine eut un tremblement de la tête aux pieds, puis il se remit.

— Oui, dit-il.

Barkilphedro sourit, salua, prit la cassette sous son manteau, et sortit.

V

ON CROIT SE SOUVENIR, ON OUBLIE

Qu'est-ce que ces étranges changements à vue qui se font dans l'âme humaine?

Gwynplaine avait été en même temps enlevé sur un sommet et précipité dans un abîme.

Il avait le vertige.

Le vertige double.

Le vertige de l'ascension et le vertige de la chute.

Mélange fatal.

Il s'était senti monter et ne s'était pas senti tomber [147].

Voir un nouvel horizon, c'est redoutable.

Une perspective, cela donne des conseils. Pas toujours bons.

Il avait eu devant lui la trouée féerique, piège peut-être, d'un nuage qui se déchire et qui montre le bleu profond.

Si profond qu'il est obscur.

Il était sur la montagne d'où l'on voit les royaumes de la terre [148].

Montagne d'autant plus terrible qu'elle n'existe pas. Ceux qui sont sur cette cime sont dans un rêve.

La tentation y est gouffre, et si puissante, que l'enfer sur ce sommet espère corrompre le paradis, et que le diable y apporte Dieu.

Fasciner l'éternité, quelle étrange espérance!

Là où Satan tente Jésus, comment un homme lutterait-il ?

Des palais, des châteaux, la puissance, l'opulence, toutes les félicités humaines à perte de vue autour de soi, une mappemonde des jouissances étalées à l'horizon, une sorte de géographie radieuse dont on est le centre ; mirage périlleux.

Et qu'on se figure le trouble d'une telle vision pas amenée, sans échelons préalables franchis, sans précaution, sans transition.

Un homme qui s'est endormi dans un trou de taupe et qui se réveille sur la pointe du clocher de Strasbourg ; c'était là Gwynplaine.

Le vertige est une espèce de lucidité formidable. Surtout celui qui, vous emportant à la fois vers le jour et vers la nuit, se compose de deux tournoiements en sens inverse.

On voit trop, et pas assez.

On voit tout, et rien.

On est ce que l'auteur de ce livre a appelé quelque part « l'aveugle ébloui [149] ».

Gwynplaine, resté seul, se mit à marcher à grands pas. Un bouillonnement précède l'explosion.

A travers cette agitation, dans cette impossibilité de se tenir en place, il méditait. Ce bouillonnement était une liquidation. Il faisait l'appel de ses souvenirs. Chose surprenante qu'on ait toujours si bien écouté ce qu'on croit à peine avoir entendu ! la déclaration des naufragés lue par le shériff dans la cave de Southwark lui revenait parfaitement nette et intelligible ; il s'en rappelait chaque mot ; il revoyait dessous toute son enfance.

Brusquement il s'arrêta, les mains derrière le dos, regardant le plafond, le ciel, n'importe, ce qui est en haut.

— Revanche ! dit-il.

Il fut comme celui qui met sa tête hors de l'eau. Il lui sembla qu'il voyait tout, le passé, l'avenir, le présent, dans le saisissement d'une clarté subite.

Ah ! cria-t-il, — car il y a des cris au fond de la pensée, — ah ! c'était donc cela ! j'étais lord. Tout se découvre.

Ah ! l'on m'a volé, trahi, perdu, déshérité, abandonné, assassiné ! le cadavre de ma destinée a flotté quinze ans sur la mer, et tout à coup il a touché la terre, et il s'est dressé debout et vivant ! Je renais. Je nais[150] ! Je sentais bien sous mes haillons palpiter autre chose qu'un misérable, et, quand je me tournais du côté des hommes, je sentais bien qu'ils étaient le troupeau, et que je n'étais pas le chien, mais le berger ! Pasteurs des peuples, conducteurs d'hommes, guides et maîtres, c'est là ce qu'étaient mes pères ; et ce qu'ils étaient, je le suis ! Je suis gentilhomme, et j'ai une épée ; je suis baron, et j'ai un casque ; je suis marquis, et j'ai un panache ; je suis pair, et j'ai une couronne. Ah ! l'on m'avait pris tout cela ! J'étais l'habitant de la lumière, et l'on m'avait fait l'habitant des ténèbres. Ceux qui avaient proscrit le père ont vendu l'enfant. Quand mon père a été mort, ils lui ont retiré de dessous la tête la pierre de l'exil qu'il avait pour oreiller, et ils me l'ont mise au cou, et ils m'ont jeté dans l'égout. Oh ! ces bandits qui ont torturé mon enfance, oui, ils remuent et se dressent au plus profond de ma mémoire, oui, je les revois. J'ai été le morceau de chair becqueté sur une tombe par une troupe de corbeaux. J'ai saigné et crié sous toutes ces silhouettes horribles[151]. Ah ! c'est donc là qu'on m'avait précipité, sous l'écrasement de ceux qui vont et viennent, sous le trépignement de tous, au-dessous du dernier dessous du genre humain, plus bas que le serf, plus bas que le valet, plus bas que le goujat, plus bas que l'esclave, à l'endroit où le chaos devient le cloaque, au fond de la disparition ! Et c'est de là que je sors ! c'est de là que je remonte ! c'est de là que je ressuscite ! Et me voilà. Revanche[152] !

Il s'assit, se releva, prit sa tête dans ses mains, se remit à marcher, et ce monologue d'une tempête continua en lui :

— Où suis-je ? sur le sommet ! Où est-ce que je viens m'abattre ? sur la cime ! Ce faîte, la grandeur, ce dôme du monde, la toute-puissance, c'est ma maison. Ce temple en l'air, j'en suis un des dieux ! l'inaccessible, j'y loge. Cette hauteur que je regardais d'en bas, et d'où il tombait tant de rayons que j'en fermais les yeux, cette seigneurie inexpugnable, cette forteresse imprenable des heureux, j'y entre. J'y suis. J'en suis. Ah! tour de roue définitif! j'étais en bas, je suis en haut. En haut, à jamais! me voilà lord, j'aurai un manteau d'écarlate, j'aurai des fleurons sur la tête, j'assisterai au couronnement des rois, ils prêteront serment entre mes mains, je jugerai les ministres et les princes, j'existerai. Des profondeurs où l'on m'avait jeté, je rejaillis jusqu'au zénith. J'ai des palais de ville et de campagne, des hôtels, des jardins, des chasses, des forêts, des carrosses, des millions, je donnerai des fêtes, je ferai des lois, j'aurai le choix des bonheurs et des joies, et le vagabond Gwynplaine, qui n'avait pas le droit de prendre une fleur dans l'herbe, pourra cueillir des astres dans le ciel [153].

Funèbre rentrée de l'ombre dans une âme. Ainsi s'opérait, en ce Gwynplaine qui avait été un héros, et qui, disons-le, n'avait peut-être pas cessé de l'être, le remplacement de la grandeur morale par la grandeur matérielle. Transition lugubre. Effraction d'une vertu par une troupe de démons qui passe. Surprise faite au côté faible de l'homme. Toutes les choses inférieures qu'on appelle supérieures, les ambitions, les volontés louches de l'instinct, les passions, les convoitises, chassées loin de Gwynplaine par l'assainissement du malheur, reprenaient tumultueusement possession de ce généreux cœur. Et à quoi cela avait-il tenu? à la trouvaille d'un parchemin dans une épave charriée par la mer. Le viol d'une conscience par un hasard, cela se voit [154].

Gwynplaine buvait à pleine gorgée l'orgueil, ce qui lui faisait l'âme obscure. Tel est ce vin tragique.

Cet étourdissement l'envahissait; il faisait plus qu'y consentir, il le savourait. Effet d'une longue soif. Est-on complice de la coupe [155] où l'on perd sa raison? Il avait toujours vaguement désiré cela. Il regardait sans cesse du côté des grands; regarder, c'est souhaiter. L'aiglon ne naît pas impunément dans l'aire.

Être lord. Maintenant, à de certains moments, il trouvait cela tout simple.

Peu d'heures s'étaient écoulées, comme le passé d'hier était déjà loin!

Gwynplaine avait rencontré l'embuscade du mieux, ennemi du bien.

Malheur à celui dont on dit : A-t-il du bonheur !

On résiste à l'adversité mieux qu'à la prospérité. On se tire de la mauvaise fortune plus entier que de la bonne. Charybde est la misère, mais Scylla est la richesse. Ceux qui se dressaient sous la foudre sont terrassés par l'éblouissement. Toi qui ne t'étonnais pas du précipice, crains d'être emporté sur les légions d'ailes de la nuée et du songe. L'ascension t'élèvera et t'amoindrira. L'apothéose a une sinistre puissance d'abattre.

Se connaître en bonheur, ce n'est pas facile. Le hasard n'est autre chose qu'un déguisement. Rien ne trompe comme ce visage-là. Est-il la Providence ? Est-il la Fatalité [156] ?

Une clarté peut ne pas être une clarté. Car la lumière est vérité, et une lueur peut être une perfidie. Vous croyez qu'elle éclaire, non, elle incendie.

Il fait nuit ; une main pose une chandelle, vil suif devenu étoile, au bord d'une ouverture dans les ténèbres. Le phalène y va.

Dans quelle mesure est-il responsable ?

Le regard du feu fascine le phalène de même que le regard du serpent fascine l'oiseau.

Que le phalène et l'oiseau n'aillent point là, cela leur est-il possible ? Est-il possible à la feuille de refuser obéissance au vent ? Est-il possible à la pierre de refuser obéissance à la gravitation ?

Questions matérielles, qui sont aussi des questions morales.

Après la lettre de la duchesse, Gwynplaine s'était redressé. Il y avait en lui de profondes attaches qui avaient résisté. Mais les bourrasques, après avoir épuisé le vent d'un côté de l'horizon recommencent de l'autre, et la destinée, comme la nature, a ses acharnements. Le premier coup ébranle, le second déracine [157].

Hélas ! comment tombent les chênes ?

Ainsi, celui qui, enfant de dix ans, seul sur la falaise de Portland, prêt à livrer bataille, regardait fixement les combattants à qui il allait avoir à faire, la rafale qui emportait le navire où il comptait s'embarquer, le gouffre qui lui dérobait cette planche de salut, le vide béant dont la menace est de reculer, la terre qui lui refusait un abri, le zénith qui lui refusait une étoile, la solitude sans pitié, l'obscurité sans regard, l'océan, le ciel, toutes les violences dans un infini et toutes les énigmes dans l'autre ; celui qui n'avait pas tremblé ni défailli devant l'énormité hostile de l'inconnu ; celui qui, tout petit, avait tenu tête à la nuit comme l'ancien Hercule avait tenu tête à la mort, celui qui, dans ce conflit démesuré, avait fait ce défi de mettre toutes les chances contre lui en adoptant un enfant, lui enfant, et en s'embarrassant d'un fardeau, lui fatigué et fragile, rendant ainsi plus faciles les morsures à sa faiblesse, et ôtant lui-même les muselières aux monstres de l'ombre embusqués autour de lui ; celui qui, belluaire avant l'âge, avait, tout de suite, dès ses premiers pas hors du berceau, pris corps à corps la destinée ; celui que sa disproportion avec la lutte n'avait pas empêché de lutter ; celui qui, voyant tout à coup se faire autour de lui une occultation effrayante du genre humain, avait accepté cette éclipse et continué superbement sa marche ; celui qui avait su avoir froid, avoir soif, avoir faim, vaillamment ; celui qui, pygmée par la stature, avait été colosse par l'âme ; ce Gwynplaine qui avait vaincu l'immense vent de l'abîme sous sa double forme, tempête et misère, chancelait sous ce souffle, une vanité [158] !

Ainsi, quand elle a épuisé les détresses, les dénuements, les orages, les rugissements, les catastrophes, les agonies, sur un homme resté debout, la Fatalité se met à sourire, et l'homme, brusquement devenu ivre, trébuche.

Le sourire de la Fatalité. S'imagine-t-on rien de plus terrible ? C'est la dernière ressource de l'impitoyable essayeur d'âmes qui éprouve les hommes. Le tigre qui est dans le destin fait parfois patte de velours. Préparation redoutable. Douceur hideuse du monstre.

La coïncidence d'un affaiblissement avec un agrandissement, tout homme a pu l'observer en soi. Une croissance soudaine disloque et donne la fièvre.

Gwynplaine avait dans le cerveau le tourbillonnement vertigineux d'une foule de nouveautés, tout le clair-obscur de la métamorphose, on ne sait quelles confrontations étranges, le choc du passé contre l'avenir, deux Gwynplaines, lui-même double ; en arrière, un enfant en guenilles, sorti de la nuit, rôdant, grelottant, affamé, faisant rire ; en avant, un seigneur éclatant, fastueux, superbe, éblouissant Londres. Il se dépouillait de l'un et s'amalgamait à l'autre. Il sortait du saltimbanque et entrait dans le lord. Changements de peau qui sont parfois des changements d'âme. Par instants cela ressemblait trop au songe. C'était complexe, mauvais et bon. Il pensait à son père. Chose poignante, un père qui est un inconnu. Il essayait de se le figurer. Il pensait à ce frère dont on venait de lui parler. Ainsi, une famille ! Quoi ! une famille, à lui Gwynplaine ! Il se perdait dans des échafaudages fantastiques. Il avait des apparitions de magnificences ; des solennités inconnues s'en allaient en nuage devant lui ; il entendait des fanfares.

— Et puis, disait-il, je serai éloquent.

Et il se représentait une entrée splendide à la chambre des lords. Il arrivait gonflé de choses nouvelles. Que n'avait-il pas à dire ? Quelle provision il avait faite ! Quel avantage d'être, au milieu d'eux, l'homme qui a vu, touché, subi, souffert, et de pouvoir leur crier : J'ai été près de tout ce dont vous êtes loin ! A ces patriciens repus d'illusions, il leur jettera la réalité à la face, et ils trembleront, car il sera vrai, et ils applaudiront, car il sera grand. Il surgira parmi ces tout-puissants, plus puissant qu'eux ; il leur apparaîtra comme le porte-flambeau, car il leur montrera la vérité, et comme le porte-glaive, car il leur montrera la justice. Quel triomphe [159] !

Et tout en faisant ces constructions dans son esprit, lucide et trouble à la fois, il avait des mouvements de délire, des accablements dans le premier fauteuil venu, des sortes d'assoupissements, des sursauts. Il allait, venait, regardait le plafond, examinait les couronnes, étudiait vaguement les hiéroglyphes du blason, palpait le velours du mur, remuait les chaises, retournait les parchemins, lisait les noms, épelait les titres, Buxton, Homble, Gumdraith, Hunkerville, Clancharlie, comparait les cires et les cachets, tâtait les tresses de soie des sceaux royaux, s'approchait de la fenêtre, écoutait le jaillissement de la fontaine, constatait les statues, comptait avec une patience de somnambule les colonnes de marbre, et disait : Cela est.

Et il touchait son habit de satin, et il s'interrogeait :
— Est-ce que c'est moi ? Oui.
Il était en pleine tempête intérieure [160].

Dans cette tourmente, sentit-il sa défaillance et sa fatigue ? But-il, mangea-t-il, dormit-il ? S'il le fit, ce fut sans le savoir. Dans de certaines situations violentes, les instincts se satisfont comme bon leur semble sans que la pensée s'en mêle. D'ailleurs sa pensée était moins une pensée qu'une fumée. Au moment où le flamboiement noir de l'éruption se dégorge à travers son puits plein de tourbillons, le cratère a-t-il conscience des troupeaux qui paissent l'herbe au pied de sa montagne ?

Les heures passèrent.

L'aube parut et fit le jour. Un rayon blanc pénétra dans la chambre et en même temps entra dans l'esprit de Gwynplaine.

— Et Dea ! lui dit la clarté [161].

LIVRE SIXIÈME

ASPECTS VARIÉS D'URSUS

I

CE QUE DIT LE MISANTHROPE

Après qu'Ursus eut vu Gwynplaine s'enfoncer sous la porte de la geôle de Southwark, il demeura, hagard, dans le recoin où il s'était mis en observation. Il eut longtemps dans l'oreille ce grincement de serrures et de verrous qui semble le hurlement de joie de la prison dévorant un misérable. Il attendit. Quoi ? Il épia. Quoi ? Ces inexorables portes, une fois fermées, ne se rouvrent pas tout de suite ; elles sont ankylosées par leur stagnation dans les ténèbres et elles ont les mouvements difficiles, surtout lorsqu'il s'agit de délivrer ; entrer, soit ; sortir, c'est différent [162]. Ursus le savait. Mais attendre est une chose qu'on n'est pas libre de cesser à volonté ; on attend malgré soi ; les actions que nous faisons dégagent une force acquise qui persiste même lorsqu'il n'y a plus d'objet, qui nous possède et nous tient, et qui nous oblige pendant quelque temps à continuer ce qui est désormais sans but. Le guet inutile, posture inepte que nous avons tous eue dans l'occasion, perte de temps que fait machinalement tout homme attentif à une chose disparue. Personne n'échappe à ces fixités-là. On s'obstine avec une sorte d'acharnement distrait. On ne sait pourquoi l'on reste à cet endroit où l'on est, mais on y reste. Ce qu'on a commencé activement, on le continue passivement. Ténacité épuisante d'où l'on sort accablé. Ursus, différent des autres hommes, fut pourtant, comme le premier venu, cloué sur place par cette rêverie mêlée de surveillance où nous plonge un événement qui peut tout sur nous et sur lequel nous ne pouvons rien. Il considérait tour à tour les deux murailles noires, tantôt la basse, tantôt la haute, tantôt la porte où il y avait une échelle de potence, tantôt la porte où il y avait une tête de mort; il était comme pris dans cet étau composé d'une prison et d'un cimetière. Cette rue évitée et impopulaire avait si peu de passants qu'on ne remarquait point Ursus.

Enfin il sortit de l'encoignure quelconque qui l'abritait, espèce de guérite de hasard où il était en vedette, et il s'en alla à pas lents. Le jour baissait, tant sa faction avait été longue. De temps en temps il tournait le cou et regardait l'affreux guichet bas où était entré Gwynplaine. Il avait l'œil vitreux et stupide. Il arriva au bout de la ruelle, prit une autre rue, puis une autre, retrouvant vaguement l'itinéraire par où il avait passé quelques heures auparavant. Par intervalles il se retournait, comme s'il pouvait encore voir la porte de la prison, quoiqu'il ne fût plus dans la rue où était la geôle. Peu à peu il se rapprochait du Tarrinzeau-field. Les lanes qui avoisinaient le champ de foire étaient des sentiers déserts entre des clôtures de jardins. Il marchait courbé le long des haies et des fossés. Tout à coup il fit halte, et se redressa, et il cria : — Tant mieux!

En même temps il se donna deux coups de poing sur la tête, puis deux coups de poing sur les cuisses, ce qui indique l'homme qui juge les choses comme il faut les juger.

Et il se mit à grommeler entre cuir et chair, par moments avec des éclats de voix :

— C'est bien fait[163]! Ah! le gueux! le brigand! le chenapan! le vaurien! le séditieux! Ce sont ses propos sur le gouvernement qui l'ont mené là. C'est un rebelle. J'avais chez moi un rebelle. J'en suis délivré. J'ai de la chance. Il nous compromettait. Fourré au bagne! ah! tant mieux! Excellence des lois. Ah! l'ingrat! moi qui l'avais élevé! Donnez-vous donc de la peine! Quel besoin avait-il de parler et de raisonner? Il s'est mêlé des questions d'État! Je vous demande un peu! En maniant des sous, il a déblatéré sur l'impôt, sur les pauvres, sur le peuple, sur ce qui ne le regardait pas ! il s'est permis des réflexions sur les pence ! il a commenté méchamment et malicieusement le cuivre de la monnaie du royaume ! il a insulté les liards de sa majesté ! un farthing, c'est la même chose que la reine ! l'effigie sacrée, morbleu, l'effigie sacrée. A-t-on une reine, oui ou non ? respect à son vert-de-gris. Tout se tient dans le gouvernement. Il faut connaître cela. J'ai vécu, moi. Je sais les choses. On me dira : Mais vous renoncez donc à la politique ? La politique, mes amis, je m'en soucie autant que du poil bourru d'un âne. J'ai reçu un jour un coup de canne d'un baronnet. Je me suis dit : Cela suffit, je comprends la politique. Le peuple n'a qu'un liard, il le donne, la reine le prend, le peuple remercie. Rien de plus simple. Le reste regarde les lords. Leurs seigneuries les lords spirituels et temporels. Ah ! Gwynplaine est sous clef ! Ah ! il est aux galères ! c'est juste. C'est équitable, excellent, mérité et légitime. C'est sa faute. Bavarder est défendu. Es-tu un lord, imbécile ? Le wapentake l'a saisi, le justicier-quorum l'a emmené, le shériff le tient. Il doit être en ce moment-ci épluché par quelque sergent de la coiffe. Comme ça vous plume les crimes, ces habiles gens-là ! Coffré, mon drôle ! Tant pis pour lui, tant mieux pour moi ! Je suis, ma foi, bien content. J'avoue ingénument que j'ai de la chance. Quelle extravagance j'avais faite de ramasser ce petit et cette petite ! Nous étions si tranquilles auparavant, Homo et moi ! Qu'est-ce qu'ils venaient faire dans ma baraque, ces gredins-là ? Les ai-je assez couvés quand ils étaient mioches ! les ai-je assez traînés avec ma bricole ! joli sauvetage ! lui sinistrement laid, elle borgne des deux yeux ! Privez-vous donc de tout ! Ai-je assez tété pour eux les mamelles de la famille ! Ça grandit, ça fait l'amour ! Des flirtations d'infirmes, c'est là que nous en étions. Le crapaud et la taupe, idylle. J'avais ça dans mon intimité. Tout cela devait finir par la justice. Le crapaud a parlé politique, c'est bon. M'en voilà délivré. Quand le wapentake est venu, j'ai d'abord été bête, on doute toujours du bonheur, j'ai cru que je ne voyais pas ce que voyais, que c'était impossible, que c'était un cauchemar, que c'était une farce que me faisait le rêve. Mais non, il n'y a rien de plus réel. C'est plastique. Gwynplaine est bellement en prison. C'est un coup de la providence. Merci, bonne madame. C'est ce monstre qui, avec le tapage qu'il faisait, a attiré l'attention sur mon établissement, et a dénoncé mon pauvre loup! Parti, le Gwynplaine! Et me voilà débarrassé des deux. D'un caillou deux bosses. Car Dea en mourra. Quand elle ne verra plus Gwynplaine — elle le voit, l'idiote! — elle n'aura plus de raison d'être, elle se dira: Qu'est-ce que je fais en ce monde? Et elle partira, elle aussi. Bon voyage. Au diable tous les deux. Je les ai toujours détestés, ces êtres! Crève, Dea. Ah! que je suis content [164]!

II

CE QU'IL FAIT

Il rejoignit l'inn Tadcaster.

Six heures et demie sonnaient, la demi passé six, comme disent les Anglais. C'était un peu avant le crépuscule.

Maître Nicless était sur le pas de sa porte. Sa face consternée n'avait point réussi depuis le matin à se détendre, et l'effarement y était resté figé.

Du plus loin qu'il aperçut Ursus :

— Eh bien? cria-t-il.

— Eh bien quoi?

— Gwynplaine va-t-il revenir? Il serait grand temps. Le public ne tardera pas à arriver. Aurons-nous ce soir la représentation de l'Homme qui Rit?

— L'Homme qui Rit, c'est moi, dit Ursus.

Et il regarda le tavernier avec un ricanement éclatant [165].

Puis il monta droit au premier, ouvrit la fenêtre voisine de l'enseigne de l'inn, se pencha, allongea le poing, fit une pesée sur l'écriteau de Gwynplaine — l'Homme qui Rit, et sur le panneau affiche de *Chaos vaincu,* décloua l'un, arracha l'autre, mit ces deux planches sous son bras, et redescendit.

Maître Nicless le suivait des yeux.

— Pourquoi décrochez-vous ça?

Ursus partit d'un second éclat de rire.
— Pourquoi riez-vous? reprit l'hôtelier.
— Je rentre dans la vie privée.

Maître Nicless comprit, et donna ordre à son lieutenant, le boy Govicum, d'annoncer à quiconque se présenterait qu'il n'y aurait pas de représentation le soir. Il ôta de la porte la futaille-niche où se faisait la recette, et la rencogna dans un angle de la salle basse.

Un moment après, Ursus montait dans la Green-Box.

Il posa dans un coin les deux écriteaux, et pénétra dans ce qu'il appelait « le pavillon des femmes ».

Dea dormait.

Elle était sur son lit, tout habillée et son corps de jupe défait, comme dans les siestes.

Près d'elle, Vinos et Fibi, assises, l'une sur un escabeau, l'autre à terre, songeaient.

Malgré l'heure avancée, elles n'avaient point revêtu leur tricot de déesses, signe de profond découragement. Elles étaient restées empaquetées dans leur guimpe de bure et dans leur robe de grosse toile.

Ursus considéra Dea.

— Elle s'essaie à un plus long sommeil, murmura-t-il.

Il apostropha Fibi et Vinos.

— Vous savez, vous autres. C'est fini la musique. Vous pouvez mettre vos trompettes dans votre tiroir. Vous avez bien fait de ne pas vous harnacher en déités. Vous êtes bien laides comme ceci, mais vous avez bien fait. Gardez vos cotillons de torchon. Pas de représentation ce soir. Ni demain, ni après-demain. Plus de Gwynplaine. Pas plus de Gwynplaine que sur ma patte.

Et il se remit à regarder Dea.

— Quel coup ça va lui donner! Ce sera comme une chandelle qu'on souffle.

Il enfla ses joues.

— Fouhh! — Plus rien.

Il eut un petit rire sec.

— Gwynplaine de moins, c'est tout de moins. Ce sera comme si je perdais Homo. Ce sera pire. Elle sera plus seule qu'une autre. Les aveugles, ça patauge dans plus de tristesse que nous.

Il alla à la lucarne du fond.

— Comme les jours allongent! on y voit encore à sept heures. Pourtant allumons le suif.

Il battit le briquet et alluma la lanterne du plafond de la Green-Box.

Il se pencha sur Dea.

— Elle va s'enrhumer. Les femmes, vous lui avez trop délacé son capingot. Il y a le proverbe français:

> On est en avril,
> N'ôte pas un fil.

Il vit briller à terre une épingle, la ramassa et la piqua sur sa manche. Puis il arpenta la Green-Box en gesticulant.

— Je suis en pleine possession de mes facultés. Je suis lucide, archilucide. Je trouve cet événement très correct, et j'approuve ce qui se passe. Quand elle va se réveiller, je lui dirai tout net l'incident. La catastrophe ne se fera pas attendre. Plus de Gwynplaine. Bonsoir Dea. Comme tout ça est bien arrangé! Gwynplaine dans la prison. Dea au cimetière [166]. Ils vont se faire vis-à-vis. Danse macabre. Deux destinées qui rentrent dans la coulisse. Serrons les costumes. Bouclons la valise. Valise, lisez cercueil. C'était manqué, ces deux créatures-là. Dea sans yeux, Gwynplaine sans visage. Là-haut le bon Dieu rendra la clarté à Dea et la beauté à Gwynplaine. La mort est une mise en ordre. Tout est bien [167]. Fibi, Vinos, accrochez vos tambourins au clou. Vos talents pour le vacarme vont se rouiller, mes belles. On ne jouera plus, on ne trompettera plus. *Chaos vaincu* est vaincu [168]. L'Homme qui Rit est flambé. Taratantara est mort. Cette Dea dort toujours. Elle fait aussi bien. A sa place, je ne me réveillerais pas. Bah! elle sera vite rendormie. C'est tout de suite mort, une mauviette comme ça. Voilà ce que c'est que de s'occuper de politique. Quelle leçon! Et comme les gouvernements ont raison! Gwynplaine au shériff. Dea au fossoyeur. C'est parallèle. Symétrie instructive. J'espère bien que le tavernier a barricadé la porte. Nous allons mourir ce soir entre nous, en famille. Pas moi, ni Homo.

Mais Dea. Moi, je continuerai de faire rouler le berlingot. J'appartiens aux méandres de la vie vagabonde [169]. Je congédierai les deux filles. Je n'en garderai pas même une. J'ai de la tendance à être un vieux débauché. Une servante chez un libertin, c'est du pain sur la planche. Je ne veux pas de tentation. Ce n'est plus de mon âge. *Turpe senilis amor* [170]. Je poursuivrai ma route tout seul avec Homo. C'est Homo qui va être étonné! Où est Gwynplaine? où est Dea? Mon vieux camarade, nous revoilà ensemble. Par la peste, je suis ravi. Ça m'encombrait, leurs bucoliques. Ah! ce garnement de Gwynplaine qui ne revient même pas! Il nous plante là. C'est bon. Maintenant c'est le tour de Dea. Ce ne sera pas long. J'aime les choses finies. Je ne donnerais pas une chiquenaude sur le bout du nez du diable pour l'empêcher de crever. Crève, entends-tu! Ah! elle se réveille!

Dea ouvrit les paupières; car beaucoup d'aveugles ferment les yeux pour dormir. Son doux visage ignorant avait tout son rayonnement.

— Elle sourit, murmura Ursus, et moi je ris. Ça va bien.

Dea appela.

— Fibi! Vinos! Il doit être l'heure de la représentation. Je crois avoir dormi longtemps. Venez m'habiller.

Ni Fibi, ni Vinos ne bougèrent.

Cependant cet ineffable regard d'aveugle qu'avait Dea venait de rencontrer la prunelle d'Ursus. Il tressaillit.

— Eh bien! cria-t-il, qu'est-ce que vous faites donc? Vinos, Fibi, vous n'entendez pas votre maîtresse? Est-ce que vous êtes sourdes? Vite! la représentation va commencer.

Les deux femmes regardèrent Ursus, stupéfaites.

Ursus vociféra.

— Vous ne voyez pas le public qui entre. Fibi, habille Dea. Vinos, tambourine.

Obéissance, c'était Fibi. Passive, c'était Vinos. A elles deux elles personnifiaient la soumission. Leur maître Ursus avait toujours été pour elle une énigme. N'être jamais compris est une raison pour être toujours obéi. Elles pensèrent simplement qu'il devenait fou, et exécutèrent l'ordre. Fibi décrocha le costume et Vinos le tambour.

Fibi commença à habiller Dea. Ursus baissa la portière du gynécée et, de derrière le rideau, continua :

— Regarde donc, Gwynplaine ! la cour est déjà plus qu'à moitié remplie de multitude. On se bouscule dans les vomitoires. Quelle foule ! que dis-tu de Fibi et de Vinos qui n'avaient pas l'air de s'en apercevoir ? que ces femmes bréhaignes sont stupides ! qu'on est bête en Égypte ! Ne soulève pas la portière. Sois pudique, Dea s'habille.

Il fit une pause, et tout à coup on entendit cette exclamation :

— Que Dea est belle !

C'était la voix de Gwynplaine. Fibi et Vinos eurent une secousse et se retournèrent. C'était la voix de Gwynplaine, mais dans la bouche d'Ursus.

Ursus, d'un signe, par l'entrebâillement de la portière, leur fit défense de s'étonner.

Il reprit avec la voix de Gwynplaine :

— Ange !

Puis il répliqua avec la voix d'Ursus :

— Dea, un ange ! tu es fou, Gwynplaine. Il n'y a de mammifère volant que la chauve-souris.

Et il ajouta :

— Tiens, Gwynplaine, va détacher Homo. Ce sera plus raisonnable.

Et il descendit l'escalier d'arrière de la Green-Box, très vite, à la façon leste de Gwynplaine. Tapage imitatif que Dea put entendre.

Il avisa dans la cour le boy que toute cette aventure faisait oisif et curieux.

— Tends tes deux mains, lui dit-il tout bas.

Et il lui vida dedans une poignée de sous.

Govicum fut attendri de cette munificence.

Ursus lui chuchota à l'oreille :

— Boy, installe-toi dans la cour, saute, danse, cogne, gueule, braille, siffle, roucoule, hennis, applaudis, trépigne, éclate de rire, casse quelque chose.

Maître Nicless, humilié et dépité de voir les gens venus

pour l'Homme qui Rit rebrousser chemin et refluer vers les autres baraques du champ de foire, avait fermé la porte de l'inn ; il avait même renoncé à donner à boire ce soir-là, afin d'éviter l'ennui des questions ; et, dans le désœuvrement de la représentation manquée, chandelle au poing, il regardait dans la cour du haut du balcon. Ursus, avec la précaution de mettre sa voix entre parenthèses dans les paumes de ses deux mains ajustées à sa bouche, lui cria :

— Gentleman, faites comme votre boy, glapissez, jappez, hurlez.

Il remonta dans la Green-Box et dit au loup :

— Parle le plus que tu pourras.

Et, haussant la voix :

— Il y a trop de foule. Je crois que nous allons avoir une représentation cahotée.

Cependant Vinos tapait du tambour.

Ursus poursuivit :

— Dea est habillée. On va pouvoir commencer. Je regrette qu'on ait laissé entrer tant de public. Comme ils sont tassés ! Mais vois donc, Gwynplaine ! y en a-t-il de la tourbe effrénée ! je gage que nous ferons notre plus grosse recette aujourd'hui. Allons, drôlesses, toutes deux à la musique ! Arrive ici, Fibi, saisis ton clairon. Bon, Vinos, rosse ton tambour. Flanque-lui une raclée. Fibi, prends une pose de Renommée. Mesdemoiselles, je ne vous trouve pas assez nues comme cela. Otez-moi ces jaquettes. Remplacez la toile par la gaze. Le public aime les formes de la femme. Laissons tonner les moralistes. Un peu d'indécence, morbleu. Soyons voluptueuses. Et ruez-vous dans des mélodies éperdues. Ronflez, cornez, crépitez, fanfarez, tambourinez ! Que de monde, mon pauvre Gwynplaine !

Il s'interrompit :

— Gwynplaine, aide-moi. Baissons le panneau.

Cependant il déploya son mouchoir.

— Mais d'abord laisse-moi mugir dans mon haillon.

Et il se moucha énergiquement, ce que doit toujours faire un engastrimythe.

Son mouchoir remis dans sa poche, il retira les clavettes du jeu de poulies qui fit son grincement ordinaire. Le panneau s'abaissa.

— Gwynplaine, il est inutile d'écarter la triveline. Gardons le rideau jusqu'à ce que la représentation commence. Nous ne serions pas chez nous. Vous, venez sur l'avant-scène toutes deux. Musique, mesdemoiselles! Poum! Poum! Poum! La chambrée est bien composée. C'est la lie du peuple. Que de populace, mon Dieu!

Les deux bréhaignes, abruties d'obéissance, s'installèrent avec leurs instruments à leur place habituelle aux deux angles du panneau abaissé.

Alors Ursus devint extraordinaire. Ce ne fut plus un homme, ce fut une foule. Forcé de faire la plénitude avec le vide, il appela à son secours une ventriloquie prodigieuse. Tout l'orchestre de voix humaines et bestiales qu'il avait en lui entra en branle à la fois. Il se fit légion. Quelqu'un qui eût fermé les yeux eût cru être dans une place publique un jour de fête ou un jour d'émeute. Le tourbillon de bégaiements et de clameurs qui sortait d'Ursus chantait, clabaudait, causait, toussait, crachait, éternuait, prenait du tabac, dialoguait, faisait les demandes et les réponses, tout cela à la fois. Les syllabes ébauchées rentraient les unes dans les autres. Dans cette cour où il n'y avait rien, on entendait des hommes, des femmes, des enfants. C'était la confusion claire du brouhaha. A travers ce fracas, serpentaient, comme dans une fumée, des cacophonies étranges, des gloussements d'oiseaux, des jurements de chats, des vagissements d'enfants qui tètent. On distinguait l'enrouement des ivrognes. Le mécontentement des dogues sous les pieds des gens bougonnait. Les voix venaient de loin et de près, d'en haut et d'en bas, du premier plan et du dernier. L'ensemble était une rumeur, le détail était un cri. Ursus cognait du poing, frappait du pied, jetait sa voix tout au fond de la cour, puis la faisait venir de dessous terre. C'était orageux et familier. Il passait du murmure au bruit, du bruit au tumulte, du tumulte à l'ouragan. Il était lui et tous. Soliloque et polyglotte. De même qu'il y a le trompe-l'œil, il y a le trompe-l'oreille. Ce que Protée faisait pour le regard, Ursus le faisait pour l'ouïe. Rien de merveilleux comme ce fac-similé de la multitude. De temps en temps il écartait la portière du gynécée et regardait Dea. Dea écoutait.

De son côté dans la cour le boy faisait rage.

Vinos et Fibi s'essoufflaient consciencieusement dans les trompettes et se démenaient sur les tambourins. Maître Nicless, spectateur unique, se donnait, comme elles, l'explication tranquille qu'Ursus était fou, ce qui du reste n'était qu'un détail grisâtre ajouté à sa mélancolie. Le brave hôtelier grommelait : Quels désordres ! Il était sérieux comme quelqu'un qui se souvient qu'il y a des lois.

Govicum, ravi d'être utile à du désordre, se démenait presque autant qu'Ursus. Cela l'amusait. De plus, il gagnait ses sous.

Homo était pensif.

A son vacarme, Ursus mêlait des paroles.

— C'est comme à l'ordinaire, Gwynplaine, il y a de la cabale. Nos concurrents sapent nos succès. La huée, assaisonnement du triomphe. Et puis les gens sont trop nombreux. Ils sont mal à leur aise. L'angle des coudes du voisin ne dispose pas à la bienveillance. Pourvu qu'ils ne cassent pas les banquettes ! Nous allons être en proie à une population insensée. Ah ! si notre ami Tom-Jim-Jack était là ! mais il ne vient plus. Vois donc toutes ces têtes les unes sur les autres. Ceux qui sont debout n'ont pas l'air content, quoique se tenir debout soit, selon Galien, un mouvement, que ce grand homme appelle « le mouvement tonique ». Nous abrégerons le spectacle. Comme il n'y a que *Chaos vaincu* d'affiché, nous ne jouerons pas *Ursus rursus*. C'est toujours ça de gagné. Quel hourvari ! O turbulence aveugle des masses ! Ils nous feront quelque dégât ! Ça ne peut pourtant pas continuer comme ça. Nous ne pourrions pas jouer. On ne saisirait pas un mot de la pièce. Je vais les haranguer. Gwynplaine, écarte un peu la triveline. Citoyens...

Ici Ursus se cria à lui-même d'une voix fébrile et pointue :

— A bas le vieux !

Et il reprit, de sa voix à lui :

— Je crois que le peuple m'insulte. Cicéron a raison :

plebs, fex urbis [171]. N'importe, admonestons la mob. J'aurai beaucoup de peine à me faire entendre. Je parlerai pourtant. Homme, fais ton devoir. Gwynplaine, vois donc cette mégère qui grince là-bas.

Ursus fit une pause où il plaça un grincement. Homo, provoqué, en ajouta un second, et Govicum un troisième.

Ursus poursuivit.

— Les femmes sont pires que les hommes. Moment peu propice. C'est égal, essayons le pouvoir d'un discours. Il est toujours l'heure d'être disert. — Écoute ça, Gwynplaine, exorde insinuant. — Citoyennes et citoyens, c'est moi qui suis l'ours. J'ôte ma tête pour vous parler. Je réclame humblement le silence.

Ursus prêta à la foule ce cri :

— Grumphll !

Et continua :

— Je vénère mon auditoire. Grumphll est un épiphonème comme un autre. Salut, population grouillante. Que vous soyez tous de la canaille, je n'en fais nul doute. Cela n'ôte rien à mon estime. Estime réfléchie. J'ai le plus profond respect pour messieurs les sacripants qui m'honorent de leur pratique. Il y a parmi vous des êtres difformes, je ne m'en offense point. Messieurs les boiteux et messieurs les bossus sont dans la nature. Le chameau est gibbeux ; le bison est enflé du dos ; le blaireau a les jambes plus courtes à gauche qu'à droite ; le fait est déterminé par Aristote dans son traité du marcher des animaux. Ceux d'entre vous qui ont deux chemises en ont une sur le torse et l'autre chez l'usurier. Je sais que cela se fait. Albuquerque mettait en gage sa moustache et saint Denis son auréole. Les juifs prêtaient, même sur l'auréole. Grands exemples. Avoir des dettes, c'est avoir quelque chose. Je révère en vous des gueux.

Ursus se coupa par cette interruption en basse profonde :

— Triple baudet !

Et il répondit de son accent le plus poli :

— D'accord. Je suis un savant. Je m'en excuse comme je peux. Je méprise scientifiquement la science. L'ignorance est une réalité dont on se nourrit ; la science est une réalité dont on jeûne. En général on est forcé d'opter: être un savant, et maigrir; brouter, et être un âne. O citoyens, broutez! La science ne vaut pas une bouchée de quelque chose de bon. J'aime mieux manger de l'aloyau que de savoir qu'il s'appelle le muscle psoas. Je n'ai, moi, qu'un mérite. C'est l'œil sec. Tel que vous me voyez, je n'ai jamais pleuré. Il faut dire que je n'ai jamais été content. Jamais content. Pas même de moi. Je me dédaigne. Mais, je soumets ceci aux membres de l'opposition ici présents, si Ursus n'est qu'un savant, Gwynplaine est un artiste.

Il renifla de nouveau:

— Grumphll!

Et il reprit:

— Encore Grumphll! c'est une objection. Néanmoins je passe outre. Et Gwynplaine, ô messieurs, mesdames! a près de lui un autre artiste, c'est ce personnage distingué et velu qui vous accompagne, le seigneur Homo, ancien chien sauvage, aujourd'hui loup civilisé, et fidèle sujet de sa majesté. Homo est un mime d'un talent fondu et supérieur. Soyez attentifs et recueillis. Vous allez tout à l'heure voir jouer Homo, ainsi que Gwynplaine, et il faut honorer l'art. Cela sied aux grandes nations. Êtes-vous des hommes des bois? J'y souscris. En ce cas, *sylvæ sint consule dignæ* [172]. Deux artistes valent bien un consul. Bon. Ils viennent de me jeter un trogon de chou. Mais je n'ai pas été touché. Cela ne m'empêchera pas de parler. Au contraire. Le danger esquivé est bavard. *Garrula pericula,* dit Juvénal. Peuple, il y a parmi vous des ivrognes, il y a aussi des ivrognesses. C'est très bien. Les hommes sont infects, les femmes sont hideuses. Vous avez toutes sortes d'excellentes raisons pour vous entasser ici sur ces bancs de cabaret, le désœuvrement, la paresse, l'intervalle entre deux bois, le porter, l'ale, le stout, le malt, le brandy, le gin, et l'attrait d'un sexe pour l'autre sexe. A merveille. Un esprit tourné au badinage aurait ici un beau champ. Mais je m'abstiens. Luxure, soit. Pourtant il faut que l'orgie ait de la tenue. Vous êtes gais, mais bruyants. Vous imitez avec distinction les cris des bêtes; mais que diriez-vous si, quand vous parlez d'amour avec une lady dans un bouge, je passais mon temps à aboyer après vous ? Cela vous gênerait. Eh bien, cela nous gêne. Je vous autorise à vous taire. L'art est aussi respectable que la débauche. Je vous parle un langage honnête.

Il s'apostropha :

— Que la fièvre t'étrangle avec tes sourcils en épis de seigle !

Et il répliqua :

— Honorables messieurs, laissons les épis de seigle tranquilles. C'est une impiété de faire violence aux végétables pour leur trouver une ressemblance humaine ou animale. En outre, la fièvre n'étrangle pas. Fausse métaphore. De grâce, faites silence ! souffrez qu'on vous le dise, vous manquez un peu de cette majesté qui caractérise le vrai gentilhomme anglais. Je constate que, parmi vous, ceux qui ont des souliers à travers lesquels passent leurs orteils, en profitent pour poser leurs pieds sur les épaules des spectateurs qui sont devant eux, ce qui expose les dames à faire la remarque que les semelles se crèvent toujours au point où est la tête des os métatarsiens. Montrez un peu moins vos pieds, et montrez un peu plus vos mains. J'aperçois d'ici des fripons qui plongent leurs griffes ingénieuses dans les goussets de leurs voisins imbéciles. Chers pickpockets, de la pudeur ! Boxez le prochain, si vous voulez, ne le dévalisez pas. Vous fâcherez moins les gens en leur pochant un œil qu'en leur chipant un sou. Endommagez les nez, soit. Le bourgeois tient à son argent plus qu'à sa beauté. Du reste, agréez mes sympathies. Je n'ai point de pédantisme de blâmer les filous. Le mal existe. Chacun l'endure, et chacun le fait. Nul n'est exempt de la vermine de ses péchés. Je ne parle que de celle-là. N'avons-nous pas tous nos démangeaisons ? Dieu se gratte à l'endroit du diable. Moi-même j'ai fait des fautes. *Plaudite, cives*.

Ursus exécuta un long groan[173] qu'il domina par ces paroles finales :

— Milords et messieurs, je vois que mon discours a eu le bonheur de vous déplaire. Je prends congé de vos huées pour le moment. Maintenant je vais remettre ma tête, et la représentation va commencer.

Il quitta l'accent oratoire pour le ton intime.

— Referme la triveline. Respirons. J'ai été mielleux. J'ai bien parlé. Je les ai appelés milords et messieurs. Langage velouté, mais inutile. Que dis-tu de toute cette crapule, Gwynplaine? Comme on se rend bien compte des maux que l'Angleterre a soufferts depuis quarante ans par l'emportement de ces esprits aigres et malicieux! Les anciens Anglais étaient belliqueux, ceux-ci sont mélancoliques et illuminés, et ils se font gloire de mépriser les lois et de méconnaître l'autorité royale. J'ai fait tout ce que peut faire l'éloquence humaine. Je leur ai prodigué des métonymies gracieuses comme la joue en fleur d'un adolescent. Sont-ils adoucis? J'en doute. Qu'attendre d'un peuple qui mange si extraordinairement, et qui se bourre de tabac, au point qu'en ce pays les gens de lettres eux-mêmes composent souvent leurs ouvrages avec une pipe à la bouche! C'est égal, jouons la pièce.

On entendit glisser sur leur tringle les anneaux de la triveline. Le tambourinage des bréhaignes cessa. Ursus décrocha sa chiffonie, exécuta son prélude, dit à demi-voix: Hein! Gwynplaine, comme c'est mystérieux! puis se bouscula avec le loup.

Cependant, en même temps que la chiffonie, il avait ôté du clou une perruque très bourrue qu'il avait, et il l'avait jetée sur le plancher dans un coin à sa portée.

La représentation de *Chaos vaincu* eut lieu presque comme à l'ordinaire, moins les effets de lumière bleue et les féeries d'éclairage. Le loup jouait de bonne foi. Au moment voulu, Dea fit son apparition et de sa voix tremblante et divine évoqua Gwynplaine. Elle étendit le bras, cherchant cette tête...

Ursus se rua sur la perruque, l'ébouriffa, s'en coiffa, et avança doucement, en retenant son souffle, sa tête ainsi hérissée sous la main de Dea.

Puis, appelant à lui tout son art et copiant la voix de Gwynplaine, il chanta avec un ineffable amour la réponse du monstre à l'appel de l'esprit.

L'imitation fut si parfaite que, cette fois encore, les

deux bréhaignes cherchèrent des yeux Gwynplaine, effrayées de l'entendre sans le voir.

Govicum, émerveillé, trépigna, applaudit, battit des mains, produisit un vacarme olympien, et rit à lui tout seul comme une troupe de dieux. Ce boy, disons-le, déploya un rare talent de spectateur.

Fibi et Vinos, automates dont Ursus poussait les ressorts, firent le tohu-bohu habituel d'instruments, cuivre et peau d'âne mêlés, qui marquait la fin de la représentation et accompagnait le départ du public.

Ursus se releva en sueur.

Il dit tout bas à Homo : — Tu comprends qu'il s'agissait de gagner du temps. Je crois que nous avons réussi. Je ne m'en suis point mal tiré, moi qui avais pourtant le droit d'être assez éperdu. Gwynplaine peut encore revenir d'ici à demain. Il était inutile de tuer tout de suite Dea. Je t'explique la chose, à toi.

Il ôta la perruque et s'essuya le front.

— Je suis un ventriloque de génie, murmura-t-il. Quel talent j'ai eu! J'ai égalé Brabant, l'engastrimythe du roi de France François Ier. Dea est convaincue que Gwynplaine est ici.

— Ursus, dit Dea, où est Gwynplaine?

Ursus se retourna, en sursaut.

Dea était restée au fond du théâtre, debout sous la lanterne du plafond. Elle était pâle, d'une pâleur d'ombre.

Elle reprit avec un ineffable sourire désespéré [174] :

— Je sais. Il nous a quittés. Il est parti. Je savais bien qu'il avait des ailes.

Et, levant vers l'infini ses yeux blancs, elle ajouta :

— A quand moi?

III

COMPLICATIONS

Ursus demeura interdit.
Il n'avait pas fait illusion.
Était-ce la faute de sa ventriloquie ? Non certes. Il avait réussi à tromper Fibi et Vinos, qui avaient des yeux, et non à tromper Dea, qui était aveugle. C'est que les prunelles seules de Fibi et de Vinos étaient lucides, tandis que, chez Dea, c'était le cœur qui voyait.

Il ne put répondre un mot. Et il pensa à part lui : *Bos in lingua*. L'homme interdit a un bœuf sur la langue.

Dans les émotions complexes, l'humiliation est le premier sentiment qui se fasse jour. Ursus songea :

— J'ai gaspillé mes onomatopées.

Et, comme tout rêveur acculé au pied du mur de l'expédient, il s'injuria :

— Chute à plat. J'ai épuisé en pure perte l'harmonie imitative. Mais qu'allons-nous devenir maintenant ?

Il regarda Dea. Elle se taisait, de plus en plus pâlissante, sans faire un mouvement. Son œil perdu restait fixé dans les profondeurs.

Un incident vint à propos.

Ursus aperçut dans la cour maître Nicless, sa chandelle en main, qui lui faisait signe.

Maître Nicless n'avait point assisté à la fin de l'espèce de comédie fantôme jouée par Ursus. Cela tenait à ce qu'on avait frappé à la porte de l'inn. Maître Nicless était allé ouvrir. Deux fois on avait frappé, ce qui avait fait deux éclipses de maître Nicless. Ursus, absorbé par son monologue à cent voix, ne s'en était point aperçu.

Sur l'appel muet de maître Nicless, Ursus descendit.

Il s'approcha de l'hôtelier.

Ursus mit un doigt sur sa bouche.

Maître Nicless mit un doigt sur sa bouche.

Tous deux se regardèrent ainsi.

Chacun d'eux semblait dire à l'autre : Causons, mais taisons-nous.

Le tavernier, silencieusement, ouvrit la porte de la salle basse de l'inn. Maître Nicless entra, Ursus entra. Il n'y avait personne qu'eux deux. La devanture sur la rue, porte et volets, était close.

Le tavernier poussa derrière lui la porte de la cour, qui se ferma au nez de Govicum curieux.

Maître Nicless posa la chandelle sur une table.

Le dialogue s'engagea. A demi-voix, comme un chuchotement.

— Maître Ursus...

— Maître Nicless ?

— J'ai fini par comprendre.

— Bah !

— Vous avez voulu faire croire à la pauvre aveugle que tout était ici comme à l'ordinaire.

— Aucune loi ne défend d'être ventriloque.

— Vous avez du talent.

— Non.

— C'est prodigieux à quel point vous faites ce que vous voulez faire.

— Je vous dis que non.

— Maintenant j'ai à vous parler.

— Est-ce de la politique ?

— Je n'en sais rien.

— C'est que je n'écouterais pas.

— Voici. Pendant que vous faisiez la pièce et le public à vous tout seul, on a frappé à la porte de la taverne.

— On a frappé à la porte ?

— Oui.

— Je n'aime pas ça.
— Moi non plus.
— Et puis ?
— Et puis j'ai ouvert.
— Qui est-ce qui frappait ?
— Quelqu'un qui m'a parlé.
— Qu'est-ce qu'il a dit ?
— Je l'ai écouté.
— Qu'est-ce que vous avez répondu ?
— Rien. Je suis revenu vous voir jouer.
— Et ?
— Et l'on a frappé une seconde fois.
— Qui ? le même ?
— Non. Un autre.
— Quelqu'un encore qui vous a parlé ?
— Quelqu'un qui ne m'a rien dit.
— Je le préfère.
— Moi pas.
— Expliquez-vous, maître Nicless.
— Devinez qui avait parlé la première fois.
— Je n'ai pas le temps d'être Œdipe.
— C'était le maître du circus.
— D'à côté ?
— D'à côté.
— Où il y a toute cette musique enragée ?
— Enragée.
— Eh bien, maître Ursus, il vous fait des offres.
— Des offres ?
— Des offres.
— Pourquoi ?
— Parce que.

— Vous avez sur moi un avantage, maître Nicless, c'est que vous, tout à l'heure, vous avez compris mon énigme, et que moi, maintenant, je ne comprends pas la vôtre.

— Le maître du circus m'a chargé de vous dire qu'il avait vu ce matin passer le cortège de police, et que lui, le maître du circus, voulant vous prouver qu'il est votre ami, il vous offrait de vous acheter, moyennant cinquante livres sterling payés comptant, votre berlingot, la Green-

Box, vos deux chevaux, vos trompettes avec les femmes qui y soufflent, votre pièce avec l'aveugle qui chante dedans, votre loup, et vous avec.

Ursus eut un hautain sourire.

— Maître de l'inn Tadcaster, vous direz au maître du circus que Gwynplaine va revenir.

Le tavernier prit sur une chaise quelque chose qui était dans l'obscurité, et se retourna vers Ursus, les deux bras levés, laissant pendre de l'une de ses mains un manteau et de l'autre une esclavine de cuir, un chapeau de feutre et un capingot.

Et maître Nicless dit :

— L'homme qui a frappé la seconde fois, et qui était un homme de police, et qui est entré et sorti sans prononcer une parole, a apporté ceci.

Ursus reconnut l'esclavine, le capingot, le chapeau et le manteau de Gwynplaine.

IV

MŒNIBUS SURDIS CAMPANA MUTA [175]

Ursus palpa le feutre du chapeau, le drap du manteau, la serge du capingot, le cuir de l'esclavine, ne put douter de cette défroque, et d'un geste bref et impératif, sans dire un mot, désigna à maître Nicless la porte de l'inn.

Maître Nicless ouvrit.

Ursus se précipita hors de la taverne.

Maître Nicless le suivit des yeux, et vit Ursus courir, autant que le lui permettaient ses vieilles jambes, dans la direction prise le matin par le wapentake emmenant Gwynplaine. Un quart d'heure après, Ursus essoufflé arrivait dans la petite rue où était l'arrière-guichet de la geôle de Southwark et où il avait passé déjà tant d'heures d'observation.

Cette ruelle n'avait pas besoin de minuit pour être déserte. Mais, triste le jour, elle était inquiétante la nuit. Personne ne s'y hasardait passé une certaine heure. Il semblait qu'on craignît que les deux murs ne se rapprochassent, et qu'on eût peur, s'il prenait fantaisie à la prison et au cimetière de s'embrasser, d'être écrasé par l'embrassement. Effets nocturnes. Les saules tronqués de la ruelle Vauvert à Paris étaient de la sorte mal famés. On prétendait que la nuit ces moignons d'arbres se changeaient en grosses mains et empoignaient les passants.

D'instinct le peuple de Southwark évitait, nous l'avons

dit, cette rue entre prison et cimetière. Jadis elle avait été barrée la nuit d'une chaîne de fer. Très inutile; car la meilleure chaîne pour fermer cette rue, c'était la peur qu'elle faisait.

Ursus y entra résolument.

Quelle idée avait-il? Aucune.

Il venait dans cette rue aux informations. Allait-il frapper à la porte de la geôle? Non certes. Cet expédient effroyable et vain ne germait pas dans son cerveau. Tenter de s'introduire là pour demander un renseignement? Quelle folie! Les prisons n'ouvrent pas plus à qui veut entrer qu'à qui veut sortir. Leurs gonds ne tournent que sur la loi [176]. Ursus le savait. Que venait-il donc faire dans cette rue? Voir. Voir quoi? Rien. On ne sait pas. Le possible. Se retrouver en face de la porte où Gwynplaine avait disparu, c'était déjà quelque chose. Quelquefois le mur le plus noir et le plus bourru parle, et d'entre les pierres une lueur sort. Une vague transsudation de clarté se dégage parfois d'un entassement fermé et sombre. Examiner l'enveloppe d'un fait, c'est être utilement aux écoutes. Nous avons tous cet instinct, de ne laisser, entre le fait qui nous intéresse et nous, que le moins d'épaisseur possible. C'est pourquoi Ursus était retourné dans la ruelle où était l'entrée basse de la maison de force.

Au moment où il s'engagea dans la ruelle, il entendit un coup de cloche, puis un second.

— Tiens, pensa-t-il, serait-ce déjà minuit?

Machinalement, il se mit à compter:

— Trois, quatre, cinq.

Il songea:

— Comme les coups de cette cloche sont espacés! quelle lenteur! — Six. Sept.

Et il fit cette remarque:

— Quel son lamentable! — Huit, neuf. — Ah! rien de plus simple. Être dans une prison, cela attriste une horloge. — Dix. — Et puis, le cimetière est là. Cette cloche sonne l'heure aux vivants et l'éternité aux morts. — Onze. — Hélas! sonner une heure à qui n'est pas libre, c'est aussi sonner une éternité! Douze [177].

Il s'arrêta.

— Oui, c'est minuit.
La cloche sonna un treizième coup.
Ursus tressaillit.
— Treize!
Il y eut un quatorzième coup. Puis un quinzième.
— Qu'est-ce que cela veut dire?
Les coups continuèrent à longs intervalles. Ursus écoutait.
— Ce n'est pas une cloche d'horloge. C'est la cloche Muta. Aussi je disais: Comme minuit sonne longtemps! cette cloche ne sonne pas, elle tinte. Que se passe-t-il de sinistre?

Toute prison autrefois, comme tout monastère, avait sa cloche dite muta, réservée aux occasions mélancoliques. La muta, «la muette», était une cloche tintant très bas, qui avait l'air de faire son possible pour n'être pas entendue.

Ursus avait regagné l'encoignure commode au guet, d'où il avait pu, pendant une grande partie de la journée, épier la prison.

Les tintements se suivaient, à une lugubre distance l'un de l'autre.

Un glas fait dans l'espace une vilaine ponctuation [178]. Il marque dans les préoccupations de tout le monde des alinéas funèbres. Un glas de cloche ressemble à un râle d'homme. Annonce d'agonie. Si, dans les maisons, çà et là, aux environs de cette cloche en branle, il y a des rêveries éparses et en attente, ce glas les coupe en tronçons rigides. La rêverie indécise est une sorte de refuge; on ne sait quoi de diffus dans l'angoisse permet à quelque espérance de percer; le glas, désolant, précise. Cette diffusion, il la supprime, et, dans ce trouble, où l'inquiétude tâche de rester en suspens, il détermine des précipités. Un glas parle à chacun dans le sens de son chagrin ou de son effroi. Une cloche tragique, cela vous regarde. Avertissement. Rien de sombre comme un monologue sur lequel tombe cette cadence. Les retours égaux indiquent une intention. Qu'est-ce que ce marteau, la cloche, forge sur cette enclume, la pensée?

Ursus, confusément, comptait, bien que cela n'eût

aucun but, les tintements du glas, Se sentant sur un glissement, il faisait effort pour ne point ébaucher de conjectures. Les conjectures sont un plan incliné où l'on va inutilement trop loin. Néanmoins, que signifiait cette cloche?

Il regardait l'obscurité à l'endroit où il savait qu'était la porte de la prison.

Tout à coup, à cet endroit même qui faisait une sorte de trou noir, il y eut une rougeur. Cette rougeur grandit et devint une clarté.

Cette rougeur n'avait rien de vague. Elle eut tout de suite une forme et des angles. La porte de la geôle venait de tourner sur ses gonds. Cette rougeur en dessinait le cintre et les chambranles.

C'était plutôt un entrebâillement qu'une ouverture. Une prison, cela ne s'ouvre pas, cela bâille. D'ennui peut-être.

La porte du guichet donna passage à un homme qui avait une torche à la main.

La cloche ne discontinuait pas. Ursus se sentit saisi par deux attentes; il se mit en arrêt, l'oreille au glas, l'œil à la torche.

Après cet homme, la porte, qui n'était qu'entrebâillée, s'élargit tout à fait, et donna issue à deux autres hommes, puis à un quatrième. Ce quatrième était le wapentake, visible à la lumière de la torche. Il avait au poing son bâton de fer.

A la suite du wapentake, défilèrent, débouchant de dessous le guichet, en ordre, deux par deux, avec la rigidité d'une série de poteaux qui marcheraient, des hommes silencieux.

Ce cortège nocturne franchissait la porte basse couple par couple, comme les bini[179] d'une procession de pénitents, sans solution de continuité, avec un soin lugubre de ne faire aucun bruit, gravement, presque doucement. Un serpent qui sort d'un trou a cette précaution.

La torche faisait saillir les profils et les attitudes. Profils farouches, attitudes mornes.

Ursus reconnut tous les visages de police qui, le matin, avaient emmené Gwynplaine.

Nul doute. C'étaient les mêmes. Ils reparaissaient. Évidemment Gwynplaine aussi allait reparaître.

Ils l'avaient amené là ; ils le ramenaient.

C'était clair.

La prunelle d'Ursus redoubla de fixité. Mettrait-on Gwynplaine en liberté ?

La double file des gens de police s'écoulait de la voûte basse très lentement, et comme goutte à goutte. La cloche, qui ne s'interrompait point, semblait leur marquer le pas. En sortant de la prison, le cortège, montrant le dos à Ursus, tournait à droite dans le tronçon de la rue opposé à celui où il était posté.

Une deuxième torche brilla sous le guichet.

Ceci annonçait la fin du cortège.

Ursus allait voir ce qu'ils emmenaient. Le prisonnier. L'homme.

Ursus allait voir Gwynplaine.

Ce qu'ils emmenaient apparut.

C'était une bière.

Quatre hommes portaient une bière couverte d'un drap noir.

Derrière eux venait un homme ayant une pelle sur l'épaule.

Une troisième torche allumée, tenue par un personnage lisant dans un livre, qui devait être un chapelain, fermait le cortège.

La bière prit la file à la suite des gens de police qui avaient tourné à droite.

En même temps la tête du cortège s'arrêta.

Ursus entendit le grincement d'une clef.

Vis-à-vis la prison, dans le mur bas qui longeait l'autre côté de la rue, une deuxième ouverture de porte s'éclaira par une torche qui passa dessous.

Cette porte, sur laquelle on distinguait une tête de mort, était la porte du cimetière.

Le wapentake s'engagea dans cette ouverture, puis les hommes, puis la deuxième torche après la première ; le cortège y décrut comme le reptile rentrant ; la file entière des gens de police pénétra dans cette autre obscurité qui était au-delà de cette porte, puis la bière, puis l'homme à la pelle, puis le chapelain avec sa torche et son livre, et la porte se referma.

Il n'y eut plus rien qu'une lueur au-dessus d'un mur [180].

On entendit un chuchotement, puis des coups sourds.

C'étaient sans doute le chapelain et le fossoyeur qui jetaient sur le cercueil, l'un, des versets de prière, l'autre, des pelletées de terre.

Le chuchotement cessa, les coups sourds cessèrent.

Un mouvement se fit, les torches brillèrent, le wapentake repassa, tenant haut le weapon, sous la porte rouverte du cimetière, le chapelain revint avec son livre, le fossoyeur avec sa pelle, le cortège reparut, sans le cercueil, la double file d'hommes refit le même trajet entre les deux portes avec la même taciturnité et en sens inverse, la porte du cimetière se referma, la porte de la prison se rouvrit, la voûte sépulcrale du guichet se découpa en lueur, l'obscurité du corridor devint vaguement visible, l'épaisse et profonde nuit de la geôle s'offrit au regard, et toute cette vision rentra dans toute cette ombre.

Le glas s'éteignit. Le silence vint tout clore, sinistre serrure des ténèbres [181].

De l'apparition évanouie, ce ne fut plus que cela.

Un passage de spectres qui se dissipe.

Des rapprochements qui coïncident logiquement finissent par construire quelque chose qui ressemble à l'évidence. A Gwynplaine arrêté, au mode silencieux de son arrestation, à ses vêtements rapportés par l'homme de police, à ce glas de la prison où il avait été conduit, venait s'ajouter, disons mieux, s'ajuster cette chose tragique, un cercueil porté en terre.

— Il est mort! cria Ursus.

Il tomba assis sur une borne.

— Mort! Ils l'ont tué! Gwynplaine! mon enfant! mon fils!

Et il éclata en sanglots [182].

V

LA RAISON D'ÉTATTRAVAILLE EN PETIT COMME EN GRAND

Ursus, il s'en vantait, hélas! n'avait jamais pleuré. Le réservoir des pleurs était plein. Une telle plénitude, où s'est accumulée goutte à goutte, douleur à douleur, toute une longue existence, ne se vide pas en un instant. Ursus sanglota longtemps.

La première larme est une ponction. Il pleura sur Gwynplaine, sur Dea, sur lui Ursus, sur Homo. Il pleura comme un enfant. Il pleura comme un vieillard. Il pleura de tout ce dont il avait ri. Il acquitta l'arriéré. Le droit de l'homme aux larmes ne se périme pas.

Du reste, le mort qu'on venait de mettre en terre, c'était Hardquanonne; mais Ursus n'était pas forcé de le savoir [183].

Plusieurs heures s'écoulèrent.

Le jour commença à poindre; la pâle nappe du matin s'étala, vaguement plissée d'ombre, sur le bowling-green. L'aube vint blanchir la façade de l'inn Tadcaster. Maître Nicless ne s'était pas couché; car parfois le même fait produit plusieurs insomnies.

Les catastrophes rayonnent en tout sens. Jetez une pierre dans l'eau, et comptez les éclaboussures.

Maître Nicless se sentait atteint. C'est fort désagréable, des aventures chez vous. Maître Nicless, peu rassuré et entrevoyant des complications, méditait. Il regrettait d'avoir reçu chez lui «ces gens-là». — S'il avait su! — Ils finiront par lui attirer quelque mauvaise affaire. Comment les mettre dehors maintenant? — Il avait bail avec Ursus. — Quel bonheur s'il en était débarrassé! — Comment s'y prendre pour les chasser?

Brusquement il y eut à la porte de l'inn un de ces frappements tumultueux qui, en Angleterre, annoncent «quelqu'un». La gamme du frappement correspond à l'échelle de la hiérarchie.

Ce n'était point tout à fait le frappement d'un lord, mais c'était le frappement d'un magistrat.

Le tavernier, fort tremblant, entrebâilla son vasistas.

Il y avait magistrat en effet. Maître Nicless aperçut à sa porte, dans le petit jour, un groupe de police, en tête duquel se détachaient deux hommes, dont l'un était le justicier-quorum.

Maître Nicless avait vu le matin le justicier-quorum, et il le connaissait.

Il ne connaissait pas l'autre homme.

C'était un gentleman gras, au visage couleur cire, en perruque mondaine et en cape de voyage.

Maître Nicless avait grand-peur du premier de ces personnages, le justicier-quorum. Si maître Nicless eût été de la cour, il eût eu plus peur encore du second, car c'était Barkilphedro.

Un des hommes du groupe cogna une seconde fois la porte, violemment.

Le tavernier, avec une grosse sueur d'anxiété au front, ouvrit.

Le justicier-quorum, du ton d'un homme qui a charge de police et qui est très au fait du personnel des vagabonds, éleva la voix et demanda sévèrement:

— Maître Ursus?

L'hôtelier, bonnet bas, répondit:

— Votre honneur, c'est ici.

— Je le sais, dit le justicier.

— Sans doute, votre honneur.

— Qu'il vienne.

— Votre honneur, il n'est pas là.

— Où est-il ?
— Je l'ignore.
— Comment ?
— Il n'est pas rentré.
— Il est donc sorti de bien bonne heure ?
— Non. Mais il est sorti bien tard.
— Ces vagabonds ! reprit le justicier.
— Votre honneur, dit doucement maître Nicless, le voilà.

Ursus, en effet, venait de paraître à un détour de mur. Il arrivait à l'inn. Il avait passé presque toute la nuit entre la geôle où, à midi, il avait vu entrer Gwynplaine, et le cimetière où, à minuit, il avait entendu combler une fosse. Il était pâle de deux pâleurs, de sa tristesse et du crépuscule.

Le petit jour, qui est de la lueur à l'état de larve, laisse les formes, même celles qui se meuvent, mêlées à la diffusion de la nuit. Ursus, blême et vague, marchant lentement, ressemblait à une figure de songe [184].

Dans cette distraction farouche que donne l'angoisse, il s'en était allé de l'inn tête nue. Il ne s'était pas même aperçu qu'il n'avait point de chapeau. Ses quelques cheveux gris remuaient au vent. Ses yeux ouverts ne paraissaient pas regarder. Souvent, éveillé on est endormi, de même qu'il arrive qu'endormi on est éveillé. Ursus avait un air fou.

— Maître Ursus, cria le tavernier, venez. Leurs honneurs désirent vous parler.

Maître Nicless, occupé uniquement d'amadouer l'incident, lâcha, et en même temps eût voulu retenir ce pluriel, « leurs honneurs », respectueux pour le groupe, mais blessant peut-être pour le chef, confondu de la sorte avec ses subordonnés.

Ursus eut le sursaut d'un homme précipité à bas d'un lit où il dormirait profondément.

— Qu'est-ce ? dit-il.

Et il aperçut la police, et en tête de la police le magistrat.

Nouvelle et rude secousse.

Tout à l'heure le wapentake, maintenant le justicier-quorum. L'un semblait le jeter à l'autre. Il y a de vieilles histoires d'écueils comme cela.

Le justicier-quorum lui fit signe d'entrer dans la taverne.

Ursus obéit.

Govicum, qui venait de se lever et qui balayait la salle, s'arrêta, se rencogna derrière les tables, mit son balai au repos, et retint son souffle. Il plongea son poing dans ses cheveux et se gratta vaguement, ce qui indique l'attention aux événements.

Le justicier-quorum s'assit sur un banc, devant une table ; Barkilphedro prit une chaise. Ursus et maître Nicless demeurèrent debout. Les gens de police, laissés dehors, se massèrent devant la porte refermée.

Le justicier-quorum fixa sa prunelle légale sur Ursus, et dit :

— Vous avez un loup.

Ursus répondit :

— Pas tout à fait.

— Vous avez un loup, reprit le justicier, en soulignant « loup » d'un accent décisif.

Ursus répondit :

— C'est que...

Et il se tut.

— Délit, repartit le justicier.

Ursus hasarda cette plaidoirie :

— C'est mon domestique.

Le justicier posa sa main à plat sur la table les cinq doigts écartés, ce qui est un très beau geste d'autorité.

— Baladin, demain, à pareille heure, vous et votre loup, vous aurez quitté l'Angleterre. Sinon, le loup sera saisi, mené au greffe, et tué.

Ursus pensa : — Continuation des assassinats. — Mais il ne souffla mot et ce contenta de trembler de tous ses membres.

— Vous entendez ? reprit le justicier.

Ursus adhéra d'un hochement de tête.

Le justicier insista.

— Tué.

Il eut un silence.

— Étranglé, ou noyé.
Le justicier-quorum regarda Ursus.
— Et vous en prison.
Ursus murmura :
— Mon juge...
— Soyez parti avant demain matin. Sinon, tel est l'ordre.
— Mon juge...
— Quoi ?
— Il faut que nous quittions l'Angleterre, lui et moi !
— Oui.
— Aujourd'hui ?
— Aujourd'hui.
— Comment faire ?

Maître Nicless était heureux. Ce magistrat, qu'il avait redouté, venait à son aide. La police se faisait l'auxiliaire de lui, Nicless. Elle le délivrait de ces «gens-là». Le moyen qu'il cherchait, elle le lui apportait. Cet Ursus qu'il voulait congédier, la police le chassait. Force majeure. Rien à objecter. Il était ravi. Il intervint :

— Votre honneur, cet homme...
Il désignait Ursus du doigt.
— ... Cet homme demande comment faire pour quitter l'Angleterre aujourd'hui ? Rien de plus simple. Il y a, tous les jours et toutes les nuits, aux amarrages de la Tamise, de ce côté-ci du pont de Londres comme de l'autre côté, des bateaux qui partent pour les pays. On va d'Angleterre en Danemark, en Hollande, en Espagne, pas en France, à cause de la guerre, mais partout. Cette nuit, plusieurs navires partiront, vers une heure du matin, qui est l'heure de la marée. Entre autres, la panse *Vograat* de Rotterdam.

Le justicier-quorum fit un mouvement d'épaule du côté d'Ursus :

— Soit. Partez par le premier bateau venu. Par la *Vograat*.
— Mon juge... fit Ursus.
— Eh bien ?
— Mon juge, si je n'avais, comme autrefois, que ma

petite baraque à roues, cela se pourrait. Elle tiendrait sur un bateau. Mais...

— Mais quoi?

— Mais c'est que j'ai la Green-Box, qui est une grande machine avec deux chevaux, et, si large que soit un navire, jamais cela n'entrera.

— Qu'est-ce que cela me fait? dit le justicier. On tuera le loup.

Ursus, frémissant, se sentait manié comme par une main de glace. — Les monstres! pensa-t-il. Tuer les gens! c'est leur expédient.

Le tavernier sourit, et s'adressa à Ursus.

— Maître Ursus, vous pouvez vendre la Green-Box.

Ursus regarda Nicless.

— Maître Ursus, vous avez offre.

— De qui?

— Offre pour la voiture. Offre pour les deux chevaux. Offre pour les deux femmes bréhaignes. Offre...

— De qui? répéta Ursus.

— Du maître du circus voisin.

— C'est juste.

Ursus se souvint.

Maître Nicless se tourna vers le justicier-quorum.

— Votre honneur, le marché peut être conclu aujourd'hui même. Le maître du circus d'à côté désire acheter la grande voiture et les deux chevaux.

— Le maître de ce circus a raison, dit le justicier, car il va en avoir besoin. Une voiture et des chevaux, cela lui sera utile. Lui aussi partira aujourd'hui. Les révérends des paroisses de Southwark se sont plaints des vacarmes obscènes du Tarrinzeau-field. Le shériff a pris des mesures. Ce soir, il n'y aura plus une seule baraque de bateleur sur cette place. Fin des scandales. L'honorable gentleman qui daigne être ici présent...

Le justicier-quorum s'interrompit par un salut à Barkilphedro, que Barkilphedro lui rendit.

— ... L'honorable gentleman qui daigne être ici présent est arrivé cette nuit de Windsor. Il apporte des ordres. Sa majesté a dit: Il faut nettoyer cela.

Ursus, dans sa longue méditation de toute la nuit,

n'avait pas été sans se poser quelques questions. Après tout, il n'avait vu qu'une bière. Était-il bien sûr que Gwynplaine fût dedans ? Il pouvait y avoir sur la terre d'autres morts que Gwynplaine. Un cercueil qui passe n'est pas un trépassé qui se nomme. A la suite de l'arrestation de Gwynplaine, il y avait eu un enterrement. Cela ne prouvait rien. *Post hoc, non propter hoc* [185], — etc. — Ursus en était revenu à douter. L'espérance brûle et luit sur l'angoisse comme le naphte sur l'eau. Cette flamme surnageante flotte éternellement sur la douleur humaine. Ursus avait fini par se dire : Il est probable que c'est Gwynplaine qu'on a enterré, mais ce n'est pas certain. Qui sait ? Gwynplaine est peut-être encore vivant.

Ursus s'inclina devant le justicier.

— Honorable juge, je partirai. Nous partirons. On partira. Par la *Vograat*. Pour Rotterdam. J'obéis. Je vendrai la Green-Box, les chevaux, les trompettes, les femmes d'Égypte. Mais il y a quelqu'un qui est avec moi, un camarade, et que je ne puis laisser derrière moi. Gwynplaine...

— Gwynplaine est mort, dit une voix [186].

Ursus eut l'impression du froid d'un reptile sur sa peau. C'était Barkilphedro qui venait de parler.

La dernière lueur s'évanouissait. Plus de doute. Gwynplaine était mort.

Ce personnage devait le savoir. Il était assez sinistre pour cela.

Ursus salua.

Maître Nicless était très bon homme en dehors de la lâcheté. Mais, effrayé, il était atroce. La suprême férocité, c'est la peur.

Il grommela :

— Simplification.

Et il eut, derrière Ursus, ce frottement de mains, particulier aux égoïstes, qui signifie : M'en voilà quitte ! et qui semble fait au-dessus de la cuvette de Ponce-Pilate.

Ursus accablé baissait la tête. La sentence de Gwynplaine était exécutée, la mort ; et, quant à lui, son arrêt lui était signifié, l'exil. Il n'y avait plus qu'à obéir. Il songeait.

Il sentit qu'on lui touchait le coude. C'était l'autre personnage, l'acolyte du justicier-quorum. Ursus tressaillit.

La voix qui avait dit : *Gwynplaine est mort,* lui chuchota à l'oreille :

— Voici dix livres sterling que vous envoie quelqu'un qui vous veut du bien.

Et Barkilphedro posa une petite bourse sur une table devant Ursus.

On se rappelle la cassette que Barkilphedro avait emportée.

Dix guinées sur deux mille, c'était tout ce que pouvait faire Barkilphedro. En conscience, c'était assez. S'il eût donné davantage, il y eût perdu. Il avait pris la peine de faire la trouvaille d'un lord, il en commençait l'exploitation, il était juste que le premier rendement de la mine lui appartînt. Ceux qui verraient là une petitesse seraient dans leur droit, mais auraient tort de s'étonner. Barkilphedro aimait l'argent, surtout volé. Un envieux contient un avare. Barkilphedro n'était pas sans défauts. Commettre des crimes, cela n'empêche pas d'avoir des vices. Les tigres ont des poux.

D'ailleurs, c'était l'école de Bacon.

Barkilphedro se tourna vers le justicier-quorum, et lui dit :

— Monsieur, veuillez terminer. Je suis très pressé. Une chaise attelée des propres relais de sa majesté m'attend. Il faut que je reparte ventre à terre pour Windsor, et que j'y sois avant deux heures d'ici. J'ai des comptes à rendre et des ordres à prendre.

Le justicier-quorum se leva.

Il alla à la porte qui n'était fermée qu'au pêne, l'ouvrit, regarda, sans dire un mot, les gens de police, et il lui jaillit de l'index un éclair d'autorité. Tout le groupe entra avec ce silence où l'on entrevoit l'approche de quelque chose de sévère.

Maître Nicless, satisfait du dénouement rapide qui coupait court aux complications, charmé d'être hors de cet écheveau brouillé, craignit, en voyant ce déploiement d'exempts, qu'on n'appréhendât Ursus chez lui. Deux arrestations coup sur coup dans sa maison, celle de Gwynplaine, puis celle d'Ursus, cela pouvait nuire à la taverne, les buveurs n'aimant point les dérangements de police. C'était le cas d'une intervention convenablement suppliante et généreuse. Maître Nicless tourna vers le justicier-quorum sa face souriante où la confiance était tempérée par le respect :

— Votre honneur, je fais observer à votre honneur que ces honorables messieurs les sergents ne sont point indispensables du moment que le loup coupable va être emmené hors d'Angleterre, et que ce nommé Ursus ne fait point de résistance, et que les ordres de votre honneur sont ponctuellement suivis. Votre honneur considérera que les actions respectables de la police, si nécessaires au bien du royaume, font du tort à un établissement, et que ma maison est innocente. Les saltimbanques de la Green-Box étant nettoyés, comme dit sa majesté la reine, je ne vois plus personne ici de criminel, car je ne suppose pas que la fille aveugle et les deux bréhaignes soient délinquantes, et j'implorerais votre honneur de daigner abréger son auguste visite et de congédier ces dignes messieurs qui viennent d'entrer, car ils n'ont rien à faire en ma maison, et si votre honneur me permettait de prouver la justesse de mon dire sous la forme d'une humble question, je rendrais évidente l'inutilité de la présence de ces vénérables messieurs en demandant à votre honneur : Puisque le nommé Ursus s'exécute et part, qui peuvent-ils avoir à arrêter ici ?

— Vous, dit le justicier.

On ne discute pas avec un coup d'épée qui vous perce de part en part. Maître Nicless s'affaissa sur n'importe quoi, sur une table, sur un banc, sur ce qui se trouva là, atterré.

Le justicier haussa la voix tellement que, s'il y avait des gens sur la place, ils pouvaient l'entendre.

— Maître Nicless Plumptre, tavernier de cette taverne, ceci est le dernier point à régler. Ce baladin et ce loup sont des vagabonds. Ils sont chassés. Mais le plus coupable, c'est vous. C'est chez vous, et de votre consentement que la loi a été violée, et vous, homme patenté, investi d'une responsabilité publique, vous avez installé le scandale dans votre maison. Maître Nicless, votre licence vous est retirée, vous paierez l'amende, et vous irez en prison.

Les gens de police entourèrent le tavernier.

Le justicier continua, désignant Govicum :

— Ce garçon, votre complice, est saisi.

Le poignet d'un exempt s'abattit sur le collet de Govicum, qui considéra l'exempt avec curiosité. Le boy, pas très effrayé, comprenait peu, avait déjà vu plus d'une chose singulière, et se demandait si c'était la suite de la comédie.

Le justicier-quorum enfonça son chapeau sur son chef, croisa ses deux mains sur son ventre, ce qui est le comble de la majesté, et ajouta :

— C'est dit, maître Nicless, vous serez attrait en prison, et mis en geôle. Vous et ce boy. Et cette maison, l'inn Tadcaster, demeurera fermée, condamnée et close. Pour l'exemple. Sur ce, vous allez nous suivre.

LIVRE SEPTIÈME

LA TITANE [187]

I

RÉVEIL

— Et Dea!
Il sembla à Gwynplaine, regardant poindre le jour à Corleone-lodge pendant ces aventures de l'inn Tadcaster, que ce cri venait du dehors; ce cri était en lui.

Qui n'a entendu les profondes clameurs de l'âme?

D'ailleurs le jour se levait.

L'aurore est une voix.

A quoi servirait le soleil si ce n'est à réveiller la sombre endormie, la conscience?

La lumière et la vertu sont de même espèce.

Que le dieu s'appelle Christ ou qu'il s'appelle Amour, il y a toujours une heure où il est oublié, même par le meilleur; nous avons tous, même les saints, besoin d'une voix qui nous fasse souvenir, et l'aube fait parler en nous l'avertisseur sublime. La conscience crie devant le devoir comme le coq chante devant le jour.

Le cœur humain, ce chaos, entend le *Fiat lux* [188].

Gwynplaine — nous continuerons à le nommer ainsi; Clancharlie est un lord, Gwynplaine est un homme; — Gwynplaine fut comme ressuscité.

Il était temps que l'artère fût liée.

Il y avait en lui une fuite d'honnêteté.

— Et Dea, dit-il.

Et il sentit dans ses veines comme une transfusion

généreuse. Quelque chose de salubre et de tumultueux se précipitait en lui. L'irruption violente des bonnes pensées, c'est un retour au logis de quelqu'un qui n'a pas sa clef, et qui force honnêtement son propre mur. Il y a escalade, mais du bien. Il y a effraction, mais du mal.

— Dea! Dea! Dea! répéta-t-il.

Il s'affirmait à lui-même son propre cœur.

Et il fit cette question à haute voix:

— Où es-tu?

Presque étonné qu'on ne lui répondît pas.

Il reprit, regardant le plafond et les murs, avec un égarement où la raison revenait:

— Où es-tu? où suis-je?

Et dans cette chambre, dans cette cage, il recommença sa marche de bête farouche enfermée.

— Où suis-je? à Windsor. Et toi? à Southwark. Ah! mon Dieu! voilà la première fois qu'il y a une distance entre nous. Qui donc a creusé cela? moi ici, toi là! Oh! cela n'est pas. Cela ne sera pas. Qu'est-ce donc qu'on m'a fait?

Il s'arrêta.

— Qui donc m'a parlé de la reine? est-ce que je connais cela? Changé! moi changé! pourquoi? parce que je suis lord. Sais-tu ce qui se passe, Dea? tu es lady. C'est étonnant les choses qui arrivent. Ah çà! il s'agit de retrouver mon chemin. Est-ce qu'on m'aurait perdu? Il y a un homme qui m'a parlé avec un air obscur. Je me rappelle les paroles qu'il m'a adressées: — Milord, une porte qui s'ouvre ferme une autre porte. Ce qui est derrière vous n'est plus. — Autrement dit: Vous êtes un lâche! Cet homme-là, le misérable! il me disait cela pendant que je n'étais pas encore réveillé. Il abusait de mon premier moment étonné. J'étais comme une proie qu'il avait. Où est-il, que je l'insulte! il me parlait avec le sombre sourire du rêve. Ah! voici que je redeviens moi! C'est bon. On se trompe si l'on croit qu'on fera de lord Clancharlie ce qu'on voudra! Pair d'Angleterre, oui, avec une pairesse, qui est Dea. Des conditions! est-ce que j'en accepte? La reine? que m'importe la reine! je ne l'ai jamais vue. Je ne suis pas lord pour être esclave.

J'entre libre dans la puissance. Est-ce qu'on se figure m'avoir déchaîné pour rien? On m'a démuselé, voilà tout. Dea! Ursus! nous sommes ensemble. Ce que vous étiez, je l'étais. Ce que je suis, vous l'êtes. Venez! Non. J'y vais! tout de suite. Tout de suite! J'ai déjà trop attendu. Que doivent-ils penser de ne pas me voir revenir? Cet argent! quand je pense que je leur ai envoyé de l'argent! C'était moi qu'il fallait. Je me rappelle, cet homme, il m'a dit que je ne pouvais pas sortir d'ici. Nous allons voir. Allons, une voiture! une voiture! qu'on attelle. Je veux aller les chercher. Où sont les valets? Il doit y avoir des valets, puisqu'il y a un seigneur. Je suis le maître ici. C'est ma maison. Et j'en tordrai les verrous, et j'en briserai les serrures, et j'en enfoncerai les portes à coups de pied. Quelqu'un qui me barre le passage, je lui passe mon épée au travers du corps, car j'ai une épée maintenant. Je voudrais bien voir qu'on me résistât. J'ai une femme, qui est Dea. J'ai un père, qui est Ursus. Ma maison est un palais et je le donne à Ursus. Mon nom est un diadème et je le donne à Dea. Vite! Tout de suite! Dea, me voici! Ah! j'aurai vite enjambé l'intervalle, va!

Et, levant la première portière venue, il sortit de la chambre impétueusement.

Il se trouva dans un corridor.

Il alla devant lui.

Un deuxième corridor se présenta.

Toutes les portes étaient ouvertes.

Il se mit à marcher au hasard, de chambre en chambre, de couloir en couloir, cherchant la sortie [189].

II

RESSEMBLANCE D'UN PALAIS
AVEC UN BOIS

Dans les palais à l'italienne, Corleone-lodge était de cette sorte, il y avait très peu de portes. Tout était rideau, portière, tapisserie.

Pas de palais à cette époque qui n'eût, à l'intérieur, un singulier fouillis de chambres et de corridors où abondait le faste; dorures, marbres, boiseries ciselées, soies d'orient; avec des recoins pleins de précaution et d'obscurité, d'autres pleins de lumière. C'étaient des galetas riches et gais, des réduits vernis, luisants, revêtus de faïences de Hollande ou d'azulejos de Portugal, des embrasures de hautes fenêtres coupées en soupentes, et des cabinets tout en vitres, jolies lanternes logeables. Les épaisseurs de mur, évidées, étaient habitables. Çà et là, des bonbonnières, qui étaient des garde-robes. Cela s'appelait « les petits appartements ». C'est là qu'on commettait les crimes.

Si l'on avait à tuer le duc de Guise ou à fourvoyer la jolie présidente de Sylvecane, ou, plus tard, à étouffer les cris des petites qu'amenait Lebel, c'était commode. Logis compliqué, inintelligible à un nouveau venu. Lieu des rapts; fond ignoré où aboutissaient les disparitions. Dans ces élégantes cavernes les princes et les seigneurs déposaient leur butin; le comte de Charolais y cachait madame

Courchamp, la femme du maître des requêtes; M. de Monthulé y cachait la fille de Haudry, le fermier de la Croix Saint-Lenfroy; le prince de Conti y cachait les deux belles boulangères de l'Ile-Adam; le duc de Buckingham y cachait la pauvre Pennywell, etc. Les choses qui s'accomplissaient là étaient de celles qui se font, comme dit la loi romaine, *vi, clam et precario,* par force, en secret, et pour peu de temps. Qui était là y restait selon le bon plaisir du maître. C'étaient des oubliettes, dorées. Cela tenait du cloître et du sérail. Des escaliers tournaient, montaient, descendaient. Une spirale de chambres s'emboîtant vous ramenait à votre point de départ[190]. Une galerie s'achevait en oratoire. Un confessionnal se greffait sur une alcôve. Les ramifications des coraux et les percées des éponges[191] avaient probablement servi de modèles aux architectes des «petits appartements» royaux et seigneuriaux. Les embranchements étaient inextricables. Des portraits pivotant sur des ouvertures offraient des entrées et des sorties. C'était machiné. Il le fallait bien; il s'y jouait des drames. Les étages de cette ruche allaient des caves aux mansardes. Madrépore bizarre incrusté dans tous les palais, à commencer par Versailles, et qui était comme l'habitation des pygmées dans la demeure des titans. Couloirs, reposoirs, nids, alvéoles, cachettes. Toutes sortes de trous où se fourraient les petitesses des grands.

Ces lieux, serpentants et murés, éveillaient des idées de jeux, d'yeux bandés, de mains à tâtons, de rires contenus, colin-maillard, cache-cache; et en même temps faisaient songer aux Atrides, aux Plantagenêts, aux Médicis, aux sauvages chevaliers d'Elz, à Rizzio, à Monaldeschi, aux épées poursuivant un fuyard de chambre en chambre.

L'Antiquité avait, elle aussi, de mystérieux logis de ce genre, où le luxe était approprié aux horreurs. L'échantillon en a été conservé sous terre dans certains sépulcres d'Égypte, par exemple dans la crypte du roi Psammétícus, découverte par Passalacqua. On trouve dans les vieux poètes l'effroi de ces constructions suspectes. *Error circumflexus, locus implicitus gyris*[192].

Gwynplaine était dans les petits appartements de Corleone-lodge.

Il avait la fièvre de partir, d'être dehors, de revoir Dea. Cet enchevêtrement de corridors et de cellules, de portes dérobées, de portes imprévues, l'arrêtait et le ralentissait. Il eût voulu y courir, il était forcé d'y errer. Il croyait n'avoir qu'une porte à pousser, il avait un écheveau à débrouiller.

Après une chambre, une autre. Puis des carrefours de salons.

Il ne rencontrait rien de vivant. Il écoutait. Aucun mouvement.

Il lui semblait parfois revenir sur ses pas.

Par moments il croyait voir quelqu'un venir à lui. Ce n'était personne. C'était lui, dans une glace, en habit de seigneur.

C'était lui, invraisemblable. Il se reconnaissait, mais pas tout de suite.

Il allait, prenant tous les passages qui s'offraient.

Il s'engageait dans des méandres d'architecture intime; là un cabinet coquettement peint et sculpté, un peu obscène et très discret; là une chapelle équivoque tout écaillée de nacres et d'émaux, avec des ivoires faits pour être vus à la loupe, comme des dessus de tabatières; là un de ces précieux retraits florentins accommodés pour les hypocondries féminines, et qu'on appelait dès lors *boudoirs*. Partout, sur les plafonds, sur les murs, sur les planchers même, il y avait des figurations veloutées ou métalliques d'oiseaux et d'arbres, des végétations extravagantes enroulées de perles, des bossages de passementerie, des nappes de jais, des guerriers, des reines, des tritonnes cuirassées d'un ventre d'hydre [193]. Les biseaux des cristaux taillés ajoutaient des effets de prismes à des effets de reflets. Les verroteries jouaient les pierreries. On voyait étinceler des encoignures sombres. On ne savait si toutes ces facettes lumineuses, où des verres d'émeraudes s'amalgamaient à des ors de soleil levant et où flottaient des nuées gorge de pigeon, étaient des miroirs microscopiques ou des aigues-marines démesurées. Magnificence à la fois délicate et énorme. C'était le plus mignon des palais, à moins que ce ne fût le plus colossal des écrins. Une maison pour Mab ou un bijou pour Géo [194]. Gwynplaine cherchait l'issue.

Il ne la trouvait pas. Impossible de s'orienter. Rien de capiteux comme l'opulence quand on la voit pour la première fois. Mais en outre c'était un labyrinthe. A chaque pas, une magnificence lui faisait obstacle. Cela semblait résister à ce qu'il s'en allât. Cela avait l'air de ne pas vouloir le lâcher. Il était comme dans une glu de merveilles. Il se sentait saisi et retenu [195].

— Quel horrible palais! pensait-il.

Il rôdait dans ce dédale, inquiet, se demandant ce que cela voulait dire, s'il était en prison, s'irritant, aspirant à l'air libre. Il répétait: Dea! Dea! comme on tient le fil qu'il ne faut pas laisser rompre et qui vous fera sortir.

Par moments il appelait.

— Hé! quelqu'un!

Rien ne répondait.

Ces chambres n'en finissaient pas. C'était désert, silencieux, splendide, sinistre.

On se figure ainsi les châteaux enchantés.

Des bouches de chaleur cachées entretenaient dans ces corridors et dans ces cabinets une température d'été. Le mois de juin semblait avoir été pris par quelque magicien et enfermé dans ce labyrinthe. Par moments cela sentait bon. On traversait des bouffées de parfums comme s'il y avait là des fleurs invisibles. On avait chaud. Partout des tapis. On eût pu se promener nu [196].

Gwynplaine regardait par les fenêtres. L'aspect changeait. Il voyait tantôt des jardins, remplis des fraîcheurs du printemps et du matin, tantôt de nouvelles façades avec d'autres statues, tantôt des patios à l'espagnole, qui sont de petites cours quadrangulaires entre de grands bâtiments, dallées, moisies et froides; parfois une rivière qui était la Tamise, parfois une grosse tour qui était Windsor.

Dehors, de si grand matin, il n'y avait point de passants.

Il s'arrêtait. Il écoutait.

— Oh! je m'en irai, disait-il. Je rejoindrai Dea. On ne

me gardera pas de force. Malheur à qui voudrait m'empêcher de sortir! Qu'est-ce que c'est que cette grande tour-là? S'il y a un géant, un dogue d'enfer, une tarasque, pour barrer la porte dans ce palais ensorcelé, je l'exterminerai. Une armée, je la dévorerais. Dea! Dea!

Tout à coup il entendit un petit bruit très faible. Cela ressemblait à de l'eau qui coule.

Il était dans une galerie étroite, obscure, fermée à quelques pas devant lui par un rideau fendu.

Il alla à ce rideau, l'écarta, entra.

Il pénétra dans de l'inattendu.

III

ÈVE [197]

Une salle octogone, voûtée en anse de panier, sans fenêtres, éclairée d'un jour d'en haut, toute revêtue, mur, pavage et voûte, de marbre fleur de pêcher; au milieu de la salle, un baldaquin pinacle en marbre drap mortuaire, à colonnes torses, dans le style pesant et charmant d'Élisabeth, couvrant d'ombre une vasque-baignoire du même marbre noir; au milieu de la vasque un fin jaillissement d'eau odorante et tiède remplissant doucement et lentement la cuve; c'est là ce qu'il avait devant les yeux.

Bain noir fait pour changer la blancheur en resplendissement [198].

C'était cette eau qu'il avait entendue. Une fuite ménagée dans la baignoire à un certain niveau ne la laissait pas déborder. La vasque fumait, mais si peu qu'il y avait à peine quelque buée sur le marbre. Le grêle jet d'eau était pareil à une souple verge d'acier fléchissante au moindre souffle.

Aucun meuble. Si ce n'est, près de la baignoire, une de ces chaises-lits à coussins assez longues pour qu'une femme, qui y est étendue, puisse avoir à ses pieds son chien, ou son amant; d'où *can-al-pie,* dont nous avons fait *canapé*.

C'était une chaise longue d'Espagne, vu que le bas

était en argent. Les coussins et le capiton étaient de soie glacée blanc.

De l'autre côté de la baignoire, se dressait, adossée au mur, une haute étagère de toilette en argent massif avec tous ses ustensiles, ayant à son milieu huit petites glaces de Venise ajustées dans un châssis d'argent et figurant une fenêtre.

Dans le pan coupé de muraille le plus voisin du canapé, était entaillée une baie carrée qui ressemblait à une lucarne et qui était bouchée d'un panneau fait d'une lame d'argent rouge. Ce panneau avait des gonds comme un volet. Sur l'argent rouge brillait, niellée et dorée, une couronne royale. Au-dessus du panneau était suspendu et scellé au mur un timbre qui était en vermeil, à moins qu'il ne fût en or.

Vis-à-vis l'entrée de cette salle, en face de Gwynplaine qui s'était arrêté court, le pan coupé de marbre manquait. Il était remplacé par une ouverture de même dimension, allant jusqu'à la voûte et fermée d'une large et haute toile d'argent.

Cette toile, d'une ténuité féerique, était transparente. On voyait au travers.

Au centre de la toile, à l'endroit où est d'ordinaire l'araignée, Gwynplaine aperçut une chose formidable, une femme nue [199].

Nue à la lettre, non. Cette femme était vêtue. Et vêtue de la tête aux pieds. Le vêtement était une chemise, très longue, comme les robes d'anges dans les tableaux de sainteté, mais si fine qu'elle semblait mouillée. De là un à-peu-près de femme nue, plus traître et plus périlleux que la nudité franche. L'histoire a enregistré des processions de princesses et de grandes dames entre deux files de moines, où, sous prétexte de pieds nus et d'humilité, la duchesse de Montpensier, se montrait ainsi à tout Paris dans une chemise de dentelle. Correctif: un cierge à la main.

La toile d'argent, diaphane comme une vitre, était un rideau. Elle n'était fixée que du haut et pouvait se soulever. Elle séparait la salle de marbre, qui était une salle de bains, d'une chambre, qui était une chambre à coucher.

Cette chambre, très petite, était une espèce de grotte de miroirs. Partout des glaces de Venise, contiguës, ajustées polyédriquement, reliées par des baguettes dorées, réfléchissaient le lit qui était au centre. Sur ce lit, d'argent comme la toilette et le canapé, était couchée la femme. Elle dormait.

Elle dormait la tête renversée, un de ses pieds refoulant ses couvertures, comme la succube au-dessus de laquelle le rêve bat des ailes.

Son oreiller de guipure était tombé à terre sur le tapis.

Entre sa nudité et le regard il y avait deux obstacles, sa chemise et le rideau de gaze d'argent, deux transparences. La chambre, plutôt alcôve que chambre, était éclairée avec une sorte de retenue par le reflet de la salle de bains. La femme peut-être n'avait pas de pudeur, mais la lumière en avait.

Le lit n'avait ni colonnes, ni dais, ni ciel, de sorte que la femme, quand elle ouvrait les yeux, pouvait se voir mille fois nue dans les miroirs au-dessus de sa tête.

Les draps avaient le désordre d'un sommeil agité. La beauté des plis indiquait la finesse de la toile. C'était l'époque où une reine, songeant qu'elle serait damnée, se figurait l'enfer ainsi : un lit avec de gros draps.

Du reste, cette mode du sommeil nu venait d'Italie, et remontait aux Romains. *Sub clara nuda lucerna,* dit Horace [200].

Une robe de chambre en soie singulière, de Chine sans doute, car dans les plis on entrevoyait un grand lézard d'or, était jetée sur le pied du lit.

Au-delà du lit, au fond de l'alcôve, il y avait probablement une porte, masquée et marquée par une assez grande glace sur laquelle étaient peints des paons et des cygnes. Dans cette chambre faite d'ombre tout reluisait. Les espacements entre les cristaux et les dorures étaient enduits de cette matière étincelante qu'on appelait à Venise « fiel de verre ».

Au chevet du lit était fixé un pupitre en argent à tasseaux tournants et à flambeaux fixes sur lequel on pouvait voir un livre ouvert portant au haut des pages ce titre en grosses lettres rouges : *Alcoranus Mahumedis* [201].

Gwynplaine ne percevait aucun de ces détails. La femme, voilà ce qu'il voyait.

Il était à la fois pétrifié et bouleversé ; ce qui s'exclut, mais ce qui existe [202].

Cette femme, il la reconnaissait.

Elle avait les yeux fermés et le visage tourné vers lui.

C'était la duchesse.

Elle, cet être mystérieux en qui se mélangeaient tous les resplendissements de l'inconnu, celle qui lui avait fait faire tant de songes inavouables, celle qui lui avait écrit une si étrange lettre ! La seule femme au monde dont il pût dire : Elle m'a vu, et elle veut de moi ! Il avait chassé les songes, il avait brûlé la lettre. Il l'avait reléguée, elle, le plus loin qu'il avait pu hors de sa rêverie et de sa mémoire ; il n'y pensait plus ; il l'avait oubliée...

Il la revoyait !

Il la revoyait terrible.

La femme nue, c'est la femme armée.

Il ne respirait plus. Il se sentait soulevé comme dans un nimbe, et poussé. Il regardait. Cette femme devant lui ! Était-ce possible ?

Au théâtre, duchesse. Ici, néréide, naïade, fée. Toujours apparition.

Il essaya de fuir et sentit que cela ne se pouvait pas. Ses regards étaient devenus deux chaînes, et l'attachaient à cette vision.

Était-ce une fille ? Était-ce une vierge ? Les deux. Messaline, présente peut-être dans l'invisible, devait sourire, et Diane devait veiller. Il y avait sur cette beauté la clarté de l'inaccessible [203]. Pas de pureté comparable à cette forme chaste et altière. Certaines neiges qui n'ont jamais été touchées sont reconnaissables. Les blancheurs sacrées de la Yungfrau, cette femme les avait. Ce qui se dégageait de ce front inconscient, de cette vermeille chevelure éparse, de ces cils abaissés, de ces veines bleues vaguement visibles, de ces rondeurs sculpturales des seins, des hanches et des genoux modelant les affleurements roses de la chemise, c'était la divinité d'un sommeil auguste. Cette impudeur se dissolvait en rayonnement. Cette créature était nue avec autant de calme que si elle avait droit au cynisme divin, elle avait la sécurité d'une olympienne qui se fait fille du gouffre, et qui peut dire à l'océan : Père ! et elle s'offrait, inabordable et superbe, à tout ce qui passe, aux regards, aux désirs, aux démences, aux songes, aussi fièrement assoupie sur ce lit de boudoir que Vénus dans l'immensité de l'écume [204].

Elle s'était endormie la nuit et prolongeait son sommeil au grand jour ; confiance commencée dans les ténèbres et continuée dans la lumière.

Gwynplaine frémissait. Il admirait.

Admiration malsaine, et qui intéresse trop.

Il avait peur.

La boîte à surprises du sort ne s'épuise point. Gwynplaine avait cru être au bout. Il recommençait. Qu'était-ce que tous ces éclairs, s'abattant sur sa tête sans relâche, et enfin, foudroiement suprême, lui jetant, à lui, homme frissonnant, une déesse endormie ? Qu'était-ce que toutes ces ouvertures de ciel successives d'où finissait par sortir, désirable et redoutable, son rêve ? Qu'était-ce que ces complaisances du tentateur inconnu lui apportant, l'une après l'autre, ses aspirations vagues, ses velléités confuses, jusqu'à ses mauvaises pensées devenues chair vivante, et l'accablant sous une enivrante série de réalités tirées de l'impossible ! Y avait-il conspiration de toute l'ombre contre lui, misérable, et qu'allait-il devenir avec tous ces sourires de la fortune sinistre autour de lui [205] ? Qu'était-ce que ce vertige arrangé exprès ? Cette femme ! là ! pourquoi ? comment ? Nulle explication. Pourquoi lui ? Pourquoi elle ? Était-il fait pair d'Angleterre exprès pour cette duchesse ? Qui les amenait ainsi l'un à l'autre ? qui était dupe ? qui était victime ? De qui abusait-on la bonne foi ? était-ce Dieu qu'on trompait ? Toutes ces choses, il ne les précisait pas, il les entrevoyait à travers une suite de nuages noirs dans son cerveau. Ce logis magique et malveillant, cet étrange palais, tenace comme une prison, était-il du complot ? Gwynplaine subissait une sorte de résorption. Des forces obscures le garrottaient mystérieusement. Une gravitation l'enchaînait. Sa volonté, soutirée, s'en allait de lui. A quoi se retenir ? Il était hagard et charmé. Cette fois, il se sentait irrémédiablement insensé. La sombre chute à pic dans le précipice d'éblouissement continuait [206].

La femme dormait.

Pour lui, l'état de trouble s'aggravant, ce n'était même plus la lady, la duchesse, la dame; c'était la femme.

Les déviations sont dans l'homme à l'état latent. Les vices ont dans notre organisme un tracé invisible tout préparé. Même innocents, et en apparence purs, nous avons cela en nous. Être sans tache, ce n'est pas être sans défaut. L'amour est une loi. La volupté est un piège. Il y a l'ivresse, et il y a l'ivrognerie. L'ivresse, c'est de vouloir une femme; l'ivrognerie, c'est de vouloir la femme.

Gwynplaine, hors de lui, tremblait.

Que faire contre cette rencontre ? Pas de flots d'étoffes, pas d'ampleurs soyeuses, pas de toilette prolixe et coquette, pas d'exagération galante cachant et montrant, pas de nuage. La nudité dans sa concision redoutable. Sorte de sommation mystérieuse, effrontément édénique. Tout le côté ténébreux de l'homme mis en demeure. Ève pire que Satan. L'humain et le surhumain amalgamés. Extase inquiétante, aboutissant au triomphe brutal de l'instinct sur le devoir. Le contour souverain de la beauté est impérieux. Quand il sort de l'idéal et quand il daigne être réel, c'est pour l'homme une proximité funeste.

Par instants la duchesse se déplaçait mollement sur le lit, et avait les vagues mouvements d'une vapeur dans l'azur, changeant d'attitude comme la nuée change de forme. Elle ondulait, composant et décomposant des courbes charmantes. Toutes les souplesses de l'eau, la femme les a. Comme l'eau, la duchesse avait on ne sait quoi d'insaisissable. Chose bizarre à dire, elle était là, chair visible, et elle restait chimérique. Palpable, elle semblait lointaine [207]. Gwynplaine, effaré et pâle, contemplait. Il écoutait ce sein palpiter et croyait entendre une respiration de fantôme. Il était attiré, il se débattait. Que faire contre elle ? que faire contre lui ?

Il s'était attendu à tout, excepté à cela. Un gardien féroce en travers de la porte, quelque furieux monstre geôlier à combattre voilà sur quoi il avait compté. Il avait prévu Cerbère ; il trouvait Hébé [208].

Une femme nue. Une femme endormie.

Quel sombre combat !

Il fermait les paupières. Trop d'aurore dans l'œil est une souffrance. Mais, à travers ses paupières fermées, tout de suite il la revoyait. Plus ténébreuse, aussi belle.

Prendre la fuite, ce n'est pas facile. Il avait essayé, et n'avait pu. Il était enraciné comme on est dans le rêve. Quand nous voulons rétrograder, la tentation cloue nos pieds au pavé. Avancer reste possible, reculer non. Les invisibles bras de la faute sortent de terre et nous tirent dans le glissement.

Une banalité acceptée de tout le monde, c'est que l'émotion s'émousse. Rien n'est plus faux. C'est comme si l'on disait que, sous de l'acide nitrique tombant goutte à goutte, une plaie s'apaise et s'endort, et que l'écartèlement blase Damiens.

La vérité est qu'à chaque redoublement, la sensation est plus aiguë.

D'étonnement en étonnement, Gwynplaine était arrivé au paroxysme. Ce vase, sa raison, sous cette stupeur nouvelle, débordait. Il sentait en lui un éveil effrayant.

De boussole, il n'en avait plus. Une seule certitude était devant lui, cette femme. On ne sait quel irrémédiable bonheur s'entrouvrait, ressemblant à un naufrage. Plus de direction possible. Un courant irrésistible, et l'écueil. L'écueil, ce n'est pas le rocher, c'est la sirène. Un aimant est au fond de l'abîme. S'arracher à cette attraction, Gwynplaine le voulait, mais comment faire ? Il ne sentait plus de point d'attache. La fluctuation humaine est infinie. Un homme peut être désemparé comme un navire. L'ancre, c'est la conscience. Chose lugubre, la conscience peut casser [209].

Il n'avait même pas cette ressource : — Je suis défiguré et terrible. Elle me repoussera. — Cette femme lui avait écrit qu'elle l'aimait.

Il y a dans les crises un instant de porte-à-faux. Quand nous débordons sur le mal plus que nous ne nous appuyons sur le bien, cette quantité de nous-même qui est en suspens sur la faute finit par l'emporter et nous précipite. Ce moment triste était-il venu pour Gwynplaine ?

Comment échapper ?

Ainsi c'était elle ! la duchesse ! cette femme ! Il l'avait devant lui, dans cette chambre, dans ce lieu désert, endormie, livrée, seule. Elle était à sa discrétion, et il était en son pouvoir.

La duchesse !

On a aperçu une étoile au fond des espaces [210]. On l'a admirée. Elle est si loin ! que craindre d'une étoile fixe ? Un jour, — une nuit, — on la voit se déplacer. On distingue un frisson de lueur autour d'elle. Cet astre, qu'on croyait impassible, remue. Ce n'est pas l'étoile, c'est la comète. C'est l'immense incendiaire du ciel. L'astre marche, grandit, secoue une chevelure de pourpre, devient énorme. C'est de votre côté qu'il se dirige. O terreur, il vient à vous ! La comète vous connaît, la comète vous désire, la comète vous veut. Épouvantable approche céleste. Ce qui arrive sur vous, c'est le trop de lumière, qui est l'aveuglement ; c'est l'excès de vie, qui est la mort. Cette avance que vous fait le zénith, vous la refusez. Cette offre d'amour du gouffre, vous la rejetez. Vous mettez votre main sur vos paupières, vous vous cachez, vous vous dérobez, vous vous croyez sauvé. Vous rouvrez les yeux... — L'étoile redoutable est là. Elle n'est plus étoile, elle est monde. Monde ignoré. Monde de lave et de braise. Dévorant prodige des profondeurs. Elle emplit le ciel. Il n'y a plus qu'elle. L'escarboucle du fond de l'infini, diamant de loin, de près est fournaise. Vous êtes dans sa flamme.

Et vous sentez commencer votre combustion par une chaleur de paradis [211].

IV

SATAN [212]

Tout à coup la dormeuse se réveilla. Elle se dressa sur son séant avec une majesté brusque et harmonieuse; ses cheveux de blonde soie floche se répandirent avec un doux tumulte sur ses reins; sa chemise tombante laissa voir son épaule très bas; elle toucha de sa main délicate son orteil rose, et regarda quelques instants son pied nu, digne d'être adoré par Périclès et copié par Phidias; puis elle s'étira et bâilla comme une tigresse au soleil levant.

Il est probable que Gwynplaine respirait, comme lorsqu'on retient son souffle, avec effort.

— Est-ce qu'il y a là quelqu'un ? dit-elle.

Elle dit cela tout en bâillant, et c'était plein de grâce.

Gwynplaine entendit cette voix qu'il ne connaissait pas. Voix de charmeuse; accent délicieusement hautain; l'intonation de la caresse tempérant l'habitude du commandement.

En même temps, se dressant sur ses genoux, il y a une statue antique ainsi agenouillée dans mille plis transparents, elle tira à elle la robe de chambre et se jeta à bas du lit, nue et debout, le temps de voir passer une flèche, et tout de suite enveloppée. En un clin d'œil la robe de soie la couvrit. Les manches, très longues, lui cachaient les mains. On ne voyait plus que le bout des doigts de ses pieds, blancs avec de petits ongles, comme des pieds d'enfant.

Elle s'ôta du dos un flot de cheveux qu'elle rejeta sur sa robe, puis elle courut derrière le lit, au fond de l'alcôve, et appliqua son oreille au miroir peint qui vraisemblablement recouvrait une porte.

Elle frappa contre la glace avec le petit coude que fait l'index replié.

— Y a-t-il quelqu'un? Lord David! est-ce que ce serait déjà vous? Quelle heure est-il donc? Est-ce toi, Barkilphedro?

Elle se retourna.

— Mais non. Ce n'est pas de ce côté-ci. Est-ce qu'il y a quelqu'un dans la chambre de bain? Mais répondez donc! Au fait, non, personne ne peut venir par là.

Elle alla au rideau de toile d'argent, l'ouvrit du bout de son pied, l'écarta d'un mouvement d'épaule, et entra dans la chambre de marbre.

Gwynplaine sentit comme un froid d'agonie. Nul abri. Il était trop tard pour fuir. D'ailleurs il n'en avait pas la force. Il eût voulu que le pavé se fendît, et tomber sous terre. Aucun moyen de ne pas être vu.

Elle le vit.

Elle le regarda, prodigieusement étonnée, mais sans aucun tressaillement, avec une nuance de bonheur et de mépris:

— Tiens, dit-elle, Gwynplaine!

Puis, subitement, d'un bond violent, car cette chatte était une panthère, elle se jeta à son cou.

Elle lui pressa la tête entre ses bras nus dont les manches dans cet emportement, s'étaient relevées.

Et tout à coup le repoussant, abattant sur les deux épaules de Gwynplaine ses petites mains comme des serres, elle debout devant lui, lui debout devant elle, elle se mit à le regarder étrangement.

Elle regarda, fatale, avec ses yeux d'Aldébaran, rayon visuel mixte, ayant on ne sait quoi de louche et de sidéral[213]. Gwynplaine contemplait cette prunelle bleue et cette prunelle noire, éperdu sous la double fixité de ce regard de ciel et de ce regard d'enfer. Cette femme et cet homme se renvoyaient l'éblouissement sinistre. Ils se fascinaient l'un l'autre, lui par la difformité, elle par la beauté, tous deux par l'horreur.

Il se taisait, comme sous un poids impossible à soulever. Elle s'écria :

— Tu as de l'esprit. Tu es venu. Tu as su que j'avais été forcée de partir de Londres. Tu m'as suivie. Tu as bien fait. Tu es extraordinaire d'être ici.

Une prise de possession réciproque, cela jette une sorte d'éclair. Gwynplaine, confusément averti par une vague crainte sauvage et honnête, recula, mais les ongles roses crispés sur son épaule le tenaient. Quelque chose d'inexorable s'ébauchait. Il était dans l'antre de la femme fauve, homme fauve lui-même.

Elle reprit :

— Anne, cette sotte, — tu sais ? la reine, — elle m'a fait venir à Windsor sans savoir pourquoi. Quand je suis arrivée, elle était enfermée avec son idiot de chancelier. Mais comment as-tu fait pour pénétrer jusqu'à moi ? Voilà ce que j'appelle être un homme. Des obstacles. Il n'y en a pas. On est appelé, on accourt. Tu t'es renseigné ? Mon nom, la duchesse Josiane, je pense que tu le savais. Qui est-ce qui t'a introduit ? C'est le mousse sans doute. Il est intelligent. Je lui donnerai cent guinées. Comment t'y es-tu pris ? dis-moi cela. Non, ne me le dis pas. Je ne veux pas le savoir. Expliquer rapetisse. Je t'aime mieux surprenant. Tu es assez monstrueux pour être merveilleux. Tu tombes de l'empyrée, voilà, ou tu montes du troisième dessous, à travers la trappe de l'Érèbe. Rien de plus simple, le plafond s'est écarté ou le plancher s'est ouvert. Une descente par les nuées ou une ascension dans un flamboiement de soufre, c'est ainsi que tu arrives. Tu mérites d'entrer comme les dieux [214]. C'est dit, tu es mon amant.

Gwynplaine, égaré, écoutait, sentant de plus en plus sa pensée osciller. C'était fini. Et impossible de douter. La lettre de la nuit, cette femme la confirmait. Lui, Gwynplaine, amant d'une duchesse, amant aimé ! l'immense orgueil aux mille têtes sombres remua dans ce cœur infortuné.

La vanité, force énorme en nous, contre nous[215].
La duchesse continua :
— Puisque tu es là, c'est que c'est voulu. Je n'en demande pas davantage. Il y a quelqu'un en haut, ou en bas, qui nous jette l'un à l'autre. Fiançailles du Styx et de l'Aurore. Fiançailles effrénées hors de toutes les lois[216] ! Le jour où je t'ai vu, j'ai dit : — C'est lui. Je le reconnais. C'est le monstre de mes rêves. Il sera à moi. — Il faut aider le destin. C'est pourquoi je t'ai écrit. Une question, Gwynplaine ? crois-tu à la prédestination ? J'y crois, moi, depuis que j'ai lu le Songe de Scipion dans Cicéron. Tiens, je ne remarquais pas. Un habit de gentilhomme. Tu t'es habillé en seigneur. Pourquoi pas ? Tu es saltimbanque. Raison de plus. Un bateleur vaut un lord. D'ailleurs, qu'est-ce que les lords ? des clowns. Tu as une noble taille, tu es très bien fait. C'est inouï que tu sois ici ! Quand es-tu arrivé ? Depuis combien de temps es-tu là ? Est-ce que tu m'as vue nue ? je suis belle, n'est-ce pas ? J'allais prendre mon bain. Oh ! je t'aime. Tu as lu ma lettre ! L'as-tu lue toi-même ? Te l'a-t-on lue ? Sais-tu lire ? Tu dois être ignorant. Je te fais des questions, mais n'y réponds pas. Je n'aime pas ton son de voix. Il est doux. Un être incomparable comme toi ne devrait pas parler, mais grincer. Tu chantes, c'est harmonieux. Je hais cela. C'est la seule chose en toi qui me déplaise[217]. Tout le reste est formidable, tout le reste est superbe. Dans l'Inde, tu serais dieu. Est-ce que tu es né avec ce rire épouvantable sur la face ? Non, n'est-ce pas ? C'est sans doute une mutilation pénale. J'espère bien que tu as commis quelque crime. Viens dans mes bras.

Elle se laissa tomber sur le canapé et le fit tomber près d'elle. Ils se trouvèrent l'un près de l'autre sans savoir comment. Ce qu'elle disait passait sur Gwynplaine comme un grand vent. Il percevait à peine le sens de ce tourbillon de mots forcenés. Elle avait l'admiration dans les yeux. Elle parlait en tumulte, frénétiquement, d'une voix éperdue et tendre. Sa parole était une musique, mais Gwynplaine entendait cette musique comme une tempête.

Elle appuya de nouveau sur lui son regard fixe.
— Je me sens dégradée près de toi, quel bonheur ! Être

altesse, comme c'est fade ! Je suis auguste, rien de plus fatigant. Déchoir repose. Je suis si saturée de respect que j'ai besoin de mépris. Nous sommes toutes un peu des extravagantes, à commencer par Vénus, Cléopâtre, mesdames de Chevreuse et de Longueville, et à finir par moi. Je t'afficherai, je le déclare. Voilà une amourette qui fera une contusion à la royale famille Stuart dont je suis. Ah ! je respire ! J'ai trouvé l'issue. Je suis hors de la majesté. Être déclassée, c'est être délivrée. Tout rompre, tout braver, tout faire, tout défaire, c'est vivre. Écoute, je t'aime [218].

Elle s'interrompit, et eut un effrayant sourire.

— Je t'aime non seulement parce que tu es difforme, mais parce que tu es vil. J'aime le monstre, et j'aime l'histrion. Un amant humilié, bafoué, grotesque, hideux, exposé aux rires sur ce pilori qu'on appelle un théâtre, cela a une saveur extraordinaire. C'est mordre au fruit de l'abîme. Un amant infamant, c'est exquis. Avoir sous la dent la pomme, non du paradis, mais de l'enfer, voilà ce qui me tente, j'ai cette faim et cette soif, et je suis cette Ève-là. L'Ève du gouffre. Tu es probablement, sans le savoir, un démon. Je me suis gardée à un masque du songe. Tu es un pantin dont un spectre tient les fils. Tu es la vision du grand rire infernal. Tu es le maître que j'attendais [219]. Il me fallait un amour comme en ont les Médées et les Canidies. J'étais sûre qu'il m'arriverait une de ces immenses aventures de la nuit. Tu es ce que je voulais. Je te dis là un tas de choses que tu ne dois pas comprendre. Gwynplaine, personne ne m'a possédée, je me donne à toi pure comme la braise ardente. Tu ne me crois évidemment pas, mais si tu savais comme cela m'est égal !

Ses paroles avaient le pêle-mêle de l'éruption. Une piqûre au flanc de l'Etna donnerait l'idée de ce jet de flamme.

Gwynplaine balbutia :
— Madame...
Elle lui mit la main sur la bouche.
— Silence ! je te contemple. Gwynplaine, je suis l'immaculée effrénée. Je suis la vestale bacchante. Aucun

homme ne m'a connue, et je pourrais être Pythie à Delphes, et avoir sous mon talon nu le trépied de bronze où les prêtres, accoudés sur la peau de Python, chuchotent des questions au dieu invisible. Mon cœur est de pierre, mais il ressemble à ces cailloux mystérieux que la mer roule au pied du rocher Huntly Nabb, à l'embouchure de la Thees, et dans lesquels, si on les casse, on trouve un serpent. Ce serpent, c'est mon amour. Amour tout-puissant, car il t'a fait venir. La distance impossible était entre nous. J'étais dans Sirius et tu étais dans Allioth [220]. Tu as fait la traversée démesurée, et te voilà. C'est bien. Tais-toi. Prends-moi.

Elle s'arrêta. Il frissonnait. Elle se remit à sourire.

— Vois-tu, Gwynplaine, rêver, c'est créer. Un souhait est un appel. Construire une chimère, c'est provoquer la réalité [221]. L'ombre toute-puissante et terrible ne se laisse pas défier. Elle nous satisfait. Te voilà. Oserai-je me perdre? oui. Oserai-je être ta maîtresse, ta concubine, ton esclave, ta chose? avec joie. Gwynplaine, je suis la femme. La femme, c'est de l'argile qui désire être fange. J'ai besoin de me mépriser. Cela assaisonne l'orgueil. L'alliage de la grandeur, c'est la bassesse. Rien ne se combine mieux. Méprise-moi, toi qu'on méprise. L'avilissement sous l'avilissement, quelle volupté! la fleur double de l'ignominie! je la cueille. Foule-moi aux pieds. Tu ne m'en aimeras que mieux. Je le sais, moi. Sais-tu pourquoi je t'idolâtre? parce que je te dédaigne. Tu es si au-dessous de moi que je te mets sur un autel. Mêler le haut et le bas, c'est le chaos, et le chaos me plaît. Tout commence et finit par le chaos. Qu'est-ce que le chaos? une immense souillure. Et avec cette souillure, Dieu a fait la lumière, et avec cet égout, Dieu a fait le monde. Tu ne sais pas à quel point je suis perverse. Pétris un astre dans de la boue, ce sera moi [222].

Ainsi parlait cette femme formidable, montrant nu, par sa robe défaite, son torse de vierge.

Elle poursuivit:

— Louve pour tous, chienne pour toi. Comme on va s'étonner! l'étonnement des imbéciles est doux. Moi, je me comprends. Suis-je une déesse? Amphitrite s'est donnée au Cyclope. *Fluctivoma Amphitrite.* Suis-je une fée? Urgèle s'est livrée à Bugryx, l'androptère aux huit mains palmées. Suis-je une princesse? Marie Stuart a eu Rizzio. Trois belles, trois monstres. Je suis plus grande qu'elles, car tu es pire qu'eux. Gwynplaine, nous sommes fais l'un pour l'autre. Le monstre que tu es dehors, je le suis dedans [223]. De là mon amour. Caprice, soit. Qu'est-ce que l'ouragan? un caprice. Il y a entre nous une affinité sidérale; l'un et l'autre nous sommes de la nuit, toi par la face, moi par l'intelligence. A ton tour tu me crées. Tu arrives, voilà mon âme dehors. Je ne la connaissais pas. Elle est surprenante. Ton approche fait sortir l'hydre de moi, déesse. Tu me révèles ma vraie nature. Tu me fais faire la découverte de moi-même. Vois comme je te ressemble. Regarde dans moi comme dans un miroir. Ton visage, c'est mon âme. Je ne savais pas être à ce point terrible. Moi aussi je suis donc un monstre [224] ! O Gwynplaine, tu me désennuies.

Elle eut un étrange rire d'enfant, s'approcha de son oreille et lui dit tout bas:

— Veux-tu voir une femme folle? c'est moi.

Son regard entrait dans Gwynplaine. Un regard est un philtre. Sa robe avait des dérangements redoutables. L'extase aveugle et bestiale enhahissait Gwynplaine. Extase où il y avait de l'agonie.

Pendant que cette femme parlait, il sentait comme des éclaboussures de feu. Il sentait sourdre l'irréparable. Il n'avait pas la force de dire un mot. Elle s'interrompait, elle le considérait: O monstre! murmurait-elle. Elle était farouche.

Brusquement, elle lui saisit les mains.

— Gwynplaine, je suis le trône, tu es le tréteau. Mettons-nous de plain-pied. Ah! je suis heureuse, me voilà tombée. Je voudrais que tout le monde pût savoir à quel point je suis abjecte. On s'en prosternerait davantage, car plus on abhorre, plus on rampe. Ainsi est fait le genre humain. Hostile, mais reptile. Dragon, mais ver. Oh! je suis dépravée comme les dieux. On ne peut toujours pas m'ôter cela d'être la bâtarde d'un roi. J'agis en reine. Qu'était-ce que Rhodope? Une reine qui aima Phtèh, l'homme à la tête de crocodile. Elle a bâti en son honneur la troisième pyramide. Penthésilée a aimé le centaure, qui s'appelle le Sagittaire, et qui est une constellation. Et que dis-tu d'Anne d'Autriche? Mazarin était-il assez laid! Tu n'es pas laid, toi, tu es difforme. Le laid est petit, le difforme est grand. Le laid, c'est la grimace du diable derrière le beau. Le difforme est l'envers du sublime. C'est l'autre côté. L'Olympe a deux versants; l'un, dans la clarté, donne Apollon; l'autre, dans la nuit, donne Polyphème. Toi, tu es Titan. Tu serais Béhémoth dans la forêt, Léviathan dans l'océan, Typhon dans le cloaque. Tu es suprême. Il y a de la foudre dans ta difformité [225]. Ton visage a été dérangé par un coup de tonnerre. Ce qui est sur ta face, c'est la torsion courroucée du grand poing de flamme. Il t'a pétri et il a passé. La vaste colère obscure a, dans un accès de rage, englué ton âme sous cette effroyable figure surhumaine. L'enfer est un réchaud pénal où chauffe ce fer rouge qu'on appelle la Fatalité; tu es marqué de ce fer-là. T'aimer, c'est comprendre le grand. J'ai ce triomphe. Être amoureuse d'Apollon, le bel effort! La gloire se mesure à l'étonnement. Je t'aime. J'ai rêvé de toi des nuits, des nuits, des nuits! C'est ici un palais à moi. Tu verras mes jardins. Il y a des sources sous les feuilles, des grottes où l'on peut s'embrasser, et de très beaux groupes de marbre qui sont du cavalier Bernin. Et des fleurs! Il y en a trop. Au printemps, c'est un incendie de roses [226]. T'ai-je dit que la reine était ma sœur? Fais de moi ce que tu voudras. Je suis faite pour que Jupiter baise mes pieds et pour que Satan me crache au visage. As-tu une religion? moi je suis papiste. Mon père Jacques II est mort en France avec un tas de Jésuites autour de lui. Jamais je n'ai ressenti ce que j'éprouve auprès de toi. Oh! je voudrais être le soir avec toi, pendant qu'on ferait de la musique, tous deux adossés au même coussin, sous le tendelet de pourpre d'une galère d'or, au milieu des douceurs infinies de la mer. Insulte-moi. Bats-moi. Paie-moi. Traite-moi comme une créature. Je t'adore.

Les caresses peuvent rugir. En doutez-vous? entrez chez les lions. L'horreur était dans cette femme et se combinait avec la grâce. Rien de plus tragique. On sentait la griffe, on sentait le velours. C'était l'attaque féline, mêlée de retraite. Il y avait du jeu et du meurtre dans ce va-et-vient. Elle idolâtrait, insolemment. Le résultat, c'était la démence communiquée. Fatal langage, inexprimablement violent et doux. Ce qui insultait n'insultait pas. Ce qui adorait outrageait. Ce qui souffletait déifiait. Son accent imprimait à ses paroles furieuses et amoureuses on ne sait quelle grandeur prométhéenne. Les fêtes de la Grande Déesse, chantées par Eschyle, donnaient aux femmes cherchant les satyres sous les étoiles cette sombre rage épique. Ces paroxysmes compliquaient les danses obscures sous les branches de Dodone [227]. Cette femme était comme transfigurée, s'il est possible qu'on se transfigure du côté opposé au ciel. Ses cheveux avaient des frissons de crinière ; sa robe se refermait, puis se rouvrait ; rien de charmant comme ce sein plein de cris sauvages, les rayons de son œil bleu se mêlaient aux flamboiements de son œil noir, elle était surnaturelle. Gwynplaine, défaillant, se sentait vaincu par la pénétration profonde d'une telle approche.

— Je t'aime ! cria-t-elle.

Et elle le mordit d'un baiser.

Homère a des nuages qui peut-être allaient devenir nécessaires sur Gwynplaine et Josiane comme sur Jupiter et Junon. Pour Gwynplaine, être aimé par une femme qui avait un regard et qui le voyait, avoir sur sa bouche informe une pression de lèvres divines, c'était exquis et fulgurant. Il sentait devant cette femme pleine d'énigmes tout s'évanouir en lui. Le souvenir de Dea se débattait dans cette ombre avec de petits cris. Il y a un bas-relief antique qui représente le sphinx mangeant un amour ; les ailes du doux être céleste saignent entre ces dents féroces et souriantes [228].

Est-ce que Gwynplaine aimait cette femme ? Est-ce que l'homme a, comme le globe, deux pôles ? Sommes-nous, sur notre axe inflexible, la sphère tournante, astre de loin, boue de près, où alternent le jour et la nuit ? Le cœur a-t-il deux côtés, l'un qui aime dans la lumière, l'autre qui aime dans les ténèbres ? Ici la femme rayon ; là la femme cloaque. L'ange est nécessaire. Est-ce qu'il serait possible que le démon, lui aussi, fût un besoin? Y a-t-il pour l'âme l'aile de chauve-souris? l'heure crépusculaire sonne-t-elle fatalement pour tous? la faute fait-elle partie intégrante de notre destinée non refusable? le mal, dans notre nature, est-il à prendre en bloc, avec le reste? est-ce que la faute est une dette à payer? Frémissements profonds [229].

Et une voix pourtant nous dit que c'est un crime d'être faible. Ce que Gwynplaine éprouvait était indicible, la chair, la vie, l'effroi, la volupté, une ivresse accablée, et toute la quantité de honte qu'il y a dans l'orgueil. Est-ce qu'il allait tomber?

Elle répéta: — Je t'aime!

Et, frénétique, elle l'étreignit contre sa poitrine.

Gwynplaine haletait.

Tout à coup, tout près d'eux, une petite sonnerie ferme et claire vibra. C'était le timbre scellé dans le mur qui tintait. La duchesse tourna la tête, et dit:

— Qu'est-ce qu'elle me veut?

Et brusquement, avec le bruit d'une trappe à ressort, le panneau d'argent incrusté d'une couronne royale s'ouvrit.

L'intérieur d'un tour, tapissé de velours bleu prince, apparut avec une lettre sur une assiette d'or.

Cette lettre était volumineuse et carrée et posée de façon à montrer le cachet, qui était une grande empreinte sur de la cire vermeille. Le timbre continuait de sonner.

Le panneau ouvert touchait presque au canapé où tous deux étaient assis. La duchesse, penchée et se retenant d'un bras au cou de Gwynplaine, étendit l'autre bras, prit la lettre sur l'assiette, et repoussa le panneau. Le tour se referma et le timbre se tut.

La duchesse cassa la cire entre ses doigts, défit l'enveloppe, en tira deux plis qu'elle contenait, et jeta l'enveloppe à terre aux pieds de Gwynplaine.

Le sceau de cire brisé restait déchiffrable, et Gwynplaine put y distinguer une couronne royale et au-dessous la lettre A.

L'enveloppe déchirée étalait ses deux côtés, de sorte

qu'on pouvait en même temps lire la suscription : *A sa grâce la duchesse Josiane.*

Les deux plis qu'avait contenus l'enveloppe étaient un parchemin et un vélin. Le parchemin était grand, le vélin était petit. Sur le parchemin était empreint un large sceau de chancellerie, en cette cire verte dite cire de seigneurie. La duchesse, toute palpitante et les yeux noyés d'extase, fit une imperceptible moue d'ennui.

— Ah! dit-elle, qu'est-ce qu'elle m'envoie là? Une paperasse! Quel trouble-fête que cette femme!

Et, laissant de côté le parchemin, elle entrouvrit le vélin.

— C'est de son écriture. C'est de l'écriture de ma sœur. Cela me fatigue. Gwynplaine, je t'ai demandé si tu savais lire. Sais-tu lire?

Gwynplaine fit de la tête signe que oui.

Elle s'étendit sur le canapé, presque comme une femme couchée, cacha soigneusement ses pieds sous sa robe et ses bras sous ses manches, avec une pudeur bizarre, tout en laissant voir son sein, et, couvrant Gwynplaine d'un regard passionné, elle lui tendit le vélin.

— Eh bien, Gwynplaine, tu es à moi. Commence ton service. Mon bien-aimé, lis-moi ce que m'écrit la reine.

Gwynplaine prit le vélin, il défit le pli, et, d'une voix où il y avait toute sorte de tremblements, il lut :

« Madame,
« Nous vous envoyons gracieusement la copie ci-jointe d'un procès-verbal, certifié et signé par notre serviteur William Cowper, lord-chancelier de ce royaume d'Angleterre, et duquel il résulte cette particularité considérable que le fils légitime de lord Linnæus Clancharlie vient d'être constaté et retrouvé, sous le nom de *Gwynplaine,* dans la bassesse d'une existence ambulante et vagabonde et parmi des saltimbanques et bateleurs. Cette suppression d'état remonte à son plus bas âge. En conséquence des lois du royaume, et en vertu de son droit héréditaire, lord Fermain Clancharlie, fils de lord Linnæus, sera, ce jourd'hui même, admis et réintégré dans la chambre des lords. C'est pourquoi, voulant vous bien traiter et vous

conserver la transmission des biens et domaines des lords Clancharlie Hunkerville, nous le substituons dans vos bonnes grâces à lord David Dirry-Moir. Nous avons fait amener lord Fermain dans votre résidence de Corleone-lodge; nous commandons et voulons, comme reine et sœur, que notre dit lord Fermain Clancharlie, nommé jusqu'à ce jour Gwynplaine, soit votre mari, et vous l'épouserez, et c'est notre plaisir royal. »

Pendant que Gwynplaine lisait, avec des intonations qui chancelaient presque à chaque mot, la duchesse, soulevée du coussin du canapé, écoutait, l'œil fixe. Comme Gwynplaine achevait, elle lui arracha la lettre.

— ANNE, REINE, dit-elle, lisant la signature, avec une intonation de rêverie.

Puis elle ramassa à terre le parchemin qu'elle avait jeté, et y promena son regard. C'était la déclaration des naufragés de la *Matutina,* copiée sur un procès-verbal signé du shériff de Southwark et du lord-chancelier.

Le procès-verbal lu, elle relut le message de la reine. Puis elle dit :

— Soit.

Et, calme, montrant du doigt à Gwynplaine la portière de la galerie par où il était entré :

— Sortez, dit-elle.

Gwynplaine, pétrifié, demeura immobile.

Elle reprit, glaciale :

— Puisque vous êtes mon mari, sortez.

Gwynplaine, sans parole, les yeux baissés comme un coupable, ne bougeait pas.

Elle ajouta :

— Vous n'avez pas le droit d'être ici. C'est la place de mon amant.

Gwynplaine était comme cloué.

— Bien, dit-elle. Ce sera moi, je m'en vais. Ah! vous êtes mon mari! Rien de mieux. Je vous hais.

Et se levant, jetant à on ne sait qui dans l'espace un hautain geste d'adieu, elle sortit.

La portière de la galerie se referma sur elle.

V

ON SE RECONNAÎT,
MAIS ON NE SE CONNAÎT PAS

Gwynplaine demeura seul.

Seul en présence de cette baignoire tiède et de ce lit défait.

La pulvérisation des idées était en lui à son comble. Ce qu'il pensait ne ressemblait pas à de la pensée. C'était une diffusion, une dispersion, l'angoisse d'être dans l'incompréhensible. Il avait en lui quelque chose comme le sauve-qui-peut d'un rêve.

L'entrée dans les mondes inconnus n'est pas une chose simple.

A partir de la lettre de la duchesse, apportée par le mousse, une série d'heures surprenantes avait commencé pour Gwynplaine, de moins en moins intelligibles. Jusqu'à cet instant il était dans le songe, mais il y voyait clair. Maintenant il y tâtonnait.

Il ne pensait pas. Il ne songeait même plus. Il subissait.

Il restait assis sur le canapé, à l'endroit où la duchesse l'avait laissé.

Tout à coup il y eut dans cette ombre un bruit de pas. C'était un pas d'homme. Ce pas venait du côté opposé à la galerie par où était sortie la duchesse. Il approchait, et on l'entendait sourdement, mais nettement. Gwynplaine, quelle que fût son absorption, prêta l'oreille.

Subitement, au-delà du rideau de toile d'argent que la duchesse avait laissé entrouvert, derrière le lit, la porte qu'il était aisé de soupçonner sous la glace peinte s'ouvrit toute grande, et une voix mâle et joyeuse, chantant à pleine gorge, jeta dans la chambre aux miroirs ce refrain d'une vieille chanson française:

> Trois petits gorets sur leur fumier
> Juraient comme des porteurs de chaise.

Un homme entra.
Cet homme avait l'épée au côté et à la main un chapeau à plumes avec ganse et cocarde, et était vêtu d'un magnifique habit de mer, galonné.
Gwynplaine se dressa, comme si un ressort le mettait debout.
Il reconnut cet homme et cet homme le reconnut.
De leurs deux bouches stupéfaites s'échappa en même temps ce double cri:
— Gwynplaine!
— Tom-Jim-Jack!
L'homme au chapeau à plumes marcha sur Gwynplaine, qui croisa les bras.
— Comment es-tu ici, Gwynplaine?
— Et toi, Tom-Jim-Jack, comment y viens-tu?
— Ah! je comprends. Josiane! un caprice. Un saltimbanque qui est un monstre, c'est trop beau pour qu'on y résiste. Tu t'es déguisé pour venir ici, Gwynplaine.
— Et toi aussi, Tom-Jim-Jack.
— Gwynplaine, que signifie cet habit de seigneur?
— Tom-Jim-Jack, que signifie cet habit d'officier?
— Gwynplaine, je ne réponds pas aux questions.
— Ni moi, Tom-Jim-Jack.
— Gwynplaine, je ne m'appelle pas Tom-Jim-Jack.
— Tom-Jim-Jack, je ne m'appelle pas Gwynplaine.
— Gwynplaine, je suis ici chez moi.
— Je suis ici chez moi, Tom-Jim-Jack.
— Je te défends de me faire écho. Tu as l'ironie, mais j'ai ma canne. Trêve à tes parodies, misérable drôle.
Gwynplaine devint pâle.

— Drôle toi-même! et tu me rendras raison de cette insulte.

— Dans ta baraque, tant que tu voudras. A coups de poing.

— Ici, et à coups d'épée.

— L'ami Gwynplaine, l'épée est affaire de gentilshommes. Je ne me bats qu'avec mes pareils. Nous sommes égaux devant le poing, inégaux devant l'épée. A l'inn Tadcaster, Tom-Jim-Jack peut boxer Gwynplaine. A Windsor, c'est différent. Apprends ceci: je suis contre-amiral.

— Et moi, je suis pair d'Angleterre.

L'homme en qui Gwynplaine voyait Tom-Jim-Jack éclata de rire.

— Pourquoi pas roi? Au fait, tu as raison. Un histrion est tous ses rôles. Dis-moi que tu es Theseus, duc d'Athènes.

— Je suis pair d'Angleterre, et nous nous battrons.

— Gwynplaine, ceci devient long. Ne joue pas avec quelqu'un qui peut te faire fouetter. Je m'appelle lord David Dirry-Moir.

— Et moi, je m'appelle lord Clancharlie.

Lord David eut un second éclat de rire.

— Bien trouvé. Gwynplaine est lord Clancharlie. C'est en effet le nom qu'il faut avoir pour posséder Josiane. Écoute, je te pardonne. Et sais-tu pourquoi? C'est que nous sommes les deux amants.

La portière de la galerie s'écarta, et une voix dit:

— Vous êtes les deux maris, messeigneurs.

Tous deux se retournèrent.

— Barkilphedro! s'écria lord David.

C'était Barkilphedro, en effet.

Il saluait profondément les deux lords avec un sourire.

Derrière lui, à quelques pas, on apercevait un gentilhomme au visage respectueux et sévère qui avait une baguette noire à la main.

Ce gentilhomme s'avança, fit trois révérences à Gwynplaine, et lui dit:

— Milord, je suis l'huissier de la verge noire. Je viens chercher votre seigneurie, conformément aux ordres de sa majesté [230]

LIVRE HUITIÈME

LE CAPITOLE ET SON VOISINAGE

I

DISSECTION
DES CHOSES MAJESTUEUSES

La redoutable ascension qui, depuis tant d'heures déjà, variait ses éblouissements sur Gwynplaine, et qui l'avait emporté à Windsor, le remporta à Londres.

Les réalités visionnaires se succédèrent devant lui, sans solution de continuité.

Nul moyen de s'y soustraire. Quand une le quittait, l'autre le reprenait.

Il n'avait pas le temps de respirer.

Qui a vu un jongleur a vu le sort. Ces projectiles tombant, montant et retombant, ce sont les hommes dans la main du destin.

Projectiles et jouets.

Le soir de ce même jour, Gwynplaine était dans un lieu extraordinaire.

Il était assis sur un banc fleurdelysé. Il avait par-dessus ses habits de soie une robe de velours écarlate doublée de taffetas blanc avec rochet d'hermine, et aux épaules deux bandes d'hermine bordées d'or.

Il avait autour de lui des hommes de tout âge, jeunes et vieux, assis comme lui sur les fleurs de lys et comme lui vêtus d'hermine et de pourpre.

Devant lui, il apercevait d'autres hommes, à genoux.

Ces hommes avaient des robes de soie noire. Quelques-uns de ces hommes agenouillés écrivaient.

En face de lui, à quelque distance, il apercevait des marches, une estrade, un dais, un large écusson étincelant entre un lion et une licorne, et, sous ce dais, sur cette estrade, au haut de ces marches, adossé à cet écusson, un fauteuil doré et couronné. C'était un trône.

Le trône de la Grande-Bretagne.

Gwynplaine était, pair lui-même, dans la chambre des pairs d'Angleterre.

De quelle façon avait eu lieu cette introduction de Gwynplaine à la chambre des lords? Disons-le.

Toute la journée, depuis le matin jusqu'au soir, depuis Windsor jusqu'à Londres, depuis Corleone-lodge jusqu'à Westminster-hall, avait été une montée d'échelon en échelon. A chaque échelon nouvel étourdissement.

Il avait été emmené de Windsor dans les voitures de la reine, avec l'escorte due à un pair. La garde qui honore ressemble beaucoup à la garde qui garde.

Ce jour-là, les riverains de la route de Windsor à Londres virent galoper une cavalcade de gentilshommes pensionnaires de sa majesté accompagnant deux chaises menées grand train en poste royale. Dans la première était assis l'huissier de la verge noire, sa baguette à la main. Dans la seconde on distinguait un large chapeau à plumes blanches couvrant d'ombre un visage qu'on ne voyait pas. Qui est-ce qui passait là? était-ce un prince? était-ce un prisonnier?

C'était Gwynplaine.

Cela avait l'air de quelqu'un qu'on mène à la tour de Londres, à moins que ce ne fût quelqu'un qu'on menât à la chambre des pairs.

La reine avait bien fait les choses. Comme il s'agissait du futur mari de sa sœur, elle avait donné une escorte de son propre service.

L'officier de l'huissier de la verge noire était à cheval en tête du cortège.

L'huissier de la verge noire avait dans sa chaise, sur un strapontin, un coussin de drap d'argent. Sur ce coussin était posé un portefeuille noir timbré d'une couronne royale.

A Brentford, dernier relais avant Londres, les deux chaises et l'escorte firent halte.

Un carrosse d'écaille attelé de quatre chevaux attendait, avec quatre laquais derrière, deux postillons devant, et un cocher en perruque. Roues, marchepieds, soupentes, timon, tout le train de ce carrosse était doré. Les chevaux étaient harnachés d'argent.

Ce coche de gala était d'un dessin altier et surprenant, et eût magnifiquement figuré parmi les cinquante et un carrosses célèbres, dont Roubo nous a laissé les portraits.

L'huissier de la verge noire mit pied à terre, ainsi que son officier.

L'officier de l'huissier retira du strapontin de la chaise de poste le coussin de drap d'argent sur lequel était le portefeuille à couronne, le prit sur ses deux mains, et se tint debout derrière l'huissier.

L'huissier de la verge noire ouvrit la portière du carrosse, qui était vide, puis la portière de la chaise où était Gwynplaine, et, baissant les yeux, invita respectueusement Gwynplaine à prendre place dans le carrosse.

Gwynplaine descendit de la chaise et monta dans le carrosse.

L'huissier portant la verge et l'officier portant le coussin y entrèrent après lui, et y occupèrent la banquette basse destinée aux pages dans les anciens coches de cérémonie.

Le carrosse était tendu à l'intérieur de satin blanc garni d'entoilage de Binche avec crêtes et glands d'argent. Le plafond était armorié.

Les postillons des deux chaises qu'on venait de quitter étaient vêtus du hoqueton royal. Le cocher, les postillons et les laquais du carrosse où l'on entrait avaient une autre livrée, très magnifique.

Gwynplaine, à travers le somnambulisme où il était comme anéanti, remarqua cette fastueuse valetaille et demanda à l'huissier de la verge noire :

— Quelle est cette livrée ?

L'huissier de la verge noire répondit :

— La vôtre, milord.

Ce jour-là, la chambre des lords devait siéger le soir.

Curia erat serena [231], disent les vieux procès-verbaux. En Angleterre, la vie parlementaire est volontiers une vie nocturne. On sait qu'il arriva une fois à Sheridan de commencer à minuit un discours et de le terminer au lever du soleil.

Les deux chaises de poste retournèrent à vide à Windsor ; le carrosse où était Gwynplaine se dirigea vers Londres.

Le carrosse d'écaille à quatre chevaux alla au pas de Bentford à Londres. La dignité de la perruque du cocher l'exigeait.

Sous la figure de ce cocher solennel, le cérémonial prenait possession de Gwynplaine.

Ces retards, du reste, étaient, selon toute apparence, calculés. On en verra plus loin le motif probable.

Il n'était pas encore nuit, mais il s'en fallait de peu, quand le carrosse d'écaille s'arrêta devant la King's Gate, lourde porte surbaissée entre deux tourelles qui communiquait de White-Hall à Westminster.

La cavalcade des gentilshommes pensionnaires fit groupe autour du carrosse.

Un des valets de pied de l'arrière sauta sur le pavé, et ouvrit la portière.

L'huissier de la verge noire, suivi de son officier portant le coussin, sortit du carrosse, et dit à Gwynplaine :

— Milord, daignez descendre. Que votre seigneurie garde son chapeau sur sa tête.

Gwynplaine était vêtu, sous son manteau de voyage, de l'habit de soie qu'il n'avait pas quitté depuis la veille. Il n'avait pas d'épée.

Il laissa son manteau dans le carrosse.

Sous la voûte carrossière de la King's Gate, il y avait une porte latérale petite et exhaussée de quelques degrés.

Dans les choses d'apparat, le respect est de précéder.

L'huissier de la verge noire, ayant derrière lui son officier, marchait devant.

Gwynplaine suivait.

Ils montèrent le degré, et entrèrent sous la porte latérale.

Quelques instants après, ils étaient dans une chambre

ronde et large avec pilier au centre, un bas de tourelle, salle de rez-de-chaussée, éclairée d'ogives étroites comme des lancettes d'abside, et qui devait être obscure même en plein midi. Peu de lumière fait parfois partie de la solennité. L'obscur est majestueux.

Dans cette chambre treize hommes se tenaient debout. Trois en avant, six au deuxième rang, quatre en arrière.

Des trois premiers un avait une cotte de velours incarnat, et les deux autres des cottes vermeilles aussi, mais de satin. Tous trois avaient les armes d'Angleterre brodées sur l'épaule.

Les six du second rang étaient vêtus de vestes dalmatiques en moire blanche, chacun avec un blason différent sur la poitrine.

Les quatre derniers, tous en moire noire, étaient distincts les uns des autres, le premier par une cape bleue, le deuxième par un saint Georges écarlate sur l'estomac, le troisième par deux croix cramoisies brodées sur sa poitrine et sur son dos, le quatrième par un collet de fourrure noire appelée peau de sabelline. Tous étaient en perruque, nu-tête, et avaient l'épée au côté.

On distinguait à peine leurs visages dans la pénombre. Eux ne pouvaient voir la figure de Gwynplaine.

L'huissier de la verge noire éleva sa baguette et dit:

— Milord Fermain Clancharlie, baron Clancharlie et Hunkerville, moi huissier de la verge noire, premier officier de la chambre de présence, je remets votre seigneurie à Jarretière, roi d'armes d'Angleterre.

Le personnage à cotte de velours, laissant les autres derrière lui, salua Gwynplaine jusqu'à terre et dit:

— Milord Fermain Clancharlie, je suis Jarretière, premier roi d'armes d'Angleterre. Je suis l'officier créé et couronné par sa grâce le duc de Norfolk, comte-maréchal héréditaire. J'ai juré obéissance au roi, aux pairs et aux chevaliers de la Jarretière. Le jour de mon couronnement, où le comte-maréchal d'Angleterre m'a versé un gobelet de vin sur la tête, j'ai solennellement promis d'être officieux à la noblesse, d'éviter la compagnie des personnes de mauvaise réputation, d'excuser plutôt que de blâmer les gens de qualité, et d'assister les veuves et les vierges.

C'est moi qui ai charge de régler les cérémonies de l'enterrement des pairs et qui ai le soin et la garde de leurs armoiries. Je me mets aux ordres de votre seigneurie.

Le premier des deux autres en cottes de satin fit une révérence, et dit :

— Milord, je suis Clarence, deuxième roi d'armes d'Angleterre. Je suis l'officier qui règle l'enterrement des nobles au-dessous des pairs. Je me mets aux ordres de votre seigneurie.

L'autre homme à cotte de satin salua et dit :

— Milord, je suis Norroy, troisième roi d'armes d'Angleterre. Je me mets aux ordres de votre seigneurie.

Les six du second rang, immobiles et sans saluer, firent un pas.

Le premier à la droite de Gwynplaine, dit :

— Milord, nous sommes les six ducs d'armes d'Angleterre. Je suis York.

Puis chacun des hérauts ou ducs d'armes prit la parole à son tour, et se nomma.

— Je suis Lancastre.
— Je suis Richmond.
— Je suis Chester.
— Je suis Somerset.
— Je suis Windsor.

Les blasons qu'ils avaient sur la poitrine étaient ceux des comtés et des villes dont ils portaient les noms.

Les quatre qui étaient habillés de noir, derrière les hérauts, gardaient le silence.

Le roi d'armes Jarretière les montra du doigt à Gwynplaine et dit :

— Milord, voici les quatre poursuivants d'armes.
— Manteau-Bleu.

L'homme à la cape bleue salua de la tête.

— Dragon-Rouge.

L'homme au saint Georges salua.

— Rouge-Croix.

L'homme aux croix écarlates salua.

— Porte-coulisse.

L'homme à la fourrure de sabelline salua.

Sur un signe du roi d'armes, le premier des poursuivants, Manteau-Bleu, s'avança, et prit des mains de l'officier de l'huissier le coussin de drap d'argent et le portefeuille à couronne.

Et le roi d'armes dit à l'huissier de la verge noire :

— Ainsi soit. Je donne à votre honneur réception de sa seigneurie.

Ces pratiques d'étiquette et d'autres qui vont suivre étaient le vieux cérémonial antérieur à Henri VIII, qu'Anne essaya, pendant un temps, de faire revivre. Rien de tout cela ne se fait plus aujourd'hui. Pourtant la chambre des lords se croit immuable ; et si l'immémorial existe quelque part, c'est là.

Elle change toutefois. *E pur si muove.*

Qu'est devenu, par exemple, le *may pole*, ce mât de mai que la ville de Londres plantait sur le passage des pairs allant au parlement ? Le dernier qui ait fait figure a été arboré en 1713. Depuis, le « may pole » a disparu. Désuétude.

L'apparence, c'est l'immobilité ; la réalité, c'est le changement. Ainsi prenez ce titre, Albemarle. Il semble éternel. Sous ce titre ont passé six familles, Odo, Mandeville, Béthune, Plantagenêt, Beauchamp, Monk. Sous ce titre, Leicester, se sont succédé cinq noms différents, Beaumont, Brewose, Dudley, Sidney, Coke. Sous Lincoln, six. Sous Pembroke, sept, etc. Les familles changent sous les titres qui ne bougent pas. L'historien superficiel croit à l'immuabilité. Au fond, nulle durée. L'homme ne peut être que flot. L'onde, c'est l'humanité [232].

Les aristocraties ont pour orgueil ce que les femmes ont pour humiliation, vieillir ; mais femmes et aristocraties ont la même illusion, se conserver.

Il est probable que la chambre des lords ne se reconnaîtra point dans ce qu'on vient de lire et dans ce qu'on va lire, un peu comme la jolie femme d'autrefois qui ne veut pas avoir de rides. Le miroir est un vieil accusé ; il en prend son parti.

Faire ressemblant, c'est là tout le devoir de l'historien.

Le roi d'armes s'adressa à Gwynplaine.

— Veuillez me suivre, milord.

Il ajouta :

— On vous saluera. Votre seigneurie soulèvera seulement le bord de son chapeau.

Et l'on se dirigea en cortège vers une porte qui était au fond de la salle ronde.

L'huissier de la verge noire ouvrait la marche.

Puis Manteau-Bleu, portant le coussin ; puis le roi d'armes ; derrière le roi d'armes était Gwynplaine, le chapeau sur la tête.

Les autres rois d'armes, hérauts, poursuivants, restèrent dans la salle ronde.

Gwynplaine, précédé de l'huissier de la verge noire et sous la conduite du roi d'armes, suivit de salle en salle un itinéraire qu'il serait impossible de retrouver aujourd'hui, le vieux logis du parlement d'Angleterre ayant été démoli.

Il traversa entre autres cette gothique chambre d'État où avait eu lieu la rencontre suprême de Jacques II et de Monmouth, et qui avait vu l'agenouillement inutile du neveu lâche devant l'oncle féroce. Autour de cette chambre étaient rangés sur le mur, par ordre de dates, avec leurs noms et leurs blasons, neuf portraits en pied d'anciens pairs : lord Nansladron, 1305. Lord Baliol, 1306. Lord Benestede, 1314. Lord Cantilupe, 1356. Lord Montbegon, 1357. Lord Tibotot, 1372. Lord Zouch of Codnor, 1615. Lord Bella-Aqua, sans date. Lord Harren and Surrey, comte de Blois, sans date.

La nuit étant venue, il y avait des lampes de distance en distance dans les galeries. Des lustres de cuivre à chandelles de cire étaient allumés dans les salles, éclairées à peu près comme des bas-côtés d'église.

On n'y rencontrait que les personnes nécessaires.

Dans une chambre que le cortège traversa se tenaient debout, la tête respectueusement inclinée, les quatre clercs du signet, et le clerc des papiers d'État.

Dans une autre était l'honorable Philip Sydenham, chevalier banneret, seigneur de Brympton en Somerset. Le chevalier banneret est le chevalier fait en guerre par le roi sous la bannière royale déployée.

Dans une autre était le plus ancien baronnet d'Angleterre, sir Edmund Bacon de Suffolk, héritier de sir Nicolas, et qualifié *primus baronetorum Angliæ*. Sir Edmund avait derrière lui son arcifer portant son arquebuse et son écuyer portant les armes d'Ulster, les baronnets étant les défenseurs nés du comté d'Ulster en Irlande.

Dans une autre était le chancelier de l'échiquier, accompagné de ses quatre maîtres des comptes et des deux députés du lord-chambellan chargés de fendre les tailles. Plus le maître des monnaies, ayant dans sa main ouverte une livre sterling, faite, comme c'est l'usage pour les pounds, au moulinet. Ces huit personnages firent la révérence au nouveau lord.

A l'entrée du corridor tapissé d'une natte qui était la communication de la chambre basse à la chambre haute, Gwynplaine fut salué par sir Thomas Mansell de Margam, contrôleur de la maison de la reine et membre du parlement pour Glamorgan; et, à la sortie, par une députation « d'un sur deux » des barons des Cinq-Ports, rangés à sa droite et à sa gauche, quatre par quatre, les Cinq-Ports étant huit. William Ashburnham le salua pour Hastings, Matthew Aylmor pour Douvres, Josias Burchett pour Sandwich, sir Philip Boteler pour Hyeth, John Brewer pour New Rumney, Edward Southwell pour la ville de Rye, James Hayes pour la ville de Winchelsea, et George Nailor pour la ville de Seaford.

Le roi d'armes, comme Gwynplaine allait rendre le salut, lui rappela à voix basse le cérémonial.

— Seulement le bord du chapeau, milord.

Gwynplaine fit comme il lui était indiqué.

Il arriva à la chambre peinte, où il n'y avait pas de peinture, si ce n'est quelques figures de saints, entre autres saint Édouard, sous les voussures des longues fenêtres ogives coupées en deux par le plancher, desquelles Westminster-Hall avait le bas, et la chambre peinte le haut.

En deçà de la barrière de bois qui traversait de part en part la chambre peinte, se tenaient les trois secrétaires d'État, hommes considérables. Le premier de ces officiers avait dans ses attributions le sud de l'Angleterre, l'Irlande et les colonies, plus la France, la Suisse, l'Italie, l'Espagne, le Portugal et la Turquie. Le deuxième dirigeait le nord de l'Angleterre, avec surveillance sur les Pays-Bas, l'Allemagne, le Danemark, la Suède, la Pologne et la Moscovie. Le troisième, écossais, avait l'Écosse. Les deux premiers étaient anglais. L'un d'eux était l'honorable Robert Harley, membre du parlement pour la ville de New-Radnor. Un député d'Écosse, Mungo Graham, esquire, parent du duc de Montrose, était présent. Tous saluèrent Gwynplaine en silence.

Gwynplaine toucha le bord de son chapeau.

Le garde-barrière leva le bras de bois sur charnière qui donnait entrée sur l'arrière de la chambre peinte où était la longue table verte drapée, réservée aux seuls lords.

Il y avait sur la table un candélabre allumé.

Gwynplaine, précédé de l'huissier de la verge noire, de Manteau-Bleu et de Jarretière, pénétra dans ce compartiment privilégié.

Le garde-barrière referma l'entrée derrière Gwynplaine.

Le roi d'armes, sitôt la barrière franchie, s'arrêta.

La chambre peinte était spacieuse.

On apercevait au fond, debout au-dessous de l'écusson royal qui était entre les deux fenêtres, deux vieillards vêtus de robes de velours rouge avec deux bandes d'hermine ourlées de galons d'or sur l'épaule et des chapeaux à plumes blanches sur leurs perruques. Par la fente des robes on voyait leur habit de soie et la poignée de leur épée.

Derrière eux était immobile un homme habillé en moire noire, portant haute une grande masse d'or surmontée d'un lion couronné.

C'était le massier des pairs d'Angleterre.

Le lion est leur insigne: *Et les lions ce sont les Barons et li Per,* dit la chronique manuscrite de Bertrand Duguesclin.

Le roi d'armes montra à Gwynplaine les deux personnages en robes de velours, et lui dit à l'oreille :

— Milord, ceux-ci sont vos égaux. Vous rendrez le salut exactement comme il vous sera fait. Ces deux seigneuries ici présentes sont deux barons et vos parrains désignés par le lord-chancelier. Ils sont très vieux, et presque aveugles. Ce sont eux qui vous vont introduire dans la chambre des lords. Le premier est Charles Mildmay, lord Fitzwalter, sixième seigneur du banc des barons, le second est Augustus Arundel, lord Arundel de Trerice, trente-huitième seigneur du banc des barons.

Le roi d'armes, faisant un pas vers les deux vieillards, éleva la voix :

— Fermain Clancharlie, baron Clancharlie, baron Hunkerville, marquis de Corleone en Sicile, salue vos seigneuries.

Les deux lords soulevèrent leurs chapeaux au-dessus de leur tête de toute la longueur du bras, puis se recoiffèrent.

Gwynplaine leur rendit le salut de la même manière.

L'huissier de la verge noire avança, puis Manteau-Bleu, puis Jarretière.

Le massier vint se placer devant Gwynplaine, et les deux lords à ses côtés, lord Fitzwalter à sa droite et lord Arundel de Trerice à sa gauche. Lord Arundel était fort cassé, et le plus vieux des deux. Il mourut l'année d'après, léguant à son petit-fils John, mineur, sa pairie qui, du reste, devait s'éteindre en 1768.

Ce cortège sortit de la chambre peinte et s'engagea dans une galerie à pilastres où alternaient en sentinelle, de pilastre en pilastre, des pertuisaniers d'Angleterre et des hallebardiers d'Écosse.

Les hallebardiers écossais étaient cette magnifique troupe aux jambes nues digne de faire face, plus tard, à Fontenoy, à la cavalerie française et à ces cuirassiers du roi auxquels leur colonel disait : *Messieurs les maîtres, assurez vos chapeaux, nous allons avoir l'honneur de charger.*

Le capitaine des pertuisaniers et le capitaine des hallebardiers firent à Gwynplaine et aux deux lords parrains le salut de l'épée. Les soldats saluèrent, les uns de la pertuisane, les autres de la hallebarde.

Au fond de la galerie resplendissait une grande porte, si magnifique que les deux battants semblaient deux lames d'or.

Des deux côtés de la porte deux hommes étaient immobiles. A leur livrée on pouvait reconnaître les *doorkeepers*, « garde-portes ».

Un peu avant d'arriver à cette porte, la galerie s'élargissait et il y avait un rond-point vitré.

Dans ce rond-point était assis sur un fauteuil à dossier démesuré un personnage auguste par l'énormité de sa robe et de sa perruque. C'était William Cowper, lord-chancelier d'Angleterre.

C'est une qualité d'être infirme plus que le roi. William Cowper était myope, Anne l'était aussi, mais moins. Cette vue basse de William Cowper plut à la myopie de sa majesté et le fit choisir par la reine pour chancelier et garde de la conscience royale.

William Cowper avait la lèvre supérieure mince et la lèvre inférieure épaisse, signe de demi-bonté.

Le rond-point vitré était éclairé d'une lampe au plafond.

Le lord-chancelier, grave dans son haut fauteuil, avait à sa droite une table où était assis le clerc de la couronne, et à sa gauche une table où était assis le clerc du parlement.

Chacun des deux clercs avait devant soi un registre ouvert et une écritoire.

Derrière le fauteuil du lord-chancelier se tenait son massier, portant la masse à couronne. Plus le porte-queue et le porte-bourse, en grande perruque. Toutes ces charges existent encore.

Sur une crédence près du fauteuil il y avait une épée à poignée d'or, avec fourreau et ceinturon de velours feu.

Derrière le clerc de la couronne était debout un officier soutenant tout ouverte de ses deux mains une robe, qui était la robe de couronnement.

Derrière le clerc du parlement un autre officier tenait déployée une autre robe, qui était la robe de parlement.

Ces robes, toutes deux de velours cramoisi doublé de taffetas blanc avec deux bandes d'hermine galonnées d'or à l'épaule, étaient pareilles, à cela près que la robe de couronnement avait un plus large rochet d'hermine.

Un troisième officier qui était le « librarian » portait sur un carreau de cuir de Flandre le red-book, petit livre relié en maroquin rouge, contenant la liste des pairs et des communes, plus des pages blanches et un crayon qu'il était d'usage de remettre à chaque nouveau membre entrant au parlement.

La marche en procession que fermait Gwynplaine entre les deux pairs ses parrains s'arrêta devant le fauteuil du lord-chancelier.

Les deux lords parrains ôtèrent leurs chapeaux. Gwynplaine fit comme eux.

Le roi d'armes reçut des mains de Manteau-Bleu le coussin de drap d'argent, se mit à genoux, et présenta le portefeuille noir sur le coussin au lord-chancelier.

Le lord-chancelier prit le portefeuille et le tendit au clerc du parlement. Le clerc vint le recevoir avec cérémonie, puis alla se rasseoir.

Le clerc du parlement ouvrit le portefeuille, et se leva.

Le portefeuille contenait les deux messages usités, la patente royale adressée à la chambre des lords, et la sommation de siéger* adressée au nouveau pair.

Le clerc, debout, lut tout haut les deux messages avec une lenteur respectueuse.

La sommation de siéger intimée à lord Fermain Clancharlie se terminait par les formules accoutumées : «... Nous vous enjoignons étroitement**, sous la foi et l'allégeance que vous nous devez, de venir prendre en personne votre place parmi les prélats et les pairs siégeant en notre parlement à Westminster, afin de donner votre avis, en tout honneur et conscience, sur les affaires du royaume et de l'église.»

La lecture des messages terminée, le lord-chancelier éleva la voix.

— Acte est donné à la couronne. Lord Fermain Clancharlie, votre seigneurie renonce à la transsubstantiation, à l'adoration des saints et à la messe?

Gwynplaine s'inclina.

— Acte est donné, dit le lord-chancelier.

* *Writ of summons.*
** *Strictly enjoin you.*

Et le clerc du parlement repartit :
— Sa seigneurie a pris le test.
Le lord-chancelier ajouta :
— Milord Fermain Clancharlie, vous pouvez siéger.
— Ainsi soit, dirent les deux parrains.
Le roi d'armes se releva, prit l'épée sur la crédence et en boucla le ceinturon autour de la taille de Gwynplaine.
«Ce faict, disent les vieilles chartes normandes, le pair prend son espée et monte aux hauts sièges et assiste à l'audience.»
Gwynplaine entendit derrière lui quelqu'un qui lui disait :
— Je revêts votre seigneurie de la robe de parlement.
Et en même temps l'officier qui lui parlait et qui portait cette robe la lui passa et lui noua au cou le ruban noir du rochet d'hermine.
Gwynplaine maintenant, la robe de pourpre sur le dos et l'épée d'or au côté, était semblable aux deux lords qu'il avait à sa droite et à sa gauche.
Le librarian lui présenta le red-book et le lui mit dans la poche de sa veste.
Le roi d'armes lui murmura à l'oreille :
— Milord, en entrant, vous saluerez la chaise royale.
La chaise royale, c'est le trône.
Cependant les deux clercs écrivaient, chacun à sa table, l'un sur le registre de la couronne, l'autre sur le registre du parlement.
Tous deux, l'un après l'autre, le clerc de la couronne le premier, apportèrent leur livre au lord-chancelier, qui signa.
Après avoir signé sur les deux registres, le lord-chancelier se leva :
— Lord Fermain Clancharlie, baron Clancharlie, baron Hunkerville, marquis de Corleone en Italie, soyez le bienvenu parmi vos pairs, les lords spirituels et temporels de la Grande-Bretagne.
Les deux parrains de Gwynplaine lui touchèrent l'épaule. Il se tourna.
Et la grande porte dorée du fond de la galerie s'ouvrit à deux battants [233].

C'était la porte de la chambre des pairs d'Angleterre.

Il ne s'était pas écoulé trente-six heures depuis que Gwynplaine, entouré d'un autre cortège, avait vu s'ouvrir devant lui la porte de fer de la geôle de Southwark.

Rapidité terrible de tous ces nuages sur sa tête ; nuages qui étaient des événements ; rapidité qui était une prise d'assaut.

II

IMPARTIALITÉ

La création d'une égalité avec le roi, dite pairie, fut aux époques barbares une fiction utile. En France et en Angleterre, cet expédient politique rudimentaire produisit des résultats différents. En France, le pair fut un faux roi; en Angleterre, ce fut un vrai prince. Moins grand qu'en France, mais plus réel. On pourrait dire: moindre, mais pire.

La pairie est née en France. L'époque est incertaine; sous Charlemagne, selon la légende; sous Robert le Sage, selon l'histoire. L'histoire n'est pas plus sûre de ce qu'elle dit que la légende. Favin écrit: « Le Roy de France voulut attirer à lui les grands de son État par ce titre magnifique de Pairs, comme s'ils lui étaient égaux. »

La pairie se bifurqua très vite et de France passa en Angleterre.

La pairie anglaise a été un grand fait, et presque une grande chose. Elle a eu pour précédent le wittenagemot saxon. Le thane danois et le vavasseur normand se fondirent dans le baron. Baron est le même mot que *vir,* qui se traduit en espagnol par *varon,* et qui signifie, par excellence, homme. Dès 1075 les barons se font sentir au roi. Et à quel roi! à Guillaume le Conquérant. En 1086 ils donnent une base à la féodalité, cette base est le *Doomsday-book.* « Livre du Jugement dernier. » Sous Jean sans

Terre, conflit; la seigneurie française le prend de haut avec la Grande-Bretagne, et la pairie de France mande à sa barre le roi d'Angleterre. Indignation des barons anglais. Au sacre de Philippe-Auguste, le roi d'Angleterre portait, comme duc de Normandie, la première bannière carrée et le duc de Guyenne la seconde. Contre ce roi vassal de l'étranger, « la guerre des seigneurs » éclate. Les barons imposent au misérable roi Jean la Grande Charte d'où sort la chambre des lords. Le pape prend fait et cause pour le roi, et excommunie les lords. La date, c'est 1215, et le pape, c'est Innocent III qui écrivait le *Veni sancte Spiritus* et qui envoyait à Jean sans Terre les quatre vertus cardinales sous la forme de quatre anneaux d'or. Les lords persistent. Long duel, qui durera plusieurs générations. Pembroke lutte. 1248 est l'année des « Provisions d'Oxford ». Vingt-quatre barons limitent le roi, le discutent, et appellent, pour prendre part à la querelle élargie, un chevalier par comté. Aube des communes. Plus tard, les lords s'adjoignirent deux citoyens par chaque cité et deux bourgeois par chaque bourg. C'est ce qui fait que, jusqu'à Élisabeth, les pairs furent juges de la validité des élections des communes. De leur juridiction naquit l'adage: « Les députés doivent être nommés sans les trois P: *sine Prece, sine Pretio, sine Poculo* [234]. » Ce qui n'empêcha pas les bourgs-pourris. En 1293, la cour des pairs de France avait encore le roi d'Angleterre pour justiciable, et Philippe le Bel citait devant lui Édouard Ier. Édouard Ier était ce roi qui ordonnait à son fils de le faire bouillir après sa mort et d'emporter ses os en guerre. Sous les folies royales les lords sentent le besoin de fortifier le parlement; ils le divisent en deux chambres. Chambre haute et chambre basse. Les lords gardent arrogamment la suprématie. « S'il arrive qu'une des communes soit si hardy que de parler désavantageusement de la chambre des lords, on l'appelle au barreau (à la barre) pour recevoir correction et quelquefois on l'envoie à la Tour*. » Même distinction dans le vote. Dans la

---

* Chamberlayne, *État présent de l'Angleterre*. Tome II, 2ᵉ partie, ch. IV, p. 64, 1688.

chambre des lords on vote un à un, en commençant par le dernier baron qu'on nomme « le puîné ». Chaque pair appelé répond *content* ou *non content*. Dans les communes on vote tous ensemble, par Oui ou Non, en troupeau. Les communes accusent, les pairs jugent. Les pairs, par dédain des chiffres, délèguent aux communes, qui en tireront parti, la surveillance de l'échiquier, ainsi nommé, selon les uns, du tapis de la table qui représentait un *échiquier*, et, selon les autres, des tiroirs de la vieille armoire où était, derrière une grille de fer, le trésor des rois d'Angleterre. De la fin du XIIIe siècle date le Registre annuel, « Year-book ». Dans la guerre des deux roses, on sent le poids des lords, tantôt du côté de John de Gaunt, duc de Lancastre, tantôt du côté d'Edmund, duc d'York. Wat-Tyler, les Lollards, Warwick, le faiseur de rois, toute cette anarchie-mère d'où sortira l'affranchissement, a pour point d'appui, avoué ou secret, la féodalité anglaise. Les lords jalousent utilement le trône ; jalouser, c'est surveiller ; ils circonscrivent l'initiative royale, restreignent les cas de haute trahison, suscitent de faux Richards contre Henri IV, se font arbitres, jugent la question des trois couronnes entre le duc d'York et Marguerite d'Anjou, et, au besoin, lèvent des armées et ont leurs batailles, Shrewsbury, Tewkesbury, Saint-Alban, tantôt perdues, tantôt gagnées. Déjà, au XIIIe siècle, ils avaient eu la victoire de Lewes, et ils avaient chassé du royaume les quatre frères du roi, bâtards d'Isabelle et du comte de la Marche, usuriers tous quatre, et exploitant les chrétiens par les juifs ; d'un côté princes, de l'autre escrocs, chose qu'on a revue plus tard [235], mais qui était peu estimée dans ce temps-là. Jusqu'au XVe siècle, le duc normand reste visible dans le roi d'Angleterre, et les actes du parlement se font en français. A partir de Henri VII, par la volonté des lords, ils se font en anglais. L'Angleterre, bretonne sous Uther Pendragon, romaine sous César, saxonne sous l'heptarchie, danoise sous Harold, normande après Guillaume, devient, grâce aux lords, anglaise. Puis elle devient anglicane. Avoir sa religion chez soi, c'est une grande force. Un pape extérieur soutire la vie nationale. Une mecque est une pieuvre. En

1534, Londres congédie Rome, la pairie adopte la réforme et les lords acceptent Luther. Réplique à l'excommunication de 1215. Ceci convenait à Henri VIII, mais à d'autres égards les lords le gênaient. Un bouledogue devant un ours, c'est la chambre des lords devant Henri VIII. Quand Wolsey vole White-Hall à la nation, et quand Henri VIII vole White-Hall à Wolsey, qui gronde ? quatre lords, Darcie de Chichester, Saint-John de Bletso, et (deux noms normands) Mountjoye et Mounteagle. Le roi usurpe. La pairie empiète. L'hérédité contient de l'incorruptibilité ; de là l'insubordination des lords. Devant Élisabeth même, les barons remuent. Il en résulte les supplices de Durham. Cette jupe tyrannique est teinte de sang. Un vertugadin sous lequel il y a un billot, c'est là Élisabeth. Élisabeth assemble le parlement le moins qu'elle peut, et réduit la chambre des lords à soixante-cinq membres, dont un seul marquis, Westminster, et pas un duc. Du reste, les rois en France avaient la même jalousie et opéraient la même élimination. Sous Henri III, il n'y avait plus que huit duchés-pairies, et c'était au grand déplaisir du roi que le baron de Mantes, le baron de Coucy, le baron de Coulommiers, le baron de Châteauneuf en Timerais, le baron de la Fère en Tardenois, le baron de Mortagne, et quelques autres encore, se maintenaient barons pairs de France. En Angleterre, la couronne laissait volontiers les pairies s'amortir ; sous Anne, pour ne citer qu'un exemple, les extinctions depuis le XIIe siècle avaient fini par faire un total de cinq cent soixante-cinq pairies abolies. La guerre des roses avait commencé l'extirpation des ducs, que Marie Tudor, à coups de hache, avait achevée. C'était décapiter la noblesse. Couper le duc, c'est couper la tête. Bonne politique sans doute, mais corrompre vaut mieux que couper. C'est ce que sentit Jacques Ier. Il restaura le duché. Il fit duc son favori Villiers, qui l'avait fait porc*. Transformation du duc féodal en duc courtisan. Cela pullulera. Charles II fera duchesses deux de ses maîtresses, Barbe de Southampton et Louise de Quérouel. Sous

---

* Villiers appelait Jacques Ier *Votre Cochonnerie*.

Anne, il y aura vingt-cinq ducs, dont trois étrangers, Cumberland, Cambridge et Schonberg. Ces procédés de cour, inventés par Jacques Ier, réussissent-ils ? Non. La chambre des lords se sent maniée par l'intrigue et s'irrite. Elle s'irrite contre Jacques Ier, elle s'irrite contre Charles Ier, lequel, soit dit en passant, a peut-être un peu tué son père comme Marie de Médicis a peut-être un peu tué son mari. Rupture entre Charles Ier et la pairie. Les lords, qui, sous Jacques Ier, avaient mandé à leur barre la concussion dans la personne de Bacon, font, sous Charles Ier, le procès à la trahison dans la personne de Stafford. Ils avaient condamné Bacon, ils condamnent Stafford. L'un avait perdu l'honneur, l'autre perd la vie. Charles Ier est décapité une première fois en Stafford. Les lords prêtent main-forte aux communes. Le roi convoque le parlement à Oxford, la révolution le convoque à Londres ; quarante-trois pairs vont avec le roi, vingt-deux avec la république. De cette acceptation du peuple par les lords sort le *bill des droits,* ébauche de nos *droits de l'homme,* vague ombre projetée du fond de l'avenir par la révolution de France sur la révolution d'Angleterre.

Tels sont les services. Involontaires, soit. Et payés cher, car cette pairie est un parasite énorme. Mais considérables. L'œuvre despotique de Louis XI, de Richelieu et de Louis XIV, la construction d'un sultan, l'aplatissement pris pour l'égalité, la bastonnade donné par le sceptre, les multitudes nivelées par l'abaissement, ce travail turc fait en France, les lords l'ont empêché en Angleterre. Ils ont fait de l'aristocratie un mur, endiguant le roi d'un côté, abritant le peuple de l'autre. Ils rachètent leur arrogance envers le peuple par de l'insolence envers le roi [236]. Simon, comte de Leicester, disait à Henri III : *Roi, tu as menti*. Les lords imposent à la couronne des servitudes ; ils froissent le roi à l'endroit sensible, à la vénerie. Tout lord, passant dans un parc royal, a le droit d'y tuer un daim. Chez le roi, le lord est chez lui. Le roi prévu à la tour de Londres, avec son tarif, pas plus qu'un pair, douze livres sterling par semaine, on doit cela à la chambre des lords. Plus encore, le roi découronné, on le lui doit. Les lords ont destitué Jean sans Terre, dégradé

Édouard II, déposé Richard II, brisé Henri VI, et ont rendu Cromwell possible. Quel Louis XIV il y avait dans Charles Ier! Grâce à Cromwell, il est resté latent. Du reste, disons-le en passant, Cromwell lui-même, aucun historien n'a pris garde à ce fait, prétendait à la pairie; c'est ce qui lui fait épouser Élisabeth Bourchier, descendante et héritière d'un Cromwell, lord Bourchier, dont la pairie s'était éteinte en 1471, et d'un Bourchier, lord Robesart, autre pairie éteinte en 1429. Partageant la croissance redoutable des événements il trouva plus court de dominer par le roi supprimé que par la pairie réclamée. Le cérémonial des lords, parfois sinistre, atteignait le roi. Les deux porte-glaives de la Tour, debout, la hache sur l'épaule, à droite et à gauche du pair accusé comparaissant à la barre, étaient aussi bien pour le roi que pour tout autre lord. Pendant cinq siècles l'antique chambre des lords a eu un plan, et l'a suivi avec fixité. On compte ses jours de distraction et de faiblesse, comme par exemple ce moment étrange où elle se laissa séduire par la galéasse chargée de fromages, de jambons et de vins grecs que lui envoya Jules II. L'aristocratie anglaise était inquiète, hautaine, irréductible, attentive, patriotiquement défiante. C'est elle qui, à la fin du XVIIe siècle, par l'acte dixième de l'an 1694, ôtait au bourg de Stockbridge, en Southampton, le droit de députer au parlement, et forçait les communes à casser l'élection de ce bourg, entachée de fraude papiste. Elle avait imposé le test à Jacques, duc d'York, et sur son refus l'avait exclu du trône. Il régna cependant, mais les lords finirent par le ressaisir et par le chasser. Cette aristocratie a eu dans sa longue durée quelque instinct de progrès. Une certaine quantité de lumière appréciable s'en est toujours dégagée, excepté vers la fin, qui est maintenant [237]. Sous Jacques II, elle maintenait dans la chambre basse la proportion de trois cent quarante-six bourgeois contre quatrevingt-douze chevaliers; les seize barons de courtoisie des Cinq-Ports étant plus que contrebalancés par les cinquante citoyens des vingt-cinq cités. Tout en étant très corruptrice et très égoïste, cette aristocratie avait, en certains cas, une singulière impartialité. On la juge durement. Les bons traitements de l'histoire sont pour les communes; c'est à débattre. Nous croyons le rôle des lords très grand. L'oligarchie, c'est de l'indépendance à l'état barbare, mais c'est de l'indépendance. Voyez la Pologne, royaume nominal, république réelle. Les pairs d'Angleterre tenaient le trône en suspicion et en tutelle. Dans mainte occasion, mieux que les communes, les lords savaient déplaire. Ils faisaient échec au roi. Ainsi, en 1694, année remarquable, les parlements triennaux, rejetés par les communes parce que Guillaume III n'en voulait pas, avaient été votés par les pairs. Guillaume III, irrité, ôta le château de Pendennis au comte de Bath, et toutes ses charges au vicomte Mordaunt. La chambre des lords, c'était la république de Venise au cœur de la royauté d'Angleterre. Réduire le roi au doge, tel était son but, et elle a fait croître la nation de tout ce dont elle a fait décroître le roi.

La royauté le comprenait et haïssait la pairie. Des deux côtés on cherchait à s'amoindrir. Ces diminutions profitaient au peuple en augmentation. Les deux puissances aveugles, monarchie et oligarchie, ne s'apercevaient pas qu'elles travaillaient pour un tiers, la démocratie. Quelle joie ce fut pour la cour, au siècle dernier, de pouvoir pendre un pair, lord Ferrers!

Du reste, on le pendit avec une corde de soie. Politesse.

On n'eût pas pendu un pair de France. Remarque altière que fit le duc de Richelieu. D'accord. On l'eût décapité. Politesse plus grande. Montmorency-Tancarville signait: *Pair de France et d'Angleterre,* rejetant ainsi la pairie anglaise au second rang. Les pairs de France étaient plus hauts et moins puissants, tenant au rang plus qu'à l'autorité, et à la préséance plus qu'à la domination. Il y avait entre eux et les lords la nuance qui sépare la vanité de l'orgueil. Pour les pairs de France, avoir le pas sur les princes étrangers, précéder les grands d'Espagne, primer les patrices de Venise, faire asseoir sur les bas sièges du parlement les maréchaux de France, le connétable et l'amiral de France, fût-il comte de Toulouse et fils de Louis XIV, distinguer entre les duchés mâles et les duchés femelles, maintenir l'intervalle entre une comté simple comme Armagnac ou Albret et une comté-pairie comme Évreux, porter de droit, dans certains cas, le cordon bleu ou la toison d'or à vingt-cinq ans, contrebalancer le duc de la Trémoille, le plus ancien pair chez le roi, par le duc d'Uzès, le plus ancien pair en parlement, prétendre à autant de pages et de chevaux au carrosse qu'un électeur, se faire dire *monseigneur* par le premier président, discuter si le duc du Maine a rang de pair, comme comte d'Eu, dès 1458, traverser la grande chambre diagonalement ou par les côtés : c'était la grosse affaire. La grosse affaire pour les lords, c'était l'acte de navigation, le test, l'enrôlement de l'Europe au service de l'Angleterre, la domination des mers, l'expulsion des Stuarts, la guerre à la France. Ici, avant tout l'étiquette ; là, avant tout l'empire. Les pairs d'Angleterre avaient la proie, les pairs de France avaient l'ombre.

En somme, la chambre des lords d'Angleterre a été un point de départ ; en civilisation, c'est immense. Elle a eu l'honneur de commencer une nation. Elle a été la première incarnation de l'unité d'un peuple. La résistance anglaise, cette obscure force toute-puissante, est née dans la chambre des lords. Les barons, par une série de voies de fait sur le prince, ont ébauché le détrônement définitif. La chambre des lords aujourd'hui est un peu étonnée et triste de ce qu'elle a fait sans le vouloir et sans le savoir. D'autant plus que c'est irrévocable. Que sont les concessions ? des restitutions. Et les nations ne l'ignorent point. J'octroie, dit le roi. Je récupère, dit le peuple. La chambre des lords a cru créer le privilège des pairs, elle a produit le droit des citoyens. L'aristocratie, ce vautour, a couvé cet œuf d'aigle, la liberté.

Aujourd'hui l'œuf est cassé, l'aigle plane, le vautour meurt.

L'aristocratie agonise, l'Angleterre grandit.

Mais soyons justes envers l'aristocratie. Elle a fait équilibre à la royauté ; elle a été contrepoids. Elle a fait obstacle au despotisme ; elle a été barrière.

Remercions-la, et enterrons-la [238]

III

LA VIEILLE SALLE

Près de l'abbaye de Westminster il y avait un antique palais normand qui fut brûlé sous Henri VIII. Il en resta deux ailes. Édouard VI mit dans l'une la chambre des lords, et dans l'autre la chambre des communes.

Ni les deux ailes, ni les deux salles n'existent maintenant; on a rebâti tout cela.

Nous l'avons dit et il faut y insister, nulle ressemblance entre la chambre des lords d'aujourd'hui et la chambre des lords de jadis. On a démoli l'ancien palais, ce qui a un peu démoli les anciens usages. Les coups de pioche dans les monuments ont leurs contrecoups dans les coutumes et les chartes. Une vieille pierre ne tombe pas sans entraîner une vieille loi. Installez dans une salle ronde le sénat d'une salle carrée, il sera autre. Le coquillage changé déforme le mollusque.

Si vous voulez conserver une vieille chose, humaine ou divine, code ou dogme, patriciat ou sacerdoce, n'en refaites rien à neuf, pas même l'enveloppe. Mettez des pièces, tout au plus. Par exemple, le jésuitisme est une pièce mise au catholicisme. Traitez les édifices comme vous traitez les institutions.

Les ombres doivent habiter les ruines. Les puissances décrépites sont mal à l'aise dans les logis fraîchement décorés. Aux institutions haillons il faut les palais masures.

Montrer l'intérieur de la chambre des lords d'autrefois, c'est montrer de l'inconnu. L'histoire, c'est la nuit[239]. En histoire, il n'y a pas de second plan. La décroissance et l'obscurité s'emparent immédiatement de tout ce qui n'est plus sur le devant du théâtre. Décor enlevé, effacement, oubli. Le Passé a un synonyme, l'Ignoré.

Les pairs d'Angleterre siégeaient, comme cour de justice, dans la grande salle de Westminster, et, comme haute chambre législative, dans une salle spéciale nommée «maison des lords», *house of the lords*.

Outre la cour des pairs d'Angleterre, qui ne s'assemble que convoquée par la couronne; les deux grands tribunaux anglais, inférieurs à la cour des pairs, mais supérieurs à toute autre juridiction, siégeaient dans la grande salle de Westminster. Au haut bout de cette salle, ils habitaient deux compartiments qui se touchaient. Le premier tribunal était la cour du banc du roi, que le roi était censé présider; le deuxième était la cour de chancellerie, que le chancelier présidait. L'un était cour de justice, l'autre était cour de miséricorde. C'était le chancelier qui conseillait au roi les grâces; rarement. Ces deux cours, qui existent encore, interprétaient la législation et la refaisaient un peu; l'art du juge est de menuiser le code en jurisprudence. Industrie d'où l'équité se tire comme elle peut. La législation se fabriquait et s'appliquait en ce lieu sévère, la grande salle de Westminster. Cette salle avait une voûte de châtaignier où ne pouvaient se mettre les toiles d'araignée; c'est bien assez qu'elles se mettent dans les lois.

Siéger comme cour et siéger comme chambre, c'est deux. Cette dualité constitue le pouvoir suprême. Le long parlement, qui commença le 3 novembre 1640, sentit le besoin révolutionnaire de ce double glaive. Aussi se déclara-t-il, comme une chambre des pairs, pouvoir judiciaire en même temps que pouvoir législatif.

Ce double pouvoir était immémorial dans la chambre des lords. Nous venons de le dire, juges, les lords occupaient Westminster-Hall; législateurs, ils avaient une autre salle.

Cette autre salle, proprement dite chambre des lords,

était oblongue et étroite. Elle avait pour tout éclairage quatre fenêtres profondément entaillées dans le comble et recevant le jour par le toit, plus, au-dessus du dais royal, un œil-de-bœuf à six vitres, avec rideaux; le soir, pas d'autre lumière que douze demi-candélabres appliqués sur la muraille. La salle du sénat de Venise était moins éclairée encore. Une certaine ombre plaît à ces hiboux de la toute-puissance [240].

Sur la salle où s'assemblaient les lords s'arrondissait avec des plans polyédriques une haute voûte à caissons dorés. Les communes n'avaient qu'un plafond plat; tout a un sens dans les constructions monarchiques. A une extrémité de la longue salle des lords était la porte; à l'autre, en face, le trône. A quelques pas de la porte, la barre, coupure transversale, sorte de frontière, marquant l'endroit où finit le peuple et où commence la seigneurie. A droite du trône, une cheminée, blasonnée au pinacle, offrait deux bas-reliefs de marbre, figurant, l'un la victoire de Cuthwolph sur les Bretons en 572, l'autre le plan géométral du bourg de Dunstable, lequel n'a que quatre rues, parallèles aux quatre parties du monde. Trois marches exhaussaient le trône. Le trône était dit «chaise royale». Sur les deux murs se faisant vis-à-vis se déployait, en tableaux successifs, une vaste tapisserie donnée aux lords par Élisabeth et représentant toute l'aventure de l'armada depuis son départ d'Espagne jusqu'à son naufrage devant l'Angleterre. Les hauts accastillages des navires étaient tissus en fils d'or et d'argent, qui, avec le temps, avaient noirci. A cette tapisserie, coupée de distance en distance par les candélabres-appliques, étaient adossés à droite du trône trois rangs de bancs pour les évêques, à gauche trois rangs de bancs pour les ducs, les marquis et les comtes, sur gradins et séparés par des montoirs. Sur les trois bancs de la première section s'asseyaient les ducs; sur les trois bancs de la deuxième, les marquis; sur les trois bancs de la troisième, les comtes. Le banc des vicomtes, en équerre, faisait face au trône, et derrière, entre les vicomtes et la barre, il y avait deux bancs pour les barons. Sur le haut banc, à droite du trône, étaient les deux archevêques, Canterbury et York; sur le banc intermédiaire, trois évêques, Londres, Durham et Winchester; les autres évêques sur le banc d'en bas. Il y a entre l'archevêque de Canterbury et les autres évêques cette différence considérable qu'il est, lui, évêque *par la divine providence*, tandis que les autres ne le sont que *par la divine permission*. A droite du trône, on voyait une chaise pour le prince de Galles, et à gauche des pliants pour les ducs royaux, et en arrière de ces pliants un gradin pour les jeunes pairs mineurs, n'ayant point encore séance à la chambre. Force fleurs de lys partout; et le vaste écusson d'Angleterre sur les quatre murs, au-dessus des pairs comme au-dessus du roi. Les fils de pairs et les héritiers de pairie assistaient aux délibérations, debout derrière le trône entre le dais et le mur. Le trône au fond, et, des trois côtés de la salle, les trois rangs des bancs des pairs laissaient libre un large espace carré. Dans ce carré, que recouvrait le tapis d'État, armorié d'Angleterre, il y avait quatre sacs de laine, un devant le trône où siégeait le chancelier entre la masse et le sceau, un devant les évêques où siégeaient les juges conseillers d'État, ayant séance et non voix, un devant les ducs, marquis et comtes, où siégeaient les secrétaires d'État, un devant les vicomtes et barons, où étaient assis le clerc de la couronne et le clerc du parlement, et sur lequel écrivaient les deux sous-clercs, à genoux. Au centre du carré, on voyait une large table drapée chargée de dossiers, de registres, de sommiers, avec de massifs encriers d'orfèvrerie et de hauts flambeaux aux quatre angles. Les pairs prenaient séance en ordre chronologique, chacun suivant la date de la création de sa pairie. Ils avaient rang selon le titre, et, dans le titre, selon l'ancienneté. A la barre se tenait l'huissier de la verge noire, debout, sa baguette à la main. En dedans de la porte, l'officier de l'huissier, et en dehors le crieur de la verge noire, ayant pour fonction d'ouvrir les séances de justice par le cri cri : *Oyez!* en français, poussé trois fois en appuyant solennellement sur la première syllabe. Près du crieur, le sergent porte-masse du chancelier.

Dans les cérémonies royales, les pairs temporels avaient la couronne en tête, et les pairs spirituels la mitre.

Les archevêques portaient la mitre à couronne ducale et

les évêques, qui ont rang après les vicomtes, la mitre à tortil de baron.

Remarque étrange et qui est un enseignement, ce carré, formé par le trône, les évêques et les barons, et dans lequel sont des magistrats à genoux, c'était l'ancien parlement de France sous les deux premières races. Même aspect de l'autorité en France et en Angleterre. Hincmar dans le *de ordinatione sacri palatii*, décrit en 853 la chambre des lords en séance à Westminster au XVIIIe siècle. Sorte de bizarre procès-verbal fait neuf cents ans d'avance.

Qu'est l'histoire ? Un écho du passé dans l'avenir. Un reflet de l'avenir sur le passé.

L'assemblée du parlement n'était obligatoire que tous les sept ans.

Les lords délibéraient en secret, portes fermées. Les séances des communes étaient publiques. La popularité semblait diminution.

Le nombre des lords était illimité. Nommer des lords, c'était la menace de la royauté. Moyen de gouvernement.

Au commencement du XVIIIe siècle, la chambre des lords offrait déjà un très fort chiffre. Elle a grossi encore depuis. Délayer l'aristocratie est une politique. Élisabeth fit peut-être une faute en condensant la pairie dans soixante-cinq lords. La seigneurie moins nombreuse est plus intense. Dans les assemblées, plus il y a de membres, moins il y a de têtes. Jacques II l'avait senti en portant la chambre haute à cent quatre-vingt-huit lords ; cent quatre-vingt-six, si l'on défalque de ces pairies les deux duchesses de l'alcôve royale, Portsmouth et Cleveland. Sous Anne, le total des lords, y compris les évêques, étaient de deux cent sept.

Sans compter le duc de Cumberland, mari de la reine, il y avait vingt-cinq ducs dont le premier, Norfolk, ne siégeait point, étant catholique, et dont le dernier, Cambridge, prince électoral de Hanovre, siégeait, quoique étranger. Winchester, qualifié premier et seul marquis d'Angleterre, comme Astorga seul marquis d'Espagne, étant absent, vu qu'il était jacobite, il y avait cinq marquis, dont le premier était Lindsey et le dernier Lothian ;

soixante-dix-neuf comtes, dont le premier était Derby et le dernier Islay; neuf vicomtes, dont le premier était Hereford et le dernier Lonsdale; et soixante-deux barons, dont le premier était Abergaveny et le dernier Hervey. Lord Hervey, étant le dernier baron, était ce qu'on appelait « le puîné » de la chambre. Derby, qui, étant primé par Oxford, Shrewsbury et Kent, n'était que le quatrième sous Jacques II, était devenu sous Anne le premier des comtes. Deux noms de chanceliers avaient disparu de la liste des barons, Verulam, sous lequel l'histoire retrouve Bacon, et Wem, sous lequel l'histoire retrouve Jeffreys. Bacon, Jeffreys, noms diversement sombres. En 1705, les vingt-six évêques n'étaient que vingt-cinq, le siège de Chester étant vacant. Parmi les évêques, quelques-uns étaient de très grands seigneurs; ainsi William Talbot, évêque d'Oxford, chef de la branche protestante de sa maison. D'autres étaient des docteurs éminents, comme John Sharp, archevêque d'York, ancien doyen de Norwich, le poète Thomas Spratt, évêque de Rochester, bonhomme apoplectique, et cet évêque de Lincoln, qui devait mourir archevêque de Canterbury, Wake, l'adversaire de Bossuet.

Dans les occasions importantes, et lorsqu'il y avait lieu de recevoir une communication de la couronne à la chambre haute, toute cette multitude auguste, en robes, en perruques, avec coiffes de prélature ou chapeaux à plumes, alignait et étageait ses rangées de têtes dans la salle de la pairie, le long des murs où l'on voyait vaguement la tempête exterminer l'armada. Sous-entendu : Tempête aux ordres de l'Angleterre.

IV

LA VIEILLE CHAMBRE

Toute la cérémonie de l'investiture de Gwynplaine, depuis l'entrée sous le King's Gate jusqu'à la prise du test dans le rond-point vitré, s'était passée dans une sorte de pénombre.

Lord William Cowper n'avait point permis qu'on lui donnât, à lui, chancelier d'Angleterre, des détails trop circonstanciés sur la défiguration du jeune lord Fermain Clancharlie, trouvant au-dessous de sa dignité de savoir qu'un pair n'était pas beau, et se sentant amoindri par la hardiesse qu'aurait un inférieur de lui apporter des renseignements de cette nature. Il est certain qu'un homme du peuple dit avec plaisir : ce prince est bossu. Donc, être difforme, pour un lord, c'est offensant. Aux quelques mots que lui en avait dits la reine, le lord-chancelier s'était borné à répondre : *Un seigneur a pour visage la seigneurie*. Sommairement, et sur les procès-verbaux qu'il avait dû vérifier et certifier, il avait compris. De là des précautions.

Le visage du nouveau lord pouvait, à son entrée dans la chambre, faire une sensation quelconque. Il importait d'obvier à cela. Le lord-chancelier avait pris ses mesures. Le moins d'événement possible, c'est l'idée fixe et la règle de conduite des personnages sérieux. La haine des incidents fait partie de la gravité. Il importait de faire en sorte que l'admission de Gwynplaine passât sans encombre, comme celle de tout autre héritier de pairie.

C'est pourquoi le lord-chancelier avait fixé la réception de lord Fermain Clancharlie à une séance du soir. Le chancelier étant portier, *quodammodo ostiarius,* disent les chartes normandes, *januarum cancellorumque potestas* [241], dit Tertullien, il peut officier en dehors de la chambre sur le seuil, et lord William Cowper avait usé de son droit en accomplissant dans le rond-point vitré les formalités d'investiture de lord Fermain Clancharlie. De plus, il avait avancé l'heure pour que le nouveau pair fît son entrée dans la chambre avant même que la séance fût commencée.

Quant à l'investiture d'un pair sur le seuil, et en dehors de la chambre même, il y avait des précédents. Le premier baron héréditaire créé par patente, John de Beauchamp, de Holtcastle, fait par Richard II, en 1387, baron de Kidderminster, fut reçu de cette façon.

Du reste, en renouvelant ce précédent, le lord-chancelier se créait à lui-même un embarras dont il vit l'inconvénient moins de deux ans après, lors de l'entrée du vicomte Newhaven à la chambre des lords.

Myope, comme nous l'avons dit, lord William Cowper s'était aperçu à peine de la difformité de Gwynplaine ; les deux lords parrains, pas du tout. C'étaient deux vieillards presque aveugles.

Le lord-chancelier les avait choisis exprès.

Il y a mieux, le lord-chancelier, n'ayant vu que la stature et la prestance de Gwynplaine, lui avait trouvé « fort bonne mine ».

Au moment où les door-keepers avaient ouvert devant Gwynplaine la grande porte à deux battants, il y avait à peine quelques lords dans la salle. Ces lords étaient presque tous vieux. Les vieux, dans les assemblées, sont les exacts, de même que, près des femmes, ils sont les assidus. On ne voyait au banc des ducs que deux ducs, l'un tout blanc, l'autre gris, Thomas Osborne, duc de Leeds, et Schonberg, fils de ce Schonberg, allemand par la naissance, français par le bâton de maréchal, et anglais par la pairie, qui, chassé par l'édit de Nantes, après avoir fait la guerre à l'Angleterre comme français, fit la guerre à la France comme anglais. Au banc des lords spirituels, il n'y avait que l'archevêque de Canterbury, primat d'Angleterre, tout en haut, et en bas le docteur Simon Patrick, évêque d'Ély, causant avec Evelyn Pierrepont, marquis de Dorchester, qui lui expliquait la différence entre un gabion et une courtine, et entre les palissades et les fraises, les palissades étant une rangée de poteaux devant les tentes, destinée à protéger le campement, et les fraises étant une collerette de pieux pointus sous le parapet d'une forteresse empêchant l'escalade des assiégeants et la désertion des assiégés, et le marquis enseignait à l'évêque de quelle façon on fraise une redoute, en mettant les pieux moitié dans la terre et moitié dehors. Thomas Thynne, vicomte Weymouth, s'était approché d'un candélabre et examinait un plan de son architecte pour faire à son jardin de Long Leate, en Wiltshire, une pelouse dite « gazon coupé », moyennant des carreaux de sable jaune, de sable rouge, de coquilles de rivière et de fine poudre de charbon de terre. Au banc des vicomtes il y avait un pêle-mêle de vieux lords, Essex, Ossulstone, Peregrine, Osborn, William Zulestein, comte de Rochfort, parmi lesquels quelques jeunes, de la faction qui ne portait pas perruque, entourant Price Devereux, vicomte Hereford, et discutant la question de savoir si une infusion de houx des apalaches est du thé. — A peu près, disait Osborn. — Tout à fait, disait Essex. Ce qui était attentivement écouté par Pawlets de Saint-John, cousin du Bolingbroke dont Voltaire plus tard a été un peu l'élève, car Voltaire, commencé par le père Porée, a été achevé par Bolingbroke. Au banc des marquis, Thomas de Grey, marquis de Kent, lord chambellan de la reine, affirmait à Robert Bertie, marquis de Lindsey, lord chambellan d'Angleterre, que c'était par deux Français réfugiés, M. Lecoq, autrefois conseiller au parlement de Paris, et M. Ravenel, gentilhomme breton, qu'avait été gagné le gros lot de la grande loterie anglaise en 1614. Le comte de Wymes lisait un livre intitulé : *Pratique curieuse des oracles des sibylles*. John Campbell, comte de Greenwich, fameux par son long menton, sa gaieté et ses quatre-vingt-sept ans, écrivait à sa maîtresse. Lord Chandos se faisait les ongles. La séance qui allait suivre devant être une séance royale où la couronne serait représentée par commissaires, deux assistants door-keepers disposaient en avant du trône un banc de velours couleur feu. Sur le deuxième sac de laine était assis le maître des rôles, *sacrorum scriniorum magister,* lequel avait alors pour logis l'ancienne maison des juifs convertis. Sur le quatrième sac, les deux sous-clercs à genoux feuilletaient des registres.

Cependant le lord-chancelier prenait place sur le premier sac de laine, les officiers de la chambre s'installaient, les uns assis, les autres debout, l'archevêque de Canterbury se levait et disait la prière, et la séance commençait. Gwynplaine était déjà entré depuis quelque temps, sans qu'on eût pris garde à lui; le deuxième banc des barons, où était sa place, étant contigu à la barre, il n'avait eu que quelques pas à faire. Les deux lords ses parrains s'étaient assis à sa droite et à sa gauche, ce qui avait à peu près masqué la présence du nouveau venu. Personne n'étant averti, le clerc du parlement avait lu à demi-voix et, pour ainsi dire, chuchoté les diverses pièces concernant le nouveau lord, et le lord-chancelier avait proclamé son admission au milieu de ce qu'on appelle dans les comptes rendus «l'inattention générale». Chacun causait. Il y avait dans la chambre ce brouhaha pendant lequel les assemblées font toutes sortes de choses crépusculaires, qui quelquefois les étonnent plus tard.

Gwynplaine s'était assis, silencieusement, tête nue, entre les deux vieux pairs, lord Fitzwalter et lord Arundel.

Ajoutons que Barkilphedro, renseigné à fond comme un espion qu'il était, et déterminé à réussir dans sa machination, avait dans ses dires officiels, en présence du lord-chancelier, atténué dans une certaine mesure la difformité de lord Fermain Clancharlie, en insistant sur ce détail que Gwynplaine pouvait à volonté supprimer l'effet de rire et ramener au sérieux sa face défigurée. Barkilphedro avait probablement même exagéré cette faculté. D'ailleurs, au point de vue aristocratique, qu'est-ce que cela faisait? Lord William Cowper n'était-il pas le légiste auteur de la maxime : *En Angleterre, la restauration d'un pair importe plus que la restauration d'un roi ?* Sans doute la beauté et la dignité devraient être inséparables, il est fâcheux qu'un lord soit contrefait, et c'est là un outrage du hasard ; mais, insistons-y, en quoi cela diminue-t-il le droit ? Le lord-chancelier prenait des précautions, et avait raison d'en prendre, mais, en somme, avec ou sans précautions, qui donc pouvait empêcher un pair d'entrer à la chambre des pairs ? La seigneurie et la royauté ne sont-elles pas supérieures à la difformité et à l'infirmité ? Un cri de bête fauve n'avait-il pas été héréditaire comme la pairie elle-même dans l'antique famille, éteinte en 1347, des Cumin, comtes de Buchan, au point que c'était au cri de tigre qu'on reconnaissait le pair d'Écosse ? Ses hideuses taches de sang au visage empêchèrent-elles César Borgia d'être duc de Valentinois ? La cécité empêcha-t-elle Jean de Luxembourg d'être roi de Bohême ? La gibbosité empêcha-t-elle Richard III d'être roi d'Angleterre ? A bien voir le fond des choses, l'infirmité et la laideur acceptées avec une hautaine indifférence, loin de contredire la grandeur, l'affirment et la prouvent. La seigneurie a une telle majesté que la difformité ne la trouble point. Ceci est l'autre aspect de la question, et n'est pas le moindre. Comme on le voit, rien ne pouvait faire obstacle à l'admission de Gwynplaine, et les précautions prudentes du lord-chancelier, utiles au point de vue inférieur de la tactique, étaient de luxe au point de vue supérieur du principe aristocratique.

En entrant, selon la recommandation que lui avait faite le roi d'armes et que les deux lords parrains lui avaient renouvelée, il avait salué « la chaise royale ».

Donc c'était fini. Il était lord.

Cette hauteur, sous le rayonnement de laquelle, toute sa vie, il avait vu son maître Ursus se courber avec épouvante, ce sommet prodigieux, il l'avait sous ses pieds.

Il était dans le lieu éclatant et sombre de l'Angleterre.

Vieille cime du mont féodal regardée depuis six siècles par l'Europe et l'histoire. Auréole effrayante d'un monde de ténèbres [242].

Son entrée dans cette auréole avait eu lieu. Entrée irrévocable.

Il était là chez lui.

Chez lui sur son siège comme le roi sur le sien.

Il y était, et rien désormais ne pouvait faire qu'il n'y fût pas.

Cette couronne royale qu'il voyait sous ce dais était sœur de sa couronne à lui. Il était le pair de ce trône.

En face de la majesté, il était la seigneurie. Moindre, mais semblable.

Hier, qu'était-il? histrion. Aujourd'hui, qu'était-il? prince.

Hier, rien. Aujourd'hui, tout.

Confrontation brusque de la misère et de la puissance, s'abordant face à face au fond d'un esprit dans une destinée et devenant tout à coup les deux moitiés d'une conscience.

Deux spectres, l'adversité et la prospérité, prenant possession de la même âme, et chacun la tirant à soi. Partage pathétique d'une intelligence, d'une volonté, d'un cerveau, entre ces deux frères ennemis, le fantôme pauvre et le fantôme riche. Abel et Caïn dans le même homme [243].

V

CAUSERIES ALTIÈRES

Peu à peu les bancs de la chambre se garnirent. Les lords commencèrent à arriver. L'ordre du jour était le vote du bill augmentant de cent mille livres sterling la dotation annuelle de Georges de Danemark, duc de Cumberland, mari de la reine. En outre, il était annoncé que divers bills consentis par sa majesté allaient être apportés à la chambre par des commissaires de la couronne ayant pouvoir et charge de les sanctionner, ce qui érigeait la séance en séance royale. Les pairs avaient tous leur robe de parlement par-dessus leur habit de cour ou de ville. Cette robe, semblable à celle dont était revêtu Gwynplaine, était la même pour tous, sinon que les ducs avaient cinq bandes d'hermine avec bordure d'or, les marquis quatre, les comtes et les vicomtes trois, et les barons deux. Les lords entraient par groupes. On s'était rencontré dans les couloirs, on continuait les dialogues commencés. Quelques-uns venaient seuls. Les costumes étaient solennels, les attitudes point; ni les paroles. Tous, en entrant, saluaient le trône.

Les pairs affluaient. Ce défilé de noms majestueux se faisait à peu près sans cérémonial, le public étant absent. Leicester entrait et serrait la main de Lichfield; puis Charles Mordaunt, comte de Peterborough et de Monmouth, l'ami de Locke, sur l'initiative duquel il avait proposé la refonte des monnaies; puis Charles Campbell, comte de Loudoun, prêtant l'oreille à Fulke Greville, lord Brooke; puis Dorme, comte de Caërnarvon; puis Robert Sutton, baron Lexington, fils du Lexington qui avait conseillé à Charles II de chasser Gregorio Leti, historiographe assez mal avisé pour vouloir être historien; puis Thomas Bellasyse, vicomte Falconberg, ce beau vieux; et ensemble les trois cousins Howard, Howard, comte de Bindon, Bower-Howard, comte de Berkshire, et Stafford-Howard, comte de Stafford; puis John Lovelace, baron Lovelace, dont la pairie éteinte en 1736 permit à Richardson d'introduire Lovelace dans son livre et de créer sous ce nom un type. Tous ces personnages diversement célèbres dans la politique ou la guerre, et dont plusieurs honorent l'Angleterre, riaient et causaient. C'était comme l'histoire vue en négligé.

En moins d'une demi-heure, la chambre se trouva presque au complet. C'était tout simple, la séance étant royale. Ce qui était moins simple, c'était la vivacité des conversations. La chambre, si assoupie tout à l'heure, était maintenant en rumeur comme une ruche inquiétée. Ce qui l'avait réveillée, c'était l'arrivée des lords en retard. Ils apportaient du nouveau. Chose bizarre, les pairs qui, à l'ouverture de la séance, étaient dans la chambre, ne savaient point ce qui s'y était passé, et ceux qui n'y étaient pas le savaient.

Plusieurs lords arrivaient de Windsor.

Depuis quelques heures, l'aventure de Gwynplaine s'était ébruitée. Le secret est un filet; qu'une maille se rompe, tout se déchire. Dès le matin, par suite des incidents racontés plus haut, toute cette histoire d'une pairie retrouvée sur un tréteau et d'un bateleur reconnu lord, avait fait éclat à Windsor, dans les privés royaux. Les princes en avaient parlé, puis les laquais. De la cour l'événement avait gagné la ville. Les événements ont une pesanteur, et la loi du carré des vitesses leur est applicable. Ils tombent dans le public et s'y enfoncent avec une rapidité inouïe. A sept heures, on n'avait pas à Londres vent de cette histoire. A huit heures, Gwynplaine était le bruit de la ville. Seuls, les quelques lords exacts qui avaient devancé l'ouverture de la séance ignoraient la chose, n'étant point dans la ville où l'on racontait tout et étant dans la chambre où ils ne s'étaient aperçus de rien. Sur ce, tranquilles sur leurs bancs, ils étaient apostrophés par les arrivants, tout émus.

— Eh bien? disait Francis Brown, vicomte Mountacute, au marquis de Dorchester.
— Quoi?
— Est-ce que c'est possible?
— Quoi?
— L'Homme qui Rit!
— Qu'est-ce que c'est que l'Homme qui Rit?
— Vous ne connaissez pas l'Homme qui Rit?
— Non.
— C'est un clown. Un boy de la foire. Un visage impossible qu'on allait voir pour deux sous. Un saltimbanque.
— Après?
— Vous venez de le recevoir pair d'Angleterre.
— L'homme qui rit, c'est vous, milord Mountacute.
— Je ne ris pas, milord Dorchester.

Et le vicomte Mountacute faisait un signe au clerc du parlement, qui se levait de son sac de laine et confirmait à leurs seigneuries le fait de l'admission du nouveau pair. Plus les détails.

— Tiens, tiens, tiens, disait lord Dorchester, je causais avec l'évêque d'Ély.

Le jeune comte d'Annesley abordait le vieux lord Eure, lequel n'avait plus que deux ans à vivre, car il devait mourir en 1707.

— Milord Eure?
— Milord Annesley?
— Avez-vous connu lord Linnæus Clancharlie?
— Un homme d'autrefois. Oui.
— Qui est mort en Suisse?
— Oui. Nous étions parents.
— Qui avait été républicain sous Cromwell, et qui était resté républicain sous Charles II?
— Républicain? pas du tout. Il boudait. C'était une querelle personnelle entre le roi et lui. Je tiens de

source certaine que lord Clancharlie se serait rallié si on lui avait donné la place de chancelier qu'a eue lord Hyde [244].

— Vous m'étonnez, milord Eure. On m'avait dit que ce lord Clancharlie était un honnête homme.

— Un honnête homme! Est-ce que cela existe? Jeune homme, il n'y a pas d'honnête homme.

— Mais Caton?

— Vous croyez à Caton, vous!

— Mais Aristide?

— On a bien fait de l'exiler.

— Mais Thomas Morus?

— On a bien fait de lui couper le cou.

— Et à votre avis, lord Clancharlie?...

— Était de cette espèce. D'ailleurs un homme qui reste en exil, c'est ridicule.

— Il y est mort.

— Un ambitieux déçu. Oh! si je l'ai connu! je crois bien. J'étais son meilleur ami.

— Savez-vous, milord Eure, qu'il s'était marié en Suisse?

— Je le sais à peu près.

— Et qu'il a eu de ce mariage un fils légitime?

— Oui. Qui est mort.

— Qui est vivant.

— Vivant?

— Vivant.

— Pas possible.

— Réel. Prouvé. Constaté. Homologué. Enregistré.

— Mais alors ce fils va hériter de la pairie de Clancharlie?

— Il ne va pas en hériter.

— Pourquoi?

— Parce qu'il en a hérité. C'est fait.

— C'est fait?

— Tournez la tête, milord Eure. Il est assis derrière vous au banc des barons.

Lord Eure se retournait; mais le visage de Gwynplaine se dérobait sous sa forêt de cheveux.

— Tiens! disait le vieillard, ne voyant que ses cheveux, il a déjà adopté la nouvelle mode. Il ne porte pas perruque.

Grantham abordait Colepepper.

— En voilà un qui est attrapé!
— Qui ça?
— David Dirry-Moir.
— Pourquoi ça?
— Il n'est plus pair.
— Comment ça?

Et Henri Auverquerque, comte de Grantham, racontait à John, baron Colepepper, toute «l'anecdote», la bouteille épave portée à l'amirauté, le parchemin des comprachicos, le *jussu regis* contre-signé *Jeffreys,* la confrontation dans la cave pénale de Southwark, l'acceptation de tous ces faits par le lord-chancelier et par la reine, la prise du test dans le rond-point vitré, et enfin l'admission de lord Fermain Clancharlie au commencement de la séance, et tous deux faisaient effort pour distinguer entre lord Fitzwalter et lord Arundel la figure, dont on parlait tant, du nouveau lord, mais sans y mieux réussir que lord Eure et lord Annesley.

Gwynplaine, du reste, soit hasard, soit arrangement de ses parrains avertis par le lord-chancelier, était placé dans assez d'ombre pour échapper à la curiosité.

— Où ça? où est-il?

C'était le cri de tous en arrivant, mais aucun ne parvenait à le bien voir. Quelques-uns, qui avaient vu Gwynplaine à la Green-Box, étaient passionnément curieux, mais perdaient leur peine. Comme il arrive quelquefois qu'on embastille prudemment une jeune fille dans un groupe de douairières, Gwynplaine était comme enveloppé par plusieurs épaisseurs de vieux lords infirmes et indifférents. Des bonshommes qui ont la goutte sont peu sensibles aux histoires d'autrui.

On se passait de main en main des copies de la lettre en trois lignes que la duchesse Josiane avait, affirmait-on, écrite à la reine sa sœur, en réponse à l'injonction que lui avait faite sa majesté d'épouser le nouveau pair, l'héritier légitime des Clancharlie, lord Fermain. Cette lettre était ainsi conçue:

« Madame,
« J'aime autant cela. Je pourrai avoir lord David pour amant. »

Signé *Josiane*. Ce billet, vrai ou faux, avait un succès d'enthousiasme.

Un jeune lord, Charles d'Okeampton, baron Mohun, dans la faction qui ne portait pas perruque, le lisait et le relisait avec bonheur. Lewis de Duras, comte de Feversham, anglais qui avait de l'esprit français, regardait Mohun et souriait.

— Eh bien, s'écriait lord Mohun, voilà la femme que je voudrais épouser!

Et les voisins des deux lords entendaient ce dialogue entre Duras et Mohun:

— Épouser la duchesse Josiane, lord Mohun!
— Pourquoi pas?
— Peste!
— On serait heureux!
— On serait plusieurs.
— Est-ce qu'on n'est pas toujours plusieurs?
— Lord Mohun, vous avez raison. En fait de femmes, nous avons tous les restes les uns des autres. Qui est-ce qui a eu un commencement?
— Adam, peut-être.
— Pas même.
— Au fait, Satan!
— Mon cher, concluait Lewis de Duras, Adam n'est qu'un prête-nom. Pauvre dupe. Il a endossé le genre humain. L'homme a été fait à la femme par le diable.

Hugo Cholmley, comte de Cholmley, fort légiste, était interrogé du banc des évêques par Nathanaël Crew, lequel était deux fois pair, pair temporel, étant baron Crew, et pair spirituel, étant évêque de Durham.

— Est-ce possible? disait Crew.
— Est-ce régulier? disait Cholmley.
— L'investiture de ce nouveau venu s'est faite hors de la chambre, reprenait l'évêque, mais on affirme qu'il y a des précédents.

— Oui. Lord Beauchamp sous Richard II. Lord Chenay sous Élisabeth.

— Et lord Broghill sous Cromwell.

— Cromwell ne compte pas.

— Que pensez-vous de tout cela ?

— Des choses diverses.

— Milord, comte de Cholmley, quel sera le rang de ce jeune Fermain Clancharlie dans la chambre ?

— Milord évêque, l'interruption républicaine ayant déplacé les anciens rangs, Clancharlie est aujourd'hui situé dans la pairie entre Barnard et Somers, ce qui fait que, dans un cas de tour d'opinions, lord Fermain Clancharlie parlerait le huitième.

— En vérité ! un bateleur de place publique !

— L'incident en soi ne m'étonne point, milord évêque. Ces choses-là arrivent. Il en arrive de plus surprenantes. Est-ce que la guerre des deux roses n'a pas été annoncée par l'assèchement subit de la rivière Ouse en Bedford le 1er janvier 1399 ? Or, si une rivière peut tomber en sécheresse, un seigneur peut tomber dans une condition servile. Ulysse, roi d'Ithaque, fit toutes sortes de métiers. Fermain Clancharlie est resté lord sous son enveloppe d'histrion. La bassesse de l'habit ne touche point la noblesse du sang. Mais la prise du test et l'investiture hors séance, quoique légale à la rigueur, peut soulever des objections. Je suis d'avis qu'il faudra s'entendre sur la question de savoir s'il y aurait lieu plus tard à questionner en conversation d'état le lord-chancelier. On verra dans quelques semaines ce qu'il y aura à faire.

Et l'évêque ajoutait :

— C'est égal. C'est une aventure comme on n'en a pas vu depuis le comte Gesbodus.

Gwynplaine, l'Homme qui Rit, l'inn Tadcaster, la Green-Box, *Chaos vaincu,* la Suisse, Chillon, les comprachicos, l'exil, la mutilation, la république, Jeffreys, Jacques II, le *jussu regis,* la bouteille ouverte à l'amirauté, le père, lord Linnæus, le fils légitime, lord Fermain, le fils bâtard, lord David, les conflits probables, la duchesse Josiane, le lord-chancelier, la reine, tout cela courait de banc en banc. Une traînée de poudre, c'est le chuchotement. On s'en ressassait les détails. Toute cette aventure était l'immense murmure de la chambre. Gwynplaine, vaguement, au fond du puits de rêverie où il était, entendait ce bourdonnement sans savoir que c'était pour lui.

Cependant il était étrangement attentif, mais attentif aux profondeurs, non à la surface. L'excès d'attention se tourne en isolement.

Une rumeur dans une chambre n'empêche point la séance d'aller son train, pas plus qu'une poussière sur une troupe ne l'empêche de marcher. Les juges, qui ne sont à la chambre haute que de simples assistants ne pouvant parler qu'interrogés, avaient pris place sur le deuxième sac de laine, et les trois secrétaires d'État sur le troisième. Les héritiers de pairie affluaient dans leur compartiment à la fois dehors et dedans, qui était en arrière du trône. Les pairs mineurs étaient sur leur gradin spécial. En 1705, ces petits lords n'étaient pas moins de douze : Huntingdon, Lincoln, Dorset, Warwick, Bath, Burlington, Derwentwater, destiné à une mort tragique, Longueville, Lonsdale, Dudley and Ward, et Carteret, ce qui faisait une marmaille de huit comtes, de deux vicomtes et de deux barons.

Dans l'enceinte, sur les trois étages de bancs, chaque lord avait regagné son siège. Presque tous les évêques étaient là. Les ducs étaient nombreux, à commencer par Charles Seymour, duc de Somerset, et à finir par Georges Augustus, prince électoral de Hanovre, duc de Cambridge, le dernier en date et par conséquent le dernier en rang. Tous étaient en ordre, selon les préséances ; Cavendish, duc de Devonshire, dont le grand-père avait abrité à Hardwick les quatre-vingt-douze ans de Hobbes ; Lennox, duc de Richmond ; les trois Fitz-Roy, le duc de Southampton, le duc de Grafton et le duc de Northumberland ; Butler, duc d'Ormond ; Somerset, duc de Beaufort ; Beauclerk, duc de Saint-Albans ; Pawlett, duc de Bolton ; Osborne, duc de Leeds ; Wriothesley Russell, duc de Bedford, ayant pour cri d'armes et pour devise : *Che sara sara,* c'est-à-dire l'acceptation des événements ; Sheffield, duc de Buckingham ; Manners, duc de Rutland, et les autres. Ni Howard, duc de Norfolk, ni Talbot, duc de Shrewsbury, ne siégeaient, étant catholiques; ni Churchill, duc de Marlborough, — notre Malbrouck, — qui était en guerre et battait la France en ce moment-là. Il n'y avait point alors de duc écossais, Queensberry, Montrose et Roxburghe n'ayant été admis qu'en 1707.

VI

LA HAUTE ET LA BASSE

Tout à coup, il y eut dans la chambre une vive clarté. Quatre door-keepers apportèrent et placèrent des deux côtés du trône quatre hautes torchères-candélabres chargées de bougies. Le trône, ainsi éclairé, apparut dans une sorte de pourpre lumineuse. Vide, mais auguste. La reine dedans n'y eût pas ajouté grand-chose.

L'huissier de la verge noire entra, la baguette levée, et dit :

— Leurs seigneuries les commissaires de sa majesté.

Toutes les rumeurs tombèrent.

Un clerc en perruque et en simarre parut à la grande porte tenant un coussin fleurdelysé sur lequel on voyait des parchemins. Ces parchemins étaient des bills. A chacun pendait à une tresse de soie la bille ou bulle, d'or quelquefois, qui fait qu'on appelle les lois *bills* en Angleterre et *bulles* à Rome.

A la suite du clerc marchaient trois hommes en robes de pairs, le chapeau à plumes sur la tête.

Ces hommes étaient les commissaires royaux. Le premier était le lord haut-trésorier d'Angleterre, Godolphin, le second était le lord-président du conseil, Pembroke, le troisième était le lord du sceau privé, Newcastle.

Ils marchaient l'un derrière l'autre, selon la préséance,

non de leur titre, mais de leur charge, Godolphin en tête, Newcastle le dernier, quoique duc.

Ils vinrent au banc devant le trône, firent la révérence à la chaise royale, ôtèrent et remirent leurs chapeaux, et s'assirent sur le banc.

Le lord-chancelier regarda l'huissier de la verge noire, et dit: — Mandez à la barre les communes.

L'huissier de la verge noire sortit.

Le clerc, qui était un clerc de la chambre des lords, posa sur la table, dans le carré des sacs de laine, le coussin où étaient les bills.

Il y eut une interruption qui dura quelques minutes. Deux door-keepers posèrent devant la barre un escabeau de trois degrés. Cet escabeau était de velours incarnat sur lequel des clous dorés dessinaient des fleurs de lys.

La grande porte, qui s'était refermée, se rouvrit, et une voix cria:

— Les fidèles communes d'Angleterre.

C'était l'huissier de la verge noire qui annonçait l'autre moitié du parlement.

Les lords mirent leurs chapeaux.

Les membres des communes entrèrent, précédés du speaker, tous tête nue.

Ils s'arrêtèrent à la barre. Ils étaient en habit de ville la plupart en noir, avec l'épée.

Le speaker, très honorable John Smyth, écuyer, membre pour le bourg d'Andover, monta sur l'escabeau qui était au milieu de la barre. L'orateur des communes avait une longue simarre de satin noir à larges manches et à fentes galonnées de brandebourgs d'or par-derrière et par-devant, et moins de perruque que le lord-chancelier. Il était majestueux, mais inférieur.

Tous ceux des communes, orateurs et membres, demeurèrent en attente, debout et nu-tête, devant les pairs assis et couverts.

On remarquait dans les communes le chef-justice de Chester, Joseph Jekyll, plus trois sergents en loi de sa majesté, Hooper, Powys et Parker, et James Montagu, solliciteur général, et l'attorney général, Simon Harcourt. A part quelques baronnets et chevaliers, et neuf lords de courtoisie, Hastington, Windsor, Woodstock, Mordaunt, Gramby, Scudamore, Fitz-Harding, Hyde, et Burkeley, fils de pairs et héritiers de pairies, tout le reste était du peuple. Sorte de sombre foule silencieuse [245].

Quand le bruit de pas de toute cette entrée eut cessé, le crieur de la verge noire, à la porte, dit:

— Oyez!

Le clerc de la couronne se leva. Il prit, déploya et lut le premier des parchemins posés sur le coussin. C'était un message de la reine nommant, pour la représenter en son parlement, avec pouvoir de sanctionner les bills, trois commissaires, savoir...

Ici le clerc haussa la voix.

— Sydney comte de Godolphin.

Le clerc salua lord Godolphin. Lord Godolphin souleva son chapeau. Le clerc continua:

— ... Thomas Herbert, comte de Pembroke et de Montgomery.

Le clerc salua lord Pembroke. Lord Pembroke toucha son chapeau. Le clerc reprit:

— ... John Hollis, duc de Newcastle.

Le clerc salua lord Newcastle. Lord Newcastle fit un signe de tête.

Le clerc de la couronne se rassit. Le clerc du parlement se leva. Son sous-clerc, qui était à genoux, se leva en arrière de lui. Tous deux faisant face au trône, et tournant le dos aux communes.

Il y avait sur le coussin cinq bills. Ces cinq bills, votés par les communes et consentis par les lords, attendaient la sanction royale.

Le clerc du parlement lut le premier bill.

C'était un acte des communes, qui mettait à la charge de l'État les embellissements faits par la reine à sa résidence de Hampton-Court, se montant à un million sterling.

Lecture faite, le clerc salua profondément le trône. Le sous-clerc répéta le salut plus profondément encore, puis tournant à demi la tête vers les communes, dit:

— La reine accepte vos bénévolences et ainsi le veut.

Le clerc lut le deuxième bill.

C'était une loi condamnant à la prison et à l'amende quiconque se soustrairait au service des trainbands. Les trainbands (troupe qu'on traîne où l'on veut) sont cette milice bourgeoise qui sert gratis et qui, sous Élisabeth, à l'approche de l'armada, avait donné cent quatre-vingt-cinq mille fantassins et quarante mille cavaliers.

Les deux clercs firent à la chaise royale une nouvelle révérence; après quoi le sous-clerc, de profil, dit à la chambre des communes:

— La reine le veut.

Le troisième bill accroissait les dîmes et prébendes de l'évêché de Lichfield et de Coventry, qui est une des plus riches prélatures d'Angleterre, faisait une rente à la cathédrale, augmentait le nombre des chanoines et grossissait le doyenné et les bénéfices, «afin de pourvoir, disait le préambule, aux nécessités de notre sainte religion». Le quatrième bill ajoutait au budget de nouveaux impôts, un sur le papier marbré, un sur les carrosses de louage fixés au nombre de huit cents dans Londres et taxés cinquante-deux livres par an chaque, un sur les avocats, procureurs et solliciteurs, de quarante-huit livres par tête par an, un sur les peaux tannées, «nonobstant, disait le préambule, les doléances des artisans en cuir», un sur le savon, «nonobstant les réclamations de la ville d'Exeter et du Devonshire où l'on fabrique quantité de serge et de drap», un sur le vin, de quatre schellings par barrique, un sur la farine, un sur l'orge et le houblon, et renouvellement pour quatre ans, *les besoins de l'État,* disait le préambule, *devant passer avant les remontrances du commerce,* l'impôt du tonnage, variant de six livres tournois par tonneau pour les vaisseaux venant d'occident à dix-huit cents livres pour ceux venant d'orient. Enfin le bill, déclarant insuffisante la capitation ordinaire déjà levée pour l'année courante, s'achevait par une surtaxe générale sur tout le royaume de quatre schellings ou quarante-huit sous tournois par tête de sujet, avec mention que ceux qui refuseraient de prêter les nouveaux serments au gouvernement paieraient le double de la taxe. Le cinquième bill faisait défense d'admettre à l'hôpital aucun malade s'il ne déposait en entrant une livre sterling pour payer, en cas de mort, son enterrement. Les trois derniers bills, comme les deux premiers, furent, l'un après l'autre, sanctionnés et faits lois par une salutation au trône et par les quatre mots du sous-clerc « la reine le veut » dits, par-dessus l'épaule, aux communes.

Puis le sous-clerc se remit à genoux devant le quatrième sac de laine, et le lord-chancelier dit :

— Soit fait comme il est désiré.

Ceci terminait la séance royale.

Le speaker, courbé en deux devant le chancelier, descendit à reculons de l'escabeau, en rangeant sa robe derrière lui ; ceux des communes s'inclinèrent jusqu'à terre, et, pendant que la chambre haute reprenait, sans faire attention à toutes ces révérences, son ordre du jour interrompu, la chambre basse s'en alla.

VII

LES TEMPÊTES D'HOMMES PIRES QUE LES TEMPÊTES D'OCÉANS

Les portes se refermèrent; l'huissier de la verge noire rentra; les lords commissaires quittèrent le banc d'État et vinrent s'asseoir en tête du banc des ducs, aux places de leurs charges, et le lord-chancelier prit la parole:

— Milord, la délibération de la chambre étant depuis plusieurs jours sur le bill qui propose d'augmenter de cent mille livres sterling la provision annuelle de son altesse royale le prince mari de sa majesté, le débat ayant été épuisé et clos, il va être procédé au vote. Le vote sera pris, selon l'usage, à partir du puîné du banc des barons. Chaque lord, à l'appel de son nom, se lèvera et répondra *content* ou *non content,* et sera libre d'exposer ses motifs de vote, s'il le juge à propos. Clerc, appelez le vote.

Le clerc du parlement, debout, ouvrit un large in-folio exhaussé sur un pupitre doré, qui était le Livre de la Pairie.

Le puîné de la chambre à cette époque était lord John Hervey, créé baron et pair en 1703, duquel sont issus les marquis de Bristol.

Le clerc appela:

— Milord John, baron Hervey.

Un vieillard en perruque blonde se leva et dit:

— Content

Puis se rassit.

Le sous-clerc enregistra le vote.

Le clerc continua :

— Milord Francis Seymour, baron Conway de Kiltultagh.

— Content, murmura en se soulevant à demi un élégant jeune homme à figure de page, qui ne se doutait point qu'il était le grand-père des marquis d'Hertford.

— Milord John Leveson, baron Gower, reprit le clerc.

Ce baron, d'où devaient sortir les ducs de Sutherland, se leva et dit en se rasseyant :

— Content.

Le clerc poursuivit :

— Milord Heneage Finch, baron Guernesey.

L'aïeul des comtes d'Aylesford, non moins jeune et non moins élégant que l'ancêtre des marquis d'Hertford, justifia sa devise *Aperto vivere voto* [246] par la hauteur de son consentement.

— Content, cria-t-il.

Pendant qu'il se rasseyait, le clerc appelait le cinquième baron :

— Milord John, baron Granville.

— Content, répondit, tout de suite levé et rassis, lord Granville de Potheridge, dont la pairie sans avenir devait s'éteindre en 1709.

Le clerc passa au sixième :

— Milord Charles Mountague, baron Halifax.

— Content, dit lord Halifax, porteur d'un titre sous lequel s'était éteint le nom de Saville et devait s'éteindre le nom de Mountague. Mountague est distinct de Montagu et de Mountacute.

Et lord Halifax ajouta :

— Le prince Georges a une dotation comme mari de sa majesté ; il en a une autre comme prince de Danemark, une autre comme duc de Cumberland, et une autre comme lord haut-amiral d'Angleterre et d'Irlande, mais il n'en a point comme généralissime. C'est là une injustice. Il faut faire cesser ce désordre, dans l'intérêt du peuple anglais.

Puis lord Halifax fit l'éloge de la religion chrétienne, blâma le papisme, et vota le subside.

Lord Halifax rassis, le clerc repartit:

— Milord Christoph, baron Barnard.

Lord Barnard, de qui devaient naître les ducs de Cleveland, se leva à l'appel de son nom.

— Content.

Et il mit quelque lenteur à se rasseoir, ayant un rabat de dentelle qui valait la peine d'être remarqué. C'était du reste un digne gentilhomme et un vaillant officier que lord Barnard.

Tandis que lord Barnard se rasseyait, le clerc, qui lisait de routine, eut quelque hésitation. Il raffermit ses lunettes et se pencha sur le registre avec un redoublement d'attention, puis, redressant la tête, il dit:

— Milord Fermain Clancharlie, baron Clancharlie et Hunkerville.

Gwynplaine se leva:

— Non content, dit-il.

Toutes les têtes se tournèrent. Gwynplaine était debout. Les gerbes de chandelles placées des deux côtés du trône éclairaient vivement sa face, et la faisaient saillir dans la vaste salle obscure avec le relief qu'aurait un masque sur un fond de fumée.

Gwynplaine avait fait sur lui cet effort qui, on s'en souvient, lui était, à la rigueur, possible. Par une concentration de volonté égale à celle qu'il faudrait pour dompter un tigre, il avait réussi à ramener pour un moment au sérieux le fatal rictus de son visage. Pour l'instant, il ne riait pas. Cela ne pouvait durer longtemps; les désobéissances à ce qui est notre loi, ou notre fatalité, sont courtes; parfois l'eau de la mer résiste à la gravitation, s'enfle en trombe et fait une montagne, mais à la condition de retomber. Cette lutte était celle de Gwynplaine. Pour une minute qu'il sentait solennelle, par une prodigieuse intensité de volonté, mais pour pas beaucoup plus de temps qu'un éclair, il avait jeté sur son front le sombre voile de son âme; il tenait en suspens son incurable rire; de cette face qu'on lui avait sculptée, il avait retiré la joie. Il n'était plus qu'effrayant.

— Qu'est cet homme? ce fut le cri.

Un frémissement indescriptible courut sur tous les

bancs. Ces cheveux en forêt, ces enfoncements noirs sous les sourcils, ce regard profond d'un œil qu'on ne voyait pas, le modelé farouche de cette tête mêlant hideusement l'ombre et la lumière, ce fut surprenant. Cela dépassait tout. On avait eu beau parler de Gwynplaine, le voir fut formidable. Ceux mêmes qui s'y attendaient ne s'y attendaient pas. Qu'on s'imagine, sur la montagne réservée aux dieux, dans la fête d'une soirée sereine, toute la troupe des tout-puissants réunie, et la face de Prométhée, ravagée par les coups de bec du vautour, apparaissant tout à coup comme une lune sanglante à l'horizon. L'Olympe apercevant le Caucase, quelle vision! Vieux et jeunes, béants, regardèrent Gwynplaine [247].

Un vieillard vénéré de toute la chambre, qui avait vu beaucoup d'hommes et beaucoup de choses, et qui était désigné pour être duc, Thomas, comte de Warton, se leva effrayé.

— Qu'est-ce que cela veut dire? cria-t-il. Qui a introduit cet homme dans la chambre? Qu'on mette cet homme dehors.

Et apostrophant Gwynplaine avec hauteur:

— Qui êtes-vous? d'où sortez-vous?

Gwynplaine répondit:

— Du gouffre.

Et, croisant les bras, il regarda les lords.

— Qui je suis? je suis la misère. Milords, j'ai à vous parler [248].

Il y eut un frisson, et un silence. Gwynplaine continua.

— Milords, vous êtes en haut. C'est bien. Il faut croire que Dieu a ses raisons pour cela. Vous avez le pouvoir, l'opulence, la joie, le soleil immobile à votre zénith, l'autorité sans borne, la jouissance sans partage, l'immense oubli des autres. Soit. Mais il y a au-dessous de vous quelque chose. Au-dessus peut-être. Milords, je viens vous apprendre une nouvelle. Le genre humain existe.

Les assemblées sont comme les enfants; les incidents sont leur boîte à surprises, et elles en ont la peur, et le goût. Il semble parfois qu'un ressort joue, et l'on voit jaillir du trou un diable. Ainsi en France Mirabeau, difforme lui aussi.

Gwynplaine en ce moment sentait en lui un grandissement étrange. Un groupe d'hommes à qui l'on parle, c'est un trépied. On est, pour ainsi dire, debout sur une cime d'âmes. On a sous son talon un tressaillement d'entrailles humaines. Gwynplaine n'était plus l'homme qui, la nuit précédente, avait été, un instant, presque petit. Les fumées de cette élévation subite, qui l'avaient troublé, s'étaient allégées et avaient pris de la transparence, et là où Gwynplaine avait été séduit par une vanité, il voyait maintenant une fonction [249]. Ce qui l'avait d'abord amoindri, à présent le rehaussait. Il était illuminé d'un de ces grands éclairs qui viennent du devoir.

On cria de toutes parts autour de Gwynplaine :

— Écoutez ! Écoutez !

Lui cependant, crispé et surhumain, réussissait à maintenir sur son visage la contraction sévère et lugubre, sous laquelle se cabrait le rictus, comme un cheval sauvage prêt à s'échapper. Il reprit :

— Je suis celui qui vient des profondeurs. Milords, vous êtes les grands et les riches. C'est périlleux. Vous profitez de la nuit. Mais prenez garde, il y a une grande puissance, l'aurore. L'aube ne peut être vaincue. Elle arrivera. Elle arrive. Elle a en elle le jet du jour irrésistible. Et qui empêchera cette fronde de jeter le soleil dans le ciel ? Le soleil, c'est le droit. Vous, vous êtes le privilège. Ayez peur. Le vrai maître de la maison va frapper à la porte. Quel est le père du privilège ? le hasard. Et quel est son fils ? l'abus. Ni le hasard ni l'abus ne sont solides. Ils ont l'un et l'autre un mauvais lendemain. Je viens vous avertir. Je viens vous dénoncer votre bonheur. Il est fait du malheur d'autrui. Vous avez tout, et ce tout se compose du rien des autres. Milords, je suis l'avocat désespéré, et je plaide la cause perdue. Cette cause, Dieu la regagnera. Moi, je ne suis rien, qu'une voix. Le genre humain est une bouche, et j'en suis le cri [250]. Vous m'entendrez. Je viens ouvrir devant vous, pairs d'Angleterre, les grandes assises du peuple, ce souverain, qui est le patient, ce condamné, qui est le juge. Je plie sous ce que j'ai à dire. Par où commencer ? Je ne sais. J'ai ramassé dans la vaste diffusion des souffrances mon énorme plaidoirie éparse. Qu'en faire maintenant ? elle m'accable, et je la jette pêle-mêle devant moi. Avais-je prévu ceci ? non. Vous êtes étonnés, moi aussi. Hier j'était un bateleur, aujourd'hui je suis un lord. Jeux profonds. De qui ? de l'inconnu. Tremblons tous. Milords, tout l'azur est de votre côté. De cet immense univers, vous ne voyez que la fête ; sachez qu'il y a de l'ombre [251]. Parmi vous je m'appelle lord Fermain Clancharlie, mais mon vrai nom est un nom de pauvre, Gwynplaine. Je suis un misérable taillé dans l'étoffe des grands par un roi, dont ce fut le bon plaisir. Voilà mon histoire. Plusieurs d'entre vous ont connu mon père, je ne l'ai pas connu. C'est par son côté féodal qu'il vous touche, et moi je lui adhère par son côté proscrit. Ce que Dieu a fait est bien. J'ai été jeté au gouffre. Dans quel but ? pour que j'en visse le fond. Je suis un plongeur, et je rapporte la perle, la vérité. Je parle, parce que je sais. Vous m'entendrez, milords. J'ai éprouvé. J'ai vu [252]. La souffrance, non, ce n'est pas un mot, messieurs les heureux. La pauvreté, j'y ai grandi ; l'hiver, j'y ai grelotté ; la famine, j'en ai goûté ; le mépris, je l'ai subi ; la peste, je l'ai eue ; la honte, je l'ai bue. Et je la revomirai devant vous, et ce vomissement de toutes les misères éclaboussera vos pieds et flamboiera. J'ai hésité avant de me laisser amener à cette place où je suis, car j'ai ailleurs d'autres devoirs. Et ce n'est pas ici qu'est mon cœur. Ce qui s'est passé en moi ne vous regarde pas ; quand l'homme que vous nommez l'huissier de la verge noire est venu me chercher de la part de la femme que vous nommez la reine, j'ai eu un moment l'idée de refuser. Mais il m'a semblé que l'obscure main de Dieu me poussait de ce côté, et j'ai obéi. J'ai senti qu'il fallait que je vinsse parmi vous. Pourquoi ? à cause de mes haillons d'hier. C'est pour prendre la parole parmi les rassasiés que Dieu m'avait mêlé aux affamés. Oh ! ayez pitié ! Oh ! ce fatal monde dont vous croyez être, vous ne le connaissez point ; si haut, vous êtes dehors ; je vous dirai moi ce que c'est. De l'expérience, j'en ai. J'arrive de dessous la pression. Je puis vous dire ce que vous pesez. O vous les maîtres, ce que vous êtes, le savez-vous ? Ce que vous faites, le voyez-vous? Non. Ah! tout est terrible. Une nuit, une nuit de tempête, tout petit, abandonné, orphelin, seul dans la création démesurée, j'ai fait mon entrée dans cette obscurité que vous appelez la société. La première chose que j'ai vue, c'est la loi, sous la forme d'un gibet; la deuxième, c'est la richesse, c'est votre richesse, sous la forme d'une femme morte de froid et de faim; la troisième, c'est l'avenir, sous la forme d'un enfant agonisant; la quatrième, c'est le bon, le vrai, et le juste, sous la figure d'un vagabond n'ayant pour compagnon et pour ami qu'un loup [253].

En ce moment, Gwynplaine, pris d'une émotion poignante, sentit lui monter à la gorge les sanglots.

Ce qui fit, chose sinistre, qu'il éclata de rire.

La contagion fut immédiate. Il y avait sur l'assemblée un nuage; il pouvait crever en épouvante; il creva en joie. Le rire, cette démence épanouie, prit toute la chambre [254]. Les cénacles d'hommes souverains ne demandent pas mieux que de bouffonner. Ils se vengent ainsi de leur sérieux.

Un rire de rois ressemble à un rire de dieux; cela a toujours une pointe cruelle. Les lords se mirent à jouer. Le ricanement aiguisa le rire. On battit des mains autour de celui qui parlait, et on l'outragea. Un pêle-mêle d'interjections joyeuses l'assaillit, grêle gaie et meurtrissante.

— Bravo, Gwynplaine! — Bravo, l'Homme qui Rit! — Bravo, le museau de la Green-Box! — Bravo, la hure du Tarrinzeau-field! — Tu viens nous donner une représentation. C'est bon! bavarde! — En voilà un qui m'amuse! — Mais rit-il bien, cet animal-là! — Bonjour, pantin! — Salut à lord Clown! — Harangue, va! — C'est un pair d'Angleterre, ça! — Continue! — Non! non! — Si! si!

Le lord-chancelier était assez mal à son aise.

Un lord sourd, James Butler, duc d'Ormond, faisant de sa main à son oreille un cornet acoustique, demandait à Charles Beauclerk, duc de Saint-Albans:

— Comment a-t-il voté?

Saint-Albans répondait:

— Non content.

— Parbleu, disait Ormond, je le crois bien. Avec ce visage-là!

Une foule échappée — et les assemblées sont des foules — ressaisissez-la donc. L'éloquence est un mors; si le mors casse, l'auditoire s'emporte, et rue jusqu'à ce qu'il ait désarçonné l'orateur. L'auditoire hait l'orateur. On ne sait pas assez cela. Se raidir sur la bride semble une ressource, et n'en est pas une. Tout orateur l'essaie. C'est l'instinct. Gwynplaine l'essaya.

Il considéra un moment ces hommes qui riaient.

— Alors, cria-t-il, vous insultez la misère. Silence, pairs d'Angleterre! juges, écoutez la plaidoirie. Oh! je vous en conjure, ayez pitié! Pitié pour qui? Pitié pour vous. Qui est en danger? C'est vous. Est-ce que vous ne voyez pas que vous êtes dans une balance et qu'il y a dans un plateau votre puissance et dans l'autre votre responsabilité? Dieu vous pèse[255]. Oh! ne riez pas. Méditez. Cette oscillation de la balance de Dieu, c'est le tremblement de la conscience. Vous n'êtes pas méchants. Vous êtes des hommes comme les autres, ni meilleurs, ni pires. Vous vous croyez des dieux, soyez malades demain, et regardez frissonner dans la fièvre votre divinité. Nous nous valons tous. Je m'adresse aux esprits honnêtes, il y en a ici; je m'adresse aux intelligences élevées, il y en a; je m'adresse aux âmes généreuses, il y en a. Vous êtes pères, fils et frères, donc vous êtes souvent attendris. Celui de vous qui a regardé ce matin le réveil de son petit enfant est bon. Les cœurs sont les mêmes. L'humanité n'est pas autre chose qu'un cœur. Entre ceux qui oppriment et ceux qui sont opprimés, il n'y a de différence que l'endroit où ils sont situés. Vos pieds marchent sur des têtes, ce n'est pas votre faute. C'est la faute de la Babel sociale. Construction manquée, toute en surplombs. Un étage accable l'autre[256]. Écoutez-moi, je vais vous dire. Oh! puisque vous êtes puissants, soyez fraternels; puisque vous êtes grands, soyez doux. Si vous saviez ce que j'ai vu! Hélas! en bas, quel tourment! Le genre humain est au cachot. Que de damnés, qui sont des innocents! Le jour manque, l'air manque, la vertu manque; on n'espère pas; et, ce qui est redoutable, on attend. Rendez-vous compte de ces détresses. Il y a des êtres qui vivent dans la mort. Il y a des petites filles qui commencent à huit ans par la prostitution et qui finissent à vingt ans par la vieillesse. Quant aux sévérités pénales, elles sont épouvantables. Je parle un peu au hasard, et je ne choisis pas. Je dis ce qui me vient à l'esprit. Pas plus tard qu'hier, moi qui suis ici, j'ai vu un homme enchaîné et nu, avec des pierres sur le ventre, expirer dans la torture. Savez-vous cela ? non. Si vous saviez ce qui se passe, aucun de vous n'oserait être heureux. Qui est-ce qui est allé à Newcastle-on-Tyne ? Il y a dans les mines des hommes qui mâchent du charbon pour s'emplir l'estomac et tromper la faim. Tenez, dans le comté de Lancastre, Ribblechester, à force d'indigence, de ville est devenue village. Je ne trouve pas que le prince Georges de Danemark ait besoin de cent mille guinées de plus. J'aimerais mieux recevoir à l'hôpital l'indigent malade sans lui faire payer d'avance son enterrement. En Caërnarvon, à Traith-maur comme à Traith-bichan, l'épuisement des pauvres est horrible. A Strafford, on ne peut dessécher le marais, faute d'argent. Les fabriques de draperie sont fermées dans tout le Lancashire. Chômage partout. Savez-vous que les pêcheurs de hareng de Harlech mangent de l'herbe quand la pêche manque ? Savez-vous qu'à Burton-Lazers il y a encore des lépreux traqués, et auxquels on tire des coups de fusil s'ils sortent de leurs tanières ? A Ailesbury, ville dont un de vous est lord, la disette est en permanence. A Penckridge en Coventry, dont vous venez de doter la cathédrale et d'enrichir l'évêque, on n'a pas de lits dans les cabanes, et l'on creuse des trous dans la terre pour y coucher les petits enfants, de sorte qu'au lieu de commencer par le berceau, ils commencent par la tombe. J'ai vu ces choses-là. Milords, les impôts que vous votez, savez-vous qui les paie ? Ceux qui expirent. Hélas ! vous vous trompez. Vous faites fausse route. Vous augmentez la pauvreté du pauvre pour augmenter la richesse du riche. C'est le contraire qu'il faudrait faire. Quoi, prendre au travailleur pour donner à l'oisif, prendre au déguenillé pour donner au repu, prendre à l'indigent pour donner au prince ! Oh ! oui, j'ai du vieux sang républicain dans les veines. J'ai horreur de cela. Ces rois, je les exècre [257] ! Et que les femmes sont effrontées ! On m'a conté une triste histoire. Oh ! je hais Charles II ! Une femme que mon père avait aimée s'est donnée à ce roi, pendant que mon père mourait en exil, la prostituée ! Charles II, Jacques II ; après un vaurien, un scélérat ! Qu'y a-t-il dans le roi ? un homme, un faible et chétif sujet des besoins et des infirmités. A quoi bon le roi ? Cette royauté parasite, vous la gavez. Ce ver de terre, vous le faites boa. Ce ténia, vous le faites dragon. Grâce pour les pauvres ! Vous alourdissez l'impôt au profit du trône, Prenez garde aux lois que vous décrétez. Prenez garde au fourmillement douloureux que vous écrasez. Baissez les yeux. Regardez à vos pieds. O grands, il y a des petits ! ayez pitié. Oui ! pitié de vous ! car les multitudes agonisent, et le bas en mourant fait mourir le haut. La mort est une cessation qui n'excepte aucun membre. Quand la nuit vient, personne ne garde son coin de jour. Êtes-vous égoïstes ? sauvez les autres. La perdition du navire n'est indifférente à aucun passager. Il n'y a pas naufrage de ceux-ci sans qu'il y ait engloutissement de ceux-là. Oh ! sachez-le, l'abîme est pour tous [258].

Le rire redoubla, irrésistible. Du reste, pour égayer une assemblée, il suffisait de ce que ces paroles avaient d'extravagant.

Être comique au-dehors, et tragique au-dedans, pas de souffrance plus humiliante, pas de colère plus profonde. Gwynplaine avait cela en lui. Ses paroles voulaient agir dans un sens, son visage agissait dans l'autre ; situation affreuse. Sa voix eut tout à coup des éclats stridents.

— Ils sont joyeux, ces hommes ! C'est bon. L'ironie fait face à l'agonie. Le ricanement outrage le râle. Ils sont tout-puissants ! C'est possible. Soit. On verra. Ah ! je suis un des leurs. Je suis aussi un des vôtres, ô vous les pauvres ! Un roi m'a vendu, un pauvre m'a recueilli. Qui m'a mutilé ? Un prince. Qui m'a guéri et nourri ? Un meurt-de-faim. Je suis lord Clancharlie, mais je reste Gwynplaine. Je tiens aux grands, et j'appartiens aux petits. Je suis parmi ceux qui jouissent et avec ceux qui souffrent. Ah ! cette société est fausse. Un jour viendra la société vraie. Alors il n'y aura plus de seigneurs, il y aura des vivants libres. Il n'y aura plus de maîtres, il y aura des pères. Ceci est l'avenir. Plus de prosternement, plus de bassesse, plus d'ignorance, plus d'hommes bêtes de somme, plus de courtisans, plus de valets, plus de rois, la lumière [259] ! En attendant, me voici. J'ai un droit, j'en use. Est-ce un droit ? Non, si j'en use pour moi. Oui, si j'en use pour tous. Je parlerai aux lords, en étant un. O mes frères d'en bas, je leur dirai votre dénuement. Je me dresserai avec la poignée des haillons du peuple dans la main, et je secouerai sur les maîtres la misère des esclaves, et ils ne pourront plus, eux les favorisés et les arrogants, se débarrasser du souvenir des infortunés, et se délivrer, eux les princes, de la cuisson des pauvres, et tant pis si c'est de la vermine, et tant mieux si elle tombe sur des lions !

Ici Gwynplaine se tourna vers les sous-clercs agenouillés qui écrivaient sur le quatrième sac de laine.

— Qu'est-ce que c'est que ces gens qui sont à genoux ? Qu'est-ce que vous faites là ? Levez-vous, vous êtes des hommes.

Cette brusque apostrophe à des subalternes qu'un lord ne doit pas même apercevoir, mit le comble aux joies. On avait crié bravo, on cria hurrah ! Du battement des mains on passa au trépignement. On eût pu se croire à la Green-Box. Seulement, à la Green-Box le rire fêtait Gwynplaine, ici il l'exterminait. Tuer, c'est l'effort du ridicule. Le rire des hommes fait quelquefois tout ce qu'il peut pour assassiner [260].

Le rire était devenu une voie de fait. Les quolibets pleuvaient. C'est la bêtise des assemblées d'avoir de l'esprit. Leur ricanement ingénieux et imbécile écarte les faits au lieu de les étudier et condamne les questions au lieu de les résoudre. Un incident est un point d'interrogation. En rire, c'est rire de l'énigme. Le sphinx, qui ne rit pas, est derrière [261].

On entendait des clameurs contradictoires :

— Assez ! assez ! — Encore ! encore !

William Farmer, baron Leimpster, jetait à Gwynplaine l'affront de Ryc-Quiney à Shakespeare :

— *Histrio! mima!*

Lord Vaughan, homme sentencieux, le vingt-neuvième du banc des barons, s'écriait :

— Nous revoici au temps où les animaux péroraient. Au milieu des bouches humaines, une mâchoire bestiale a la parole.

— Écoutons l'âne de Balaam, ajoutait lord Yarmouth [262].

Lord Yarmouth avait l'air sagace que donne un nez rond et une bouche de travers.

— Le rebelle Linnæus est châtié dans son tombeau. Le fils est la punition du père, disait John Hough, évêque de Lichfield et de Coventry, dont Gwynplaine avait effleuré la prébende.

— Il ment, affirmait lord Cholmley, le législateur légiste. Ce qu'il appelle la torture, c'est la peine forte et dure, très bonne peine. La torture n'existe pas en Angleterre [263].

Thomas Wentworth, baron Raby, apostrophait le chancelier.

— Milord chancelier, levez la séance !

— Non ! non ! non ! qu'il continue ! il nous amuse ! hurrah ! hep ! hep ! hep !

Ainsi criaient les jeunes lords ; leur gaieté était de la fureur. Quatre surtout étaient en pleine exaspération d'hilarité et de haine. C'étaient Laurence Hyde, comte de Rochester, Thomas Tufton, comte de Thanet, et le vicomte de Hatton, et le duc de Montagu.

— A la niche, Gwynplaine ! disait Rochester.

— A bas ! à bas ! à bas ! criait Thanet.

Le vicomte Hatton tirait de sa poche un penny, et le jetait à Gwynplaine.

Et John Campbell, comte de Greenwich, Savage, comte Rivers, Thompson, baron Haversham, Warrigton, Escrik, Rolleston, Rockingham, Carteret, Langdale, Banester Maynard, Hudson, Caërnarvon, Cavendish, Burlington, Robert Darcy, comte de Holderness, Other Windsor, comte de Plymouth, applaudissaient.

Tumulte de pandémonium ou de panthéon dans lequel se perdaient les paroles de Gwynplaine. On n'y distinguait que ce mot : Prenez garde !

Ralph, duc de Montagu, récemment sorti d'Oxford et ayant encore sa première moustache, descendit du banc des ducs où il siégeait dix-neuvième, et alla se poser les bras croisés en face de Gwynplaine. Il y a dans une lame l'endroit qui coupe le plus et dans une voix l'accent qui insulte le mieux. Montagu prit cet accent-là, et, ricanant au nez de Gwynplaine, lui cria:

— Qu'est-ce que tu dis?

— Je prédis, répondit Gwynplaine.

Le rire fit explosion de nouveau [264]. Et sous ce rire grondait la colère en basse continue. Un des pairs mineurs, Lionel Cranseild Sackville, comte de Dorset et de Middlesex, se leva debout sur son banc, ne riant pas, grave comme il sied à un futur législateur, et, sans dire un mot, regarda Gwynplaine avec son frais visage de douze ans en haussant les épaules. Ce qui fit que l'évêque de Saint-Asaph se pencha à l'oreille de l'évêque de Saint-David assis à côté de lui, et lui dit, en montrant Gwynplaine: — Voilà le fou! et en montrant l'enfant: Voilà le sage!

Du chaos des ricanements se dégageaient des exclamations confuses. — Face de gorgone! — Que signifie cette aventure? — Insulte à la chambre! — Quelle exception qu'un tel homme! — Honte! honte! — Qu'on lève la séance! — Non! qu'il achève! — Parle, bouffon!

Lord Lewis de Duras, les mains sur les hanches, criait: — Ah! que c'est bon de rire! ma rate est heureuse. Je propose un vote d'actions de grâces ainsi conçu: La chambre des lords remercie la Green-Box.

Gwynplaine, on s'en souvient, avait rêvé un autre accueil.

Qui a gravi dans le sable une pente à pic toute friable au-dessus d'une profondeur vertigineuse, qui a senti sous ses mains, sous ses ongles, sous ses coudes, sous ses genoux, sous ses pieds, fuir et se dérober le point d'appui, qui, reculant au lieu d'avancer sur cet escarpement réfractaire, en proie à l'angoisse du glissement, s'enfonçant au lieu de gravir, descendant au lieu de monter, augmentant la certitude du naufrage par l'effort vers le sommet, et se perdant un peu plus à chaque mouvement pour se tirer de péril, a senti l'approche formidable de l'abîme, et a eu dans les os le froid sombre de la chute, gueule ouverte au-dessous de vous, celui-là a éprouvé ce qu'éprouvait Gwynplaine [265].

Il sentait son ascension crouler sous lui, et son auditoire était un précipice.

Il y a toujours quelqu'un qui dit le mot où tout se résume.

Lord Scarsdale traduisit en un cri l'impression de l'assemblée :

— Qu'est-ce que ce monstre vient faire ici ?

Gwynplaine se dressa, éperdu et indigné, dans une sorte de convulsion suprême. Il les regarda tous fixement.

— Ce que je viens faire ici ? Je viens être terrible. Je suis un monstre, dites-vous. Non, je suis le peuple. Je suis une exception ? Non, je suis tout le monde. L'exception, c'est vous. Vous êtes la chimère, et je suis la réalité. Je suis l'Homme. Je suis l'effrayant Homme qui Rit. Qui rit de quoi ? De vous. De lui. De tout. Qu'est-ce que son rire ? Votre crime, et son supplice. Ce crime, il vous le jette à la face ; ce supplice, il vous le crache au visage. Je ris, cela veut dire : Je pleure [266].

Il s'arrêta. On se taisait. Les rires continuaient, mais bas. Il put croire à une certaine reprise d'attention. Il respira, et poursuivit :

— Ce rire qui est sur mon front, c'est un roi qui l'y a mis. Ce rire exprime la désolation universelle. Ce rire veut dire haine, silence contraint, rage, désespoir. Ce rire est un produit des tortures. Ce rire est un rire de force. Si Satan avait ce rire, ce rire condamnerait Dieu. Mais l'éternel ne ressemble point aux périssables ; étant l'absolu, il est le juste ; et Dieu hait ce que font les rois. Ah ! vous me prenez pour une exception ! Je suis un symbole. O tout-puissants imbéciles que vous êtes, ouvrez les yeux. J'incarne tout [267]. Je représente l'humanité telle que ses maîtres l'ont faite. L'homme est un mutilé. Ce qu'on m'a fait, on l'a fait au genre humain. On lui a déformé le droit, la justice, la vérité, la raison, l'intelligence, comme à moi les yeux, les narines et les oreilles ; comme à moi, on lui a mis au cœur un cloaque de colère et de douleur, et sur la face un masque de contentement. Où s'était posé le doigt de Dieu, s'est appuyée la griffe du roi. Monstrueuse superposition. Évêques, pairs et princes, le peuple, c'est le souffrant profond qui rit à la surface. Milords, je vous le dis, le peuple, c'est moi. Aujourd'hui, vous l'opprimez, aujourd'hui vous me huez. Mais l'avenir, c'est le dégel sombre. Ce qui était pierre devient flot. L'apparence solide se change en submersion. Un craquement, et tout est dit. Il viendra une heure où une convulsion brisera votre oppression, où un rugissement répliquera à vos huées. Cette heure est déjà venue, — tu en étais, ô mon père! — cette heure de Dieu est venue, et s'est appelée République, on l'a chassée, elle reviendra. En attendant, souvenez-vous que la série des rois armés de l'épée est interrompue par Cromwell armé de la hache. Tremblez. Les incorruptibles solutions approchent, les ongles coupés repoussent, les langues arrachées s'envolent, et deviennent des langues de feu éparses au vent des ténèbres, et hurlent dans l'infini; ceux qui ont faim montrent leurs dents oisives, les paradis bâtis sur les enfers chancellent, on souffre, on souffre, on souffre, et ce qui est en haut penche, et ce qui est en bas s'entrouvre, l'ombre demande à devenir lumière, le damné discute l'élu, c'est le peuple qui vient, vous dis-je, c'est l'homme qui monte, c'est la fin qui commence, c'est la rouge aurore de la catastrophe, et voilà ce qu'il y a dans ce rire, dont vous riez [268]! Londres est une fête perpétuelle. Soit. L'Angleterre est d'un bout à l'autre une acclamation. Oui. Mais écoutez: Tout ce que vous voyez, c'est moi. Vous avez des fêtes, c'est mon rire. Vous avez des joies publiques, c'est mon rire. Vous avez des mariages, des sacres et des couronnements, c'est mon rire. Vous avez des naissances de princes, c'est mon rire. Vous avez au-dessus de vous le tonnerre, c'est mon rire.

Le moyen de tenir à de telles choses! le rire recommença, cette fois accablant. De toutes les laves que jette la bouche humaine, ce cratère, la plus corrosive, c'est la joie. Faire du mal joyeusement, aucune foule ne résiste à cette contagion. Toutes les exécutions ne se font pas sur des échafauds, et les hommes, dès qu'ils sont réunis, qu'ils soient multitude ou assemblée, ont toujours au milieu d'eux un bourreau tout prêt, qui est le sarcasme. Pas de supplice comparable à celui du misérable risible. Ce supplice, Gwynplaine le subissait. L'allégresse, sur lui, était lapidation et mitraille. Il était hochet et mannequin, tête de turc, cible. On bondissait, on criait bis, on se roulait. On battait du pied. On s'empoignait au rabat. La majesté du lieu, la pourpre des robes, la pudeur des hermines, l'in-folio des perruques, n'y faisait rien. Les lords riaient, les évêques riaient, les juges riaient. Le banc des vieillards se déridait, le banc des enfants se tordait. L'archevêque de Canterbury poussait du coude l'archevêque d'York. Henry Compton, évêque de Londres, frère du comte de Northampton, se tenait les côtes. Le lord-chancelier baissait les yeux pour cacher son rire probable. Et à la barre, la statue du respect, l'huissier de la verge noire, riait.

Gwynplaine, pâle, avait croisé les bras; et, entouré de toutes ces figures, jeunes et vieilles, où rayonnait la grande jubilation homérique, dans ce tourbillon de battements de mains, de trépignements et de hourras, dans cette frénésie bouffonne dont il était le centre, dans ce splendide épanchement d'hilarité, au milieu de cette gaieté énorme, il avait en lui le sépulcre. C'était fini. Il ne pouvait plus maîtriser ni sa face qui le trahissait, ni son auditoire qui l'insultait [269].

Jamais l'éternelle loi fatale, le grotesque cramponné au sublime, le rire répercutant le rugissement, la parodie en croupe du désespoir, le contresens entre ce qu'on semble et ce qu'on est, n'avait éclaté avec plus d'horreur. Jamais lueur plus sinistre n'avait éclairé la profonde nuit humaine.

Gwynplaine assistait à l'effraction définitive de sa destinée par un éclat de rire. L'irrémédiable était là. On se relève tombé, on ne se relève pas pulvérisé. Cette moquerie inepte et souveraine le mettait en poussière. Rien de possible désormais. Tout est selon le milieu. Ce qui était triomphe à la Green-Box était chute et catastrophe à la chambre des lords. L'applaudissement là-bas était ici imprécation. Il sentait quelque chose comme le revers de son masque. D'un côté de ce masque, il y avait la sympathie du peuple acceptant Gwynplaine, de l'autre la haine des grands rejetant lord Fermain Clancharlie. D'un côté l'attraction, de l'autre la répulsion, toutes deux le ramenant vers l'ombre. Il se sentait comme frappé par-derrière. Le sort a des coups de trahison. Tout s'expliquera plus tard, mais, en attendant, la destinée est piège et l'homme tombe dans des chausse-trapes. Il avait cru monter, ce rire l'accueillait; les apothéoses ont des aboutissements lugubres. Il y a un mot sombre, être dégrisé. Sagesse tragique, celle qui naît de l'ivresse. Gwynplaine, enveloppé de cette tempête gaie et féroce, songeait.

A vau-l'eau, c'est le fou rire. Une assemblée en gaieté, c'est la boussole perdue. On ne savait plus où l'on allait, ni ce qu'on faisait. Il fallut lever la séance.

Le lord-chancelier, « attendu l'incident », ajourna la suite du vote au lendemain. La chambre se sépara. Les lords firent la révérence à la chaise royale et s'en allèrent. On entendit les rires se prolonger et se perdre dans les couloirs. Les assemblées, outre leurs portes officielles, ont dans les tapisseries, dans les reliefs et dans les moulures, toutes sortes de portes dérobées par où elles se vident comme un vase par des fêlures. En peu de temps, la salle fut déserte. Cela se fait très vite, et presque sans transition. Ces lieux de tumulte sont tout de suite repris par le silence.

L'enfoncement dans la rêverie mène loin, et l'on finit, à force de songer, par être comme dans une autre planète[270]. Gwynplaine tout à coup eut une sorte de réveil. Il était seul. La salle était vide. Il n'avait pas même vu que la séance avait été levée. Tous les pairs avaient disparu, même ses deux parrains. Il n'y avait plus çà et là que quelques bas officiers de la chambre attendant pour mettre les housses et éteindre les lampes que « sa seigneurie » fût partie. Il mit machinalement son chapeau sur sa tête, sortit de son banc, et se dirigea vers la grande porte ouverte sur la galerie. Au moment où il franchit la coupure de la barre, un door-keeper le débarrassa de sa robe de pair. Il s'en aperçut à peine. Un instant après, il était dans la galerie.

Les hommes de service qui étaient là remarquèrent avec étonnement que ce lord était sortit sans saluer le trône.

VIII

SERAIT BON FRÈRE
S'IL N'ÉTAIT BON FILS

Il n'y avait plus personne dans la galerie. Gwynplaine traversa le rond-point, d'où l'on avait enlevé le fauteuil et les tables, et où il ne restait plus trace de son investiture. Des candélabres et des lustres de distance en distance indiquaient l'itinéraire de sortie. Grâce à ce cordon de lumière, il put aisément retrouver, dans l'enchaînement des salons et des galeries, la route qu'il avait suivie en arrivant avec le roi d'armes et l'huissier de la verge noire. Il ne faisait aucune rencontre, si ce n'est çà et là quelque vieux lord tardigrade s'en allant pesamment et tournant le dos.

Tout à coup, dans le silence de toutes ces grandes salles désertes, des éclats de parole indistincts arrivèrent jusqu'à lui, sorte de tapage nocturne singulier en un tel lieu. Il se dirigea du côté où il entendait ce bruit, et brusquement il se trouva dans un spacieux vestibule faiblement éclairé qui était une des issues de la chambre. On apercevait une large porte vitrée ouverte, un perron, des laquais et des flambeaux; on voyait dehors une place: quelques carrosses attendaient au bas du perron.

C'est de là que venait le bruit qu'il avait entendu.

En dedans de la porte, sous le réverbère du vestibule, il y avait un groupe tumultueux et un orage de gestes et de voix. Gwynplaine, dans la pénombre, approcha.

C'était une querelle. D'un côté il y avait dix ou douze jeunes lords voulant sortir, de l'autre un homme, le chapeau sur la tête comme eux, droit et le front haut, et leur barrant le passage.

Qui était cet homme ? Tom-Jim-Jack.

Quelques-uns de ces lords étaient encore en robe de pair ; d'autres avaient quitté l'habit de parlement et étaient en habit de ville.

Tom-Jim-Jack avait un chapeau à plumes, non blanches, comme les pairs, mais vertes et frisées d'orange ; il était brodé et galonné de la tête aux pieds, avec des flots de rubans et de dentelles aux manches et au cou, et il maniait fiévreusement de son poing gauche la poignée d'une épée qu'il portait en civadière, et dont le baudrier et le fourreau étaient passementés d'ancres d'amiral.

C'était lui qui parlait, il apostrophait tous ces jeunes lords, et Gwynplaine entendit ceci :

— Je vous ai dit que vous étiez des lâches. Vous voulez que je retire mes paroles. Soit. Vous n'êtes pas des lâches. Vous êtes des idiots. Vous vous êtes mis tous contre un. Ce n'est pas couardise. Bon. Alors c'est ineptie. On vous a parlé, vous n'avez pas compris. Ici, les vieux sont sourds de l'oreille, et les jeunes, de l'intelligence. Je suis assez un des vôtres pour vous dire vos vérités. Ce nouveau venu est étrange, et il a débité un tas de folies, j'en conviens ; mais dans ces folies il y avait des choses vraies [271]. C'était confus, indigeste, mal dit ; soit ; il a répété trop souvent savez-vous, savez-vous ; mais un homme qui était hier grimacier de la foire n'est pas forcé de parler comme Aristote et comme le docteur Gilbert Burnet, évêque de Sarum. La vermine, les lions, l'apostrophe au sous-clerc, tout cela était de mauvais goût. Parbleu ! qui vous dit le contraire ? C'était une harangue insensée et décousue et qui allait tout de travers, mais il en sortait çà et là des faits réels. C'est déjà beaucoup de parler comme cela quand on n'en fait pas son métier, je voudrais vous y voir, vous ! Ce qu'il a raconté des lépreux de Burton-Lazers est incontestable ; d'ailleurs il ne serait pas le premier qui aurait dit des sottises ; enfin, moi, milords, je n'aime pas qu'on s'acharne plusieurs sur un seul, telle est mon humeur, et je demande à vos seigneuries la permission d'être offensé. Vous m'avez déplu, j'en suis fâché. Moi, je ne crois pas beaucoup en Dieu, mais ce qui m'y ferait croire, c'est quand il fait de bonnes actions, ce qui ne lui arrive pas tous les jours. Ainsi je lui sais gré, à ce bon Dieu, s'il existe, d'avoir tiré du fond de cette existence basse ce pair d'Angleterre, et d'avoir rendu son héritage à cet héritier, et, sans m'inquiéter si cela arrange ou non mes affaires, je trouve beau de voir subitement le cloporte se changer en aigle et Gwynplaine en Clancharlie. Milords, je vous défends d'être d'un autre avis que moi. Je regrette que Lewis de Duras ne soit pas là. Je l'insulterais avec plaisir. Milords, Fermain Clancharlie a été le lord, et vous avez été les saltimbanques. Quant à son rire, ce n'est pas sa faute. Vous avez ri de ce rire. On ne rit pas d'un malheur. Vous êtes des niais. Et des niais cruels. Si vous croyez qu'on ne peut pas rire de vous aussi, vous vous trompez; vous êtes laids, et vous vous habillez mal. Milord Haversham, j'ai vu l'autre jour ta maîtresse, elle est hideuse. Duchesse, mais guenon. Messieurs les rieurs, je répète que je voudrais bien vous voir essayer de dire quatre mots de suite. Beaucoup d'hommes jasent, très peu parlent. Vous vous imaginez savoir quelque chose parce que vous avez traîné vos grègues fainéantes à Oxford ou à Cambridge, et parce que, avant d'être pairs d'Angleterre sur les bancs de Westminster-Hall, vous avez été ânes sur les bancs du collège de Gonewill et de Caïus! Moi, je suis ici, et je tiens à vous regarder en face. Vous venez d'être impudents avec ce nouveau lord. Un monstre, soit. Mais livré aux bêtes. J'aimerais mieux être lui que vous. J'assistais à la séance, à ma place, comme héritier possible de pairie, j'ai tout entendu. Je n'avais pas le droit de parler, mais j'ai le droit d'être un gentilhomme. Vos airs joyeux m'ont ennuyé. Quand je ne suis pas content, j'irais sur le Mont Pendlchill cueillir l'herbe des nuées, le clowdesbery, qui fait tomber la foudre sur qui l'arrache. C'est pourquoi je suis venu vous attendre à la sortie. Causer est utile, et nous avons des arrangements à prendre. Vous rendiez-vous compte que vous me manquiez un peu à moi-même ? Milords, j'ai le ferme dessein de tuer quelques-uns d'entre vous. Vous tous qui êtes ici, Thomas Tufton, comte de Thanet, Savage, comte Rivers, Charles Spencer, comte de Sunderland, Laurence Hyde, comte de Rochester, vous, barons, Gray de Rolleston, Cary Hunsdon, Escrick, Rockingham, toi, petit Carteret, toi, Robert Darcy, comte de Holderness, toi William, vicomte Halton, et, toi, Ralph, duc de Montagu, et tous les autres qui voudront, moi, David Dirry-Moir, un des soldats de la flotte, je vous somme et je vous appelle, et je vous commande de vous pourvoir en diligence de seconds et de parrains, et je vous attends face contre face et poitrine contre poitrine, ce soir, tout de suite, demain, le jour, la nuit, en plein soleil, aux flambeaux, où, quand et comme bon vous semblera, partout où il y a assez de place pour deux longueurs d'épées, et vous ferez bien de visiter les batteries de vos pistolets et le tranchant de vos estocs, attendu que j'ai l'intention de faire vos pairies vacantes. Ogle Cavendish, prends tes précautions et songe à ta devise : *Cavendo tutus* [272]. Marmaduke Langdale, tu feras bien, comme ton ancêtre Gundold, de te faire suivre d'un cercueil. Georges Booth, comte de Warington, tu ne reverras pas le comté palatin de Chester et ton labyrinthe à la façon de Crète et les hautes tourelles de Dunham Massie. Quant à lord Vaughan, il est assez jeune pour dire des impertinences et trop vieux pour en répondre ; je demanderai compte de ses paroles à son neveu Richard Vaughan, membre des communes pour le bourg de Merioneth. Toi, John Campbell, comte de Greenwich, je te tuerai comme Achon tua Matas, mais d'un coup franc, et non par-derrière, ayant coutume de montrer mon cœur et non mon dos à la pointe de l'espadon. Et c'est dit, milords. Sur ce, usez de maléfices, si bon vous semble, consultez des tireuses de cartes, graissez-vous la peau avec les onguents et les drogues qui font invulnérable, pendez-vous au cou des sachets du diable ou de la vierge, je vous combattrai bénits ou maudits, et je ne vous ferai point tâter pour savoir si vous avez sur vous des sorcelleries. A pied ou à cheval. En plein carrefour, si vous voulez, à Piccadilly ou à Charing-Cross, et l'on dépavera la rue pour notre rencontre comme on a dépavé la cour du Louvre pour le duel de Guise et de Bassompierre. Tous, entendez-vous? je vous veux tous. Dorme, comte de Caërnarvon, je te ferai avaler ma lame jusqu'à la coquille, comme fit Marolles à Lisle-Marivaux; et nous verrons ensuite, milord, si tu riras. Toi, Burlington, qui as l'air d'une fille avec tes dix-sept ans, tu auras le choix entre les pelouses de ta maison de Middlesex et ton beau jardin de Londesburg en Yorkshire pour te faire enterrer. J'informe vos seigneuries qu'il ne me convient pas qu'on soit insolent devant moi. Et je vous châtierai, milords. Je trouve mauvais que vous ayez bafoué lord Fermain Clancharlie. Il vaut mieux que vous. Comme Clancharlie, il a la noblesse, que vous avez, et comme Gwynplaine, il a l'esprit, que vous n'avez pas. Je fais de sa cause ma cause, de son injure mon injure, et de vos ricanements ma colère. Nous verrons qui sortira de cette affaire vivant, car je vous provoque à outrance, entendez-vous bien? et à toute arme et de toute façon, et choisissez la mort qui vous plaira, et puisque vous êtes des manants en même temps que des gentilshommes, je proportionne le défi à vos qualités, et je vous offre toutes les manières qu'ont les hommes de se tuer, depuis l'épée comme les princes jusqu'à la boxe comme les goujats!

A ce jet furieux de paroles tout le groupe hautain des jeunes lords répondit par un sourire. — Convenu, dirent-ils.

— Je choisis le pistolet, dit Burlington.

— Moi, dit Escrick, l'ancien combat de champ clos à la masse d'armes et au poignard.

— Moi, dit Holderness, le duel aux deux couteaux, le long et le court, torses nus, et corps à corps.

— Lord David, dit le comte de Thanet, tu es écossais. Je prends la claymore.

— Moi, l'épée, dit Rockingham.

— Moi, dit le duc Ralph, je préfère la boxe. C'est plus noble.

Gwynplaine sortit de l'ombre.

Il se dirigea vers celui qu'il avait jusque-là nommé

Tom-Jim-Jack, et en qui maintenant il commençait à entrevoir autre chose.

— Je vous remercie, dit-il. Mais ceci me regarde.

Toutes les têtes se tournèrent.

Gwynplaine avança. Il se sentait poussé vers cet homme qu'il entendait appeler lord David, et qui était son défenseur, et plus encore peut-être. Lord David recula.

— Tiens! dit lord David, c'est vous! vous voilà! Cela se trouve bien. J'avais aussi un mot à vous dire. Vous avez tout à l'heure parlé d'une femme qui, après avoir aimé lord Linnæus Clancharlie, a aimé le roi Charles II?

— C'est vrai.

— Monsieur, vous avez insulté ma mère.

— Votre mère? s'écria Gwynplaine. En ce cas, je le devinais, nous sommes...

— Frères, répondit lord David.

Et il donna un soufflet à Gwynplaine.

— Nous sommes frères, reprit-il. Ce qui fait que nous pouvons nous battre. On ne se bat qu'entre égaux. Qui est plus notre égal que notre frère? Je vous enverrai mes parrains. Demain, nous nous couperons la gorge.

LIVRE NEUVIÈME

EN RUINE

I

C'EST A TRAVERS L'EXCÈS DE GRANDEUR QU'ON ARRIVE A L'EXCÈS DE MISÈRE

Comme minuit sonnait à Saint-Paul, un homme [273], qui venait de traverser le pont de Londres, entrait dans les ruelles de Southwark. Il n'y avait point de réverbères allumés, l'usage étant alors, à Londres comme à Paris, d'éteindre l'éclairage public à onze heures, c'est-à-dire de supprimer les lanternes au moment où elles deviennent nécessaires. Les rues, obscures, étaient désertes. Point de réverbères, cela fait peu de passants. L'homme marchait à grands pas. Il était étrangement vêtu pour aller dans la rue à pareille heure. Il avait un habit de soie brodé, l'épée au côté et un chapeau à plumes blanches, et point de manteau. Les watchemen qui le voyaient passer disaient : — C'est un seigneur qui a fait un pari. — Et ils s'écartaient avec le respect dû à un lord et à une gageure.

Cet homme était Gwynplaine.

Il avait pris la fuite.

Où en était-il ? il ne le savait pas. L'âme, nous l'avons dit, a ses cyclones, tournoiements épouvantables où tout se mêle, le ciel, la mer, le jour, la nuit, la vie, la mort, dans une sorte d'horreur inintelligible [274]. Le réel cesse d'être respirable. On est écrasé par des choses auxquelles on ne croit pas. Le néant s'est fait ouragan. Le firmament a blêmi. L'infini est vide. On est dans l'absence. On se sent mourir. On désire un astre. Qu'éprouvait Gwynplaine ? une soif, voir Dea.

Il ne sentait plus que cela. Regagner la Green-Box, et l'inn Tadcaster, sonore, lumineux, plein de ce bon rire cordial du peuple ; retrouver Ursus et Homo, revoir Dea, rentrer dans la vie !

Les désillusions se détendent comme l'arc, avec une force sinistre, et jettent l'homme, cette flèche, vers le vrai. Gwynplaine avait hâte. Il approchait du Tarrinzeaufield. Il ne marchait plus, il courait. Ses yeux plongeaient dans l'obscurité en avant. Il se faisait précéder par son regard ; recherche avide du port à l'horizon [275]. Quel moment que celui où il allait apercevoir les fenêtres éclairées de l'inn Tadcaster !

Il déboucha sur le bowling green. Il tourna un coin de mur et eut, en face de lui, à l'autre bout du pré, à quelque distance, l'inn, qui était, on s'en souvient, la seule maison du champ de foire.

Il regarda. Pas de lumière. Une masse noire.

Il frissonna. Puis il se dit qu'il était tard, que la taverne était fermée, que c'était tout simple, qu'on dormait, qu'il n'y avait qu'à réveiller Nicless ou Govicum, qu'il fallait aller à l'inn et frapper à la porte. Et il y alla. Il n'y courut pas. Il s'y précipita.

Il arriva à l'inn, ne respirant plus. On est en pleine tourmente, on se débat dans les invisibles convulsions de l'âme, on ne sait plus si l'on est mort ou vivant, et l'on a pour ceux qu'on aime toutes sortes de délicatesses ; c'est à cela que se reconnaissent les vrais cœurs. Dans l'engloutissement de tout, la tendresse surnage. Ne pas réveiller brusquement Dea, ce fut tout de suite la préoccupation de Gwynplaine.

Il s'approcha de l'inn en faisant le moins de bruit possible. Il connaissait le réduit, ancienne niche de chien de garde, où couchait Govicum ; ce réduit, contigu à la salle basse, avait une lucarne sur la place ; Gwynplaine gratta doucement la vitre. Réveiller Govicum suffisait.

Il ne se fit aucun mouvement dans le bedroom de Govicum. A cet âge, se dit Gwynplaine, on a le sommeil dur. Il frappa du revers de sa main un petit coup sur la lucarne. Rien ne remua.

Il frappa plus vivement et deux coups. On ne bougea pas dans le réduit. Alors, avec quelque frémissement, il alla à la porte de l'inn, et cogna.

Personne ne répondit.

Il pensa, non sans ressentir le commencement d'un froid profond: — Maître Nicless est vieux, les enfants dorment durement et les vieillards lourdement. Allons! plus fort!

Il avait gratté. Il avait frappé. Il avait cogné. Il heurta. Ceci lui rappela un lointain souvenir, Weymouth, quand il avait, tout petit, Dea toute petite dans ses bras [276].

Il heurta violemment, comme un lord, qu'il était, hélas!

La maison demeura silencieuse.

Il sentit qu'il devenait éperdu.

Il ne garda plus de ménagement. Il appela: Nicless! Govicum!

En même temps, il regardait aux fenêtres pour voir si quelque chandelle s'allumait.

Rien dans l'inn. Pas une voix. Pas un bruit. Pas une lueur.

Il alla à la porte cochère et la heurta, et la poussa, et la secoua frénétiquement, en criant: Ursus! Homo!

Le loup n'aboya pas.

Une sueur glacée perla sur son front.

Il jeta les yeux autour de lui. La nuit était épaisse, mais il y avait assez d'étoiles pour que le champ de foire fût distinct. Il vit une chose lugubre, l'évanouissement de tout. Il n'y avait plus une seule baraque sur le bowling-green. Le circus n'y était plus. Pas une tente. Pas un tréteau. Pas un chariot. Ce vagabondage aux mille vacarmes qui avait fourmillé là avait fait place à on ne sait quelle farouche noirceur vide. Tout s'en était allé.

La folie de l'anxiété le prit. Qu'est-ce que cela voulait dire? Qu'était-il donc arrivé? Est-ce qu'il n'y avait plus personne? Est-ce que sa vie se serait écroulée derrière lui? Qu'est-ce qu'on leur avait fait, à tous? Ah! mon Dieu! Il se rua comme une tempête sur la maison. Il frappa à la porte bâtarde, à la porte cochère, aux fenêtres, aux volets, aux murs, des poings et des pieds, furieux d'effroi et d'angoisse. Il appela Nicless, Govicum, Fibi, Vinos, Ursus, Homo. Toutes les clameurs, tous les bruits, il les jeta sur cette muraille. Par instants il s'interrompait et écoutait, la maison restait muette et morte. Alors, exaspéré, il recommençait. Chocs, frappements, cris, roulements de coups faisant écho partout. On eût dit le tonnerre essayant de réveiller le sépulcre [277].

A un certain degré d'épouvante, on devient terrible. Qui craint tout, ne craint plus rien. On donne des coups de pied au sphinx. On rudoie l'inconnu. Il renouvela le tumulte sous toutes les formes possibles, s'arrêtant, reprenant, inépuisable en cris et en appels, donnant l'assaut à ce tragique silence.

Il appela cent fois tous ceux qui pouvaient être là, et cria tous les noms, excepté Dea. Précaution, obscure pour lui-même, dont il avait encore l'instinct dans son égarement.

Les cris et les appels épuisés, restait l'escalade. Il se dit : Il faut entrer dans la maison. Mais comment ? Il cassa une vitre du réduit de Govicum, y fourra son poing en se déchirant la chair, tira le verrou du châssis et ouvrit la lucarne. Il s'aperçut que son épée allait le gêner ; il l'arracha avec colère, fourreau, lame et ceinturon, et la jeta sur le pavé. Puis il se hissa aux reliefs de la muraille, et, bien que la lucarne fût étroite, il put y passer. Il pénétra dans l'inn.

Le lit de Govicum, vaguement visible, était dans le réduit, mais Govicum n'y était pas. Pour que Govicum ne fût pas dans son lit, il fallait évidemment que Nicless ne fût pas dans le sien. Toute la maison était noire. On sentait dans cet intérieur ténébreux l'immobilité mystérieuse du vide, et cette vague horreur qui signifie : Il n'y a personne. Gwynplaine, convulsif, traversa la salle basse, se cogna aux tables, piétina sur les vaisselles, renversa les bancs, culbuta les brocs, enjamba les meubles, alla à la porte donnant sur la cour, et la défonça d'un coup de genou qui fit sauter le loquet. La porte tourna sur ses gonds. Il regarda dans la cour. La Green-Box n'y était plus.

II

RÉSIDU

Gwynplaine sortit de la maison, et se mit à explorer dans tous les sens le Tarrinzeau-field; il alla partout où, la veille, on voyait un tréteau, une tente, ou une cahute. Il n'y avait plus rien. Il frappa aux échoppes, quoique sachant très bien qu'elles étaient inhabitées. Il cogna à tout ce qui ressemblait à une fenêtre, ou à une porte. Pas une voix ne sortit de cette obscurité. Quelque chose comme la mort était venu là.

La fourmilière avait été écrasée. Visiblement, une mesure de police avait été prise. Il y avait eu ce qu'on appellerait de nos jours une razzia. Le Tarrinzeau-field était plus que désert, il était désolé, et l'on y sentait dans tous les recoins le grattement d'une griffe féroce. On avait pour ainsi dire retourné les poches de ce misérable champ de foire, et tout vidé.

Gwynplaine, après avoir tout fouillé, quitta le bowling-green, entra dans les rues tortueuses de l'extrémité appelée l'East-point, et se dirigea vers la Tamise.

Il franchit quelques zigzags de ce réseau de ruelles où il n'y avait que des murs et des haies, puis il sentit dans l'air le frais de l'eau, il entendit le glissement sourd du fleuve, et brusquement il se trouva devant un parapet. C'était le parapet de l'Effroc-stone [278].

Ce parapet bordait un tronçon de quai très court et très

étroit. Sous le parapet, la haute muraille Effroc-stone s'enfonçait à pic dans une eau obscure.

Gwynplaine s'arrêta à ce parapet, s'y accouda, prit sa tête dans ses mains, et se mit à penser, ayant cette eau au-dessous de lui.

Regardait-il l'eau ? Non. Que regardait-il ? L'ombre. Non pas l'ombre hors de lui, mais l'ombre au-dedans de lui [279].

Dans le mélancolique paysage de nuit auquel il ne faisait pas attention, dans cette profondeur extérieure où son regard n'entrait point, on pouvait distinguer des silhouettes de vergues et de mâts. Sous l'Effroc-stone, il n'y avait que le flot, mais le quai en aval s'abaissait en rampe insensible et aboutissait, à quelque distance, à une berge que longeait plusieurs bateaux, les uns en arrivage, les autres en partance, communiquant avec la terre par de petits promontoires d'amarrage, construits exprès, en pierre ou en bois, ou par des passerelles en planches. Ces navires, les uns amarrés, les autres à l'ancre, étaient immobiles. On n'y entendait ni marcher, ni parler, la bonne habitude des matelots étant de dormir le plus qu'ils peuvent et de ne se lever que pour la besogne. S'il y avait quelqu'un de ces bâtiments qui dût partir dans la nuit à l'heure de la marée, on n'y était pas encore réveillé.

On voyait à peine les coques, grosses ampoules noires, et les agrès, fils mêlés d'échelles. C'était livide et confus. Çà et là un falot rouge piquait la brume.

Gwynplaine ne percevait rien de tout cela. Ce qu'il considérait, c'était la destinée.

Il songeait, visionnaire éperdu devant la réalité inexorable.

Il lui semblait entendre derrière lui quelque chose comme un tremblement de terre. C'était le rire des lords.

Ce rire, il venait d'en sortir. Il en était sorti souffleté.

Souffleté par qui ?

Par son frère.

Et en sortant de ce rire, avec ce soufflet, se réfugiant, oiseau blessé, dans son nid, fuyant la haine et cherchant l'amour, qu'avait-il trouvé ?

Les ténèbres.

Personne.
Tout disparu.
Ces ténèbres, il les comparait au songe qu'il avait fait.
Quel écroulement!
Gwynplaine venait d'arriver à ce bord sinistre, le vide. La Green-Box partie, c'était l'univers évanoui [280].
La fermeture de son âme venait de se faire.
Il songeait.
Qu'avait-il pu se passer? Où étaient-ils? On les avait enlevés évidemment. Sa destinée avait été sur lui Gwynplaine un coup, la grandeur, et sur eux un contrecoup, l'anéantissement. Il était clair qu'il ne les reverrait jamais. On avait pris des précautions pour cela. Et l'on avait fait en même temps main basse sur tout ce qui habitait le champ de foire, à commencer par Nicless et Govicum, afin qu'aucun renseignement ne pût lui être donné. Dispersion inexorable. Cette redoutable force sociale, en même temps qu'elle le pulvérisait, lui, à la chambre des lords, les avait broyés, eux, dans leur pauvre cabane. Ils étaient perdus. Dea était perdue. Perdue pour lui. A jamais. Puissances du ciel! où était-elle? Et il n'avait pas été là pour la défendre!

Faire des conjectures sur des absents qu'on aime, c'est se mettre à la question. Il s'infligeait cette torture. A chaque coin qu'il enfonçait, à chaque supposition qu'il faisait, il avait un sombre rugissement intérieur.

A travers une succession d'idées poignantes, il se souvenait de l'homme évidemment funeste qui lui avait dit se nommer Barkilphedro. Cet homme lui avait écrit dans le cerveau quelque chose d'obscur qui à présent reparaissait, et cela avait été écrit d'une encre si horrible que c'était maintenant des lettres de feu, et Gwynplaine voyait flamboyer au fond de sa pensée ces paroles énigmatiques, aujourd'hui expliquées: *Le destin n'ouvre pas une porte sans en fermer une autre* [281].

Tout était consommé. Les dernières ombres étaient sur lui. Tout homme peut avoir dans sa destinée une fin du monde pour lui seul. Cela s'appelle le désespoir. L'âme est pleine d'étoiles tombantes.

Voilà donc où il en était!

Une fumée avait passé. Il avait été mêlé à cette fumée. Elle s'était épaissie sur ses yeux ; elle était entrée dans son cerveau. Il avait été, au-dehors, aveuglé ; au-dedans, enivré. Cela avait duré le temps qu'une fumée passe. Puis tout s'était dissipé, la fumée et sa vie. Réveillé de ce rêve, il se retrouvait seul.

Tout évanoui. Tout en allé. Tout perdu. La nuit. Rien. C'était là son horizon.

Il était seul.

Seul a un synonyme : mort [282].

Le désespoir est un compteur. Il tient à faire son total. Rien ne lui échappe. Il additionne tout, il ne fait pas grâce des centimes. Il reproche à Dieu les coups de tonnerre et les coups d'épingle. Il veut savoir à quoi s'en tenir sur le destin. Il raisonne, pèse et calcule.

Sombre refroidissement extérieur sous lequel continue de couler la lave ardente.

Gwynplaine s'examina, et examina le sort.

Le coup d'œil en arrière ; résumé redoutable.

Quand on est au haut de la montagne, on regarde le précipice. Quand on est au fond de la chute, on regarde le ciel.

Et l'on se dit : J'étais là !

Gwynplaine était tout en bas du malheur. Et comme cela était venu vite ! Promptitude hideuse de l'infortune. Elle est si lourde qu'on la croirait lente. Point. Il semble que la neige doit avoir, étant froide, la paralysie de l'hiver, et, étant blanche, l'immobilité du linceul. Tout cela est démenti par l'avalanche !

L'avalanche, c'est la neige devenue fournaise. Elle reste glacée, et dévore. L'avalanche avait enveloppé Gwynplaine. Il avait été arraché comme un haillon, déraciné comme un arbre, précipité comme une pierre.

Il récapitula sa chute. Il se fit des demandes et des réponses. La douleur est un interrogatoire. Aucun juge n'est minutieux comme la conscience instruisant son propre procès.

Quelle quantité de remords y avait-il dans son désespoir ?

Il voulut s'en rendre compte et disséqua sa conscience ; vivisection douloureuse.

Son absence avait produit une catastrophe. Cette absence avait-elle dépendu de lui ? Dans tout ce qui venait de se passer, avait-il été libre ? Point. Il s'était senti captif. Ce qui l'avait arrêté et retenu, qu'était-ce ? Une prison ? non. Une chaîne ? non. Qu'était-ce donc ? une glu. Il avait été embourbé dans de la grandeur.

A qui cela n'est-il pas arrivé, d'être libre en apparence, et de se sentir les ailes empêtrées ?

Il y avait eu quelque chose comme un panneau tendu. Ce qui est d'abord tentation finit par être captivité.

Toutefois, et sur ce point sa conscience le pressait, ce qui s'était offert, l'avait-il simplement subi ? Non. Il l'avait accepté [283].

Qu'il lui eût été fait violence et surprise dans une certaine mesure, cela était vrai ; mais lui, de son côté, dans une certaine mesure, il s'était laissé faire. S'être laissé enlever, ce n'était pas sa faute ; s'être laissé enivrer, ç'avait été sa défaillance. Il y avait eu un moment, moment décisif, où la question avait été posée ; ce Barkilphedro l'avait mis en face d'un dilemme, et avait nettement donné à Gwynplaine l'occasion de résoudre son sort d'un mot. Gwynplaine pouvait dire non. Il avait dit oui.

De ce oui, prononcé dans l'étourdissement, tout avait découlé. Gwynplaine le comprenait. Arrière-goût amer du consentement.

Cependant, car il se débattait, était-ce donc un si grand tort de rentrer dans son droit, dans son patrimoine, dans son héritage, dans sa maison, et, patricien, dans le rang de ses aïeux, et, orphelin, dans le nom de son père ? Qu'avait-il accepté ? une restitution. Faite par qui ? par la providence.

Alors il sentait une révolte. Acceptation stupide ! quel marché il avait fait ! quel échange inepte ! Il avait traité à perte avec cette providence. Quoi donc ! pour avoir deux millions de rente, pour avoir sept ou huit seigneuries, pour avoir dix ou douze palais, pour avoir des hôtels à la ville et des châteaux à la campagne, pour avoir cent laquais, et des meutes, et des carrosses, et des armoiries, pour être juge et législateur, pour être couronné et en robe de pourpre comme un roi, pour être baron et marquis, pour être pair d'Angleterre, il avait donné la baraque d'Ursus et le sourire de Dea! Pour une immensité mouvante où l'on s'engloutit et où l'on naufrage, il avait donné le bonheur! Pour l'océan, il avait donné la perle [284]. O insensé! ô imbécile! ô dupe!

Mais pourtant, et ici l'objection renaissait sur un terrain solide, dans cette fièvre de la haute fortune qui l'avait saisi, tout n'avait pas été malsain. Peut-être y aurait-il eu égoïsme dans la renonciation, peut-être y avait-il devoir dans l'acceptation. Brusquement transformé en lord, que devait-il faire? La complication de l'événement produit la perplexité de l'esprit. C'est ce qui lui était arrivé. Le devoir donnant des ordres en sens inverse, le devoir de tous les côtés à la fois, le devoir multiple, et presque contradictoire, il avait eu cet effarement. C'était cet effarement qui l'avait paralysé, notamment dans ce trajet de Corleone-lodge à la chambre des lords, auquel il n'avait pas résisté. Ce que, dans la vie, on appelle monter, c'est passer de l'itinéraire calme à l'itinéraire inquiétant. Où est désormais la ligne droite? Envers qui est le premier devoir? Est-ce envers ses proches? Est-ce envers le genre humain? Ne passe-t-on pas de la petite famille à la grande? On monte, et l'on sent sur son honnêteté un poids qui s'accroît. Plus haut, on se sent plus obligé. L'élargissement du droit agrandit le devoir. On a l'obsession, l'illusion peut-être, de plusieurs routes s'offrant en même temps, et à l'entrée de chacune d'elles on croit voir le doigt indicateur de la conscience. Où aller? Sortir? rester? avancer? reculer? que faire? Que le devoir ait des carrefours, c'est étrange. La responsabilité peut être un labyrinthe [285].

Et quand un homme contient une idée, quand il est l'incarnation d'un fait, quand il est homme symbole en même temps qu'homme en chair et en os, la responsabilité n'est-elle pas plus troublante encore? De là la soucieuse docilité et l'anxiété muette de Gwynplaine; de là son obéissance à la sommation de siéger. L'homme pensif est souvent l'homme passif [286]. Il lui avait semblé entendre le commandement même du devoir. Cette entrée dans un lieu où l'on peut discuter l'oppression et la combattre, n'était-ce point la réalisation d'une de ses aspirations les plus profondes? Quand la parole lui était donnée, à lui formidable échantillon social, à lui spécimen vivant du bon plaisir sous lequel depuis six mille ans râle le genre humain, avait-il le droit de la refuser? avait-il le droit d'ôter sa tête de dessous la langue de feu tombant d'en haut et venant se poser sur lui [287]?

Dans l'obscur et vertigineux débat de la conscience, que s'était-il dit? ceci: — Le peuple est un silence. Je serai l'immense avocat de ce silence. Je parlerai [288] pour les muets. Je parlerai des petits aux grands et des faibles aux puissants. C'est là le but de mon sort. Dieu veut ce qu'il veut, et il le fait. Certes, cette gourde de ce Hardquanonne où était la métamorphose de Gwynplaine en lord Clancharlie, il est surprenant qu'elle ait flotté pendant quinze ans sur la mer, dans les houles, dans les ressacs, dans les rafales, et que toute cette colère ne lui ait fait aucun mal. Je vois pourquoi. Il y a des destinées à secret; moi, j'ai la clef de la mienne, et j'ouvre mon énigme. Je suis prédestiné! j'ai une mission. Je serai le lord des pauvres. Je parlerai pour tous les taciturnes désespérés. Je traduirai [289] les bégaiements. Je traduirai les grondements, les hurlements, les murmures, la rumeur des foules, les plaintes mal prononcées, les voix inintelligibles, et tous ces cris de bêtes qu'à force d'ignorance et de souffrance on fait pousser aux hommes. Le bruit des hommes est inarticulé comme le bruit du vent; ils crient. Mais on ne les comprend pas, crier ainsi équivaut à se taire, et se taire est leur désarmement. Désarmement forcé qui réclame le secours. Moi, je serai le secours. Moi, je serai la dénonciation. Je serai le Verbe du Peuple [290]. Grâce à moi, on comprendra. Je serai la bouche sanglante dont le bâillon est arraché. Je dirai tout. Ce sera grand.

Oui, parler pour les muets, c'est beau; mais parler aux sourds, c'est triste. C'était là la seconde partie de son aventure.

Hélas! il avait avorté.

Il avait avorté irrémédiablement.

Cette élévation à laquelle il avait cru, cette haute fortune, cette apparence, s'était effondrée sous lui.

Quelle chute! tomber dans l'écume du rire [291].

Il se croyait fort, lui qui, pendant tant d'années, avait flotté, âme attentive, dans la vaste diffusion des souffrances, lui qui rapportait de toute cette ombre un cri lamentable. Il était venu s'échouer à ce colossal écueil, la frivolité des heureux. Il se croyait un vengeur, il était un clown. Il croyait foudroyer, il avait chatouillé. Au lieu de l'émotion, il avait recueilli la moquerie. Il avait sangloté, on était entré en joie. Sous cette joie, il avait sombré. Engloutissement funèbre.

Et de quoi avait-on ri? De son rire.

Ainsi, cette voie de fait exécrable dont il gardait à jamais la trace, cette mutilation devenue gaieté à perpétuité, ce rictus stigmate, image du contentement supposé des nations sous les oppresseurs, ce masque de joie fait par la torture, cet abîme du ricanement qu'il portait sur la face, cette cicatrice signifiant *jussu regis,* cette attestation du crime commis par la royauté sur le peuple entier, c'était cela qui triomphait de lui, c'était cela qui l'accablait, c'était l'accusation contre le bourreau qui se tournait en sentence contre la victime! Prodigieux déni de justice. La royauté, après avoir eu raison de son père, avait raison de lui. Le mal qu'on avait fait servait de prétexte et de motif au mal qui restait à faire. Contre qui les lords s'indignaient-ils? Contre le tortureur? non. Contre le torturé. Ici le trône, là le peuple; ici Jacques II, là Gwynplaine. Certes, cette confrontation mettait en lumière un attentat, et un crime. Quel était l'attentat? se plaindre. Quel était le crime? souffrir. Que la misère se cache et se taise, sinon elle est lèse-majesté. Et ces hommes qui avaient traîné Gwynplaine sur la claie du sarcasme, étaient-ils méchants? non, mais ils avaient, eux aussi, leur fatalité; ils étaient heureux. Ils étaient bourreaux sans le savoir. Ils étaient de bonne humeur. Ils avaient trouvé Gwynplaine inutile. Il s'était ouvert le ventre, il s'était arraché le foie et le cœur, il avait montré ses entrailles, et on lui avait crié : Joue ta comédie! Chose navrante, lui-même il riait. L'affreuse chaîne lui liait l'âme et empêchait sa pensée de monter jusqu'à son visage. La défiguration allait jusqu'à son esprit, et, pendant que sa conscience s'indignait, sa face lui donnait un démenti et ricanait. C'était fini. Il était l'Homme qui Rit, cariatide du monde qui pleure [292]. Il était une angoisse pétrifiée en hilarité portant le poids d'un univers de calamité, et muré à jamais dans la jovialité, dans l'ironie, dans l'amusement d'autrui; il partageait avec tous les opprimés, dont il était l'incarnation, cette fatalité abominable d'être une désolation pas prise au sérieux; on badinait avec sa détresse; il était on ne sait quel bouffon énorme sorti d'une effroyable condensation d'infortune, évadé de son bagne, passé dieu, monté du fond des populaces au pied du trône, mêlé aux constellations, et, après avoir égayé les damnés, il égayait les élus! Tout ce qu'il y avait en lui de générosité, d'enthousiasme, d'éloquence, de cœur, d'âme, de fureur, de colère, d'amour, d'inexprimable douleur, aboutissait à ceci, un éclat de rire! Et il constatait, comme il l'avait dit aux lords, que ce n'était point là une exception, que c'était le fait normal, ordinaire, universel, le vaste fait souverain tellement amalgamé à la routine de vivre qu'on ne s'en apercevait plus. Le meurt-de-faim rit, le mendiant rit, le forçat rit, la prostituée rit, l'orphelin, pour gagner sa vie, rit, l'esclave rit, le soldat rit, le peuple rit; la société humaine est faite de telle façon que toutes les perditions, toutes les indigences, toutes les catastrophes, toutes les fièvres, tous les ulcères, toutes les agonies, se résolvent au-dessus du gouffre en une épouvantable grimace de joie. Cette grimace totale, il était cela. Elle était lui. La loi d'en haut, la force inconnue qui gouverne, avait voulu qu'un spectre visible et palpable, un spectre en chair et en os, résumât la monstrueuse parodie que nous appelons le monde, il était ce spectre.

Destinée incurable.

Il avait crié: Grâce pour les souffrants! En vain.

Il avait voulu éveiller la pitié; il avait éveillé l'horreur. C'est la loi d'apparition des spectres.

En même temps que spectre, il était homme. C'était là sa complication poignante. Spectre extérieur, homme intérieur. Homme, plus qu'aucun peut-être, car son double sort résumait toute l'humanité. Et en même temps qu'il avait l'humanité en lui, il la sentait hors de lui.

Il y avait dans son existence de l'infranchissable. Qu'était-il? un déshérité? non, car il était un lord. Qu'était-il? un lord? non, car il était un révolté. Il était l'Apporte-lumière; trouble-fête effrayant. Il n'était pas Satan, certes, mais il était Lucifer. Il arrivait sinistre, un flambeau à la main [293].

Sinistre pour qui? pour les sinistres. Redoutable à qui? aux redoutés. Aussi ils le rejetaient. Entrer parmi eux? Être accepté? Jamais. L'obstacle qu'il avait sur la face était affreux, mais l'obstacle qu'il avait dans les idées était plus insurmontable encore. Sa parole avait paru plus difforme que sa figure. Il ne pensait pas une pensée possible en ce monde des grands et des puissants dans lequel une fatalité l'avait fait naître et dont une autre fatalité l'avait fait sortir. Il y avait, entre les hommes et son visage, un masque, et, entre la société et son esprit, une muraille. En se mêlant, dès l'enfance, bateleur nomade, à ce vaste milieu vivace et robuste qu'on nomme la foule, en se saturant de l'aimantation des multitudes, en s'imprégnant de l'immense âme humaine, il avait perdu, dans le sens commun de tout le monde, le sens spécial des classes reines. En haut, il était impossible. Il arrivait tout mouillé de l'eau du puits Vérité. Il avait la fétidité de l'abîme. Il répugnait à ces princes, parfumés de mensonges. A qui vit de fiction, la vérité est infecte. Qui a soif de flatterie revomit le réel, bu par surprise. Ce qu'il apportait, lui Gwynplaine, n'était pas présentable; c'était, quoi? la raison, la sagesse, la justice. On le rejetait avec dégoût.

Il y avait là des évêques. Il leur apportait Dieu. Qu'était-ce que cet intrus?

Les pôles extrêmes se repoussent. Nul amalgame possible. La transition manque. On avait vu, sans qu'il y eût d'autre résultat qu'un cri de colère, ce vis-à-vis formidable : toute la misère concentrée dans un homme face à face avec tout l'orgueil concentré dans une caste.

Accuser est inutile. Constater suffit. Gwynplaine

constatait, dans cette méditation au bord de son destin, l'immensité inutile de son effort. Il constatait la surdité des hauts lieux. Les privilégiés n'ont pas d'oreille du côté des déshérités. Est-ce la faute des privilégiés ? non. C'est leur loi, hélas ! Pardonnez-leur. S'émouvoir, ce serait abdiquer. Où sont les seigneurs et les princes, il ne faut rien attendre. Le satisfait, c'est l'inexorable. Pour l'assouvi, l'affamé n'existe point. Les heureux ignorent, et s'isolent. Au seuil de leur paradis comme au seuil de l'enfer, il faut écrire : « Laissez toute espérance [294]. »

Gwynplaine venait d'avoir la réception d'un spectre entrant chez les dieux.

Ici tout ce qu'il avait en lui se soulevait. Non, il n'était pas un spectre, il était un homme. Il le leur avait dit, il le leur avait crié, il était l'Homme.

Il n'était pas un fantôme. Il était une chair palpitante. Il avait un cerveau, et il pensait ; il avait un cœur, et il aimait ; il avait une âme, et il espérait. Avoir trop espéré, c'était même là toute sa faute.

Hélas ! il avait exagéré l'espérance jusqu'à croire en cette chose éclatante et obscure, la société. Lui qui était dehors, il y était rentré [295].

La société lui avait tout de suite, d'emblée, à la fois, fait ses trois offres et donné ses trois dons, le mariage, la famille, la caste. Le mariage ? il avait vu sur le seuil la prostitution. La famille ? son frère l'avait soufflété, et l'attendait le lendemain, l'épée à la main. La caste ? elle venait de lui éclater de rire à la face, à lui patricien, à lui misérable. Il était rejeté presque avant même d'avoir été admis. Et ses trois premiers pas dans cette profonde ombre sociale avaient ouvert sous lui trois gouffres.

Et c'était par une transfiguration traître que son désastre avait débuté. Et cette catastrophe s'était approchée de lui avec le visage de l'apothéose ! Monte ! avait signifié : Descends !

Il était une sorte de contraire de Job. C'est par la prospérité que l'adversité lui était venue [296].

O tragique énigme humaine ! Voilà donc les embûches [297] ! Enfant, il avait lutté contre la nuit, et il avait été plus fort qu'elle. Homme, il avait lutté contre le destin, et il l'avait terrassé. De défiguré, il s'était fait rayonnant, et de malheureux, heureux. De son exil il avait fait un asile. Vagabond, il avait lutté contre l'espace, et, comme les oiseaux du ciel, il y avait trouvé sa miette de pain. Sauvage et solitaire, il avait lutté contre la foule, et il s'en était fait une amie. Athlète, il avait lutté contre ce lion, le peuple, et il l'avait apprivoisé. Indigent, il avait lutté contre la détresse, il avait fait face à la sombre nécessité de vivre, et, à force d'amalgamer à la misère toutes les joies du cœur, il s'était fait de la pauvreté une richesse. Il avait pu se croire le vainqueur de la vie. Tout à coup de nouvelles forces étaient arrivées contre lui du fond de l'inconnu, non plus avec des menaces, mais avec des caresses et des sourires; à lui, tout pénétré d'amour angélique, l'amour draconien et matériel était apparu; la chair l'avait saisi, lui qui vivait d'idéal; il avait entendu des paroles de volupté semblables à des cris de rage; il avait senti des étreintes de bras de femme faisant l'effet de nœuds de couleuvre; à l'illumination du vrai avait succédé la fascination du faux; car ce n'est pas la chair, qui est le réel, c'est l'âme. La chair est cendre, l'âme est flamme [298]. A ce groupe lié à lui par la parenté de la pauvreté et du travail, et qui était sa véritable famille naturelle, s'était substituée la famille sociale, famille du sang, mais du sang mêlé, et, avant même d'y être entré, il se trouvait face à face avec un fratricide ébauché. Hélas! il s'était laissé reclasser dans cette société dont Brantôme, qu'il n'avait pas lu, a dit: *Le fils peut justement appeler le père en duel*. La fortune fatale lui avait crié: Tu n'es pas de la foule, tu es de l'élite! et avait ouvert au-dessus de sa tête, comme une trappe dans le ciel, le plafond social, et l'avait lancé par cette ouverture, et l'avait fait surgir, inattendu et farouche, au milieu des princes et des maîtres.

Subitement, autour de lui, au lieu du peuple qui l'applaudissait, il avait vu les seigneurs qui le maudissaient. Métamorphose lugubre. Grandissement ignominieux. Brusque spoliation de tout ce qui avait été sa félicité! Pillage de sa vie par la huée! arrachement de Gwynplaine, de Clancharlie, du lord, du bateleur, de son sort antérieur, de son sort nouveau, à coups de bec de tous ces aigles!

A quoi bon avoir commencé tout de suite la vie par la victoire sur l'obstacle? A quoi bon avoir triomphé d'abord? Hélas! il faut être précipité, sans quoi la destinée n'est pas complète.

Ainsi, moitié de force, moitié de gré, car après le wapentake, il avait eu affaire à Barkilphedro, et dans son rapt il y avait eu du consentement, il avait quitté le réel pour le chimérique, le vrai pour le faux, Dea pour Josiane, l'amour pour l'orgueil, la liberté pour la puissance, le travail fier et pauvre pour l'opulence pleine de responsabilité obscure, l'ombre où est Dieu pour le flamboiement où sont les démons, le paradis pour l'olympe!

Il avait mordu dans le fruit d'or. Il recrachait la bouchée de cendre.

Résultat lamentable. Déroute, faillite, chute et ruine, expulsion insolente de toutes ses espérances fustigées par le ricanement, désillusion démesurée. Et que faire désormais? S'il regardait le lendemain, qu'apercevait-il? une épée nue dont la pointe était devant sa poitrine et dont la poignée était dans la main de son frère. Il ne voyait que l'éclair hideux de cette épée. Le reste, Josiane, la chambre des lords, était derrière, dans un monstrueux clair-obscur plein de silhouettes tragiques.

Et ce frère, il lui apparaissait comme chevaleresque et vaillant! Hélas! ce Tom-Jim-Jack qui avait défendu Gwynplaine, ce lord David qui avait défendu lord Clancharlie, il l'avait entrevu à peine, il n'avait eu que le temps d'en être souffleté, et de l'aimer.

Que d'accablements!

Maintenant, aller plus loin, impossible. L'écroulement était de tous les côtés. D'ailleurs, à quoi bon? Toutes les fatigues sont au fond du désespoir.

L'épreuve était faite, et n'était plus à recommencer.

Un joueur qui a joué l'un après l'autre tous ses atouts, c'était Gwynplaine. Il s'était laissé entraîner au tripot formidable. Sans se rendre exactement compte de ce qu'il faisait, car tel est le subtil empoisonnement de l'illusion, il avait joué Dea contre Josiane; il avait eu un monstre. Il avait joué Ursus contre une famille, il avait eu l'affront. Il avait joué son tréteau de saltimbanque contre un siège de lord; il avait l'acclamation, il avait eu l'imprécation. Sa dernière carte venait de tomber sur ce fatal tapis vert du bowling-green désert. Gwynplaine avait perdu. Il n'avait plus qu'à payer. Paie, misérable!

Les foudroyés s'agitent peu. Gwynplaine était immobile. Qui l'eût aperçu de loin dans cette ombre, droit et sans mouvement, au bord du parapet, eût cru voir une pierre debout [299].

L'enfer, le serpent et la rêverie s'enroulent sur eux-mêmes. Gwynplaine descendait les spirales sépulcrales de l'approfondissement pensif [300].

Ce monde qu'il venait d'entrevoir, il le considérait, avec ce regard froid qui est le regard définitif. Le mariage, mais pas d'amour; la famille, mais pas de fraternité; la richesse, mais pas de conscience; la beauté, mais pas de pudeur; la justice, mais pas d'équité; l'ordre, mais pas d'équilibre; la puissance, mais pas d'intelligence; l'autorité, mais pas de droit; la splendeur, mais pas de lumière. Bilan inexorable. Il fit le tour de cette vision suprême où s'était enfoncée sa pensée. Il examina successivement la destinée, la situation, la société, et lui-même. Qu'était la destinée? un piège. La situation? un désespoir. La société? une haine. Et lui-même? un vaincu. Et au fond de son âme, il s'écria: la société est la marâtre. La nature est la mère. La société, c'est le monde du corps; la nature, c'est le monde de l'âme. L'une aboutit au cercueil, à la boîte de sapin dans la fosse, aux vers de terre, et finit là. L'autre aboutit aux ailes ouvertes, à la transfiguration dans l'aurore, à l'ascension dans les firmaments, et recommence là [301].

Peu à peu le paroxysme s'emparait de lui. Tourbillonnement funeste. Les choses qui finissent ont un dernier éclair où l'on revoit tout.

Qui juge, confronte. Gwynplaine mit en regard ce que la société lui avait fait et ce que lui avait fait la nature. Comme la nature avait été bonne pour lui! comme elle l'avait secouru, elle qui est l'âme! Tout lui avait été pris, tout, jusqu'au visage; l'âme lui avait tout rendu. Tout, même le visage; car il y avait ici-bas une céleste aveugle, faite exprès pour lui, qui ne voyait pas sa laideur et qui voyait sa beauté.

Et c'est de cela qu'il s'était laissé séparer! c'est de cet être adorable, c'est de ce cœur, c'est de cette adoption, c'est de cette tendresse, c'est de ce divin regard aveugle, le seul qui le vît sur la terre, qu'il s'était éloigné! Dea, c'était sa sœur; car il sentait d'elle à lui la grande fraternité de l'azur, ce mystère qui contient tout le ciel. Dea, quand il était petit, c'était sa vierge; car tout enfant a une vierge, et la vie a toujours pour commencement un mariage d'âmes consommé en pleine innocence, par deux petites virginités ignorantes. Dea, c'était son épouse, car ils avaient le même nid sur la plus haute branche du profond arbre Hymen [302]. Dea, c'était plus encore, c'était sa clarté; sans elle tout était le néant et le vide, et il lui voyait une chevelure de rayons. Que devenir sans Dea? que faire de tout ce qui était lui? Rien de lui ne vivait sans elle. Comment donc avait-il pu la perdre de vue un moment? O infortuné! Entre son astre et lui il avait laissé se faire l'écart, et, dans ces redoutables gravitations ignorées, l'écart est tout de suite l'abîme! Où était-elle, l'étoile? Dea! Dea! Dea! Dea! Hélas! il avait perdu sa lumière. Otez l'astre, qu'est le ciel? une noirceur. Mais pourquoi donc tout cela s'était-il en allé? Oh! comme il avait été heureux! Dieu pour lui avait refait l'éden; — trop, hélas! — jusqu'à y laisser rentrer le serpent! mais cette fois ce qui avait été tenté, c'était l'homme. Il avait été attiré au-dehors, et là, piège affreux, il était tombé dans le chaos des rires noirs qui est l'enfer! Malheur! malheur! que tout ce qui l'avait fasciné était effroyable! Cette Josiane, qu'était-ce? oh! l'horrible femme, presque bête, presque déesse! Gwynplaine était à présent sur le revers de son élévation, et il voyait l'autre côté de son éblouissement. C'était funèbre. Cette seigneurie était difforme, cette couronne était hideuse, cette robe de pourpre était lugubre, ces palais étaient vénéneux, ces trophées, ces statues, ces armoiries étaient louches, l'air malsain et traître qu'on respirait là vous rendait fou. Oh! les haillons du saltimbanque Gwyn-

plaine étaient des resplendissements! Oh! où étaient la
Green-Box, la pauvreté, la joie, la douce vie errante
ensemble comme des hirondelles? On ne se quittait pas,
on se voyait à toute minute, le soir, le matin, à table on se
poussait du coude, on se touchait du genou, on buvait au
même verre, le soleil entrait par la lucarne, mais il n'était
que le soleil, et Dea était l'amour [303]. La nuit, on se
sentait endormis pas loin les uns des autres, et le rêve de
Dea venait se poser sur Gwynplaine, et le rêve de Gwynplaine
allait mystérieusement s'épanouir au-dessus de
Dea! On n'était pas bien sûr, au réveil, de n'avoir pas
échangé des baisers dans la nuée bleue du songe. Toute
l'innocence était dans Dea, toute la sagesse était dans
Ursus. On rôdait de ville en ville; on avait pour viatique
et pour cordial la franche gaieté aimante du peuple. On
était des anges vagabonds, ayant assez d'humanité pour
marcher ici-bas, et pas tout à fait assez d'ailes pour
s'envoler [304]. Et maintenant, disparition! Où était tout
cela? Était-ce possible que tout se fût effacé! Quel vent
de la tombe avait soufflé? C'était donc éclipsé! c'était
donc perdu! Hélas! la sourde toute-puissance qui pèse sur
les petits dispose de toute l'ombre, et est capable de tout!
Qu'est-ce qu'on leur avait fait? Et il n'avait pas été là,
lui, pour les protéger, pour se mettre au travers, pour les
défendre, comme lord, avec son titre, sa seigneurie et son
épée, comme bateleur, avec ses poings et ses ongles! Et
ici survenait une réflexion amère, la plus amère de toutes
peut-être. Eh bien, non, il n'eût pas pu les défendre!
C'était lui précisément qui les perdait. C'était pour le
préserver d'eux, lui lord Clancharlie, c'était pour isoler
sa dignité de leur contact, que l'infâme omnipotence
sociale s'était appesantie sur eux. La meilleure façon
pour lui de les protéger, ce serait de disparaître, on
n'aurait plus de raison de les persécuter. Lui de moins, on
les laisserait tranquilles. Glaçante ouverture où sa pensée
entrait. Ah! pourquoi s'était-il laissé séparer de Dea?
Est-ce que son premier devoir n'était pas envers Dea?
Servir et défendre le peuple? mais Dea, c'était le peuple!
Dea, c'était l'orpheline, c'était l'aveugle, c'était l'humanité!
Oh! que leur avait-on fait? Cuisson cruelle du

regret! son absence avait laissé le champ libre à la catastrophe. Il eût partagé leur sort. Ou il les eût pris et emportés avec lui, ou il se fût englouti avec eux. Que devenir sans eux maintenant? Gwynplaine sans Dea, était-ce possible? Dea de moins, c'est tout de moins! Ah! c'était fini. Ce groupe bien-aimé était à jamais enfoui dans l'irréparable évanouissement. Tout était épuisé. D'ailleurs, condamné et damné comme l'était Gwynplaine, à quoi bon lutter plus longtemps? Il n'y avait plus rien à attendre, ni des hommes, ni du ciel. Dea! Dea! où est Dea? Perdue! Quoi, perdue! Qui a perdu son âme n'a plus pour la retrouver qu'un lieu, la mort.

Gwynplaine, égaré et tragique, posa fermement sa main sur le parapet comme sur une solution, et regarda le fleuve.

C'était la troisième nuit qu'il ne dormait pas [305]. Il avait la fièvre. Ses idées, qu'il croyait claires, étaient troubles. Il sentait un impérieux besoin de sommeil. Il demeura ainsi quelques instants penché sur cette eau; l'ombre lui offrait le grand lit tranquille, l'infini des ténèbres. Tentation sinistre [306].

Il ôta son habit, le plia et le posa sur le parapet. Puis il déboutonna son gilet. Comme il allait l'ôter, sa main heurta dans la poche quelque chose. C'était le red-book que lui avait remis le librarian de la chambre des lords. Il retira ce carnet de cette poche, l'examina dans la lueur diffuse de la nuit, y vit un crayon, prit ce crayon, et écrivit sur la première page blanche qui s'ouvrit, ces deux lignes:

« Je m'en vais. Que mon frère David me remplace et soit heureux. »

Et il signa: FERMAIN CLANCHARLIE, pair d'Angleterre.

Puis il ôta le gilet et le posa sur l'habit. Il ôta son chapeau, et le posa sur le gilet. Il mit dans le chapeau le red-book ouvert à la page où il avait écrit. Il aperçut à terre une pierre, la prit et la mit dans le chapeau.

Cela fait, il regarda l'ombre infinie au-dessus de son front.

Puis, sa tête s'abaissa lentement comme tirée par le fil invisible des gouffres.

Il y avait un trou dans les pierres du soubassement du parapet, il y mit un pied, de telle sorte que son genou dépassait le haut du parapet, et qu'il n'avait presque plus rien à faire pour l'enjamber.

Il croisa ses mains derrière son dos et se pencha.

— Soit, dit-il [307].

Et il fixa ses yeux sur l'eau profonde.

En ce moment, il sentit une langue qui lui léchait les mains.

Il tressaillit et se retourna.

C'était Homo qui était derrière lui.

CONCLUSION

LA MER ET LA NUIT [308]

I

CHIEN DE GARDE
PEUT ÊTRE ANGE GARDIEN

Gwynplaine poussa un cri :
— C'est toi, loup !
Homo remua la queue. Ses yeux brillaient dans l'ombre. Il regardait Gwynplaine.

Puis il se remit à lui lécher les mains. Gwynplaine demeura un moment comme ivre. La rentrée immense de l'espérance, il avait cette secousse. Homo, quelle apparition ! Depuis quarante-huit heures, il avait épuisé ce qu'on pourrait nommer toutes les variétés du coup de foudre ; il lui restait à recevoir le coup de foudre de la joie. C'était celui-là qui venait de tomber sur lui. La certitude ressaisie, ou du moins la clarté qui y mène, la soudaine intervention d'on ne sait quelle clémence mystérieuse qui est peut-être dans le destin, la vie disant : me voilà ! au plus noir de la tombe, la minute où l'on n'attend plus rien ébauchant brusquement la guérison et la délivrance, quelque chose comme le point d'appui retrouvé à l'instant le plus critique de l'écroulement. Homo était tout cela. Gwynplaine voyait le loup dans de la lumière [309].

Cependant Homo s'était retourné. Il fit quelques pas, et regarda en arrière comme pour voir si Gwynplaine le suivait.

Gwynplaine s'était mis en marche à sa suite. Homo remua la queue et continua son chemin.

Ce chemin où le loup s'était engagé, c'était la pente du quai de l'Effroc-stone. Cette pente aboutissait à la berge de la Tamise. Gwynplaine, conduit par Homo, descendit cette pente.

De temps en temps, Homo tournait la tête pour s'assurer que Gwynplaine était derrière lui.

Dans de certaines situations suprêmes, rien ne ressemble à une intelligence comprenant tout comme le simple instinct de la bête aimante. L'animal est un somnambule lucide [310].

Il y a des cas où le chien sent le besoin de suivre son maître, d'autres où il sent le besoin de le précéder. Alors la bête prend la direction de l'esprit. Le flair imperturbable voit clair confusément dans notre crépuscule. Se faire guide apparaît vaguement à la bête comme une nécessité. Sait-elle qu'il y a un mauvais pas, et qu'il faut aider l'homme à le passer? non, probablement; oui, peut-être; dans tous les cas, quelqu'un le sait pour elle; nous l'avons dit déjà, bien souvent dans la vie d'augustes secours qu'on croit venir d'en bas viennent d'en haut. On ne sait pas toutes les figures que peut prendre Dieu. Quelle est cette bête? la providence.

Parvenu sur la berge, le loup s'avança en aval sur l'étroite langue de terre qui longeait la Tamise.

Il ne poussait aucun cri, il n'aboyait pas, il cheminait muet. Homo, en toute occasion, suivait son instinct et faisait son devoir, mais avait la réserve pensive du proscrit.

Après une cinquantaine de pas, il s'arrêta. Une estacade s'offrait à droite. A l'extrémité de cette estacade, espèce d'embarcadère sur pilotis, on entrevoyait une masse obscure qui était un assez gros navire. Sur le pont de ce navire, vers la proue, il y avait une clarté presque indistincte, qui ressemblait à une veilleuse prête à s'éteindre.

Le loup s'assura une dernière fois que Gwynplaine était là, puis bondit sur l'estacade, long corridor planchéié et goudronné, porté par une claire-voie de madriers, et sous lequel coulait l'eau du fleuve. En quelques instants, Homo et Gwynplaine arrivèrent à la pointe.

Le bâtiment amarré au bout de l'estacade était une de ces panses de Hollande à double tillac rasé, l'un à l'avant, l'autre à l'arrière, ayant, à la mode japonaise, entre les deux tillacs, un compartiment profond à ciel ouvert où l'on descendait par une échelle droite et qu'on emplissait de tous les colis de la cargaison. Cela faisait deux gaillards, l'un à la proue, l'autre à la poupe, comme à nos vieilles pataches de rivière, avec un creux au milieu. Le chargement lestait ce creux. Les galiotes de papier que font les enfants ont à peu près cette forme [311]. Sous les tillacs étaient les cabines communiquant par des portes avec ce compartiment central et éclairées de hublots percés dans le bordage. En arrimant la cargaison, on ménageait des passages entre les colis. Les deux mâts de ces panses étaient plantés dans les deux tillacs. Le mât de proue s'appelait le Paul, le mât de poupe s'appelait le Pierre, le navire étant conduit par ses deux mâts comme l'église par ses deux apôtres [312]. Une passerelle, faisant passavant, allait, comme un pont chinois, d'un tillac à l'autre, par-dessus le compartiment du centre. Dans les mauvais temps, les deux garde-fous de la passerelle s'abaissaient à droite et à gauche, au moyen d'un mécanisme, ce qui faisait un toit sur le compartiment creux, de sorte que le navire, dans les grosses mers, était hermétiquement fermé. Ces barques, très massives, avaient pour barre une poutre, la force du gouvernail devant se proportionner à la lourdeur du gabarit. Trois hommes, le patron avec deux matelots, plus un enfant, le mousse, suffisaient à manœuvrer ces pesantes machines de mer. Les tillacs d'avant et d'arrière de la panse étaient, nous l'avons dit déjà, sans parapet. Cette panse-ci était une large coque ventrue toute noire sur laquelle on lisait en lettres blanches, visibles dans la nuit : *Vograat. Rotterdam* [313].

A cette époque, divers événements de mer, et, tout récemment, la catastrophe des huit vaisseaux du baron de Pointi* au cap Carnero, en forçant toute la flotte fran-

---

* 21 avril 1705.

çaise de refluer sur Gibraltar, avaient balayé la Manche et nettoyé de tout navire de guerre le passage entre Londres et Rotterdam, ce qui permettait aux bâtiments marchands d'aller et venir sans escorte.

Le bateau sur lequel on lisait *Vograat,* et près duquel Gwynplaine était parvenu, touchait l'estacade par le bâbord de son tillac d'arrière presque à niveau. C'était comme une marche à descendre; Homo d'un saut, et Gwynplaine d'une enjambée, furent dans le navire. Tous deux se trouvèrent sur le pont d'arrière. Le pont était désert et l'on n'y voyait aucun mouvement; les passagers, s'il y en avait, et c'était probable, étaient à bord, vu que le bâtiment était prêt à partir, et que l'arrimage était terminé, ce qu'indiquait la plénitude du compartiment creux, encombré de balles et de caisses. Mais ils étaient sans doute couchés et probablement endormis dans les chambres de l'entrepont sous les tillacs, la traversée devant se faire la nuit. En pareil cas, les passagers n'apparaissent sur le pont que le lendemain matin, au réveil. Quant à l'équipage, il soupait vraisemblablement, en attendant l'instant très prochain du départ, dans le réduit qu'on appelait alors « la cabine matelote ». De là la solitude des deux points de poupe et de proue reliés par la passerelle.

Le loup sur l'estacade avait presque couru; sur le navire il se mit à marcher lentement, comme avec discrétion. Il remuait la queue, non plus joyeusement, mais avec l'oscillation faible et triste du chien inquiet. Il franchit, précédant toujours Gwynplaine, le tillac d'arrière, et il traversa le passavant.

Gwynplaine, en entrant sur la passerelle, aperçut devant lui une lueur. C'était la clarté qu'il avait vue de la berge. Une lanterne était posée à terre au pied du mât d'avant; la réverbération de cette lanterne découpait en noir sur l'obscur fond de nuit une silhouette qui avait quatre roues. Gwynplaine reconnut l'antique cahute d'Ursus.

Cette pauvre masure de bois, charrette et cabane, où avait roulé son enfance, était amarrée au pied du mât par de grosses cordes dont on voyait les nœuds dans les roues. Après avoir été si longtemps hors de service, elle était absolument caduque ; rien ne délabre les hommes et les choses comme l'oisiveté ; elle avait un penchement misérable. La désuétude la faisait toute paralytique, et, de plus, elle avait cette maladie irrémédiable, la vieillesse. Son profil informe et vermoulu fléchissait avec une attitude de ruine[314]. Tout ce dont elle était faite offrait un aspect d'avarie, les fers étaient rouillés, les cuirs étaient gercés, les bois étaient cariés. Les fêlures rayaient le vitrage de l'avant que traversait un rayon de la lanterne. Les roues étaient cagneuses. Les parois, le plancher et les essieux semblaient épuisés de fatigue, l'ensemble avait on ne sait quoi d'accablé et de suppliant. Les deux pointes dressées du brancard avaient l'air de deux bras levés au ciel. Toute la baraque était disloquée. Dessous, on distinguait la chaîne d'Homo, pendante.

Retrouver sa vie, sa félicité, son amour, et y courir éperdument, et se précipiter dessus, il semble que ce soit la loi et que la nature le veuille ainsi. Oui, excepté dans les cas de tremblement profond. Qui sort, tout ébranlé et tout désorienté, d'une série de catastrophes pareilles à des trahisons, devient prudent, même dans la joie, redoute d'apporter sa fatalité à ceux qu'il aime, se sent lugubrement contagieux, et n'avance dans le bonheur qu'avec précaution. Le paradis se rouvre ; avant d'y rentrer, on l'observe[315].

Gwynplaine, chancelant sous les émotions, regardait.

Le loup était allé silencieusement se coucher près de sa chaîne.

II

BARKILPHEDRO A VISÉ L'AIGLE
ET A ATTEINT LA COLOMBE

Le marchepied de la cahute était abaissé ; la porte était entrebâillée ; il n'y avait personne dedans ; le peu de lumière qui entrait par la vitre du devant modelait vaguement l'intérieur de la baraque, clair-obscur mélancolique. Les inscriptions d'Ursus glorifiant la grandeur des lords étaient distinctes sur les planches décrépites qui étaient tout à la fois la muraille au-dehors et le lambris au-dedans. A un clou, près de la porte, Gwynplaine vit son esclavine et son capingot, accrochés, comme dans une morgue les vêtements d'un mort.

Il n'avait, lui, en ce moment-là, ni gilet, ni habit.

La cahute masquait quelque chose qui était étendu sur le pont au pied du mât et que la lanterne éclairait. C'était un matelas dont on apercevait un coin. Sur le matelas quelqu'un était probablement couché. On y voyait de l'ombre se mouvoir.

On parlait. Gwynplaine, caché par l'interposition de la cahute, écouta.

C'était la voix d'Ursus[316].

Cette voix si dure en dessus, si tendre en dessous, qui avait tant malmené et si bien conduit Gwynplaine depuis son enfance, n'avait plus son timbre sagace et vivant. Elle était vague et basse et se dissipait en soupirs à la fin de chaque phrase. Elle ne ressemblait que confusément à l'ancienne voix simple et ferme d'Ursus. C'était comme la parole de quelqu'un dont le bonheur est mort. La voix peut devenir ombre.

Ursus semblait monologuer plutôt que dialoguer. Du reste le soliloque était, on le sait, son habitude. Il passait pour maniaque à cause de cela.

Gwynplaine retint son haleine pour ne pas perdre un mot de ce que disait Ursus, et voici ce qu'il entendit :

— C'est très dangereux, cette espèce de bateau. Ça n'a pas de rebord. Si on roule à la mer, rien ne vous arrête. S'il y avait du gros temps, il faudrait la descendre sous le tillac, ce qui serait terrible. Un mouvement maladroit, une peur, et voilà une rupture d'anévrisme. J'en ai vu des exemples. Ah! mon Dieu, qu'est-ce que nous allons devenir? Dort-elle? oui. Elle dort. Je crois bien qu'elle dort. Est-elle sans connaissance? non. Elle a le pouls assez fort. Certainement elle dort. Le sommeil, c'est un sursis. C'est le bon aveuglement. Comment faire pour qu'on ne vienne pas piétiner par ici? Messieurs, s'il y a là quelqu'un sur le pont, je vous en prie, ne faites pas de bruit. N'approchez pas, si cela vous est égal. Vous savez, une personne d'une santé délicate, il faut des ménagements. Elle a de la fièvre, voyez-vous. C'est tout jeune. C'est une petite qui a de la fièvre. Je lui ai mis ce matelas dehors pour qu'elle ait un peu d'air. J'explique cela afin qu'on ait égard. Elle est tombée de lassitude sur le matelas, comme si elle perdait connaissance. Mais elle dort. Je voudrais bien qu'on ne la réveillât pas. Je m'adresse aux femmes, s'il y a là des ladies. Une jeune fille, c'est une pitié. Nous ne sommes que de pauvres bateleurs, je demande qu'on ait un peu de bonté, et puis, s'il y a quelque chose à payer pour qu'on ne fasse pas de bruit, je paierai. Je vous remercie, mesdames et messieurs. Y a-t-il quelqu'un là? Non. Je crois qu'il n'y a personne. Je parle en pure perte. Tant mieux. Messieurs, je vous remercie si vous y êtes, et je vous remercie bien si vous n'y êtes pas. — Elle a le front tout en sueur. — Allons, rentrons au bagne, reprenons le collier. La misère est revenue. Nous revoilà à vau-l'eau. Une main, l'affreuse main qu'on ne voit pas, mais qu'on sent toujours sur soi, nous a subitement retournés vers le côté noir de la destinée. Soit; on aura du courage. Seulement, il ne faut pas qu'elle soit malade. J'ai l'air bête de parler haut tout seul comme cela, mais il faut bien qu'elle sente qu'elle a quelqu'un près d'elle si elle vient à se réveiller. Pourvu qu'on ne me la réveille pas brusquement! Pas de bruit, au nom du ciel! Une secousse qui la ferait lever en sursaut ne vaudrait rien. Il serait fâcheux qu'on vînt marcher de ce côté-ci. Je crois que les gens dorment dans le bateau. Je rends grâce à la providence de cette concession. Hé bien! et Homo, où est-il donc? Dans tout ce bouleversement-là, j'ai oublié de l'attacher, je ne sais plus ce que je fais, voilà plus d'une heure que je ne l'ai vu, il aura été chercher son souper dehors. Pourvu qu'il ne lui arrive pas malheur! Homo! Homo!

Homo cogna doucement de sa queue le plancher du pont.

— Tu es là! Ah! tu es là. Dieu soit béni! Homo perdu, c'eût été trop. Elle dérange son bras. Elle va peut-être se réveiller. Tais-toi, Homo. La marée descend. On partira tout à l'heure. Je pense qu'il fera beau cette nuit. Il n'y a pas de bise. La banderole pend le long du mât, nous aurons une bonne traversée. Je ne sais plus où nous en sommes de la lune. Mais c'est à peine si les nuages remuent. Il n'y aura pas de mer. Nous aurons beau temps. Elle est pâle. C'est la faiblesse. Mais non, elle est rouge. C'est la fièvre. Mais non, elle est rose. Elle se porte bien. Je n'y vois plus clair. Mon pauvre Homo, je n'y vois plus clair. Donc, il faut recommencer la vie. Nous allons nous remettre à travailler. Il n'y a plus que nous deux, vois-tu. Nous travaillerons pour elle, toi et moi. C'est notre enfant. Ah! le bateau bouge. On part. Adieu, Londres! bonsoir, bonne nuit, au diable! Ah! l'horrible Londres!

Le navire en effet avait la commotion sourde du dérapement. L'écart se faisait entre l'estacade et l'arrière. On apercevait à l'autre bout du bâtiment, à la poupe, un homme debout, le patron sans doute, qui venait de sortir de l'intérieur du navire et avait délié l'amarre, et qui manœuvrait le gouvernail. Cet homme, attentif seulement au chenal, comme il convient lorsqu'on est composé du double flegme du Hollandais et du matelot, n'entendant rien et ne voyant rien que l'eau et le vent, courbé sous l'extrémité de la barre, mêlé à l'obscurité, marchait lentement sur le tillac d'arrière, allant et revenant de tribord à bâbord, espèce de fantôme ayant une poutre sur l'épaule. Il était seul sur le pont. Tant qu'on serait en rivière, aucun autre marin n'était nécessaire. En quelques minutes le bâtiment fut au fil du fleuve. Il descendait sans tangage ni roulis. La Tamise, peu troublée par le reflux, était calme. La marée l'entraînant, le navire s'éloignait rapidement. Derrière lui, le noir décor de Londres décroissait dans la brume.

Ursus poursuivit :

— C'est égal, je lui ferai prendre de la digitale. J'ai peur qu'il ne survienne du délire. Elle a de la sueur dans la paume de la main. Mais qu'est-ce que nous avons donc fait au bon Dieu? Comme c'est venu vite tout ce malheur-là! Rapidité hideuse du mal. Une pierre tombe, elle a des griffes, c'est l'épervier sur l'alouette. C'est la destinée. Et te voilà gisante, ma douce enfant! On vient à Londres, on dit : c'est une grande ville qui a de beaux monuments. Southwark, c'est un superbe faubourg. On s'y établit. Maintenant, ce sont d'abominables pays. Que voulez-vous que j'y fasse? Je suis content de m'en aller. Nous sommes le 30 avril. Je me suis toujours défié du mois d'avril; le mois d'avril n'a que deux jours heureux, le 5 et le 27, et quatre jours malheureux, le 10, le 20, le 29 et le 30. Cela a été mis hors de doute par les calculs de Cardan. Je voudrais que ce jour-ci soit passé. Être parti, cela soulage. Nous serons au petit jour à Gravesend et demain soir à Rotterdam. Parbleu, je recommencerai la vie d'autrefois dans la cahute, nous la traînerons, n'est-ce pas, Homo?

Un léger frappement annonça le consentement du loup.

Ursus continua :

— Si l'on pouvait sortir d'une douleur comme on sort d'une ville! Homo, nous pourrions encore être heureux. Hélas! il y aurait toujours celui qui n'y est plus. Une ombre, cela reste sur ceux qui survivent. Tu sais qui je veux dire, Homo. Nous étions quatre, nous ne sommes plus que trois. La vie n'est qu'une longue perte de tout ce qu'on aime. On laisse derrière soi une traînée de douleurs. Le destin nous ahurit par une prolixité de souffrances insupportables. Après cela, on s'étonne que les vieilles gens rabâchent. C'est le désespoir qui fait les ganaches. Mon brave Homo, le vent arrière persiste. On ne voit plus du tout le dôme de Saint-Paul. Nous passerons tout à l'heure devant Greenwich. Ce sera six bons milles de faits. Ah! je leur tourne le dos pour jamais à ces odieuses capitales, pleines de prêtres, de magistrats, de populaces. J'aime mieux voir remuer les feuilles dans les bois [317]. — Toujours le front en sueur! Elle a de grosses veines violettes que je n'aime pas sur l'avant-bras. C'est de la fièvre qui est là-dedans! Ah! tout cela me tue. Dors, mon enfant. Oh oui, elle dort.

Ici une voix s'éleva, voix ineffable, qui semblait lointaine, qui paraissait venir à la fois des hauteurs et des profondeurs [318], divinement sinistre, la voix de Dea.

Tout ce que Gwynplaine avait éprouvé jusqu'à ce moment ne fut plus rien. Son ange parlait. Il lui semblait entendre des paroles dites hors de la vie dans un évanouissement plein de ciel.

La voix disait:

— Il a bien fait de s'en aller. Ce monde-ci n'est pas celui qu'il lui faut. Seulement il faut que j'aille avec lui. Père, je ne suis pas malade, je vous entendais parler tout à l'heure, je suis très bien, je me porte bien, je dormais. Père, je vais être heureuse.

— Mon enfant, demanda Ursus avec l'accent de l'angoisse, qu'entends-tu par là?

La réponse fut:

— Père, ne vous faites pas de peine.

Il y eut une pause, comme pour une reprise d'haleine, puis ces quelques mots, prononcés lentement, arrivèrent à Gwynplaine:

— Gwynplaine n'est plus là. C'est à présent que je suis aveugle. Je ne connaissais pas la nuit. La nuit, c'est l'absence [319].

La voix s'arrêta encore, puis poursuivit :

— J'avais toujours l'anxiété qu'il ne s'envolât ; je le sentais céleste. Il a tout à coup pris son vol. Cela devait finir par là. Une âme, cela s'en va comme un oiseau. Mais le nid de l'âme est dans une profondeur où il y a le grand aimant qui attire tout, et je sais bien où retrouver Gwynplaine. Je ne suis pas embarrassée de mon chemin, allez. Père, c'est là-bas. Plus tard vous nous rejoindrez. Et Homo aussi.

Homo, entendant prononcer son nom, frappa un petit coup sur le pont.

— Père, reprit la voix, vous comprenez bien que, du moment où Gwynplaine n'est plus là, c'est une chose finie. Je voudrais rester que je ne pourrais pas, parce qu'on est bien forcé de respirer. Il ne faut pas demander ce qui n'est pas possible. J'étais avec Gwynplaine, c'était tout simple, je vivais. Maintenant Gwynplaine n'y est plus, je meurs. C'est la même chose. Il faut ou qu'il revienne, ou que je m'en aille. Puisqu'il ne peut pas revenir, je m'en vais. Mourir, c'est bien bon. Ce n'est pas difficile du tout. Père, ce qui s'éteint ici se rallume ailleurs. Vivre sur cette terre où nous sommes, c'est un serrement de cœur. Il ne se peut pas qu'on soit toujours malheureux. Alors on s'en va dans ce que vous appelez les étoiles, on se marie là, on ne se quitte plus jamais, on s'aime, on s'aime, on s'aime, et c'est cela qui est le bon Dieu.

— Là, ne te fâche pas, dit Ursus.

La voix continua.

— Par exemple, eh bien, l'an passé, au printemps de l'an passé, on était ensemble, on était heureux, il y a à présent bien de la différence. Je ne me souviens plus dans quelle petite ville nous étions. Il y avait des arbres, j'entendais chanter des fauvettes. Nous sommes venus à Londres. Cela a changé. Ce n'est pas un reproche que je fait. On vient dans un pays, on ne peut pas savoir. Père, vous rappelez-vous ? un soir il y a eu dans la grande loge une femme, vous avez dit : c'est une duchesse ! j'ai été triste. Je crois qu'il aurait mieux valu rester dans les petites villes. Après cela, Gwynplaine a bien fait. Maintenant c'est mon tour. Puisque c'est vous-même qui m'avez raconté que j'étais toute petite, que ma mère était morte, que j'étais par terre dans la nuit avec de la neige qui tombait sur moi, et que lui, qui était petit aussi, et tout seul aussi, il m'avait ramassée, et que c'était comme cela que j'étais en vie, vous ne pouvez pas vous étonner que j'aie aujourd'hui absolument besoin de partir, et que je veuille aller le voir dans la tombe si Gwynplaine y est. Parce que la seule chose qui existe dans la vie, c'est le cœur, et, après la vie, c'est l'âme. Vous vous rendez bien compte de ce que je dis, n'est-ce pas, père ? Qu'est-ce qui remue donc ? il me semble que nous sommes dans une maison qui remue. Pourtant je n'entends pas le bruit des roues.

Après une interruption, la voix ajouta :

— Je ne distingue pas beaucoup entre hier et aujourd'hui. Je ne me plains pas. J'ignore ce qui s'est passé, mais il doit y avoir eu des choses.

Ces paroles étaient dites avec une profonde douceur inconsolable, et un soupir, que Gwynplaine entendit, s'acheva ainsi :

— Il faut que je m'en aille, à moins qu'il ne revienne.

Ursus, sombre, grommela à demi-voix :

— Je ne crois pas aux revenants.

Il reprit :

— C'est une barque. Tu demandes pourquoi la maison remue, c'est que nous sommes dans une barque. Calme-toi. Il ne faut pas trop parler. Ma fille, si tu as un peu d'amitié pour moi, ne t'agite pas, ne te donne pas de fièvre. Vieux comme je suis, je ne pourrais pas supporter une maladie que tu aurais. Épargne-moi, ne sois pas malade.

La voix recommença :

— Chercher sur la terre, à quoi bon ? puisqu'on ne trouve qu'au ciel.

Ursus répliqua, presque avec un essai d'autorité :

— Calme-toi. Il y a des moments où tu n'as pas d'intelligence du tout. Je te recommande de rester en repos. Après ça, tu n'es pas forcée de savoir ce que c'est que la veine cave. Je serais tranquille si tu étais tranquille. Mon enfant, fais aussi quelque chose pour moi. Il t'a ramassée, mais je t'ai recueillie. Tu te rends malade. C'est mal. Il faut te calmer et dormir. Tout ira bien. Je te jure ma parole d'honneur que tout ira bien. Nous avons un très beau temps d'ailleurs. C'est comme une nuit faite exprès. Nous serons demain à Rotterdam qui est une ville en Hollande, à l'embouchure de la Meuse.

— Père, dit la voix, voyez-vous, quand c'est depuis l'enfance et qu'on a toujours été l'un avec l'autre, il ne faudrait pas que cela se dérangeât, parce qu'alors il faut mourir et qu'il n'y a même pas moyen de faire autrement. Je vous aime bien tout de même, mais je sens bien que je ne suis plus tout à fait avec vous, quoique je ne sois pas encore avec lui.

— Allons, insista Ursus, tâche de te rendormir.

La voix répondit :

— Ce n'est pas cela qui me manquera.

Ursus repartit, avec une intonation toute tremblante :

— Je te dis que nous allons en Hollande, à Rotterdam, qui est une ville.

— Père, continua la voix, je ne suis pas malade, si c'est cela qui vous inquiète, vous pouvez vous rassurer, je n'ai pas de fièvre, j'ai un peu chaud, voilà tout.

Ursus balbutia :

— A l'embouchure de la Meuse.

— Je me porte bien, père, mais voyez-vous, je me sens mourir.

— Ne va pas t'aviser d'une chose pareille, dit Ursus.

Et il ajouta :

— Surtout qu'elle n'ait pas de secousse, mon Dieu!

Il y eut un silence.

Tout à coup Ursus cria :

— Qu'est-ce que tu fais? Pourquoi te lèves-tu? Je t'en supplie, reste couchée!

Gwynplaine tressaillit, et avança la tête.

III

LE PARADIS RETROUVÉ ICI-BAS [320]

Il aperçut Dea. Elle venait de se dresser toute droite sur le matelas. Elle avait une longue robe soigneusement fermée, blanche, qui ne laissait voir que la naissance des épaules et l'attache délicate de son cou. Les manches cachaient ses bras, les plis couvraient ses pieds. On voyait ses mains où se gonflait en embranchements bleuâtres le réseau des veines chaudes de fièvre. Elle était frissonnante, et oscillait plutôt qu'elle ne chancelait, comme un roseau. La lanterne l'éclairait d'en bas. Son beau visage était indicible. Ses cheveux dénoués flottaient. Aucune larme ne coulait sur ses joues. Il y avait dans ses prunelles du feu, et de la nuit [321]. Elle était pâle de cette pâleur qui ressemble à la transparence de la vie divine sur une figure terrestre. Son corps exquis et frêle était comme mêlé et fondu dans le plissement de sa robe. Elle ondoyait tout entière avec le tremblement d'une flamme. Et en même temps on sentait qu'elle commençait à n'être plus que de l'ombre. Ses yeux, tout grands ouverts, resplendissaient. On eût dit une sortie de sépulcre et une âme debout dans une aurore [322].

Ursus, dont Gwynplaine ne voyait que le dos, levait des bras effarés.

— Ma fille! ah! mon Dieu, voilà le délire qui la prend! le délire! c'est ce que je craignais. Il ne faudrait pas de secousse, car cela pourrait la tuer, et il en faudrait une pour l'empêcher de devenir folle. Morte, ou folle! quelle situation! que faire, mon Dieu? Ma fille, recouche-toi!

Cependant Dea parlait. Sa voix était presque indistincte, comme si une épaisseur céleste était déjà interposée entre elle et la terre.

— Père, vous vous trompez. Je n'ai aucun délire. J'entends très bien tout ce que vous me dites. Vous me dites qu'il y a beaucoup de monde, qu'on attend, et qu'il faut que je joue ce soir, je veux bien, vous voyez que j'ai ma raison, mais je ne sais pas comment faire, puisque je suis morte et puisque Gwynplaine est mort. Moi, je viens tout de même. Je consens à jouer. Me voici; mais Gwynplaine n'y est plus.

— Mon enfant, répéta Ursus, allons, obéis-moi. Remets-toi sur ton lit.

— Il n'y est plus! il n'y est plus! oh! comme il fait noir!

— Noir! balbutia Ursus, voilà la première fois qu'elle dit ce mot!

Gwynplaine, sans plus de bruit qu'un glissement, monta le marchepied de la baraque, y entra, décrocha son capingot et son esclavine, endossa le capingot, mit l'esclavine à son cou et redescendit de la cahute, toujours caché pas l'espèce d'encombrement que faisaient la cabane, les agrès et le mât.

Dea continuait de murmurer, elle remuait les lèvres, et peu à peu ce murmure devint une mélodie. Elle ébaucha, avec les intermittences et les lacunes du délire, le mystérieux appel qu'elle avait tant de fois adressé à Gwynplaine dans *Chaos vaincu* [323]. Elle se mit à chanter, et ce chant était vague et faible comme un bourdonnement d'abeille :

> Noche, quita te de alli,
> La alba canta...*

---

* Nuit, va-t'en
  L'aube chante.

Elle s'interrompit :

— Non, ce n'est pas vrai, je ne suis pas morte. Qu'est-ce que je disais donc ? Hélas ! je suis vivante. Je suis vivante, et il est mort. Je suis en bas, et il est en haut. Il est parti, et moi je reste. Je ne l'entendrai plus parler et marcher. Dieu nous avait donné un peu de paradis sur la terre, il nous l'a retiré. Gwynplaine ! c'est fini. Je ne le sentirai plus près de moi. Jamais. Sa voix ! je n'entendrai plus sa voix.

Et elle chanta :

> Es menester a cielos ir...
> ... Dexa, quiero,
> A tu negro
> Caparazon *

Et elle étendit la main comme si elle cherchait où s'appuyer dans l'infini.

Gwynplaine, surgissant à côté d'Ursus brusquement pétrifié, s'agenouilla devant elle.

— Jamais ! dit Dea. Jamais ! je ne l'entendrai plus !

Et elle se remit à chanter, égarée :

> Dexa, quiero,
> A tu negro
> Caparazon !

Alors elle entendit une voix, la voix bien-aimée, qui répondait :

> O ven ! ama !
> Eres alma,
> Soy corazon **.

Et en même temps Dea sentit sous sa main la tête de Gwynplaine. Elle jeta un cri inexprimable :

— Gwynplaine !

Une clarté d'astre apparut sur sa figure pâle, et elle chancela.

---

* Il faut aller au ciel...
   ... Quitte, je le veux,
   Ta noire enveloppe !
** Oh ! viens ! aime !
  Tu es âme,
  Je suis cœur.

Gwynplaine la reçut dans ses bras.
— Vivant! cria Ursus.
Dea répéta: — Gwynplaine!
Et sa tête se ploya contre la joue de Gwynplaine. Elle dit, tout bas:
— Tu redescends! merci.

Et, relevant le front, assise sur le genou de Gwynplaine, enlacée dans son étreinte, elle tourna vers lui son doux visage, et fixa sur les yeux de Gwynplaine ses yeux pleins de ténèbres et de rayons, comme si elle le regardait [324].
— C'est toi! dit-elle.

Gwynplaine couvrait sa robe de baisers. Il y a des paroles qui sont à la fois des mots, des cris et des sanglots. Toute l'extase et toute la douleur s'y fondent et éclatent pêle-mêle. Cela n'a aucun sens, et cela dit tout.

— Oui, moi! c'est moi! moi Gwynplaine! celui dont tu es l'âme, entends-tu? moi dont tu es l'enfant, l'épouse, l'étoile, le souffle! moi dont tu es l'éternité! C'est moi! je suis là, je te tiens dans mes bras. Je suis vivant. Je suis à toi. Ah! quand je pense que j'étais au moment d'en finir! Une minute de plus! Sans Homo! Je te dirai cela. Comme c'est près de la joie le désespoir! Dea, vivons! Dea, pardonne-moi! Oui! à toi à jamais! Tu as raison, touche mon front, assure-toi que c'est moi. Si tu savais! Mais rien ne peut plus nous séparer. Je sors de l'enfer et je remonte au ciel. Tu dis que je redescends, non, je remonte [325]. Me revoici avec toi. A jamais, te dis-je! Ensemble! nous sommes ensemble! qui aurait dit cela? Nous nous retrouvons. Tout le mal est fini. Il n'y a plus devant nous que de l'enchantement. Nous recommencerons notre vie heureuse, et nous en fermerons si bien la porte que le mauvais sort n'y pourra plus rentrer. Je te conterai tout. Tu seras étonnée. Le bateau est parti. Personne ne peut faire que le bateau ne soit pas parti. Nous sommes en route, et en liberté. Nous allons en Hollande, nous nous marierons, je ne suis pas embarrassé pour gagner ma vie, qui est-ce qui pourrait empêcher cela? Il n'y a plus rien à craindre. Je t'adore.

— Pas si vite! balbutia Ursus.

Dea, tremblante, et avec le frémissement d'un toucher céleste, promenait sa main sur le profil de Gwynplaine. Il l'entendit qui se disait à elle-même:

— C'est comme cela que Dieu est fait.

Puis elle toucha ses vêtements.

— L'esclavine, dit-elle. Le capingot. Il n'y a rien de changé. Tout est comme auparavant.

Ursus, stupéfait, épanoui, riant, inondé de larmes, les regardait et s'adressait à lui-même un aparté.

— Je ne comprends pas du tout. Je suis un absurde idiot. Moi qui l'ai vu porter en terre! Je pleure et je ris [326]. Voilà tout ce que je sais. Je suis aussi bête que si, moi aussi, j'étais amoureux. Mais c'est que je le suis. Je suis amoureux des deux. Vieille brute, va! Trop d'émotions. Trop d'émotions. C'est ce que je craignais. Non, c'est ce que je voulais. Gwynplaine, ménage-la. Au fait, qu'ils s'embrassent. Cela ne me regarde pas. J'assiste à l'incident. Ce que j'éprouve est drôle. Je suis le parasite de leur bonheur et j'en prends ma part. Je n'y suis pour rien, et il me semble que j'y suis pour quelque chose. Mes enfants, je vous bénis.

Et pendant qu'Ursus monologuait, Gwynplaine s'écriait:

— Dea, tu es trop belle. Je ne sais pas où j'avais l'esprit ces jours-ci. Il n'y a absolument que toi sur la terre. Je te revois, et je n'y crois pas encore. Sur cette barque! Mais, dis-moi, que s'est-il donc passé? Et voilà l'état où l'on vous a mis! Où est donc la Green-Box? On vous a volés, on vous a chassés. C'est infâme. Ah! je vous vengerai! je te vengerai, Dea! on aura affaire à moi. Je suis pair d'Angleterre.

Ursus, comme heurté par une planète en pleine poitrine, recula et considéra Gwynplaine attentivement.

— Il n'est pas mort, c'est clair, mais serait-il fou?

Et il tendit l'oreille avec défiance.

Gwynplaine reprit:

— Sois tranquille, Dea. Je porterai ma plainte à la chambre des lords.

Ursus l'examina encore, et se frappa le milieu du front avec le petit bout de son doigt.

Puis, prenant son parti :

— Ça m'est égal, murmura-t-il. Cela ira tout de même. Sois fou, si tu veux, mon Gwynplaine. C'est le droit de l'homme. Moi, je suis heureux. Mais qu'est-ce que tout cela ?

Le navire continuait de fuir mollement et vite, la nuit était de plus en plus obscure, des brumes qui venaient de l'océan envahissaient le zénith d'où aucun vent ne les balayait, quelques grosses étoiles à peine étaient visibles et s'estompaient l'une après l'autre, et au bout de quelque temps il n'y en eut plus du tout, et tout le ciel fut noir, infini et doux [327]. Le fleuve s'élargissait, et ses deux rives à droite et à gauche n'étaient plus que deux minces lignes brunes presque amalgamées à la nuit. De toute cette ombre sortait un profond apaisement. Gwynplaine s'était assis à demi, tenant Dea embrassée. Ils parlaient, s'écriaient, jasaient, chuchotaient. Dialogue éperdu. Comment vous peindre, ô joie ?

— Ma vie !
— Mon ciel !
— Mon amour !
— Tout mon bonheur !
— Gwynplaine !
— Dea ! je suis ivre. Laisse-moi baiser tes pieds.
— C'est toi donc !
— En ce moment-ci, j'ai trop à dire à la fois. Je ne sais par où commencer.
— Un baiser !
— O ma femme !
— Gwynplaine, ne me dis pas que je suis belle. C'est toi qui est beau.
— Je te retrouve, je t'ai sur mon cœur. Cela est. Tu es à moi. Je ne rêve pas. C'est bien toi. Est-ce possible ? oui. Je reprends possession de la vie. Si tu savais, il y a eu toutes sortes d'événements. Dea !
— Gwynplaine !
— Je t'aime !

Et Ursus murmurait :

— J'ai une joie de grand-père.

Homo était sorti de dessous la cahute, et, allant de l'un à l'autre, discrètement, n'exigeant pas qu'on fît attention à lui, il donnait des coups de langue à tort et à travers, tantôt aux gros souliers d'Ursus, tantôt au capingot de Gwynplaine, tantôt à la robe de Dea, tantôt au matelas. C'était sa façon à lui de bénir.

On avait dépassé Chatham et l'embouchure de la Medway [328]. On approchait de la mer. La sérénité ténébreuse de l'étendue était telle que la descente de la Tamise se faisait sans complication; aucune manœuvre n'était nécessaire, et aucun matelot n'avait été appelé sur le pont. A l'autre extrémité du navire, le patron, toujours seul à la barre, gouvernait. A l'arrière, il n'y avait que cet homme; à l'avant, la lanterne éclairait l'heureux groupe de ces êtres qui venaient de faire, au fond du malheur subitement changé en félicité, cette jonction inespérée.

IV

NON. LÀ-HAUT [329]

Tout à coup, Dea, se dégageant de l'embrassement de Gwynplaine, se souleva. Elle appuyait ses deux mains sur son cœur, comme pour l'empêcher de se déranger.

— Qu'est-ce que j'ai? dit-elle. J'ai quelque chose. La joie, cela étouffe. Ce n'est rien. C'est bon. En reparaissant, ô mon Gwynplaine, tu m'as donné un coup. Un coup de bonheur. Tout le ciel qui vous entre dans le cœur, c'est un enivrement. Toi absent, je me sentais expirer. La vraie vie qui s'en allait, tu me l'as rendue [330]. J'ai eu en moi comme un déchirement, le déchirement des ténèbres, et j'ai senti monter la vie, une vie ardente, une vie de fièvre et de délices. C'est extraordinaire, cette vie-là, que tu viens de me donner. Elle est si céleste qu'on souffre un peu. C'est comme si l'âme grandissait et avait de la peine à tenir dans notre corps. Cette vie des séraphins, cette plénitude, elle reflue jusqu'à ma tête, et me pénètre. J'ai comme un battement d'ailes dans la poitrine. Je me sens étrange, mais bien heureuse. Gwynplaine, tu m'as ressuscitée [331].

Elle rougit, puis pâlit, puis rougit encore, et tomba.

— Hélas! dit Ursus, tu l'as tuée.

Gwynplaine étendit les bras vers Dea. L'angoisse suprême survenant dans la suprême extase, quel choc! Il fût lui-même tombé, s'il n'eût eu à la soutenir.

— Dea! cria-t-il frémissant, qu'est-ce que tu as?

— Rien, dit-elle. Je t'aime.

Elle était dans les bras de Gwynplaine comme un linge qu'on a ramassé. Ses mains pendaient.

Gwynplaine et Ursus couchèrent Dea sur le matelas.

Elle dit faiblement :

— Je ne respire pas couchée.

Ils la mirent sur son séant.

Ursus dit :

— Un oreiller !

Elle répondit :

— Pourquoi ? j'ai Gwynplaine.

Et elle posa sa tête sur l'épaule de Gwynplaine, assis derrière elle et la soutenant, l'œil plein d'un égarement infortuné.

— Ah ! dit-elle, comme je suis bien !

Ursus lui avait saisi le poignet, et comptait les pulsations de l'artère. Il ne hochait pas le front, il ne disait rien, et l'on ne pouvait deviner ce qu'il pensait qu'aux rapides mouvements de ses paupières, s'ouvrant et se refermant convulsivement, comme pour empêcher un flot de larmes de sortir.

— Qu'a-t-elle ? demanda Gwynplaine.

Ursus appuya son oreille contre le flanc gauche de Dea.

Gwynplaine répéta ardemment sa question, en tremblant qu'Ursus ne lui répondît.

Ursus regarda Gwynplaine, puis Dea. Il était livide. Il dit :

— Nous devons être à la hauteur de Canterbury. La distance d'ici à Gravesend n'est pas très grande. Nous aurons beau temps toute la nuit. Il n'y a pas à craindre d'attaque en mer, parce que les flottes de guerre sont sur la côte d'Espagne. Nous aurons un bon passage.

Dea, ployée et de plus en plus pâle, pétrissait dans ses doigts convulsifs l'étoffe de sa robe. Elle eut un soupir inexprimablement pensif, et murmura :

— Je comprends ce que c'est. Je meurs.

Gwynplaine se leva terrible. Ursus soutint Dea.

— Mourir ! Toi mourir ! non, cela ne sera pas. Tu ne peux pas mourir. Mourir à présent ! mourir tout de suite !

c'est impossible. Dieu n'est pas féroce. Te rendre et te reprendre dans la même minute ! Non. Ces choses-là ne se font pas. Alors c'est que Dieu voudrait qu'on doute de lui. Alors c'est que tout serait un piège, la terre, le ciel, le berceau des enfants, l'allaitement des mères, le cœur humain, l'amour, les étoiles ! c'est que Dieu serait un traître et l'homme une dupe ! c'est qu'il n'y aurait rien ! c'est qu'il faudrait insulter la création ! c'est que tout serait un abîme [332] ! Tu ne sais ce que tu dis, Dea ! tu vivras. J'exige que tu vives. Tu dois m'obéir. Je suis ton mari et ton maître. Je te défends de me quitter. Ah ciel ! Ah misérables hommes ! Non, cela ne se peut pas. Et je resterais sur cette terre après toi ! Cela est tellement monstrueux qu'il n'y aurait plus de soleil. Dea, Dea, remets-toi. C'est un petit moment d'angoisse qui va passer. On a quelquefois des frissons, et puis on n'y pense plus. J'ai absolument besoin que tu te portes bien et que tu ne souffres plus. Toi mourir ! qu'est-ce que je t'ai fait ? D'y penser, ma raison s'en va. Nous sommes l'un à l'autre, nous nous aimons. Tu n'as pas de motif de t'en aller. Ce serait injuste. Ai-je commis des crimes ? Tu m'as pardonné d'ailleurs. Oh ! tu ne veux pas que je devienne un désespéré, un scélérat, un furieux, un damné ! Dea ! je t'en prie, je t'en conjure, je t'en supplie à mains jointes, ne meurs pas.

Et, crispant ses poings dans ses cheveux, agonisant d'épouvante, étouffé de pleurs, il se jeta à ses pieds.

— Mon Gwynplaine, dit Dea, ce n'est pas ma faute. Il lui vint aux lèvres un peu d'écume rose qu'Ursus essuya d'un pan de la robe sans que Gwynplaine prosterné le vît. Gwynplaine tenait les pieds de Dea embrassés, et l'implorait avec toutes sortes de mots confus.

— Je te dis que je ne veux pas. Toi, mourir ! je n'en ai pas la force. Mourir, oui, mais ensemble. Pas autrement. Toi mourir, Dea ! Il n'y a pas moyen que j'y consente. Ma divinité ! mon amour ! comprends donc que je suis là. Je te jure que tu vivras. Mourir ! mais c'est qu'alors tu ne te figures pas ce que je deviendrais après ta mort. Si tu avais l'idée du besoin que j'ai de ne pas te perdre, tu verrais que c'est positivement impossible, Dea ! Je n'ai que toi, vois-tu. Ce qui m'est arrivé est extraordinaire. Tu ne t'imagines pas que je viens de traverser toute la vie en quelques heures. J'ai reconnu une chose, c'est qu'il n'y avait rien du tout. Toi, tu existes. Si tu n'y es pas, l'univers n'a plus de sens[333]. Reste. Aie pitié de moi. Puisque tu m'aimes, vis. Je viens de te retrouver, c'est pour te garder. Attends un peu. On ne s'en va pas comme cela quand on est à peine ensemble depuis quelques instants. Ne t'impatiente pas. Ah! mon Dieu, que je souffre! Tu ne m'en veux pas, n'est-ce pas? Tu comprends bien que je n'ai pas pu faire autrement, puisque c'est le wapentake qui est venu me chercher. Tu vas voir que tu vas respirer mieux tout à l'heure. Dea, tout vient de s'arranger. Nous allons être heureux. Ne me mets pas au désespoir. Dea! je ne t'ai rien fait!

Ces paroles n'étaient pas dites, mais sanglotées. On y sentait un mélange d'accablement et de révolte. Il sortait de la poitrine de Gwynplaine un gémissement qui eût attiré des colombes et un rugissement qui eût fait reculer des lions.

Dea lui répondit, d'une voix de moins en moins distincte, s'arrêtant presque à chaque mot :

— Hélas! c'est inutile. Mon bien-aimé, je vois bien que tu fais ce que tu peux. Il y a une heure, je voulais mourir, à présent je ne voudrais plus. Gwynplaine, mon Gwynplaine adoré, comme nous avons été heureux! Dieu t'avait mis dans ma vie, il me retire de la tienne. Voilà que je m'en vais. Tu te souviendras de la Green-Box, n'est-ce pas? et de ta pauvre petite Dea aveugle? Tu te souviendras de ma chanson. N'oublie pas mon son de voix, et la manière dont je te disais : Je t'aime! Je reviendrai te le dire, la nuit, quand tu dormiras. Nous nous étions retrouvés, mais c'était trop de joie. Cela devait finir tout de suite. C'est décidément moi qui pars la première. J'aime bien mon père Ursus et notre frère Homo. Vous êtes bons. L'air manque ici. Ouvrez la fenêtre. Mon Gwynplaine, je ne te l'ai pas dit, mais parce qu'il y a eu une fois une femme qui est venue, j'ai été jalouse. Tu ne sais même pas de qui je veux parler. Pas vrai? Couvrez-moi les bras. J'ai un peu froid. Et Fibi? et

Vinos ? où sont-elles ? On finit par aimer tout le monde. On prend en amitié les personnes qui vous ont vu être heureux On leur sait gré d'avoir été là pendant qu'on était content. Pourquoi tout cela est-il passé ? Je n'ai pas bien compris ce qui est arrivé depuis deux jours. Maintenant je meurs. Vous me laisserez dans ma robe. Tantôt en la mettant je pensais bien que ce serait mon suaire. Je veux la garder. Il y a des baisers de Gwynplaine dessus. Oh ! j'aurais pourtant bien voulu vivre encore. Quelle vie charmante nous avions dans notre pauvre cabane qui roulait ! On chantait. J'écoutais les battements de mains ! Comme c'était bon, n'être jamais séparés ! Il me semblait que j'étais dans un nuage avec vous, je me rendais bien compte de tout. Je distinguais un jour de l'autre, quoique aveugle, je reconnaissais que c'était le matin parce que j'entendais Gwynplaine, je reconnaissais que c'était la nuit parce que je rêvais de Gwynplaine. Je sentais autour de moi une enveloppe qui était son âme. Nous nous sommes doucement adorés. Tout cela s'en va, et il n'y aura plus de chansons. Hélas ! ce n'est donc pas possible de vivre encore ! Tu penseras à moi, mon bien-aimé.

Sa voix allait s'affaiblissant. La décroissance lugubre de l'agonie lui ôtait l'haleine. Elle repliait son pouce sous ses doigts, signe que la dernière minute approche. Le bégaiement de l'ange commençant semblait s'ébaucher dans le doux râle de la vierge.

Elle murmura :

— Vous vous souviendrez, n'est-ce pas, parce que ce serait bien triste que je sois morte si l'on ne se souvenait pas de moi. J'ai quelquefois été méchante. Je vous demande à tous pardon. Je suis bien certaine que, si le bon Dieu avait voulu, comme nous ne tenons pas beaucoup de place, nous aurions encore été heureux, mon Gwynplaine, puisqu'on aurait gagné sa vie et qu'on aurait été ensemble dans un autre pays ; mais le bon Dieu n'a pas voulu. Je ne sais pas du tout pourquoi je meurs. Puisque je ne me plaignais pas d'être aveugle, je n'offensais personne. Je n'aurais pas mieux demandé que de rester toujours aveugle à côté de toi. Oh ! comme c'est triste de s'en aller !

Ses paroles haletaient, et s'éteignaient l'une après l'autre, comme si l'on eût soufflé dessus. On ne l'entendait presque plus.

— Gwynplaine, reprit-elle, n'est-ce pas? tu penseras à moi. J'en aurai besoin, quand je serai morte.

Et elle ajouta:

— Oh! retenez-moi!

Puis, après un silence, elle dit:

— Viens me rejoindre le plus tôt que tu pourras. Je vais être bien malheureuse sans toi, même avec Dieu. Ne me laisse pas trop longtemps seule, mon doux Gwynplaine! C'est ici qu'était le paradis. Là-haut, ce n'est que le ciel [334]. Ah! j'étouffe! Mon bien-aimé, mon bien-aimé, mon bien-aimé!

— Grâce! cria Gwynplaine.

— Adieu! dit-elle.

— Grâce! répéta Gwynplaine.

Et il colla sa bouche aux belles mains glacées de Dea.

Elle fut un moment comme si elle ne respirait plus.

Puis elle se haussa sur ses coudes, un profond éclair traversa ses yeux, et elle eut un ineffable sourire. Sa voix éclata, vivante.

— Lumière! cria-t-elle. Je vois [335].

Et elle expira.

Elle retomba étendue et immobile sur le matelas.

— Morte! dit Ursus.

Et le pauvre vieux bonhomme, comme s'écroulant sous le désespoir, prosterna sa tête chauve et enfouit son visage sanglotant dans les plis de la robe aux pieds de Dea. Il demeura là, évanoui.

Alors Gwynplaine fut effrayant.

Il se dressa debout, leva le front, et considéra au-dessus de sa tête l'immense nuit.

Puis, vu de personne, regardé pourtant peut-être dans ces ténèbres par quelqu'un d'invisible [336], il étendit les bras vers la profondeur d'en haut, et dit:

— Je viens.

Et il se mit à marcher, dans la direction du bord, sur le pont du navire, comme si une vision l'attirait.

A quelques pas c'était l'abîme.

Il marchait lentement, il ne regardait pas à ses pieds.
Il avait le sourire que Dea venait d'avoir [337].
Il allait droit devant lui. Il semblait voir quelque chose.
Il avait dans la prunelle une lueur qui était comme la réverbération d'une âme aperçue au loin.
Il cria : — Oui [338] !
A chaque pas il se rapprochait du bord.
Il marchait tout d'une pièce, les bras levés, la tête renversée en arrière, l'œil fixe, avec un mouvement de fantôme.
Il avançait sans hâte et sans hésitation, avec une précision fatale, comme s'il n'eût pas eu tout près le gouffre béant et la tombe ouverte.
Il murmurait : — Sois tranquille. Je te suis. Je distingue très bien le signe que tu me fais.
Il ne quittait pas des yeux un point du ciel, au plus haut de l'ombre, il souriait [339].
Le ciel était absolument noir, il n'y avait plus d'étoiles, mais évidemment il en voyait une [340].
Il traversa le tillac.
Après quelques pas rigides et sinistres, il parvint à l'extrême bord.
— J'arrive, dit-il, Dea, me voilà.
Et il continua de marcher. Il n'y avait pas de parapet. Le vide était devant lui. Il y mit le pied.
Il tomba.
La nuit était épaisse et sourde, l'eau était profonde [341]. Il s'engloutit. Ce fut une disparition calme et sombre. Personne ne vit ni n'entendit rien. Le navire continua de voguer et le fleuve de couler.
Peu après le navire entra dans l'océan.
Quand Ursus revint à lui, il ne vit plus Gwynplaine, et il aperçut près du bord Homo qui hurlait dans l'ombre en regardant la mer [342].

NOTES

1. *fêlure :* terme cher à Hugo, qui évoque le motif de la vitre, dans sa transparence, sa pureté, son ouverture sur le vrai, l'infini. Protection aussi qui, lézardée, finit par s'écrouler, faille par laquelle les flots du mal vont se précipiter. Hugo avait d'abord songé à «Fêlure au paradis», qui insistait sur la connotation métaphysique de la vitre.

2. *t'aime :* jeu de mots qu'on dirait anodin, s'il ne portait sur la tour où Hardquannone est enfermé. A la fin du roman — la conclusion III, «Le paradis retrouvé ici-bas», après les retrouvailles de Gwynplaine et de Dea («Gwynplaine! — Je t'aime!»), on ne saurait lire ces lignes du dernier paragraphe sans entendre l'écho de ce calembour : «On avait dépassé Chatham et l'embouchure de la Medway. On approchait de la mer». C'est l'ouverture sur le chapitre final «Non, là-haut» : les deux titres disent bien cette transfiguration, ce dépassement de l'amour terrestre. Voir note 328.

3. *Vograat :* la panse porte un nom emprunté au hollandais ancien et qui signifie «Suivez conseil», ici celui de la sagesse de la mer; après le naufrage initial, c'est le salut par la mer, loin de l'Angleterre féodale.

4. *parapet :* détail technique qui prendra son sens à la fin, quand Gwynplaine, somnambule, marchera vers la nuit et le flot.

5. *préférée : légitime* en opposition à *bâtarde* rappelle d'abord la rivalité entre la reine Anne et la duchesse Josiane — entre la «fille de la mésalliance» et la «fille de la bâtardise». Se rappeler aussi l'exclamation de la reine : «Ces bâtardes!»
On peut parler d'un véritable *motif* de la porte, puisque, à travers le roman, les descriptions de l'architecture prennent une signification symbolique très nette. Voyez d'abord Livre V, III, le palais de lord Clancharlie et ses trois portes (note 140).

6. *homme :* ce passant insolite — «matelot probable» dira, l'auteur à la fin du discours — donne son sens dramatique à une nouvelle péroraison d'Ursus; d'une part, le lecteur *reconnaît* le ton sarcastique et, d'autre part, devine que ce matelot va servir de trait d'union entre le monde aristocratique et celui des saltimbanques.

7. *disait :* c'est une *voix* qui s'élève *de l'autre côté du mur ;* elle est à la fois personnifiée pour nous et pure expression du groupe des miséra-

bles : le Verbe de l'auteur et de ses personnages opère ici une véritable synthèse, révélation à sens général.

8. *idées :* médecin et philosophe, l'orateur se présente, sur le mode satirique, comme un sosie de l'artiste.

9. *penser :* le *rire* et le *savoir* sont frères jumeaux ; cette analyse d'Ursus et de Gwynplaine confirme le début du roman : le père et le fils incarnent tour à tour « l'homme qui rit » et « l'homme qui sait ».

10. *la maternité :* imprudente parole à sens théologique, qui vaudra plus loin de graves inquiétudes à Ursus. Voir note 33.

11. *xoloïtzeniski :* le chien nu du Mexique, xoloïzcuintle, déjà connu des Aztèques, correspond à l'Anubis égyptien, qui accompagne les âmes dans l'Au-delà. On retiendra cela pour l'épilogue du roman, où le loup Homo joue un rôle capital à l'égard de Gwynplaine.

12. *aveugles :* admirable passage, où le ton satirique débouche à nouveau sur la métaphysique hugolienne, pour souligner une fois encore la nature surhumaine de Dea, *voyante*.

13. *mystérieure :* avant de conclure son discours sur le thème initial (« je suis médecin et philosophe »), la *voix* suggère — nulle part dans le roman il n'est dit quoi que ce soit qui lèverait ce mystère — que Dea, par analogie, en somme, avec le destin de Gwynplaine, pourrait, par sa naissance, appartenir au monde des grands : « Je la crois fille de roi ». Double féminin d'Œdipe, frappée de cécité au début de sa vie, à l'inverse du roi de Thèbes ? Ainsi Gwynplaine *enfant* s'est-il montré un véritable héros (Hercule ou Prométhée) dans sa lutte avec les éléments.

14. *panse :* reprise d'un calembour célèbre ; Voltaire, de retour d'Angleterre, est reçu par Louis XV, qui lui demande : « Qu'avez-vous appris là-bas ? — A penser, sire. — Les chevaux ? » Izambard rapproche cette anecdote des fameuses lignes de Rimbaud : « C'est faux de dire : Je pense : on devrait dire : On me pense. — Pardon du jeu de mots. » A mon avis, c'est le jeu sur *on* et *je* qui est ainsi souligné ; il n'empêche que le discours d'Ursus a bien pu, sur le plan verbal, frapper Rimbaud.

15. *artistes :* autre affirmation du goût, partagé par Hugo et par Ursus, pour tout ce qui désobéit aux normes : comme *bâtarde* signifie *préférée*, le grand amour pour Juliette est *illégitime*, l'imagination est *hérésie* romantique contre la raison classique, comme, ici, saint Paul remplace l'orthodoxe saint Pierre. C'est bien pourquoi Hugo se permettra de dire, plus loin, *saint Gwynplaine*.

16. *instruments :* on se contentera de goûter la sonorité des mots, sans exiger la pédante description de ces instruments ; tout au plus, dirons-nous que les dulcaynes sont, sans doute, les dulcimers, « espèce de guitare des pays du Nord » (Littré) et que les rubèbes s'appellent aussi rubelles ou rebelles, « variété de rebec » (Larousse)...

17. *York :* humour de l'auteur à l'égard de son héros (« savantasse » à l'occasion) ? Si les trinobantes (Trinovantes du *De Bello Gallico*) sont bien ce « peuple breton qui occupait le comté d'Essex et une partie du comté de Suffolk », il faudrait lire Atrebates, et non Atrobates.

18. *déchiré* : le « matelot probable » dévoile au lecteur son identité : c'est un homme *déguisé* qui se manifeste bruyamment dans le public de *Chaos vaincu*.

19. *canaille* : approuvé par l'auteur — qui vient de nous faire définitivement reconnaître lord David Moir — l'aubergiste a flairé la véritable nature de Tom-Jim-Jack.

20. *mystérieuse* : commentaire de l'auteur, qui vise à effacer le monstre en Gwynplaine, pour en faire une variante de la figure *chrysalide/papillon*. *Flâneries étoilées,* belle métonymie doublée d'un symbole qui s'ouvre sur la scène finale, où Gwynplaine marche à l'étoile visible pour lui seule : Dea. On remarquera aussi que l'expression *promenades nocturnes* se métamorphose, s'efface, puis se complique avec ce « divin bonheur trouble », vague tentation de Gwynplaine ; « allait et venait devant cette porte entrebâillée » redit admirablement le paradis entrevu, aussi bien que la fêlure possible.

21. *personne* : casseur de vitres, le lord déguisé en matelot ne se mêle aux misérables que par goût des jeux pervers décrits au début du roman.

22. *papisme* : l'Église du côté de l'ordre établi et les rôles, inversés, dans une société sans foi véritable — on n'a pas de mal à percevoir la France impériale sous cette évocation de l'Angleterre.

23. *pentateuque* : les cinq premiers livres de la Bible, invoqués par les saltimbanques et les règlements de police, par les ecclésiastiques — belle image satirique d'une société pervertie par la canaille d'en bas et d'en haut, aux valeurs inversées.

24. *menace* : comme l'aubergiste a deviné Tom-Jim-Jack, le peuple se reconnaît dans les *opprimés* de la Green-Box. Ici encore, double sens de la peinture : le peuple véritable prend toujours parti pour les exilés, les proscrits, défenseurs de la liberté et de la justice.

25. *wapentake* : c'est encore à Chamberlayne que le romancier emprunte cette fonction. « Chaque comté est subdivisé en centaines (famille ou hommes), Wapentakes, à cause d'un Weapan ou arme de fer qu'ils touchaient quand ils prêtaient le serment de fidélité [...] un Baillif à leur tête, charge ancienne, mais fort peu considérable. » On voit que les fantaisies orthographiques sont aussi le fait de Chamberlayne, dans la traduction française : on y lit *chellings, sterlin, weapan* (pour weapon); Stanhap, Abington; Hugo, lui, dit bien Abingdon, Stanhope... Rétablir — ici et dans les chapitres préliminaires — l'orthographe exacte signifierait effacer une coloration typique de désinvolture à l'égard d'une langue étrangère... bref, se montrer savantasse et pédant à la manière d'Ursus dans ses mauvais jours.

26. *consentir* : on distinguera évidemment cet acquiescement politique — qui permet aux misérables de survivre jusqu'au moment où ils pourront se redresser en pleine lumière — avec celui, métaphysique, du Dr Geestemunde et de Gwynplaine, aux deux extrémités du récit.

27. *jube* : vieux mot pour crinière.

28. *douce :* le discours satirique d'Ursus, provoqué par un nouveau mouvement de révolte de Gwynplaine, s'applique à tout régime impérialiste ; le « scélérat appelé Daniel de Foë » — il reparaîtra plus loin — y symbolise l'écrivain témoin de son temps et persécuté pour ses actes de courage.

29. *iron-weapon :* arme en métal, insigne du personnage subalterne métamorphosé en Hermès, envoyé mythique des enfers, grâce à ce dialogue qui dramatise la description de Chamberlayne.

30. *préposés :* chapitre intercalé après la lecture de *La Gazette de Guernesey* (2 janvier 1869) relatant l'étrange condamnation. Les trois représentants de la connaissance universelle — théologie, médecine, histoire et droit — vont, sous le regard d'Ursus, très vite subir la métamorphose typique, sur les plans de la satire (un seul âne en trois personnes) et du mythe (avatars des trois juges des Enfers).

31. *ipsum :* « bavard, soigne-toi toi-même », parodie de « medice, cura te ipsum », « médecin, guéris-toi toi-même », proverbe romain. Cette descente aux enfers est une nouvelle affirmation de l'analogie qui fait de Gwynplaine et de son père spirituel, Ursus, deux *hommes qui rient,* deux *sages* menacés par la sottise universelle.

32. *Rhadamante :* les bustes des trois juges des Enfers vont présider, de façon ironique et sinistre, à l'interrogatoire d'Ursus, comédie dont il sortira vivant et dont la tonalité mythologique imprégnera la descente de Gwynplaine, qu'on lira comme une scène redoublante et complémentaire.

33. *capitulum :* « trois personnes » constituent un « chapitre », règle du droit ecclésiastique.

34. *maternité :* « la virginité n'exclut pas la maternité », avait déclaré Ursus. Voir note 10.

35. *nue :* c'est un discours inédit d'Ursus que nous lisons à travers les reproches des trois juges imbéciles. Cette remarque touchant les voyeurs commente à l'avance la rencontre de Gwynplaine et de la duchesse Josiane !

36. *jour :* à mesure qu'il marque des points contre la sottise des trois docteurs, Ursus se fait plus audacieux, plus mystérieux et, ici, devient le porte-parole de la métaphysique hugolienne. Avec cette étonnante formule « le diable est la nuit de Dieu » — qu'on rattachera au propos public « Dieu est un aveugle ; le jour où il a créé le monde, il n'a pas vu que le diable se fourrait dedans » (voir note 13) — c'est l'angoisse du soleil noir et de la Fatalité à double sens qui sous-tend la plaidoirie d'Ursus.

37. *pieds :* l'épithète d'*homme nomade,* qu'Éaque veut injurieuse, situe bien Ursus et sa troupe, à la fois condamnés et sauvés par le perpétuel exil dans une société rigide, soucieuse de tout figer dans le respect aveugle de ses normes. De là, le motif de la tête de Méduse, au regard pétrifiant. Voir note 96.

38. *nuit :* ici encore, la vision poétique, sur un schéma cher à Hugo et à tout le romantisme, fait taire la sottise.

39. *lumière :* forte et tranquille affirmation de la poétique des correspondances et de la lecture de l'univers par le contemplateur. Éaque, dépassé, se replonge dans son dossier.

40. *autorisées :* vision grotesque et sublime d'un Ane divinisé en trois personnes, incarnation d'une société dogmatique contre laquelle lutte l'artiste. On ne confondra pas cette figure allégorique avec l'Ane dessiné dans un carnet de 1856, avec cette légende : « La triomphante tête d'Ane reparut. Ses deux oreilles étaient comme deux ailes. Il mangeait du chardon et des étoiles. » Voyez *L'Ane,* édition critique par Pierre Albouy, Flammarion, 1966, poème satirique méconnu, auquel Hugo attachait un grand prix, et par lequel il entendait fustiger « le péché originel de l'homme, le péché d'orgueil » (Albouy, p. 13).

41. *dissipe :* au-delà d'une plaisante description romanesque — Ursus échappant aux griffes de la justice — on ne peut s'empêcher de lire ici symboliquement l'effacement du personnage au profit de l'illumination de son discours, pure voix du poète combattant la vanité de la science humaine.

42. *cacat :* « la grive chie son propre malheur », conclusion triviale sur le grand thème de la *langue* (des philosophes) et des *patois* (des sophistes), des *grossiers* (« Il avait l'effronterie de se servir des mots qui rendaient sa pensée ») et des *délicats* classiques (« Il n'avait pas plus de goût que Voltaire »...). Clôture de chapitre sur le mode jubilant d'Hugo-Ursus.

43. *Cerbère :* confidence au loup, dans le silence sacré du théâtre-temple, assurant le caractère mythique de l'épisode. Vainqueur des gardiens des Enfers, Ursus est sorti vivant de l'abîme. Le disciple, Gwynplaine affrontera à son tour la redoutable épreuve, pour l'accomplir en évasion suprême.

44. *idole :* affrontement mythique entre les deux femmes-déesses du roman, Dea et Josiane. Ici encore, les oppositions se situent à l'intérieur d'une seule notion dont elles participent, *la clarté ;* thème des « sœurs ennemies », complémentaires et placées à des extrêmes (*aube-aurore ; lueur à elle, mais autre ; blancheur-pourpre ;* et une finale *irradiation,* écho à la *clarté* première). Apparition flamboyante qui, d'abord, efface tout, mais va paradoxalement donner, ensuite, plus de force au dénouement de *Chaos vaincu.*

45. *noir :* panthère/chatte, opposition qui se renverse en œil *bleu*/œil *noir,* pour inscrire dans son physique la nature complexe de Josiane, idéal et férocité mêlés, reflets d'une lumière d'autre monde, analogue aux jeux précédents du *rouge* et du *blanc,* de l'aurore et de l'aube. On n'oubliera pas que ces éléments s'interpénètrent et que, selon la dialectique du *Satyre,* le bleu et le noir mènent à l'étoilé — autrement dit que le réel et le surréel, l'humain et le cosmique animent cette apparition. Rien de plus redoutable, de plus fascinant, et bien plus puissant poétiquement, qu'une banale opposition *femme, chair* / *Dea, esprit*

C'est par une telle dialectique que Victor Hugo *nous* parle, conscient qu'un tel récit ne va pas toucher ses contemporains. Nous assistons, dans ces pages bouleversantes, à une sorte d'*accomplissement* du chef-d'œuvre d'Ursus, puisque la barrière entre spectateurs et acteurs s'abolit, avec «cette personne [...] qui faisait l'effet d'un personnage».

46. *fascination :* ayant le «rayonnement de l'escarboucle», Josiane, femme, se transforme en être mythologique, femme-serpent, Mélusine ou chimère qui fascine sa proie comme dans les légendes médiévales, avant de métamorphoser le décor londonien en véritable cosmos.

47. *chimère :* dans un premier temps, la *femme* a effacé les misérables spectateurs; ici, c'est le décor lui-même qui *s'éclipse*, avec l'étonnant «C'était comme l'arrivée d'une planète inconnue», aussitôt accompagné de la symbolique sociale : «Cela venait du monde des heureux»; entrecroisement du politique et du métaphysique qui se poursuit jusqu'à la formule finale du paragraphe, image en miroir de l'ascension du Satyre vers l'Olympe, de Gwynplaine vers les lords : «En haut permettait à En bas de le regarder».

48. *nuit :* c'est la *voyante* qui aura, en conclusion du chapitre, la vraie conscience du danger, puisqu'elle seule échappe au regard fascinateur, tout en ressentant intérieurement le changement d'atmosphère.

49. *solaire : statue-fantôme-spectre,* lumière incarnée d'un autre monde, pas plus que Dea Josiane ne participe au rire libérateur et angoissé des humains.

50. *venir :* c'est la part de la femme autant que celle de la voyante qui s'exprime ici, avec ces mots, impuissants, chuchotés au conditionnel par Dea.

51. *sinistre :* «calme et sinistre» sera la *disparition* de Gwynplaine dans l'Océan. Ici, tentation terrible, *un suicide de l'âme ;* à la fin, une marche à l'étoile et l'abandon du corps, sous la pression des éléments sociaux, insurmontables obstacles au bonheur terrestre. Si on accepte cette lecture, on refusera de voir dans le roman l'expression d'un pessimisme absolu.

52. *femme ·* peinture d'un monde renversé, succession d'abîmes et de sommets, étapes d'une quête impossible.

53. *abaissement :* le lexique hugolien, analogue à celui des *Misérables,* esquisse les épreuves futures de Gwynplaine, confondant *grandeurs* terrestres et *élévation* spirituelle.

54. *puits :* dans un contexte mythologique, voici Gwynplaine dans les profondeurs abyssales où Satan, hors du monde et de l'amour, aspire en vain à la lumière.

55. *compliqué :* comme à chaque fois que les problèmes apparaissent dans leur mystère le plus indéchiffrable, apparaît l'expression *compliqué de.*

56. *pas :* paragraphe au présent, réflexions de portée générale sur le drame même de la création poétique. Ici encore, Rimbaud a pu trouver des éléments de sa propre démarche.

57. *précipité :* reprise de l'inspiration biblique, parallèle à celle de la mythologie.

58. *ciel :* le parfum vénéneux de la rêverie sexuelle se dissipe comme une brume : le chapitre s'ouvre et se clôt avec un commentaire de l'auteur ; l'image finale : *intérieur-extérieur, amour dans le cœur - soleil dans le ciel,* est fidèle au système métaphorique de la lumière, qui architecture l'ensemble.

59. *vocat :* « l'abîme appelle l'abîme » (*Psaumes,* XLII, 8). Ce dernier chapitre du Livre III donnera son sens à *fêlure* et mènera à la *cave pénale* en partant de l'abîme du paradis entrevu par Gwynplaine et Dea, *compliqué de* la trouble apparition de Josiane — *la chair* — qui coïncide avec l'éveil printanier de la sexualité en Gwynplaine. Lumière et Océan fournissent les éléments métaphoriques unificateurs.

60. *optique :* Ursus savait - *Se tenir coi est une force. Fermez vos yeux - N'importunons point la mythologie ;* riche construction qui, du récit passe au discours adressé au lecteur, puis au monologue intérieur, où le *nous* intègre le lecteur à l'exhortation, conclu enfin par un retour au récit : « Telle est la sagesse de l'insecte. Ursus la pratiquait ».

61. *subites :* formule abstraite, analogue au calme soudain des tempêtes océanes.

62. *redescend :* selon la logique poétique du roman, le paragraphe s'achève sur une métaphore du domaine marin.

63. *jeunes :* Daphnis et Chloé, Philémon et Baucis, deux couples légendaires d'amoureux, aux deux extrémités de la vie.

64. *vite :* la remarque clinique d'Ursus — Dea souffre d'une maladie cardiaque — donne un des sens du titre « Commencement de la fêlure », tout en sauvegardant, en intériorisant le sens symbolique du terme *fêlure.*

65. *mob :* terme anglais, populace. Une nouvelle fois paraît le thème du *déguisement,* qui n'échappe pas au flair de l'aubergiste.

66. *amant :* reprise du thème de la lumière, en accord avec les réflexions finales du chapitre précédent.

67. *ainsi :* transformation cosmique du couple Dea-Gwynplaine, analogique de la terre éclairée par le soleil levant, illumination vécue dans la nuit des misérables, des *ténébreux,* soleil noir intérieur, qui brille pour les seuls amoureux.

68. *instinct :* on admirera, dans cette nouvelle « flânerie étoilée » (« la nuit était noire et transparente ; il faisait clair d'étoiles »), la situation romanesque de Gwynplaine, rôdant devant le seuil de « l'inn Tadcaster, entr'ouvert », *figure* matérielle de son ivresse, répétition de la fin du chapitre III (voir note 20) ; mais la rêverie, de vague qu'elle était, se concentre sur Dea comme *femme,* sous l'influence de la vision de Josiane. « Il franchissait la frontière invisible » ; en deçà il y a la vierge, au-delà il y a la femme. Il se questionnait avec anxiété ; il avait ce qu'on pourrait appeler, nommer la rougeur intérieure ». Cf. les lignes consa-

crées à la duchesse (note 44): «Cette femme était la pourpre, et l'on sentait qu'elle ne craignait pas la rougeur». Enfin, la lutte entre l'ange blanc et l'ange noir se répète sur un autre plan («oreille de lumière - oreille d'obscurité»); Gwynplaine n'a pas impunément contemplé Josiane.

69. *besoin :* comme le promettait son titre, le chapitre est une exploration des *dessous* de la nature humaine; quoi d'étonnant, dès lors, si cette déclaration au nom de tous les lecteurs hommes («C'est de toi, femme, que nous avons besoin») puis les formules exclamatives et interrogatives donnent un ton de véhémence au reste du chapitre? L'aspect mélodramatique du billet s'efface au profit d'une véritable vision mythique — sommet ou profondeur abyssale — scandée par trois oppositions *(horrible/belle; histrion/duchesse; première/dernier)* et close par un triple cri, *panique :* «Je veux de toi. Je t'aime. Viens.» En haut s'offre à En bas, — Vénus au Satyre.

70. *azur :* Pygmalion, sculpteur tombé amoureux de sa statue, obtient de Vénus que le marbre devienne chair. Gwynplaine rêve de manière analogue, mais dans l'idéal trouble et *s'égare* en rêveries angéliques au lieu d'obéir à la loi naturelle.

71. *ailes :* c'est tout le drame qui se joue entre les deux femmes et Gwynplaine que résume cette formule; seule, la *chimère,* la sphinge réunit ailes et sein, mais au bord du gouffre de la perversité.

72. *maternité :* on voit que, sur ce point, la réflexion d'Ursus — tout comme celle touchant la vision d'une femme nue — concernait, pardelà une théologie abstraite, la destinée de Gwynplaine.

73. *avril :* Gwynplaine devrait se plier à la sexualité générale, à la loi de Pan, symbolisé par le printemps.

74. *Satan :* curieuse version de la faute originelle et de la chute de l'ange.

75. *Vénus :* intériorisée et appliquée ici à une vision mythologique, c'est l'opposition entre l'ange blanc et l'ange noir.

76. *nue :* cette litanie de Dea suggère la transformation de la jeune vierge en une femme analogue à la trouble duchesse — «chair et flamme»!

77. *dit :* reprise et développement du «On était en avril», tout le paragraphe est une extraordinaire peinture d'un cosmos en proie au rut printanier. On notera que les mots de la fin placent l'ensemble dans le domaine du langage *(bégayer; dit)* et suggèrent, une nouvelle fois, que l'écrivain, cherchant à déchiffrer les livres obscurs, cosmos et homme, voit dans l'amour le mystère le plus angoissant.

78. *fermée :* rien de plus dramatique que ce *rayon* venu de l'auberge, où repose Dea, pour éclairer le message fatal.

79. *Gwynplaine :* dans la ville de saint Paul, le romancier peut bien transformer son personnage en un saint peu orthodoxe.

80. *vous : ivre,* d'abord, par l'effet des fatalités intérieure et exté-

rieures (« Il chancelait presque en effet sous le poids de son cœur, du printemps et de la nuit » chapitre précédent), Gwynplaine se croit *fou :* la *nuit* (ou l'ombre, fin du paragraphe) est alors un véritable agent de l'infini, dont le *rire* vient terroriser le *misérable*.

81. *réalité :* nouvelle étape sur la pente, c'est la réalité même du fait qui devient *formidable ;* Gwynplaine s'était cru vainqueur des songes troubles où se mêlaient Dea et Josiane : la tentation de l'orgueil va le rendre ivre d'une plus redoutable ivresse que celle de la chair. Voir le début du Livre V, « un verre de folie [...] coupe sombre ».

82. *palimpseste :* manuscrit sur lequel on a effacé l'écriture pour l'utiliser à nouveau. On pourrait voir — ici comme dans le chapitre précédent — une préfiguration des analyses freudiennes ; il me paraît plus cohérent d'insister sur le thème, si fondamental chez Hugo, de la lecture, de l'écriture, du langage ; ces « effacements [qui] revivent dans les interlignes de la mémoire étonnée » nous invitent à relire le chapitre précédent : s'y confirme alors l'ambivalence du discours amoureux, où s'entrecroisent les voix de Dea et de Josiane.

83. *quoique :* audaces de l'expression : « il était aimé quoique » corrigé, enrichi en « il était aimé parce que ». Dans le chapitre préliminaire, on se souvient de « Ursus, médecin, guérissait, parce que ou quoique ». Ici et là, on ne lira pas ces phrases comme des ellipses, mais bien comme une mise en évidence *poétique* des mots-outils, soudain significatifs.

84. *cloaque :* le paragraphe va du politique au métaphysique avec le motif *haut-bas*, sur le mode du renversement, reliant ainsi ces pages à la scène de la duchesse dans « la loge visionnaire ».

85. *Antinoüs :* type de la beauté masculine, favori de l'empereur Hadrien, antithèse du monstre Gwynplaine.

86. *épouvantable :* l'orgueil de Gwynplaine provoque cette vision *(damné de la nuit - descendait - royauté du misérable)* qui constitue une véritable parodie de la descente de l'Ange Liberté allant illuminer son père Satan. Voyez *La Fin de Satan,* II «L'Ange Liberté », p. 1741 et sq., t. XI, CFL. L'excès — *Antinoüs* et *Gwynplaine ;* monstre - dieu - fait accéder au surhumain : erreur d'interprétation à laquelle Gwynplaine va succomber, avant le Voyant de Rimbaud. *Éblouissement épouvantable :* on entend ici un écho de l'aphorisme pascalien, « trop de lumière éblouit ».

87. *dévorés :* fauve, sphinx, sirène, dévoratrice, voilà Josiane peinte en ses profondeurs sinistres par une admirable synthèse métaphorique. Voici Gwynplaine au seuil du gouffre : « Qu'y avait-il derrière cette lettre ? Une ouverture à deux battants, et en même temps une fermeture inquiétante ». Ainsi le décor romanesque prend-il tout son sens mythique : Gwynplaine entre la porte lumineuse de Dea et les battants qui ouvrent sur les Enfers. Cf., deux paragraphes plus loin, sur le double motif du parfum vénéneux et de la porte : « Ce qui s'entr'ouvre dégage une exhalaison qui avertit les forts et étourdit les faibles. Gwynplaine avait ce mystérieux malaise. »

88. *écroulement :* répétition, modifiée (voir note 84), « Gwynplaine éperdu sous un écroulement de lumière », pour marquer l'hésitation à affronter le sphinx, crainte qui pourrait être fatale sur le plan moral.

89. *conscience :* en accord avec sa conception de l'*art utile,* l'auteur se manifeste — ici en *observateur* — aux moments cruciaux, pour rappeler que la fiction romanesque vise à éclairer le réel, la vie humaine comme destin. La conscience, porte de la forteresse de l'âme : le système métaphorique s'enrichit en toute cohérence. On lira avec profit le chapitre des *Misérables,* I, VII, 3, « Une tempête sous un crâne » ; les premiers paragraphes sont consacrés à la conscience de Jean Valjean ; on retiendra en particulier : « Alighieri rencontra un jour une sinistre porte devant laquelle il hésita. En voici une aussi devant nous, au seuil de laquelle nous hésitons. Entrons pourtant. »

90. *nuit :* personnage mythique, la nuit envahit l'esprit de Gwynplaine avant de le torturer.

91. *homme :* l'invasion de la nuit morale se confirme, en faisant perdre, d'abord, au héros la notion jour-nuit puis en se transformant en tempête océane, où les deux lexiques initiaux s'unissent : *chaos ; souffles ; liquide ; vague ; lueurs ; abîme,* etc., jusqu'à la fermeture du paragraphe, avec les notions-clés assurant l'analogie : « tout cela, qui est dans l'abîme, est dans l'homme. Gwynplaine était en proie à cette tourmente ».

92. *mer :* deuxième descente de la lumière dans les ténèbres, mais de sens opposé à la première : à Josiane s'est substituée Dea. Passage qu'il faudra relire après la page finale du roman. *Étoile de la mer,* expression empruntée à l'*Hymne à la Vierge, Ave maris stella,* et qui unit le haut et le bas dans un mouvement salvateur. *Mer* est aussi le dernier mot du roman. Il n'est pas inutile de citer la première strophe de l'Hymne : « Je vous salue, étoile de la mer, auguste Mère de Dieu, toujours demeurée Vierge, douce porte du ciel » et un fragment de la troisième : « Dénouez les liens des pécheurs, rendez la lumière aux aveugles ». Enfin, dans les *Litanies de la Vierge,* on lit, côte à côte : « Janua cœli, Stella matutina, Porte du ciel, Étoile du matin »... Au début du roman, on lit sur la barque des comprachicos *Matutina,* en lettres d'or...

93. *pourtant :* le correctif rappelle qu'aux trois fatalités extérieures (dogmes ; lois ; choses) Hugo ajoute « la fatalité intérieure, l'anankè suprême, le cœur humain » (notice liminaire des *Travailleurs de la mer*). Les tentations — « fuite de fantômes » — reviendront tourmenter Gwynplaine.

94. *cendre :* exorcisme, mais le caractère ténébreux de la duchesse fait d'elle un phénix, immortel...

95. *éternelle :* admirable formule qui fait de Dea le seul guide sûr dans le monde de ces aveugles, les hommes.

96. *paradis :* double effet avec cette Méduse au paradis : union du mythologique et du biblique, figure antithétique de Gwynplaine, qui a les apparences de ce visage pétrifiant : « Qu'on se figure une tête de méduse, gaie » (Livre II, 1) ; le wapentake pétrifie Gwynplaine, « rigide

attouchement de la loi »; lord Clancharlie pétrifiera les lords — « avocat désespéré » du genre humain (Livre VIII, VIII). Voir note 37.

97. *muta Themis :* la Thémis muette, allégorie de la justice.

98. *trahe :* comme plus loin (chapitre VIII), nous ne traduirons que les citations dépourvues d'un contexte qui les paraphrase (ici, le geste et « suivez-moi »).

99. *spectre :* « marchant muet derrière l'homme taciturne, comme une statue qui suit un spectre », Gwynplaine commence une mythique descente aux enfers, où le silence indique l'opération sacrée, où *statue* et *spectre* évoquent un Don Juan qui aurait été pétrifié par l'envoyé des juges infernaux, spectre lui-même.

100. *fex :* « la loi, le roi, la lie ».

101. *regis :* fantaisies juridiques sur le motif du silence, dans l'ordre : « les chiens aboient, les sergents se taisent. — Se conduire en sergent, c'est-à-dire se taire. — L'empereur fait le silence. — Nous aurons beaucoup de bâtonniers qui valent des sergents par leur silence. — Lève-toi au signal de l'ordre. — Sois silencieux. C'est cela, être aux ordres du roi ».

102. *libel :* « livre séditieux ».

103. *jour :* l'exécution de trois Fenians, révolutionnaires irlandais, à Manchester, en novembre 1867 a indigné Hugo. Au-delà de l'Angleterre présente, c'est, bien sûr, toute la lutte contre la peine de mort et la torture qui s'exprime dans la langue politico-religieuse du romancier.

104. *là-dessous :* une porte s'ouvre, mais non sur un couloir construit de main d'homme : *bouche d'antre, voûte hideuse,* c'est la terre qui s'ouvre sur le royaume des morts.

105. *tombe :* la prison apparaît bien comme le vestibule sinistre d'un enfer; ancien temple païen, elle est l'envers de la maison roulante d'Ursus.

106. *toiles :* l'araignée et la justice, synonymes, instruments de la nuit que va affronter Gwynplaine.

107. *Comté :* c'est toujours de Chamberlayne que Hugo a tiré les renseignements qu'on vient de lire.

108. *dehors :* « il lui sembla [...] qu'il avait franchi la frontière de ce qui est la vie, et qu'il était dehors » : reprise de la formule « Il se sentit mis hors de la vie » (Livre I, III), lors du premier voyage initiatique, où l'enfant Gwynplaine sort vainqueur des éléments, comme le suggérait le titre du Livre, « La Nuit moins noire que l'homme ». Ici, l'épreuve, reliée à la première, s'annonce plus redoutable : « Être manié par l'inconnu de la loi, c'est effrayant ».

109. *sunt :* « ils sont introduits par des gardiens de la porte qui demeurent silencieux ».

110. *pied : enlisement, naufrage,* les métaphores maritimes de l'épopée initiale reparaissent *(ouragan, voile, vent).*

111. *abîme :* résonance métaphysique, analogue aux coups de bélier qui, plus haut, frappaient la conscience ; le wapentake-Hermès infernal frappe la dernière porte, « panneau d'une souricière ». C'est l'entrée d'un véritable « puits de l'abîme » apocalyptique.

112. *homme :* nouvelle protestation, explicitement rattachée à l'actualité, contre la torture et la peine de mort.

113. *pas :* « une sorte de mort pas à pas », engloutissement analogue aux enlisements décrits dans *Les Misérables*.

114. *gluto :* le sergent, sinistre savantasse, énumère quelques numéros du catalogue des vices.

115. *libertatibus :* mieux que sa traduction mise dans la bouche du shériff, le texte de la *charte* dit avec ce *libertés* la perversion du langage ; Ursus est là, dans l'ombre, qui rit silencieusement, douloureusement et nous invite à lire comme il convient l'expression de la sottise souveraine et meurtrière.

116. *legalia :* « attaches prévues par la loi », précise le sentencieux sergent.

117. *jejunare :* forme suprême du jeûne.

118. *britannica :* « Ajoute l'augmentation d'abstinence à la diminution des nourritures. Coutume britannique ».

119. *legi :* « La mort du coupable est un hommage à l'excellence de la loi ».

120. *mortem :* « une prostituée avant la mort ».

121. *Clancharlie :* on apprend ici le prénom de Gwynplaine, *Fermain,* que l'éditeur de CFL rapproche de Fermain-Bay, proche de Hauteville-House. Absent des listes de saints, n'aurait-il pas été adapté, par Hugo, de *Firmin,* pour contraster avec le patronyme noble et figurer ainsi le double destin du héros, qui vient de se dire « pauvre saltimbanque » ? Prénom de misérable, de valet, qui dit aussi la force...

122. *roses :* élément onirique de la réalité judiciaire, ce bouquet se charge d'un sens symbolique évident ; Gwynplaine va sortir vivant et métamorphosé de sa descente aux Enfers. Souvenons-nous de *L'Ane d'or* d'Apulée (Livre XI), où le malheureux Lucius, transformé en âne, recouvre la forme humaine en broutant les roses que tient un prêtre d'Isis dans la procession en l'honneur de la Déesse Mère.

123. *jussu regis :* « par ordre du roi », c'était le titre primitif du roman ; Hugo en a fait le titre de la deuxième partie.

124. *enfer :* Hardquanonne, *homme sombre,* complice des comprachicos se montre ici fidèle à la religion hugolienne : « l'honnêteté dans l'enfer » comme le consentement en appellent à la clémence d'un Dieu bon, qui finira par racheter tous les êtres.

125. *art :* « à nous deux le roi » pour « à nous deux, le roi et moi ».

126. *sanglot :* expression tragique de la criminalité, qui assume son acte et son destin maudit, tout en exprimant le désespoir, en un rire qui tue le misérable.

NOTES 371

127. *décloué :* figure de satan et de christ — sans majuscule ! — frappé par toutes les fatalités et rachetant peut-être ses compagnons de crime par l'excès des souffrances.

128. *réveiller :* Barkilphedro, âme malfaisante, vient offrir — nouvelle tentation — à Gwynplaine le monde des grands comme la réalité même, face au songe de la misère. « Vous vous croyez petit, vous êtes grand » s'enchaîne sur la lettre de Josiane : « Je suis la première, et tu es le dernier », pour éveiller en Gwynplaine la vanité sociale des fausses grandeurs.

129. *videri :* « elle désire avoir été vue auparavant », telle la Galatée de Virgile, qui court se réfugier derrière les saules.

130. *cadat :* « Nous l'arrachons à la seigneurie. Qu'il tombe dans la roture ».

131. *mirari :* « Ne s'émouvoir de rien », d'après Horace, *Épîtres,* I, VI, 1, recette stoïcienne du bonheur.

132. *universelle :* « l'immense aventure universelle », commentaire de l'auteur qui, tout en justifiant l'invraisemblance de l'intrigue romanesque, vise à suggérer le mystère effrayant de la destinée.

133. *mal :* c'est le sens du Livre V, « La mer et le sort remuent sous le même souffle », reprenant le double lexique *océan-fatalité* dans la double et angoissante volonté des forces bénéfiques et maléfiques.

134. *iniquité :* « l'ironie obscure mêlée aux choses [...] avait compliqué ce triomphe loyal [...] d'une victoire venimeuse »... le romancier-philosophe, reprenant son discours sur le mode pessimiste d'Ursus, en arrive, dans tout le paragraphe, à la forte expression d'une angoisse métaphysique quasi désespérée : l'univers océanique aurait préservé la *bouteille à la mer,* non pour effacer la malfaisance des comprachicos, mais pour collaborer aux pires desseins d'un « ver de terre », Barkilphedro.

135. *sombres :* cette conclusion affirmative sur la réalité d'une volonté cosmique du mal, n'est pourtant pas plus longtemps mise dans la bouche du poète : après l'*éclair d'orgueil titanique* de Barkilphedro, vient la condamnation : « Il se trompait ».

136. *hasard :* étonnant paragraphe qui, d'un souffle, résume l'ensemble du récit, pour lui donner son *vrai sens* et révéler l'action de la Fatalité Dieu. Prométhée égoïste (c'est-à-dire caricature du véritable Titan, dévoué aux hommes), Barkilphedro est aveugle. « Tels sont les satans » ferme le paragraphe en donnant la version moderne du mythe grec introduit par *orgueil titanique*.

137. *tuteur :* on retiendra, parmi toutes les expressions synonymiques du salut des misérables, les trois expressions « le chaos rétablissant l'ordre ; le monde des ténèbres aboutissant à une clarté, toute l'ombre employée à cette sortie d'astre, la vérité » *parce que,* côte à côte, elles renvoient au cœur du texte — *Chaos vaincu* — tout en donnant une nouvelle et décisive interprétation à l'apparent duel *ténèbres/lumière ;* ainsi se confirme la vision de Dea, qui, la première, avait vu dans le

monstre un sauveur. C'est bien le sens général du mythe hugolien : mal et ténèbres sont éclipse, illusion — Isis, la déesse noire s'efface sous la lumière de l'Ange Liberté, seule réalité, comme l'ombre sous les rayons du soleil.

138. *Pharès :* « Posé, compté, divisé », menace prophétique de la ruine de Babylone, apparue en lettres de feu sur les murs de la salle où Balthazar se livrait à une orgie, au moment où Cyrus pénétrait dans la ville. (*Daniel*, V, 25-28.)

139. *scélérate :* illustrant « l'immense aventure universelle », ce paragraphe transforme les hommes et leurs conflits en éléments de la nature océanique.

140. *palais :* le point de vue adopté pour la description superpose la vision de Gwynplaine et les connaissances d'un observateur (cf. « cette mosaïque, sans doute, vue le jour, eût offert, etc.), pour tracer une allégorie de la société où vient d'être précipité Gwynplaine, sur le thème de la prison dorée, *révélée* par la lumière extérieure (« un clair ciel nocturne d'avril »). Le portail à trois portes, tout lecteur attentif le déchiffrera sans peine comme une figure du destin du lord Clancharlie. L'insistance sur le blanc des colonnes et du pavage aboutit à l'expression « effet de neige », qui inscrit dans ce décor l'univers traversé au début par l'enfant Gwynplaine. Enfin, les « zigzags de balustres [...] qui montaient et descendaient » font de cette « immense architecture brumeuse et vague » un labyrinthe, lui aussi en relation avec le paysage du début.

141. *tumbon :* du grec *tumbos,* le tombeau. Architecture symbolique, le palais de lord Clancharlie est plus qu'une prison dorée ! On appréciera mieux encore ce détail en relisant, Livre III, VII, la description du carrosse qui a conduit la duchesse Josiane au spectacle : « le carrosse était de cette forme rare nommée en Espagne *coche-tumbon,* variété splendide qui a un couvercle de tombe, ce qui est un support magnifique pour une couronne ». A la remarque sarcastique — digne d'Ursus — sur la vanité des grands s'ajoute donc l'image, fondamentale, d'un microcosme du palais où Gwynplaine affrontera Josiane, maison roulante porteuse de mort, antithèse de la Green-Box.

142. *nuit :* métamorphose du palais, qui prend les dimensions du cosmos, sous le signe inquiétant du flamboiement et des ténèbres réunis en cette image finale, variante du soleil noir.

143. *précipitent : farouche porte,* celle de la destinée, qui cède au flot de l'inconnu venant briser le *moi* de Gwynplaine.

144. *autre :* les diverses épreuves traversées par le héros lui font perdre le sentiment de la réalité intérieure et extérieure. Le commentaire, ici encore, préfigure étrangement la quête de Rimbaud.

145. *pairie :* l'enfant *a appris à lire* sur le texte même de son destin : voyez le chapitre VI du Livre III, note 177, au tome I de cette édition.

146. *évanouissement :* encore une fois, *la porte ;* puis une maxime capitale, qu'on peut appliquer aux différents personnages du roman ;

enfin, un mot qui dit bien l'aspect initiatique de ce cheminement : « Gwynplaine est mort » — sans que ce soit la véritable conclusion.

147. *tomber :* succession de phrases courtes, vers ou répliques de théâtre, qui mettent les mots-clés en évidence : *âme — abîme* (qui contient *âme !*) *— vertige — ascension — chute — fatal*, à quoi s'ajoute un *bleu* qui est du *noir*.

148. *terre :* vocabulaire à résonances bibliques, puis références précises : *tentation — enfer — paradis — diable — Dieu — Satan — Jésus*, avec la conclusion qui annonce pour Gwynplaine la tentation suprême : « Là où Satan tente Jésus, comment un homme lutterait-il ? »

149. *ébloui :* c'est sur le thème pascalien des deux extrêmes (« on voit trop, et pas assez ») que repose la peinture de Gwynplaine, tiraillé entre le haut et le bas, le passé et l'avenir.

150. *nais :* réponse au mot de Barkilphedro à la fin du chapitre précédent, ce cri intérieur « Je renais. Je nais ! » dit le *vrai*, mais non le *juste* — pour reprendre la distinction d'Ursus ; c'est, en effet, un *vrai* de surface, d'illusion dangereuse que cette joie de se découvrir lord, sous les « haillons » des misérables, autrement dit encore de confondre les vanités de la fonction sociale avec la réalité profonde de la nature. C'est à la Chambre des lords (« Je suis la misère ») que Gwynplaine renaîtra dans le juste.

151. *horribles :* étrange identification avec le pendu contemplé par l'enfant Gwynplaine.

152. *revanche :* mouvement rhétorique emporté qui traduit un orgueil démoniaque, non la prise en charge de la misère. Gwynplaine, tenté par la vanité, confond encore l'ascension sociale avec la chute morale.

153. *ciel :* sous l'influence de Barkilphedro, Gwynplaine, comme par mimétisme, se transfigure en un Satyre purement égoïste, qui trahirait ses frères de misères.

154. *voit :* métamorphose sinistre et passagère — Hugo le note au début du paragraphe : « ce Gwynplaine qui avait été un héros, et qui, disons-le, n'avait peut-être pas cessé de l'être » — sous le coup d'une lecture de la fatalité analogue à celle du début, alors montrée comme une erreur de Barkilphedro. L'angoisse métaphysique du poète le fait, semble-t-il, revenir sur des questions qu'il croyait résolues — ici les hasards cosmiques acharnés à la perte d'une âme.

155. *coupe :* reprise de l'image proposée dans la première phrase du Livre : « la destinée nous tend parfois un verre de folie à boire [...] la coupe sombre ».

156. *Fatalité :* aboutissement des réflexions intimes de l'auteur, où l'on aura retrouvé la véhémence d'autres passages analogues, avec l'apostrophe « Toi qui ne t'étonnais pas... »

157. *déracine :* accumulation de questions sans réponses, qui vont emprunter le lexique de la nature *(feu — oiseau — feuille — vent — bourrasque)* pour revenir à la morale (« la destinée, comme la nature, a

ses acharnements ») et se terminer sur un mode allégorique, formule de discours à la première personne : « Hélas ! comment tombent les chênes ? »

158. *vanité :* paragraphe à mettre en parallèle avec celui qui corrigeait l'interprétation de Barkilphedro (note 136). En cette fin du tome III de l'édition originale, la situation métaphysique paraît si énigmatique que le romancier accumule les effets de blocages, de retards du point de vue narratif pour montrer mieux la profondeur des abîmes. C'est un nouveau résumé de la destinée de Gwynplaine que nous lisons ici — et construit à nouveau dans un seul mouvement, litanie de *celui qui,* conclu en «ce Gwynplaine», chêne ployé par «ce souffle, une vanité». De toutes ces images — comme pour *chaos* et *lumière* tout à l'heure — on retiendra la sublime évocation d'un combat sous le signe du soleil noir, « occultation effrayante du genre humain ».

159. *triomphe :* mot de la fin, sur le mode satirique d'Ursus, mais, en même temps, cri de vérité : c'est bien en Prométhée et en Dieu vengeur *(porte-flambeau* et *porte-glaive),* en Lucifer retrouvé que Gwynplaine se dressera à la Chambre des lords.

160. *intérieure :* esprit « lucide et trouble à la fois », « en pleine tempête intérieure », Gwynplaine est le lieu même d'un nouveau duel entre l'ange noir et l'ange blanc ; en lui se joue *Chaos vaincu,* ébranlement formidable dont les effets forment la somnambulique activité magnifiquement décrite par Hugo.

161. *clarté :* comment mieux dire — avec ce rayon blanc qui pénètre dans la prison vitrée, antithèse de l'éclairage purement extérieur du début et du flamboiement sinistre du plafond — la fin de la représentation intérieure ? Parfait synonyme de la conclusion du chef-d'œuvre d'Ursus : « Et brusquement, dans cette ombre, un jet de lumière frappait Gwynplaine en pleine face ». Sur cette clarté se termine le tome III de l'édition originale.

162. *différent :* les portes sont ici êtres vivants, Cerbères qui laissent entrer les âmes, mais refusent la sortie (voir plus loin, note 175).

163. *fait :* écho du début, « Ursus », I, III ; sur la liste des lords affichés dans la Green-Box, on lisait en effet, après *Clancharlie :* « — Rebelle ; en exil ; biens, châteaux et domaines sous le séquestre. C'est bien fait ». Mais ici, c'est par antithèse que le misanthrope Ursus exprime son désespoir.

164. *content :* à l'autre bout du monologue, l'excès ; «Crève, Dea», puis un terrible « je suis content » ; les lords votent selon la formule « content pas content » ; seul, le rebelle Gwynplaine-Fermain, fidèle à l'enseignement d'Ursus, votera « pas content ».

165. *éclatant :* autre antithèse du désespoir, en même temps que réaffirmation d'une des fonctions d'Ursus.

166. *cimetière :* le monologue tragique réinterprète le décor du quartier décrit plus haut, murs de prison face aux murs du cimetière.

167. *bien :* sarcasme suprême, révolte politico-métaphysique, qui annonce pourtant la conclusion, lumineuse, du roman.

168. *vaincu*: après les succès de la représentation — «*Chaos vaincu vainqueur*» disait alors Ursus — la chute dans la réalité.

169. *vagabonde*: image plus profonde encore que «homme errant», figure abstraite d'Ursus qui décrit du même coup les étranges cheminements de la pensée poétique, par opposition aux lignes droites et rigides de la démarche *classique* — en tous domaines.

170. *amor*: «Il y a quelque chose de honteux dans l'amour des vieillards».

171. *urbis*: «la populace, lie de la ville»; *mob*, terme anglais pour populace, utilisé plus haut déjà et qu'on trouve aussi dans *Les Contemplations*.

172. *dignae*: «que les bois soient dignes du consul» (Virgile, début de la célèbre *Églogue IV*, qui annonce le retour de l'âge d'or).

173. *groan*: gémissement, plainte, terme anglais utilisé pour son expressivité, en écho au «grumphll!» de la foule imaginaire, et qui, surtout, constitue le cri animal de souffrance qu'Ursus a retenu durant son extraordinaire one man's show; la vedette s'y dédouble, «s'apostrophe», foule et acteurs réunis, pour cacher à Dea la disparition de Gwynplaine.

174. *désespéré*: transformée en spectre sous la lanterne du théâtre, Dea conjoint sur son visage l'extase de l'amour, plus fort que la mort, et le désespoir de la solitude terrestre; scène que reprendra, que remodèlera la conclusion.

175. *muta*: «à murailles sourdes cloche muette». Le décor de ce chapitre obéit au titre, en multipliant les effets d'animisme. Ainsi — cinquième paragraphe — «s'il prenait fantaisie à la prison et au cimetière de s'embrasser» et «les saules [...] moignons d'arbres». Au ton ironique d'Ursus s'ajoute une vision fondamentale du roman, où les objets, les décors (roulotte; palais; navires; chambres, etc.) *signifient*, en précédant souvent les personnages humains qui leur correspondent (voir notes 241 et 245).

176. *loi*: «les prisons n'ouvrent...», encore un être mythologique, Cerbères plus inexorables que ceux de la mythologie grecque et déjà évoqués au début (voir note 162). Que d'insistance, encore une fois, à travers ce chapitre, sur les portes et les murs! De la réalité à la vision: fin du premier paragraphe, «la porte de l'inn»; porte de la prison entrebâillée non pour libérer, mais pour vomir un cortège funèbre, vite englouti par la porte du cimetière; marquée d'une tête de mort, celle-ci prépare l'évocation finale, avec cette saisissante expression: «la file entière des gens de police pénétra dans cette autre obscurité qui était au-delà de cette porte». Enfin la porte des ténèbres (voir note 181).

177. *Douze*: mise en scène qui, dans l'espace clos de la ruelle, transporte peu à peu l'ensemble dans un espace intérieur et onirique.

178. *ponctuation*: dans ce paragraphe se parachève la métamorphose du monde en un véritable discours, où se mêlent l'écrit, la vision, l'audition, la rêverie: *ponctuation* — *alinéas*; «un glas de cloche res-

semble à un râle d'homme » — « Un glas parle à chacun » ; *monologue — signifiait*.

179. *bini :* couples de religieux, du latin « deux par deux ». Second emploi de ce terme, plus clair que le premier (« le chien était le bini du nain ») au tome I, note 51.

180. *mur :* phrase parallèle au début du chapitre : « Quelquefois le mur le plus noir et le plus bourru parle, et d'entre les pierres une lueur sort » ; pourtant, nul astre ne se lèvera ici, qui éclairerait pour Ursus la signification véritable de l'épisode.

181. *ténèbres :* ultime porte de ce chapitre, *les ténèbres,* à laquelle se heurte Ursus.

182. *sanglots :* c'est au chapitre II de ce Livre qu'Ursus, faisant le spectacle à lui seul, a jeté ce cri de bravade : « Tel que vous me voyez, je n'ai jamais pleuré ».

183. *savoir :* l'ironie misanthropique d'Ursus exercée ici, en apparence, par l'auteur aux dépens de son héros s'accorde bien au contexte ; l'admirable paragraphe précédent dépeint Ursus comme un symbole de la souffrance humaine, ce n'est plus un individu, mais toute une vie qui pleure sur elle et sur celle des autres : à ce petit mythe convient — dans la logique romantique et hugolienne — cette conclusion sarcastique, émouvante marque, en définitive, de la *distance,* ressentie à certains moments comme inexorable, entre le créateur et ses créatures.

184. *songe :* Il faut confronter le début et la fin du paragraphe : « Ursus [...] venait de paraître à un détour de mur [...] pâle de deux pâleurs, de sa tristesse et du crépuscule », peinture d'un personnage comme arraché à la matière, à la nuit, à la mort, comme un *morceau* d'angoisse. Le paragraphe suivant reprend le schéma : « le petit jour, qui est de la lueur à l'état de larve [...] Ursus, blême et vague [...] figure de songe » (début et fin), en une construction poétique qui appelle une lecture par superposition, non par enchaînement. De façon analogue à Gwynplaine, Ursus voit se brouiller, sous les coups de la fatalité, les notions de *réel* et de *songe,* et s'éparpiller son *moi.* Mort-vivant, il a « un air fou » — navire en perdition, pour rentrer dans le système métaphorique essentiel du roman, repris ici : « nouvelle et rude secousse [...] Il y a de vieilles histoires d'écueils comme cela ».

185. *hoc :* « après cela, non à cause de cela » ; la formule de la scolastique « post hoc, ergo propter hoc » désignait l'erreur qui consiste à prendre pour cause ce qui n'est qu'un antécédent dans le temps.

186. *voix :* cette vérité symbolique sonne selon la nature diabolique du personnage, âme-reptile, concrétisation langagière de la fourberie

187. *Titane :* explicitement mis sous le signe de la mythologie, ce Livre est l'extraordinaire récit du combat entre Gwynplaine et Josiane, entre deux monstres, deux géants. De là, ce néologisme *Titane,* sœur des Titans révoltés contre l'Olympe, et qui rime avec *Josiane.*

188. *lux :* le « Que la lumière soit » de la *Genèse* confirme une nouvelle fois la correspondance *sons-lumière :* « L'aurore est une voix ».

La situation reflète la pièce d'Ursus, *vécue* ici et non plus jouée par Gwynplaine, en même temps que généralisée avec « le cœur humain, ce chaos », qui entend comme un hymne les mots créant la lumière. Gwynplaine, sur le point de succomber à la nuit (intérieure et extérieure), se redresse, « comme ressuscité », en accord avec le soleil levant.

189. *sortie :* portes ouvertes, c'est dans un labyrinthe, modèle de la nature inquiétante (voir le titre du chapitre suivant) que s'avance Gwynplaine.

190. *départ :* la description du palais accumule les détails et les images qui évoquent le labyrinthe typique des voyages d'initiation ; le terme lui-même apparaît plus loin (voir note 196).

191. *éponges : coraux, éponges, madrépore,* remarquable utilisation d'éléments marins, puis conclusion sur la mythologie et l'allégorie : *pygmées/titans ; petitesses des grands.*

192. *gyris :* « errance où l'on tourne en rond, lieu compliqué de détours » (voir, par exemple, le début du chant VI de l'*Énéide* de Virgile, descente aux Enfers d'Énée).

193. *hydre :* la description de type réaliste inscrit dans le décor les figures féminines du roman (« des reines, des tritonnes cuirassées d'un ventre d'hydre », motifs décoratifs traditionnels), tout en composant une atmosphère trouble *(cloître* et *sérail ;* « un peu obscène et très discret » ; « chapelle équivoque » ; « [...] étinceler des encoignures sombres »), qui annonce la femme nue, formidable et sacrée, prostituée et vierge.

194. *Géo :* reprise de l'opposition *pygmées/titans,* qui a l'avantage d'architecturer, dans ce palais angoissant, les incertitudes de Gwynplaine, Gulliver incapable de se situer *(microscopiques ou démesurées ; le plus mignon des palais / le plus colossal des écrins).* La reine Mab de *Roméo et Juliette* oppose sa fragilité au gigantisme de Géo, Terre, sœur jumelle d'Ouranos, hydre-Titan chez Hugo.

195. *retenu :* le terme central, « labyrinthe », repris plus loin par *ce dédale* et *ce labyrinthe.* Un double *cela* dit la volonté des choses, toile d'araignée, piège qui n'aurait pas besoin d'araignée ni de chasseur pour agir. Par ailleurs, les termes écheveau à débrouiller, dédale et le cri répété Dea! Dea! («comme on tient le fil qu'il ne faut pas laisser rompre ») renvoient au mythe de Thésée, guidé par le fil d'Ariane. La préface des *Filles du feu* et *Sylvie* offrent de précieuses variations sur ces motifs, fil d'Ariane, Arachné, fileuses, descente aux enfers, commentés dans mon étude, *Une double lecture de Gérard de Nerval,* La Baconnière, 1977.

196. *nu :* paradis artificiel imprégné de sensualité et dont Gwynplaine discerne vite la signification infernale. *Fleurs invisibles* renvoie d'une part aux roses insolites de *La Cave pénale* et se concrétise plus loin, dans le discours de Josiane : « Et des fleurs ! Il y en a trop. Au printemps, c'est un incendie de roses » (note 226)

197. *Ève :* lié au titre suivant — *Satan* — ce chapitre offre une version où le mythe grec et le récit biblique s'entrecroisent en un tissu

symbolique d'antithèses, à divers niveaux. La «grandeur prométhéenne» de Josiane-Ève, qui la place un moment aux côtés du Révolté Gwynplaine tient à l'analogie entre Ève et Prométhée, telle que la décrit explicitement un passage de *William Shakespeare*, qu'il est bon de relire ici : « Quel est son crime ? le droit. Qualifier le droit crime et le mouvement rébellion, c'est là l'immémoriale habileté des tyrans. Prométhée a fait sur l'Olympe ce qu'Ève a fait dans l'Éden, il a pris un peu de science »

Une nouvelle fois, l'angoisse devant la sexualité va s'exprimer sous forme de questions, d'exclamations et de jeux subtils entre monologue, commentaire d'auteur, adresse au lecteur.

198. *resplendissement :* comme les éléments animés du chapitre précédent, cette phrase sans verbe, détachée du premier paragraphe (qu'elle résume et interprète), installe ici de façon souveraine les lignes de forces des deux chapitres: union des contraires *noir-blanc,* d'où sortira un astre nouveau; alliance du sensuel et du mortuaire : « fleur de pêcher» en contradiction avec «drap mortuaire»; aspect ambigu de la salle, fond d'un puits ouvrant sur des abîmes.

199. *nue :* il faut lire ici le chapitre 6, « Arachné-Anankè » de l'étude de Charles Baudouin, *Psychanalyse de Victor Hugo,* 1943; même si on peut en contester le fondement théorique — l'araignée comme archétype de la mère dévoratrice — on y trouvera, d'une part, un répertoire des diverses araignées hugoliennes et on y appréciera, d'autre part, les remarques novatrices qui mettent en rapport la fin des *Travailleurs de la mer* et celle de notre roman.

Après le *fil d'Ariane* opposé à l'*écheveau, une femme nue,* araignée au centre de la toile (le piège, on s'en souvient, avait été présenté d'abord, animé), qui va se métamorphoser en astre, étoile puis comète, pour lutter, dans la conscience de Gwynplaine, avec l'*étoile de la mer,* Dea. On se souviendra de la remarque de Léon Cellier, à propos des *Contemplations :* « Vénus est aussi *Stella matutina* comme la Vierge Marie».

C'est donc en toute cohérence métaphorique que se déroule cette lutte. Sur un autre registre, se confirme la complexité de l'affrontement : tisseuses Ariane et Arachné travaillent la même matière, l'une pour délivrer, l'autre pour emprisonner. La sonorité des noms dit aussi la parenté, à quoi Hugo ajoute Anankè. Autrement dit, on retrouve ici l'angoisse fondamentale des deux Fatalités. Cette toile est, par ailleurs, «diaphane comme une vitre», rideau à travers lequel Gwynplaine contemple Josiane, vêtue d'une chemise «si fine qu'elle semblait mouillée». L'atmosphère de sensualité se complique de ces *deux obstacles,* qui sont en même temps *deux transparences,* qui attirent, et interdisent la possession, qui suggèrent Vénus offerte (au bain noir du début manquait la déesse lumineuse) en même temps que la Vierge protégée par la vitre. Ève comme mère charnelle en union avec Marie, Vierge et Mère. Bref, l'ambiguïté de ce paradis est profonde dans la mesure même où Dea n'en est pas absente. Le fil d'Ariane pourrait servir à tisser une toile-piège ..

200. *Horace ·* «nue dans la clarté de la lampe», citation d'Horace

utilisée par Hugo pour un de ses dessins; voir *Victor Hugo dessinateur*, nos 221-229.

201. *Mahumedis* : « le Coran de Mahomet ». On notera d'abord une analogie avec la description du palais (note 194) : « on voyait étinceler des encoignures sombres » est, en effet, repris par l'évocation, réaliste et symbolique « Dans cette chambre faite d'ombre tout reluisait ». La présence du *Coran*, en grosses lettres rouges, n'est-elle qu'un détail de plus dans le bric-à-brac ? Mais *paons* et *cygnes* comme *fiel de verre* appartiennent à cette catégorie de détails signifiants — emblèmes et figures de mythe. Josiane dira plus loin « moi, je suis papiste », par fidélité à son père Jacques II et contre sa sœur régnante. Le *Coran* pourrait donc connoter le goût pour les lectures hérétiques. Ce peut être aussi une façon de dire qu'*Ève* et *Satan* (et le rouge du feu prométhéen) n'appartiennent pas seulement à la tradition biblique.

202. *existe* : équivalent de *mort-vivant*, état paradoxal cohérent avec le spectacle des contradictions réunies en cette femme endormie, en ce palais désert, lui aussi amalgame de séduction et d'horreur.

203. *inaccessible* : Messaline et Diane, comme des anges noir et blanc au-dessus de cette nudité qui, par l'excès des deux notions — putain et vierge — atteint à ce *resplendissement* que le bain noir, véritable opération alchimique, opère au début du chapitre; clarté de l'inaccessible, du divin, au-delà du bien et du mal.

204. *écume* : belle conclusion de ce paragraphe, avec Aphrodite qui, *olympienne* se faisant *fille du gouffre*, ouvre le microcosme du lit aux dimensions de l'Océan originel.

205. *lui* : Toute *l'ombre contre lui, misérable*, le style reprend la véhémence d'un combat cosmique. Multiplié, dispersé, Gwynplaine est en même temps Prométhée frappé par Zeus, l'homme tenté par Satan ou d'impersonnelles forces malfaisantes, et Satan entraîné dans les abîmes.

206. *continuait* : comme Ursus est devenu *foule*, puis *humanité*, on peut bien comprendre que, au-delà de l'intrigue romanesque, c'est la chute éternelle qui est ici évoquée, avec ce verbe final, appuyé par « *sombre* chute » et, cinq paragraphes plus loin, par « Tout le côté ténébreux de l'homme mis en demeure ».

207. *lointaine* : née du bain noir et de l'écume, la duchesse-déesse fait soudain, à la manière de l'antique Protée, la preuve que la matière est *une*, modelée en diverses formes et — plus angoissante encore — dans la fusion, l'amalgame (terme de Hugo lui-même) de l'humain et du surhumain, du réel et du chimérique.

208. *Hébé*. : fille de Zeus et de Héra, personnification de la Jeunesse, servante des Dieux.

209. *casser* : *naufrage — écueil — sirène* font, de Gwynplaine, un navire désemparé, comme tout à l'heure, son maître Ursus; puis passage au *nous* du commentaire général, fait de questions et de cris, à la fois du héros et du narrateur. Après un dernier « la duchesse! », commence une fable cosmique, où le *on* initial se transforme en *vous*, débouchant sur une extraordinaire conclusion.

210. *espaces :* cette étoile tombée amoureuse d'un ver de terre vient apporter le mal, par excès : « le trop de lumière, qui est l'aveuglement [...] l'excès de vie, qui est la mort » ; ainsi, plus haut, l'ivresse opposée à l'ivrognerie, en tant que métaphore du désir sexuel, selon qu'il s'adresse à une femme ou à la Femme. Au Livre IV, 1, Josiane avait, de manière analogue, incarné cette force cosmique : « Elle pouvait choisir au milieu des météores et des foudres l'immense séraphin à six ailes, et elle choisissait la larve rampant dans la vase ». *Vermeille — pourpre — aurore :* elle avait alors « le rayonnement supérieur de l'escarboucle » (voir note 46). Ici, comme un grossissement qui éclipse tout autre élément, l'étoile devient bouche d'enfer dévorante ; *glaciale* au théâtre, elle est *braise* ici, pour une même morsure surnaturelle. « L'escarboucle du fond de l'infini, diamant de loin, de près est fournaise. Vous êtes dans sa flamme ». On voit aussi la saisissante antithèse avec le couple Dea-Gwynplaine, métamorphosé cosmiquement en la terre éclairée par le soleil levant (voir note 67).

211. *paradis :* le chapitre se termine dans la perspective indiquée par son début : union des contraires, vie dans la mort, enfer paradisiaque ou paradis infernal, avec un « Et *vous* sentez... » qui fascine le lecteur, entraîné un instant dans l'abîme.

212. *Satan :* après Ève, Satan. On peut se demander à qui s'adresse ce symbole, et trouver dans le contexte des réponses multiples. Quand Josiane dit « Il y a quelqu'un en haut, ou en bas, qui nous jette l'un à l'autre », elle désigne la Fatalité Démon, le Satan classique. Quand elle ajoute « Tu es la vision du grand rire infernal. Tu es le maître que j'attendais », voilà Gwynplaine en Satan. Enfin, quand elle se décrit comme un astre « pétri dans la boue », elle-même est figure de Satan. Le chapitre précédent préparait cette incarnation, avec ce « Ève pire que Satan [...] Extase inquiétante ». La fin du premier paragraphe, « elle s'étira et bâilla comme une tigresse au soleil levant » rappelle l'accord *rouge de* l'aurore et *fauve,* et reprend la métaphore tigresse-chatte, illustrant ainsi la première ligne, « majesté brusque et harmonieuse » ; l'âme de Josiane n'est pas du monde des reptiles comme Barkilphedro, mais de celui des grands fauves.

213. *sidéral :* Aldébaran, étoile de première grandeur, de couleur orangée, est, pour le Nerval de *Sylvie,* un *astre trompeur,* au *double éclat,* tour à tour *bleu* et *rose,* signalant l'*idéal sublime* et la *douce réalité.* Hugo, qui avait déjà noté que Josiane a un œil *bleu* et un œil *noir,* oppose ces deux lueurs, en chiasme, à *louche* et *sidéral,* puis les met en parallèle à *regard du ciel* et *regard d'enfer.* Prométhée sous les serres du vautour, puis fasciné par ce double abîme, Gwynplaine fascine aussi Josiane ; tous deux sont, en réalité, victimes d'un éblouissement — celui de l'excès — et non astres brillant de leur propre lumière.

214. *dieux :* descente ou ascension, ce qui importe est la situation d'origine : surnaturelle.

215. *nous :* après l'image d'une hydre intérieure (« l'orgueil aux mille têtes sombres »), un vers de douze pieds, pour corriger *orgueil* en *vanité,* correspondance avec *ivresse/ivrognerie.*

216. *lois :* triomphe de la sensualité et de l'excès, exprimé doublement, sur les plans mythique (« Fiançailles du Styx et de l'Aurore », — du fleuve des Enfers et du feu céleste) et réaliste (« Fiançailles effrénées hors de toutes les lois ! »).

217. *déplaise :* H. Meschonnic a bien noté (voir son étude au t. XIV de CFL, « Le poème Hugo », dont j'ai exploité nombre de suggestions) que, dans ce roman, les voix, les sons l'emportaient sur la vision, les couleurs. Si la douceur de voix de Gwynplaine déplaît à Josiane, c'est qu'elle exprime une nature, en profondeur, contraire à la monstruosité du visage. C'est aussi le thème de l'apparence et de l'être : le masque imposé par les hommes n'a pas mutilé la véritable essence de Gwynplaine, d'innocence et de pureté.

218. *t'aime :* dangereuse tentation, parce qu'elle est complémentaire de Dea, la duchesse révèle aussi des incompatibilités fondamentales avec Gwynplaine ; on mesure ici la distance entre le « Je suis hors de la majesté ». Être déclassée, c'est être délivrée » et le sort de Gwynplaine, « hors du monde » ; c'est l'abîme qui sépare la perversité des grands et la misère des petits. On ne saurait lire ici un « aveu auto-biographique » (note de CFL) sans commettre un contresens.

219. *attendais :* ivresse de Josiane, qui s'incarne dans les formules langagières — « un amant infamant » — et renverse le mythe : *Ève du gouffre*, en face d'un *démon,* « pantin dont un spectre tient les fils », — d'où, encore, un des sens du titre, Gwynplaine marionnette aux mains de Satan.

220. *Allioth : immaculée effrénée ; vestale bacchante,* deux formules paradoxales, variantes théologique et mythologique de *vierge prostituée.* Sirius est l'étoile la plus brillante du ciel et, par conséquent, Allioth, la plus inconnue. *Cœur de pierre qui contient un serpent, son amour :* étrange peinture de Josiane par elle-même. Insensible, pétrifiée, mais caverne où s'est réfugié un être rampant, en rapport, dans les lignes précédentes, avec le Python, monstre à cent têtes vaincu par Apollon enfant ; on a vu (note 215), le *cœur infortuné* de Gwynplaine torturé par une autre hydre, la vanité. Cette association pierre-serpent est difficile à interpréter ; on admirera d'abord le procédé qui met côte à côte l'épisode de la Pythie antique et la tradition de ces « cailloux mystérieux », à l'embouchure de la Tees, rivière du nord de l'Angleterre. *Serpent, amour tout-puissant,* cette Volonté d'en haut ou d'en bas, qui anime une femme en apparence morte aux passions ?

221. *réalité :* « rêver, c'est créer », formule initiale d'un paragraphe qui, sur le thème du chaos et de la création de l'univers, reprend le problème central du roman et donne, en même temps, une somme de réflexions sur l'acte créateur en général, dans ses rapports avec la *réalité,* l'*ombre,* au sens de volonté secrète et inquiétante des choses et des dieux.

222. *moi :* au sens négatif, nouvel avatar du soleil noir que cet astre pétri dans de la boue.

223. *dedans :* une fois l'excès admis, on perçoit dans les lignes qui

suivent une définition de l'amour véritable. «tu me crées; tu me révèles ma vraie nature; ton visage, c'est mon âme», etc.

224. *monstre :* dans la bouche de Josiane, réflexion de portée générale, c'est en autrui que l'on se découvre, jusque dans les profondeurs honteuses de l'âme.

225. *difformité :* «Le difforme est l'envers du sublime» est encore une déclaration de guerre romantique au *goût* classique, suivie d'une nouvelle image politico-mythique: Gwynplaine est le forçat marqué par Satan!

226. *roses :* excès symbolique qui se rattache à «réchaud pénal» — quelques lignes plus haut — mythe renvoyant lui-même à la Cave pénale et au bouquet de roses placé sur la table du shériff. On se souviendra aussi de la dernière phrase du chapitre précédent: «Et vous sentez commencer votre combustion par une chaleur de paradis» (voir note 196).

227. *Dodone :* fidèle à une de ses visées fondamentales, le romancier évoque maintenant la Titane par des réflexions consacrées au langage, dans son inextricable contradiction *(violent* et *doux,* imagé plus haut par *griffe-velours,* termes substituts de *panthère-chatte),* et son *accent* qui, dans la démesure, fait du discours une véritable création poétique, prophétique *(grandeur prométhéenne; sombre rage épique; Dodone,* enfin, c'est-à-dire la forêt de chênes sacrés au frémissement oraculaire). La conclusion du paragraphe boucle le cercle, avec une nouvelle évocation de l'œil bleu et de l'œil noir; *rayons* de l'un mêlés au *flamboiement* du second confirment la subtilité de la dialectique hugolienne, à tout niveau: chaque antithèse *(nuit-jour; Josiane-Dea; tigresse-chatte...)* est dynamisée par un point commun aux deux éléments qui permet, sur un autre plan, la fusion, le dépassement des contraires, — vision ternaire propre au romantisme. Ici, *surnaturelle* accomplit la synthèse.

228. *souriantes :* lisez, dans *Dieu,* la partie «Le Vautour — le paganisme» comme un développement de cette peinture de la sexualité olympienne, mélange de férocité et de douceur. Rappelons-en ce passage:

Les bacchantes [...]
Toutes les passions et tous les appétits,
S'accouplent, évohé! rugissent, balbutient,
Et, sous l'œil du destin calme et froid, associent
Le râle et le baiser, la morsure et le chant
[...]
Et célèbrent, devant l'esprit qui s'épouvante,
Devant l'aube, devant l'astre, devant l'éclair,
Le mystère splendide et hideux de la chair.

229. *profonds :* paragraphe qui rassemble les questions éternelles du récit, en passant très vite de l'anecdote présente («Gwynplaine — cette femme») au commentaire *(l'homme — nous — le cœur — la femme...).* Plus que le doute, c'est le vertige intérieur qui refuse, à la fin, de répondre aux deux questions les plus graves: le mal et la faute, inexorables? D'où cette phrase «Frémissements profonds». Revenant à l'intri-

gue, une nouvelle question : « Est-ce qu'il allait tomber ? », à quoi répond un rebondissement romanesque, que l'auteur ne commentera pas : après Barkilphedro, la reine Anne sauve Gwynplaine — instruments aveugles de la Providence — pour blesser Josiane.

230. *majesté* : l'huissier de la verge noire semble guider le lord retrouvé vers les hauteurs, mais il est aussi le double du *wapentake* — la verge noire est l'inverse du rameau d'or qui permet de sortir vivant des Enfers. Ascension vers l'Olympe social, c'est une nouvelle pente vers l'abîme qui s'offre à Gwynplaine. Le titre du Livre VIII le suggère aussitôt, avec un *Capitole* proche, selon l'adage romain, de la roche Tarpéienne. On connaît assez la vision hugolienne pour savoir que les deux monuments symboliques peuvent se superposer : de là, le seul terme de Capitole, et les premiers mots du Livre : « La redoutable ascension ».

231. *serena* : « traduit exactement par la phrase précédente » dit judicieusement l'éditeur de CFL, p. 324. Est-ce par contagion de l'ironie d'Ursus ? l'édition du Seuil traduit comiquement : « La Curie était sereine... » (p. 374).

Le romancier reprend son rôle d'historien-philosophe ; aidé par Chamberlayne, il va peindre « un lieu extraordinaire », la Chambre des lords et son cérémonial. Peinture qui va très vite devenir celle d'un monde irréel, onirique, par l'accumulation de détails vrais. La matière offerte par l'histoire est, en effet, si baroque que le romancier s'efface devant elle, simple témoin des folies humaines. Sobre description de l'ahurissant, donc, avec deux effets, simples et forts : 1. Gwynplaine, somnambule, entraîné dans cette comédie extravagante, poursuit son rêve au milieu de l'agitation ; 2. la pénombre, qui permet de dissimuler le visage monstrueux, permet aussi un commentaire d'auteur ambivalent, à la manière d'Ursus : « Peu de lumière fait parfois partie de la solennité. L'obscur est majestueux ».

232. *humanité* : un des rares commentaires, touchant à un point fondamental : « L'apparence, c'est l'immobilité ; la réalité, c'est le changement », et qui conclura le chapitre suivant (voir note 238). Si la Chambre des lords est visée, la maxime concerne chaque fait, chaque personnage du roman, puis s'élargit en cette belle formule, métaphore adaptée au contexte romanesque : « L'onde, c'est l'humanité ». Si, par exemple, Josiane, c'est l'eau insaisissable, son illusion profonde consiste à croire qu'elle est déesse, immortelle, pétrifiée ; au contraire, le salut de Gwynplaine vient de sa nature malléable, vers le bien, sous le coup des épreuves subies.

233. *battants* : phrase-paragraphe qui met en évidence cette porte — opposée explicitement à la porte de fer de la prison — nouvelle image illusoire, tentation pour la vanité. Il va de soi qu'en même temps *porte dorée* assimile cette entrée à celle de la geôle précédente.

234. *Poculo* : « sans sollicitation, sans argent, sans pot de vin ».

235. *tard* : c'est-à-dire *aujourd'hui*, remarque sur l'actualité qui tire sa force de la sécheresse du propos ; Ursus a suffisamment imprégné le

récit pour que le narrateur laisse, à l'occasion, parler les faits et fasse confiance à l'esprit du lecteur, son élève.

236. *roi :* hommage réticent à l'aristocratie — il faut bien obéir au titre du chapitre, «Impartialité»...

237. *maintenant :* le républicain exilé montre le bout de l'oreille, avant de se dévoiler, à la fin du chapitre.

238. *enterrons-la :* l'insolence des lords fait aussi des disciples : *in cauda venenum*, ou coup de pied de l'Ane — au sens hugolien d'un bestiaire joliment peuplé ici avec ces *vautour — œuf d'aigle — aigle ;* dans l'ombre des coulisses, Ursus applaudit.

239. *nuit :* dans ce chapitre consacré en bonne partie au décor, le narrateur donne les tonalités mythiques nécessaires à la scène où vont s'affronter les lords et Gwynplaine ; ici l'historien devient révélateur de l'inconnu, astre dans cette nuit, le Passé.

240. *toute-puissance :* le poète *invoque* des ombres, les lords d'autrefois, mais aussi la salle, puisqu'il s'agit d'un palais disparu. Les mêmes éléments qui, dans le chapitre précédent, offraient une atmosphère réelle (le peu de lumière), repris ici, contribuent à l'aspect fantomatique de l'ensemble, décor et personnages : «La salle du sénat de Venise était moins éclairée encore. Une certaine ombre plaît à ces hiboux de la toute-puissance». Au début du roman, lord Clancharlie, exilé pour rébellion, est un *hibou,* lui aussi, mais oiseau vigilant de la liberté, non de la tyrannie.

241. *potestas :* «sorte de portier, puissance des portes et barrières». Après le décor, les acteurs : la salle, puis la chambre, mais le dernier terme montrant le groupe des lords comme institution plutôt que comme individus (décor, acteurs humains, antithèses comme *ombre/lumière* sont, ici et dans tout le récit, *actants* d'une même catégorie ; cf. sur cette notion, l'article «actant» in *Sémiotique,* «dictionnaire raisonné de la théorie du langage» par A. J. Greimas et J. Courtès, Hachette Université, 1979). Initiation de Gwynplaine faite dans la tromperie, l'hypocrisie : *pénombre — sur le seuil — avant le début de la séance ;* personnages dévalorisés qui accentuent l'aspect parodique : le président est myope, les deux parrains, presque aveugles...

242. *ténèbres :* analogue à l'Olympe grec justifiant les tyrannies antiques — dieux à l'image de leurs fidèles — l'Angleterre brille, astre noir de la féodalité.

243. *homme :* l'univers extérieur, polarisé *(histrion/prince ; misère/ puissance)* envahit une conscience pour la jeter dans un conflit insupportable ; la dernière phrase «Abel et Caïn dans le même homme» fournit une nouvelle et saisissante variante d'un mythe qui obsède les romantiques.

244. *Hyde :* on sait qu'une calomnie analogue — et que certains manuels de littérature véhiculent encore — a blessé Victor Hugo. Dans ce dialogue théâtral, on entend l'écho de l'amer «c'est bien fait» d'Ursus.

NOTES 385

245. *silencieuse :* le schéma/*objets (non-humain)*, actants mis en scène *avant* les *personnages (humain)* de même catégorie est désormais bien clair : ainsi, la description du palais précède et esquisse celle de la chambre à coucher, tandis qu'enfin la femme nue vient confirmer et enrichir le sens symbolique des lieux et des objets (c'est dire que le terme « description » est employé dans un sens large, qui comprend aussi une part narrative). Dans la chambre elle-même, le bassin de marbre noir est bien figure autonome, précédant la Vénus marine, née de l'écume et portée par une coquille. Ici, phénomène analogue : la Chambre des communes affronte la Chambre des lords — le titre « la haute et la basse » place d'emblée le chapitre sur le plan symbolique — comme Gwynplaine se heurtera, ensuite, à ses pairs.

246. *voto :* jeu de mots, « vivre en avouant son désir » devient « vivre en manifestant son vote ».

247. *Gwynplaine :* tout ce paragraphe dépeint l'arrivée du Satyre sur l'Olympe ; Gwynplaine se transforme d'abord en Titan, puis en élément cosmique — *Caucase* en face de l'Olympe. Enfin, il se proclamera lui-même symbole : « Qui je suis ? je suis la misère ».

248. *parler :* ce que la chambre des communes n'a pu dire, lord Clancharlie va le crier. Version mythique du discours sur la misère prononcé par Victor Hugo le 9 juillet 1849, tournant décisif de sa pensée politique ; voir ce texte au t. VII de CFL, p. 207 et sq.

249. *fonction : grandissement — trépied — cime d'âme — fonction :* chaîne logique menant peu à peu à la figure du Poète-Prophète et guide du peuple, pythie de la révolution démocratique, antithèse de la pythie Josiane ; aux privilèges des grands vont s'opposer les droits et les devoirs des misérables.

250. *cri :* Gwynplaine reprend publiquement la réflexion qui avait tant inquiété Ursus : « Oui, murmura Gwynplaine pensif, c'est de l'enfer des pauvres qu'est fait le paradis des riches » (Livre II, XI). Murmure devenu cri, parce que l'adolescent qui a subi ces épreuves grandit jusqu'à n'être plus qu'une *voix :* « Je viens vous dénoncer votre bonheur. Il est fait du malheur d'autrui ».

251. *ombre :* le soleil (matériel), la nuit (morale) et l'azur sont du côté des lords, *dans l'oubli des autres ;* l'aurore — qui dissipe l'ombre — est du côté des misérables : c'est l'union du soleil qui fait la clairvoyance, dans un monde complet, équilibré. « Le genre humain existe » (fin du premier paragraphe du discours) est une révélation satirique reprise ici par « sachez qu'il y a de l'ombre ». Le disciple d'Ursus seul peut comprendre profondément une telle analyse ; les lords, qui vivent dans l'abstrait et l'illusion de l'azur, véritables *mutilés* intérieurs, ne sauraient concevoir les notions mêmes d'*humain* et d'*ombre*.

252. *vu : je sais ; j'ai éprouvé ; j'ai vu,* gradation qui donne à l'identification première — « je suis la misère » — un sens concret. C'est l'ensemble des souffrances humaines qu'incarne Gwynplaine ; nouveau Christ, il a pris sur lui la misère du monde, et il vient en témoigner.

253. *loup :* nouveau résumé des épreuves subies par l'enfant Gwynplaine ; trois sinistres images de la société-*obscurité* (pire que la nuit et que les tempêtes de l'Océan), réunies sous le signe de la mort : la loi, un *gibet ;* la richesse, la mère de Dea, *morte de froid et de faim ;* l'avenir, un *enfant agonisant* sur le cadavre de sa mère. A ces trois fatales illustrations de la misère, une image providentielle, définie en *trois* termes, « le bon, le vrai et le juste », Ursus et son loup. C'est un prophète inspiré par Rousseau qui s'exprime, exaltant la nature humaine face à la dépravation des sociétés !

254. *chambre :* « Le rire, cette démence épanouie » ; comme à la fin de la représentation de *Chaos vaincu,* la soudaine et formidable vision de Gwynplaine riant électrise l'assemblée, qui assomme l'orateur de ses moqueries — rire de distance, ici, par rapport aux prophéties ; rire d'angoisse et de participation, là.

255. *pèse :* Gwynplaine — il l'a dit dès le début — « plaide la cause perdue » ; ici, il reprend ses propos sur le plan métaphysique ; « Je puis vous dire ce que vous pesez » devient alors « Dieu vous pèse » ; puis, développant avec insistance le thème de la fraternité humaine, c'est de nouveau le disciple de Rousseau qui s'exprime, à la fois dialecticien et soucieux de toucher la sensibilité : « Les cœurs sont les mêmes. L'humanité n'est pas autre chose qu'un cœur ».

256. *autre :* articulation du discours, sur cette formule, Rousseau et mythe réunis : « Vos pieds marchent sur des têtes, ce n'est pas votre faute. C'est la faute de la Babel sociale ». La suite va peindre l'enfer des misérables, en entrecroisant les figures symboliques et les exemples quotidiens tirés de la réalité — à la manière du député Hugo. Après *cachot, damnés/innocents, mort,* voici le lexique du présent vécu (en Angleterre ou en France) : *dans les mines ; estomac ; fabriques de draperie ; pêcheurs de harengs ; impôts ; chômage partout...* C'est à cela que *Le Constitutionnel* du 10 juillet 1849 avait répondu d'inimitable façon : « Les faits allégués par M. Victor Hugo, fussent-ils officiellement constatés, la sagesse est de les taire. »

257. *exècre :* nouvelle transition, le discours reprend la forme personnelle, véhémente attaque qui, du plan autobiographique, passe très vite à l'apostrophe générale, avec un refrain « Prenez garde », une reprise du début « O grands, il y a des petits ! » et, enfin, une conclusion métaphorique qui répand sur l'ensemble la tonalité fondamentale : *nuit — perdition du navire — naufrage.*

258. *tous :* relire le début du discours — « Milords, vous êtes en haut » — donne tout son poids à cette conclusion, dont l'*extravagance* redouble le rire des sourds et aveugles, les lords. De là, un sursaut, vengeur, de Gwynplaine qui (cf. « Abel et Caïn dans le même homme »), « comique au-dehors, et tragique au-dedans », s'agrandit en prophète de la révolution ; « sa voix eut tout à coup des éclats stridents », clairon face aux murs de Jéricho... Dès lors, superbe mouvement rhétorique, ce dernier paragraphe *déplace* toute la scène, Gwynplaine s'adressant directement aux pauvres et rejetant l'auditoire hors de son propos (à la troisième personne, cette *non-personne* de Benveniste) :

«— Ils sont joyeux, ces hommes! C'est bon [...] Ah! je suis un des leurs. Je suis aussi des vôtres, ô vous les pauvres!»

259. *lumière :* «Ceci est l'avenir» ouvre une évocation de la chute des dieux et des rois. Les dernières paroles du Satyre (IV, «L'étoilé»), criées elles aussi, ont leur écho ici :

Monde, tout le mal vient de la forme des dieux.
On fait du ténébreux avec le radieux ;
Pourquoi mettre au-dessus de l'Être, des fantômes ?
Les clartés, les éthers, ne sont pas des royaumes.
Place au fourmillement éternel des cieux noirs,
Des cieux bleus, des midis, des aurores, des soirs!
[...]
Un roi c'est de la guerre, un dieu c'est de la nuit.
Liberté, vie et foi, sur le dogme détruit !
Partout une lumière et partout un génie !
Amour! tout s'entendra, tout étant l'harmonie!
L'azur du ciel sera l'apaisement des loups.
Place à Tout ! Je suis Pan ; Jupiter ! à genoux.

260. *assassiner :* répétition de la *contagion du rire,* avec le rappel de la Green-Box, pour montrer et l'analogie des deux scènes et la signification profondément différente des rires. Nouvelle mort symbolique de Gwynplaine ; la précédente — proclamée par Barkilphedro — l'avait entraîné dans le monde infernal de la vanité sociale ; ici, l'échec du discours va le rejeter, pour son salut, du côté des misérables.

261. *derrière :* éclairage rétrospectif sur Dea et Josiane, l'une sourit (de bonheur et de désespoir), l'autre demeure impassible : elles ne rient jamais, sphinx au seuil des mystères de l'âme et de la chair.

262. *Yarmouth :* l'âne de Balaam, ânesse qui, douée soudain de la parole, convertit son maître Balaam, devin envoyé pour maudire les Israélites. «Nous revoici au temps où les animaux péroraient» et cet âne : satirique coup d'œil d'Ursus — les lords disent le vrai, c'est de la bouche des enfants et des bêtes — de la Nature — que sortent les paroles qui sonnent juste ! Leur ironie supérieure fait d'eux un nouvel avatar des ânes dont Ursus avait comparu. On peut, enfin, entendre l'écho de l'âne Patience, héros du grand poème que nous avons déjà cité, mais sans oublier que ce texte n'a paru qu'en 1880.

263. *Angleterre :* affirmation péremptoire — toujours valable, comme on sait, dans les pays civilisés d'aujourd'hui — qui dépasse le trait d'actualité : une nouvelle fois, un grand dévoile sa véritable nature, par un usage sacrilège du verbe, il suffit de dire «peine forte et dure, très bonne peine» pour transformer l'horreur en légalité...

264. *de nouveau :* accablé par le tumulte — «pandémonium ou panthéon», c'est-à-dire assemblée diabolique ou divine — l'avocat désespéré, la voix du peuple n'est plus qu'un refrain, «Prenez garde», puis une réplique de tragédie, où le jeu *dire-prédire* gifle le lord comme le grotesque romantique oppose son sublime au bon goût classique. Le rire qui éclate à nouveau change de tonalité près l'ironie dédaigneuse,

c'est la colère des Olympiens, insultés dans leur beauté, leur azur, leur isolement souverain.

265. *Gwynplaine*: commentaire de l'auteur à travers une description à la fois réaliste et onirique qui engage le lecteur, grâce au solennel latinisme architecturant le paragraphe : *Qui a gravi... qui a senti... qui [...] a senti [...] et a eu [...] au-dessous de vous, celui-là...* Synthèse des scènes les plus angoissantes des romans hugoliens, où s'allient la matière de l'enlisement *(sable)*, les mouvements dialectiques *(gravir/s'enfoncer ; descendre/monter)*, le lexique de la mer et de la montagne à résonances métaphysiques et mythiques *(vertigineux ; escarpement ; naufrage ; sommet ; formidable ; abîme ; gueule)*. Strophe saisissante — vécue ou rêvée par tout homme, de l'auteur à ses lecteurs — aussi forte que l'enlisement des *Misérables*, par exemple.

266. *pleure* : comme Dea le lui avait suggéré, Gwynplaine récuse le terme *monstre*, qui est du langage des dieux-illusions ; il faut savoir *lire* et *interpréter* le monde social en inversant ses valeurs. C'est aussi une leçon de poétique que cette tirade. Les mascarons du Pont-Neuf, eux aussi condamnés à rire, signifient la misère, mais dans la confusion du silence :

Est-ce que cela raille ? Est-ce que cela pleure ?
[...]
Dieu ! qu'est-ce que l'église et le trône ont pu faire
A ce peuple sans nom, sans lumière, sans voix,
Sans espoir, qui sanglote et ricane à la fois ?

267. *tout* : reprise du cri final du Satyre (voir note 259), sur le plan religieux et politique, prophétie du retour de la lumière, de la République, du règne de l'Esprit, dans l'harmonie universelle. Ici encore, les *cariatides* apportent des éléments éclairants :

Le peuple, qui se fait chaque jour moins difforme,
Et qui deviendra grand sans cesser d'être énorme.

Quant aux réflexions sur le sculpteur Germain Pilon, elles dialoguent aussi avec ces étonnantes remarques : « Maís l'avenir, c'est le dégel sombre. Ce qui était pierre devient flot. L'apparence solide se change en submersion. Un craquement, et tout est dit » :

Avoir multiplié Méduse sur ce mur
Où l'art vertigineux ouvre son œil obscur ;
[...]
Effarer le granit et le pénétrer d'âme ;
Faire pleurer la pierre et la désespérer,
Ouvrir tout l'horizon du gouffre, et l'ignorer !
Être, sans s'en douter, le précurseur terrible ;
Être, sans le savoir, Titan ; est-ce possible ?

La question que Victor Hugo se pose (l'artiste « était-il dans son premier secret ? ») concerne bien l'entreprise poétique telle qu'il la conçoit et l'incarne ici, nous l'avons vu, à travers les discours d'Ursus et de Gwynplaine aussi bien que dans les propos de l'« auteur », de l'« observateur ».

268. *riez :* au paroxysme de la prophétie, on retiendra cette *rouge aurore de la catastrophe*, Genèse et Apocalypse réunies, annonce d'un monde nouveau, avec le dernier cri, litanie désespérée, « c'est mon rire », répété cinq fois, *derniers mots* aussi de Gwynplaine prononcés devant les lords.

269. *insultait :* peinture de l'échec total, dans ce paragraphe et dans les deux suivants, conçus comme un tout, ouvert sur l'attitude (« Gwynplaine, pâle, avait croisé les bras ») et fermé sur l'interprétation de cette même attitude (« Gwynplaine songeait »). Opposition de *vie* et de *mort*, avec *gaieté* et *sépulcre*, mais où *rayonnait* et *splendide* finissent, à la conclusion du deuxième paragraphe, par un nouveau lever du *soleil noir*, intérieur : « Jamais lueur plus sinistre n'avait éclairé la profonde nuit humaine ». Comme l'avait dit Gwynplaine, l'extérieur ne correspond pas à l'intérieur ; *rire* signifiait *pleurer*, *lumière* et *rire*, signes extérieurs de joie et de vie, dissimulent, en réalité, désespoir et néant. Enfin — belle complexité du récit — à l'opposition *masque/visage*, métaphore de *extérieur/intérieur*, se superpose le *masque dédoublé*, « comme le revers de son masque », « d'un côté [...] la sympathie du peuple [...] de l'autre la haine des grands ». Avec « la destinée est un piège » reparaît l'angoisse de l'observateur, le *moi* de son héros *pulvérisé*.

270. *planète :* en conclusion de l'épisode, réflexion générale sur le rôle de la rêverie, qui met *hors du monde*. Gwynplaine, rebelle, est dans la solitude totale de Satan au fond du gouffre.

271. *vraies :* après les *sœurs ennemies*, la rencontre paradoxale entre lord David et Gwynplaine, qui se retrouvent *frères ennemis*... Tom-Jim-Jack, déguisé en matelot par caprice, appartient au monde surnaturel de l'excès, comme Josiane ; de là, son admiration pour Gwynplaine et son mépris pour les lords, ce qui lui permet aussi de rétablir la vérité : « Fermain Clancharlie a été le lord, et vous avez été les saltimbanques ». Il va de soi, pourtant, que son côté peuple n'est que caprice : au lieu d'épouser la rébellion de Gwynplaine, il entend situer le combat à l'intérieur des conventions de sa caste : il va tuer en duel.

272. *tutus :* « en sûreté en se tenant sur ses gardes ».

273. *homme :* sous un titre pascalien, la narration reprend, et dans la forme romanesque qui avait mené un mystérieux passant vers l'inn Tadcaster, Tom-Jim-Jack d'abord, ici Gwynplaine.

274. *inintelligible :* vision et métaphores cosmiques, tournées vers une mort conçue comme une reprise de la quête : « On désire un astre ».

275. *horizon :* à partir de « ses yeux *plongeaient* dans l'obscurité *en avant* », la fuite de Gwynplaine devient navigation, retour à la Green-Box flottante.

276. *bras :* à la solitude dans la chambre des lords va succéder, pire, la solitude face à la maison salvatrice, en une scène où Gwynplaine revit son arrivée chez Ursus

277. *sépulcre.* nouvelle métamorphose mythique de Gwynplaine, devant la porte close, la maison *morte*, figures, actants d'un destin barré, et d'une tombe — rejet total du misérable par les misérables.

278. *Effroc-stone :* traversée d'un labyrinthe moral *(rues tortueuses; zigzags de ce réseau de ruelles où il n'y avait que des murs ou des haies),* dont l'issue offre la tentation, sinistre, du suicide dans le fleuve.

279. *lui :* c'est au fond d'un puits intérieur — la vanité — que Gwynplaine songe, prisonnier. De nouveau, le style haletant des phrases-paragraphes mène à l'horreur exclamative :

Les ténèbres.
Personne.
Tout disparu.
Ces ténèbres, il les comparait au songe qu'il avait fait.
Quel écroulement !

280. *évanoui :* ici encore, avant le personnage humain, l'édifice, dont la disparition enlève toute signification à l'univers (voir note 333).

281. *autre :* le motif de la porte s'exprime en termes de création poétique, d'écriture prophétique.

282. *mort :* c'est après les morts sociale et politique, le sens inexorable du mot, le seul vrai.

283. *accepté :* esquisse d'une réponse — désespérée — aux questions, si souvent posées, sur les Fatalités. Insistance à la fin du paragraphe suivant : « Il avait dit oui », qui engagerait la responsabilité de l'homme dans son écroulement, puis encore « Arrière-goût amer du consentement ». D'où la conclusion, sombre, logique : « — Soit, dit-il », à la fin du chapitre (voir note 307). Autant de consentements sinistres, ultimes « tentations de saint Gwynplaine ».

284. *perle :* l'orgueil satanique avait fait de Gwynplaine le plongeur ramenant « cette perle, la vérité », selon ses propres termes, devant les lords. Mais d'un égoïsme à l'autre (lâcher la perle Dea pour apporter la vérité aux lords/garder la perle Dea et renoncer à son rôle, fatal, d'avocat des misérables), comment trouver l'issue d'une quête plus tragique d'être purement morale ?

285. *labyrinthe :* c'est toujours à un mur que se heurte la succession des questions métaphysiques. Le labyrinthe inextricable, intérieur, emprisonne celui qui a vaincu tant de dédales extérieurs.

286. *passif :* jeu de mots qui introduit une méditation fondamentale sur la Fatalité pesant sur tout prophète — sur le poète.

287. *lui :* porte-parole de Dieu, le poète, on le sait, se révolte parfois d'être voué au martyre. Cf. *Les Contemplations*, IV, 3 : « Trois ans après », poème émouvant par sa simplicité, où le prophète, plutôt que de guider les peuples, eût préféré

> *Suivre, heureux un étroit chemin,*
> *Et n'être qu'un homme qui passe*
> *Tenant son enfant par la main !*

288. *parlerai :* discours intérieur, qui, sur le plan romanesque, se situe *avant* le discours aux lords et dit le consentement à remplir sa

fonction, voulue par Dieu et dont on sait, à ce moment de la lecture, l'aboutissement dramatique, renforcé par la structure même du récit.

289. *traduirai :* programme symbolique, auto-portrait du créateur romantique.

290. *Peuple :* orgueil et humilité inextricablement mêlés, le Satyre devient tout entier discours, mais discours sacré, Évangile, voix des misérables. Le *oui* du paragraphe suivant porte la marque de l'auteur et du narrateur, où l'opposition *muets/sourds* dit l'échec sur un ton sarcastique, qui ne condamne pas le héros, mais fait retentir l'enseignement d'Ursus-Hugo.

291. *rire :* le mythe de Lucifer-Satan en image inversée de la naissance de Vénus — quelle trouvaille !

292. *pleure :* retour à la fin du discours aux lords (voir note 269), « C'était fini. Il ne pouvait plus maîtriser ni sa face qui le trahissait, ni son auditoire qui l'insultait ». *Cariatide ; angoisse pétrifiée ; muré,* reprise en synthèse de tout le mythe de la misère, dans le ton du discours et avec les images du poème sur les mascarons. La construction même du roman, avec ses brisures chronologiques, ses reprises finit par concrétiser dans le texte les motifs du labyrinthe, de la destinée inexorable, de la pétrification désespérante.

293. *main :* révolté — *Apporte-Lumière* — *Satan* — *Lucifer* — *sinistre, un flambeau à la main,* c'est dans l'union des contraires, mythe grec et Bible réunis, l'avatar ultime du *soleil noir,* au sens prophétique et optimiste. Écrasé, l'individu Gwynplaine installe dans l'Olympe tyrannique une lueur qui éclatera bientôt.

294. *espérance :* encore un renversement des valeurs dans ce paradis des lords déséquilibré, avec ce vers que Dante a inscrit sur les portes de l'enfer.

295. *rentré :* c'est le Rousseau mythique qui explique ici l'échec de Prométhée, Titan aux dimensions de la Nature primitive et bonne, rapetissé, affaibli parce qu'il est retombé dans cette société bornée dont la Providence l'avait exilé.

296. *venue :* après les trois perversions sociales (gibet ; mort d'une femme ; agonie d'un enfant), trois perversions des institutions qui sont à la base de la société : mariage prostitué ; haine familiale ; conflit de caste. Du social au métaphysique : du patricien au *Job inversé,* c'est la dynamique même de l'idéologie hugolienne.

297. *embûches :* entamé sur un ton lyrique de poème funèbre, nouveau parcours à travers la vie de Gwynplaine, en une alternance de chutes et d'ascensions, qui se résoudront dans l'éclatement de la lumière véritable.

298. *flamme :* au fond du gouffre (fascination du faux) retentit la voix de l'auteur, reprenant l'affirmation du Satyre : « car ce n'est pas la chair, qui est le réel, c'est l'âme. La chair est cendre, l'âme est flamme ». Décisive métamorphose, opérée par le lexique : à l'abîmeâme se substitue l'âme-flamme. Parce que rien, chez Hugo, n'est jamais simpliste, la narration tragique reprend, pour l'assombrir encore, cette

peinture de la destinée. L'apparente ascension continue, creusement infernal, jusqu'à l'appel — mis dans la bouche de quelle volonté supérieure? — «Gwynplaine avait perdu. Il n'avait plus qu'à payer. Paie, misérable!» Il n'empêche que cette voix — «l'âme est flamme» — s'est élevée au cœur de la condamnation pour y laisser des traces.

299. *debout :* Prométhée foudroyé, nous retrouvons le Gwynplaine du début de chapitre (voir note 279), *pierre debout,* c'est-à-dire Cariatide du Pont-Neuf, mais délivré de sa gangue, sorti du mur de la nuit, à un nouveau carrefour.

300. *pensif :* commentaire théorique applicable à tous les niveaux de l'œuvre : «L'enfer, le serpent et la rêverie s'enroulent sur eux-mêmes», et réaffirmation des dangers mortels courus par le contemplateur de soi, avec ce *pensif* final, que nous sommes désormais en mesure de bien lire : *passif* (voir note 286).

301. *là :* le visionnaire rousseauiste va *relire* la destinée puis sa vie, sur le schéma *société/nature.* Rejeté par l'une, abandonné par l'autre (la Green-Box et ses habitants), il va s'enfoncer encore davantage dans son gouffre intérieur.

302. *Hymen :* splendide image, familière aux lecteurs des *Contemplations,* et qui situe bien les deux héros dans le monde de la nature idéale avant de les projeter dans le sidéral, modèle de celle-ci; près de mourir, Dea reprendra cette image du nid.

303. *amour :* Dea : *son épouse ; sa clarté ; une chevelure de rayons ; son astre ; l'étoile ; sa lumière,* autant de termes qui triomphent de la trompeuse clarté de Josiane, *funèbre,* avant d'éteindre le soleil même : «il n'était que le soleil, et Dea était l'amour». La signification de l'univers est révélée par la seule Dea, éparpillée à travers ces lignes, véritable corps poétique, hymne à l'Étoile.

304. *s'envoler :* tiraillement métaphysique qui fait du vagabondage un véritable mythe, en cette seule phrase.

305. *pas :* trois nuits éveillées, qui ne peuvent que conduire à une nouvelle rupture dans la destinée.

306. *sinistre :* la Tamise, transformée en fleuve mortel de l'oubli, sombre miroir du désespoir intérieur; on notera que la tentation du suicide n'est pas décision lucide, mais *offre de l'ombre* à un être humain aveuglé par le besoin charnel de sommeil.

307. *dit-il :* prisonnier d'une araignée-fatalité, suggérée ici par son instrument : «sa tête s'abaissa lentement comme tirée par le fil invisible du gouffre», Gwynplaine *consent,* somnambule tragique. Si Homo apparaît soudain, c'est bien comme être de la Nature, fauve salvateur, et dont le surnom sarcastique éclate comme une lumière de vérité. On n'oublie pas que les loups sont déclarés hors-la-loi en Angleterre — en France, dans toute société civilisée.

308. *nuit :* c'est le titre de la première partie du roman. Géniale architecture, dans son ambivalence : les deux éléments, meurtriers, auxquels avaient échappé Gwynplaine et Dea, justiciers à l'égard des

comprachicos, ferment la narration, et s'ouvrent comme des symboles de la renaissance dans un *ailleurs* cosmique, où échapper aux hommes et à leurs tempêtes *pires*. Synonymes, ils vont fusionner dans cette conclusion, formes mouvantes de la matière maternelle.

309. *lumière :* après la désespérante hypothèse d'une *volonté sombre des choses*, la révélation contraire « d'on ne sait quelle clémence mystérieuse qui est peut-être dans le destin ». Un schéma proche de celui de Nerval : « la vie disant me voilà ! au plus noir de la tombe » ; enfin — splendide image de la fin du paragraphe — « le loup dans de la lumière », où Homo, par conséquent, préfigure l'étoile Dea !

310. *lucide :* renversement décisif sur l'action de la Providence : au plus bas de l'échelle des êtres, l'animal devient instrument de salut : « On ne sait pas toutes les figures que peut prendre Dieu. Quelle est cette bête ? La providence ». On comprend mieux, dès lors, pourquoi Ursus avait préféré le loup au chien : rien d'humain n'a contaminé la lucidité de l'animal sauvage.

311. *forme :* la panse hollandaise, qui contient la Green-Box, ramène, par sa forme même, à l'enfance, pour la scène suprême des retrouvailles entre Dea et Gwynplaine.

312. *apôtres :* autre analogie avec la Green-Box, c'est un navire-temple, qui, à la manière romantique, réconcilie l'imagination et la raison et offre l'image d'une Église idéale. On peut rappeler ici les commentaires de *William Shakespeare*, à propos de Paul : « Paul est au fond si antimonarchique que le roi Jacques Ier, très encouragé par l'orthodoxe université d'Oxford, fait brûler par la main du bourreau l'épître aux Romains. [...] Son humilité, appuyée sur le mystère, est hautaine. Pierre disait : « On peut détourner les paroles de Paul en de mauvais sens. [...] Sur l'ouverture que Paul avait faite au ciel, l'Église a écrit : Porte condamnée » (I, II, X).

313. *Rotterdam :* coque *noire* et lettres *blanches*, barque salvatrice, dans l'union des contraires.

314. *ruine :* le théâtre ambulant comme son maître Ursus sont arrivés au bout de leur rôle, vaincus sous le poids de la société : réalistes et symboliques, les fêlures du vitrage, les pointes du brancard, comme « deux bras levés au ciel »...

315. *observe :* mouvement général, religieux retour, avec cette forme « Qui sort... on ».

316. *Ursus :* après la description de la maison roulante, ce sont des voix qui vont donner à Gwynplaine (et au lecteur) une dernière représentation, au royaume des ombres.

317. *bois :* Ursus, à son tour, a renoncé aux vanités sociales et aspire à la nature.

318. *profondeurs :* après la *voix-sombre* d'Ursus, la voix de Dea, confirmant son essence supra-naturelle : *ineffable, qui paraissait venir à la fois des hauteurs et des profondeurs, divinement sinistre*, elle s'élève pour chanter le bonheur perdu et prédire l'avenir.

319. *absence :* première formule d'un hymne à l'amour, qui prendra, dans la suite, la forme de *Chaos vaincu.*

320. *ici-bas :* titre lié au suivant, « Non. Là-haut ». Double image de Dea, femme et astre, et, à chaque fois, en opposition avec la double image de Josiane. Gwynplaine est, en effet, dans une position d'observateur analogue à celle du château, dans la chambre de la duchesse. Dès le premier paragraphe, la description de Dea rappelle, pour l'effacer, l'apparition de la femme nue sous une chemise qui la recouvre entièrement, « comme celle d'un ange », mais si fine qu'elle paraît mouillée, translucide : « longue robe, soigneusement fermée, blanche, qui ne laissait voir que la naissance des épaules [...] Les manches cachaient ses bras, les plis couvraient ses pieds ».

321. *nuit :* « du feu, et de la nuit » : expression reprise plus loin avec « flamme » et « ombre », pour confirmer (la virgule sépare, superpose les deux termes, qui ne sont donc pas présentés en antithèse !) que Dea est à la fois pleine de vie, flamme divine qui ne s'éteindra pas et marquée, sur le plan terrestre, par l'ombre, la nuit de l'agonie.

322. *aurore :* comme la mort de Gwynplaine, celle de Dea sera présentée en termes euphémiques, dont cette fin de paragraphe donne un des meilleurs exemples : « On eût dit une sortie de sépulcre et une âme debout dans une aurore ». Cette formule annonce l'aspect provisoire du titre, paradis terrestre, qui pourrait passer pour la conclusion du roman. On y retrouve d'étonnante manière l'image du loup dans de la lumière, qui annonçait donc la transfiguration de tous les êtres de la nature et le triomphe de la lumière. Enfin, on passe de *feu ; nuit* à *sépulcre ; aurore,* qui répète que l'ombre envahissante de l'agonie n'est qu'une éclipse.

323. *vaincu :* « peu à peu ce murmure devint mélodie », la divinité de *Chaos vaincu* reprend, dans la fièvre, son rôle, mais en une situation qu'elle croit *inversée :* « Je suis en bas, et il est en haut ». C'est l'âme abandonnée dans la nuit de l'absence qui appelle le monstre devenu ange.

324. *regardait :* yeux pleins *de ténèbres et de rayons* s'ajoute à la transfiguration précédente : « une clarté d'astre apparut sur sa figure pâle » ; les yeux de l'aveugle sont, sur le plan humain, blancs ; ici, ils réverbèrent l'atmosphère surnaturelle, rencontre du fini et de l'infini, du visible et de l'invisible.

325. *remonte :* le ciel, la terre et l'enfer sont convoqués sur ce plateau de théâtre flottant, pour accomplir par tous les mouvements dialectiques possibles la réunion des deux enfants d'Ursus. Rien de plus émouvant que le choc, dans le discours de Gwynplaine, entre le symbolique « moi dont tu es l'enfant, l'épouse, l'étoile, le souffle ! moi dont tu es l'éternité ! [...] Je sors de l'enfer et je remonte au ciel ! » et le réalisme quotidien « Nous allons en Hollande, nous nous marierons, je ne suis pas embarrassé pour gagner ma vie ».

326. *ris :* « Ursus, stupéfait, épanoui, riant, inondé de larmes », état psychologique *impossible,* analogue au « pétrifié et bouleversé ; ce qui s'exclut, mais ce qui existe » (note 202). Le misanthrope n'adresse plus

ses sarcasmes qu'à lui : « absurde idiot. Vieille brute, va ! » et, se livrant à toutes ses émotions, il retrouve l'expression — renversée et donc métamorphosée — de Gwynplaine cariatide : « Je pleure et je ris ».

327. *doux :* comme un effet de théâtre — profondément justifié par la situation romanesque — la barque s'enfonce dans une ombre maternelle, faite d'eau et de nuit, comme le titre de la conclusion l'a suggéré. Alors peut s'élever le *dialogue éperdu,* pures voix de l'amour, chair et âme confondues, et que l'observateur-poète *masque* par une suite de banalités : « Comment vous peindre, ô joie ? »

328. *Medway :* associée au *dialogue éperdu* qu'on vient de lire, l'expression « On avait dépassé Chatham » résonne bien sur le plan symbolique, indiqué au début de la deuxième partie : « Chatham se prononce je t'aime », en même temps qu'apparaissait la barque Vograat... (voir note 2).

329. *là-haut :* correction du titre, en dramatique opposition, aussi, avec la fin du chapitre précédent : *cette jonction inespérée,* brutalement mise en cause par ce *Non.*

330. *rendue :* reprise de l'hymne à l'amour que Dea avait commencé par la phrase « La nuit, c'est l'absence » et qui s'adresse maintenant à Gwynplaine retrouvé, enchaînant sur le même thème.

331. *ressuscitée :* c'est en dehors du monde humain que doit se situer l'union des deux jeunes gens ; par l'entremise de Gwynplaine, monté de l'enfer politique et descendu des cieux où il avait fui, c'est l'infini qui vient *frapper* Dea.

332. *abîme :* l'ultime révolte de Gwynplaine devant l'énigme de Dieu et de la Providence reprend, dans le même lexique, les angoissantes questions semées à travers le roman. Ce mouvement de révolte, provisoire, prépare la déclaration fondamentale, déjà esquissée plus haut, et qui mènera au *consentement* final : c'est l'amour qui seul compte, c'est *Ensemble* qui crée et contient l'univers.

333. *sens :* « Tu ne t'imagines pas que je viens de traverser toute la vie en quelques heures. J'ai reconnu une chose, c'est qu'il n'y avait rien du tout. Toi, tu existes. Si tu n'y es pas, l'univers n'a plus de sens ». Il faut relire avec soin cette déclaration de Gwynplaine à Dea, résumé fulgurant de la dernière étape de sa quête. L'avocat des misérables avait révélé aux lords l'existence du genre humain. Ici, l'individu Gwynplaine efface ou, en tout cas, relativise singulièrement la portée de son activité. Approuvant la formule qu'il a entendue en arrivant sur la barque (« La nuit, c'est l'absence »), Gwynplaine subordonne l'existence de la société et de l'univers à celle des destins individuels, accomplis dans l'amour. Ainsi, dans *Les Misérables,* Hugo disait-il : « Qu'est-ce que les convulsions d'une ville auprès des émeutes de l'âme ? L'homme est une profondeur plus grande encore que le peuple ». C'est dans la mesure où l'affirmation de l'amour comme seule réalité est reconnue comme l'étape décisive de l'initiation qu'on verra l'ensemble du roman s'illuminer d'optimisme prophétique, au-delà de la narration proprement dite — mort de Dea et *disparition* de Gwynplaine, solitude

d'Ursus et Homo. L'individu finira par vaincre la tyrannie sociale, comme le Réel efface la Chimère. C'est enfin le lieu de rappeler que Nerval, dans le début d'*Aurélia,* transcrit un rêve d'inspiration voisine : devant la fuite de la femme-guide, le narrateur s'écrie : « Oh ! ne fuis pas !... car la nature meurt avec toi ! », tandis que — c'est la conclusion du rêve — « Des voix disaient : « L'Univers est dans la nuit ! » (I, VI).

334. *ciel :* l'audacieuse clarté du propos de Dea confirme notre interprétation : le paradis est n'importe où où se trouve le couple. L'impossibilité de *respirer* — physique et morale — dans la société des hommes n'aboutit pas à une fuite vers le paradis chrétien.

335. *vois : l'ineffable sourire* de Dea, sa voix *vivante* et *l'éclair* qui vient à ses yeux associent les images visuelles et auditives, pour peindre une renaissance à la *vraie vie.* En même temps, l'*ineffable,* le mystère demeurent, transcrits, au début et à la fin du chapitre, avec un *choc* (à chaque fois signalé par Ursus) : « tu m'as ressuscitée » / « — Hélas, dit Ursus, tu l'as tuée » ; « — Lumière ! cria-t-elle. Je vois [...] — Morte ! dit Ursus ». On voit donc, dans cet ultime épisode, que le romancier-poète n'impose pas une thèse péremptoire, mais, par les yeux et les paroles d'Ursus, nous fait *constater.* On ne saurait négliger, dès lors, la *mise en scène* qui suit : Ursus, « comme s'écroulant sous le désespoir », s'évanouit et ne revient à lui que pour apercevoir « Homo qui hurlait dans l'ombre en regardant la mer », image complémentaire du début (note 309). Seule, la part visionnaire du narrateur, figurée par le fauve, « somnambule lucide », assiste à la disparition du héros.

336. *invisible :* comme Jean Valjean assisté par l'évêque ; dans les deux cas, avec les précautions oratoires du narrateur *(sembler voir ; probable ; on eût dit que...).*

337. *avoir :* il faut lire ces lignes *à la lettre,* le choix du lexique nous y invite, dans sa banalité répétitive, pour en saisir la démarche symbolique, essentielle : comme une clarté avait passé sur le visage et les yeux de Dea, une lumière vient métamorphoser Gwynplaine ; *avait-avoir* sont donc à prendre au sens fort : c'est un échange, non une banale comparaison : « la réverbération d'une âme » le confirme.

338. *Oui :* consentement, réponse à l'appel lumineux.

339. *souriait :* sourire de l'initié (voir l'article cité de Léon Cellier), signe de la métamorphose définitive du monstre. Ce n'est plus le sourire obtenu par l'effort, surhumain et toujours passager, dont était capable Gwynplaine — la Chambre des lords l'a vu — mais bien le don de celle qui le précède.

340. *une :* complémentaire du dialogue d'amour que le narrateur avait situé tout à l'heure dans l'effacement de la réalité, c'est une ultime scène *intérieure* qui se déroule ; à cet égard, l'*évanouissement* d'Ursus complète la signification de ce paragraphe. On relira dans un esprit analogue les dernières lignes des *Misérables :* « La nuit était sans étoiles et profondément obscure. Sans doute, dans l'ombre, quelque ange immense était debout, les ailes déployées, attendant l'âme ».

341. *profonde :* unité complexe des éléments, où les épithètes s'en-

trecroisent, interchangeables, tandis que le verbe *il s'engloutit* mène, à travers *navire-fleuve-océan*, à une vision finale qui conjoint la dualité du titre, *La Mer et la nuit* en un seul déferlement du flot — de l'ombre.

342. *mer :* le cercle — de la conclusion et du roman — se ferme sur ce mot; le récit commençait par «Ursus et Homo...», il s'achève avec ces deux surnoms, encadrant le fantomatique Gwynplaine. En même temps, «hurlait dans l'ombre en regardant la mer» ouvre sur l'infini des énigmes, passage et disparition de deux astres, univers hiérarchisé qui d'*Ursus* va à *Mer,* en passant par *Homo.* C'est l'habitation symbolique qui a donné d'abord l'orientation de ce dernier voyage : «le navire entra dans l'océan».

ANNEXE 1

Notes préparatoires; projets de préface.

DÉDICACE

Il n'y a de lecteur que le lecteur pensif.
C'est à lui que je dédie mes œuvres.
Qui que tu sois, si tu es pensif en lisant, c'est à toi que je dédie mes œuvres.

PRÉFACE (possible) DE GWYNPLAINE

J'ai senti le besoin d'affirmer l'âme.
V. H.

On a voulu voir dans *Anankè* toute une profession de foi, et l'on a déclaré que l'auteur de *Notre-Dame de Paris,* des *Misérables* et des *Travailleurs de la mer* était fataliste. Il est le contraire. Il pense, quant à lui, que la série de ses œuvres est une série d'affirmations de l'Ame. A cette série il ajoute aujourd'hui ce livre.
Contre la Fatalité l'homme a deux armes: la

conscience et la liberté ; la conscience qui lui indique le devoir, la liberté qui lui signale le droit.

L'idée des trois précédentes œuvres communes était *Anankè*, l'idée qui se dégagera de ces trois nouveaux livres sera :

> *Espérance.*
> *Liberté.*
> *Progrès.*

Il y a deux sortes de drame : le drame qu'on peut jouer et le drame qu'on ne peut pas jouer. Ce dernier participe de l'épopée. Aux personnages humains il mêle, comme la nature elle-même, d'autres personnages, les forces, les éléments, l'infini, l'inconnu.

Celui qui écrit ces lignes a fait de ces deux sortes de drame. Les drames du premier genre sont : *Hernani, Ruy Blas, Les Burgraves,* etc. Les drames du second genre sont : *Le Dernier Jour d'un condamné, Claude Gueux, N.-D. de P., Les Misérables, Les Travailleurs de la mer,* et ce livre, *L'Homme qui Rit.* On a interdit le théâtre aux premiers. On ne peut l'interdire aux seconds.

A ce drame-là, on ne ferme point le théâtre. Il échappe aux censures et aux polices.

Étant plus grand, il est plus libre.

Il peut affirmer l'âme humaine plus puissamment encore que le drame circonscrit dans la lutte brève des hommes. A la lutte des hommes, il ajoute la lutte des choses.

1868, après l'interdiction de *Ruy Blas*.

Le but de l'art, c'est l'affirmation de l'âme humaine.

La science peut être matérialiste, c'est son affaire L'art ne le sera jamais.

A chacun sa sphère. A la science, la substance ; à l'art, l'essence.

Esse. Toute l'âme est là

L'âme est. Le reste existe.

Dieu et l'âme sont un fait identique, on peut même dire concentrique.

Le scalpel fouille à sa manière, le rayon fouille à sa manière; ne leur demandez pas de trouver la même chose. Le rayon trouve l'âme. *Lux vocat lucem.*

Chose qui semble contradictoire et qui est évidente, tous les deux ont raison. Le matérialiste ne dit pas qu'il n'y a que la matière et le spiritualiste ne dit pas qu'il n'y a que l'esprit. Chacun affirme ce qu'il voit. Qu'en savent-ils?

Dans les époques sceptiques, affirmer l'âme c'est affirmer la conscience, la volonté et la liberté; la conscience qui est notre prunelle, la volonté qui est notre bras, la liberté qui est notre aile.

Dans l'intention de l'auteur, ce livre est un drame. Le Drame de l'Ame. D'une part ce monstre, la matière, la chair, la fange, l'écume, le dénuement, la faim, la soif, l'opulence, la puissance, la force, l'infirmité, la mutilation, l'esclavage, l'affront, la chaîne, le supplice, la souffrance, la jouissance, la pesanteur, la gravitation, l'évolution sociale et humaine : de l'autre ce lutteur, l'Esprit.

Ce livre est aussi une histoire. Le poète dramatique sans l'historien et sans le philosophe n'existe pas

Ce livre, envisagé à un certain point de vue, beaucoup plus restreint il est vrai que le premier ci-dessus, pourrait être intitulé : *l'Angleterre après sa révolution et avant la nôtre.*

Le monstre fait, par caprice royal et de main humaine, est un fait, le plus effrayant peut-être de ceux qui caractérisent le vieux monde. L'histoire l'effleure et l'indique à peine. Il nous a paru utile de mettre ce côté du passé en pleine lumière avant de donner au public le livre qui suivra celui-ci : *Quatrevingt-treize.*

La monarchie à outrance a produit la révolution.

Un grand procès se plaide : le procès de l'avenir contre le passé. Le présent est rapporteur et l'humanité est témoin.

L'histoire amasse lentement le dossier de tout ce vieux crime qu'on appelle la monarchie. De ce crime l'aristocratie a été tantôt juge, tantôt complice. Complice, elle doit être condamnée. Juge, elle doit être appréciée.

Déclaration d'amour à l'Angleterre.

Mais la vérité veut être dite.

Un fait terrible du bon plaisir royal a été longtemps laissé dans l'ombre. Un fait de mutilation qui commence chez le pape et ne finit pas chez le sultan. L'auteur a éclairé ce fait. Il est nécessaire que tout ce qui, soit en France, soit en Angleterre, a amené 93, soit approfondi.

Ce devoir, l'auteur a voulu le remplir.

La révolution française est, à beaucoup d'égards, la révolution anglaise. 1789 a travaillé en Angleterre presque autant qu'en France.

Des sociétés vieillies résulte un certain état difforme. Tout finit par y être monstre, le gouvernement, la civilisation, la richesse, la misère, la loi. Le roi est un cas tératologique, le seigneur est une excroissance. Le prêtre est un parasite; tous les dogmes, royauté, code, bible, s'exfolient en chimères. Les fantaisies de la toute-puissance vont jusqu'à créer des monstres matériels, victimes des monstres moraux. Les sexes prennent les vices les uns des autres. L'homme s'efféminise, la femme « s'humanise ». L'un perd la honte, l'autre la pudeur. Les mœurs profondes reflètent tout cela, qui est sur leur rive. De plus en plus les jouissances s'épanouissent, les souffrances se creusent, les indifférences deviennent féroces. On se hait. Chacun prépare sa tempête. La matière opprime. L'âme se débat. De là le chaos.

Sur le chaos plane l'esprit.

Cet état informe et difforme, que le monstre résume, tous les peuples le présentent à un moment donné. Chez deux peuples surtout il est caractéristique; en Angleterre après 1688, révolution fausse; en France avant 1789, révolution vraie. 93 conclut.

17 juillet 1868.

Notre civilisation, celle du moins dont nous sommes le produit immédiat, comporte-t-elle, sous d'autres formes, les grandes lignes fatales et criminelles de l'âge homérique et biblique? Peut-elle avoir, elle aussi, ses Ixion et ses Sisyphe, ses roues qui tournent toujours et ses rochers qui retombent sans cesse?

Avons-nous dans nos siècles modernes, au double point de vue de l'histoire et de l'art, l'équivalent de l'antique foudroyé? Peut-on ajouter l'enregistrement d'une grande misère de plus à ce lugubre dossier du passé, dont la démocratie instruit si utilement aujourd'hui le procès?

Par exemple, du vieux « droit royal de mutilation », de ce crime, le plus odieux de tous ceux que la royauté a commis sur l'homme, qui s'est accompli partout en Europe sur une si large échelle, avant la révolution française, tantôt publiquement, par les vindictes légales et pénales, tantôt d'une façon inavouée et occulte, pour les besoins de la politique et la satisfaction des maîtres, de cet attentat qualifié droit, a-t-il pu sortir quelque chose comme un Prométhée ou un Job, se dressant à un moment donné, et jetant, non plus au dieu, mais au roi, sa protestation tragique? L'auteur l'a pensé. De là ce livre, qui est, comme tous ses autres romans, un essai de drame hors des proportions ordinaires.

Il n'y a de lecteur que le lecteur pensif. Toute œuvre digne de lui être offerte a, comme la vie et comme la création, plusieurs aspects et ouvre plusieurs perspectives sans pour cela cesser d'être une.

L'unité se compose d'infini.

Ce roman, cette histoire, ce drame, *L'Homme qui Rit,*

s'il était ce que l'auteur l'a voulu faire, et s'il valait la peine d'être étudié, présenterait, à ceux qui aiment à méditer sur l'horizon mystérieux d'un livre, plus d'un point de vue.
[Source : *Œuvres complètes*, t. XIV, CFL, p. 387 et sq.]

ANNEXE 2

Extraits de lettres sur *L'Homme qui Rit*

A Lacroix, 6 octobre 1868 :

Le livre *Par ordre du Roi* est à la fois drame et histoire. On verra là une Angleterre inattendue. L'époque est ce moment extraordinaire qui va de 1688 à 1705. C'est la préparation de notre dix-huitième siècle français. C'est le temps de la reine Anne, dont on parle tant et qu'on connaît si peu. Je crois qu'il y aura dans ce livre des révélations, même pour l'Angleterre. Macaulay n'est, après tout, qu'un historien de surface. J'ai tâché de fouiller plus au fond.

A P. Meurice, 15 novembre 1868 :

Je suis absolument de votre avis [...] *L'Homme qui Rit* vaut beaucoup mieux. En choisissant d'abord *Par ordre du Roi,* je voulais accentuer tout de suite la portée démocratique du livre. Cet effet est, je crois, maintenant produit, et je puis sans inconvénient [...] donner au livre le titre : *L'Homme qui Rit,* et à la deuxième partie le titre : *Par ordre du Roi.*

A Lacroix, première quinzaine de décembre 1868 :

Le roman historique est un très bon genre, puisque

Walter Scott en a fait; et le drame historique peut être une très belle œuvre, puisque Dumas s'y est illustré; mais je n'ai jamais fait de drame historique ni de roman historique. Quand je peins l'histoire, jamais je ne fais faire aux personnages historiques que ce qu'il ont fait, ou pu faire, leur caractère étant donné, et je les mêle le moins possible à l'invention proprement dite. Ma manière est de peindre des choses vraies par des personnages d'invention.

Tous mes drames, et tous mes romans qui sont des drames, résultent de cette façon de voir, bonne ou mauvaise, mais propre à mon esprit.

Par ordre du Roi sera donc l'Angleterre vraie, peinte par des personnages inventés. Les figures historiques, Anne, par exemple, n'y seront vues que de profil. L'intérêt ne sera, comme dans *Ruy Blas*, *Les Misérables*, etc., que sur des personnages résultant du milieu historique ou aristocratique d'alors, mais créés par l'auteur.

A Vacquerie, 31 décembre 1868:

Le sujet de mon livre, c'est l'*Aristocratie*. Puis je ferai la *Monarchie* (Louis XV, XVIIIe siècle), puis sortira de ces deux évidences *Quatrevingt-treize*. Je crois que je ferai la vraie *Révolution*, et je vous le dis à vous qui allez faire le vrai *Faust*.

A Vacquerie, 7 janvier 1869:

Oh! je sais bien que je ne vieillis pas et que je grandis au contraire, et c'est à cela que je sens l'approche de la mort. Quelle preuve de l'âme! mon corps décline, ma pensée croît; sous ma vieillesse il y a une éclosion. Je me sens monter dans l'aurore inconnue. Je suis adolescent pour l'infini, et j'ai déjà l'âme dans cette jeunesse, le tombeau. Qu'ils sont aveugles, ceux qui disent que l'esprit est la résultante de la chair! Ma chair s'en va, mon esprit augmente. — Pardon de cette métaphysique. Aimez-moi.

A Lacroix, 10 janvier 1869 :

1. Personnellement, je préférerais la publication des quatre volumes ensemble, par la raison que je viens de dire [Mon livre publié, et tout entier sous les yeux de tous, se défend tout seul et je suis tranquille]. Le tome deux, qui ouvre la seconde partie *Par ordre du Roi*, étant tout en préparation (histoire, mœurs, peinture de caractères et mise en scène des personnages) gagnerait à être publié entre le drame très intense *la mer et la nuit*, et le drame non moins intense qui remplit sans interruption les deux derniers volumes. Dans ma pensée je dédie le tome II à *l'élite*, et les tomes I, III et IV à *Tout le Monde*. Dans *Tout le Monde*, il y a l'élite ; aussi c'est surtout pour *Tout le Monde* que je travaille ; comme vous voyez, dans la proportion de 3 à 1. [...] Le tome IV, utile et nécessaire à la grandeur de l'ensemble, est un de ceux que je préfère ; mais il est plutôt mœurs et histoire et étude du cœur humain que drame.

A Vacquerie, 27 janvier 1869 :

Du drame dans les faits, ce livre passe au drame dans les idées. Tout le tome II y est consacré : histoire, philosophie, cœur humain. Puis le drame proprement dit reprend violemment au tome III jusqu'à la fin. L'ensemble, je crois, satisfera votre grand esprit. Je pense, en effet, n'avoir rien fait de mieux que *L'Homme qui Rit*.

C'est une trilogie qui commence :

1. *l'Aristocratie (l'Homme qui Rit)* ;
2. *la monarchie* ;
3. *Quatrevingt-treize*.

Et j'aurai *fait la preuve* de la Révolution. Ce sera le pendant des *Misérables*.

A Paul Meurice, 31 janvier 1869 :

Vous lirez en tête du tome II quelques pages à double tranchant, une lame pour autrefois, une lame pour aujourd'hui, intitulées *Lord Clancharlie*, qui, je crois, avaient fini par devenir nécessaires. Vous en jugerez. J'aime ce tome II, il a moins de drame que le tome Ier, mais les figures que j'y ai mises sont une de mes couvées, je crois, les meilleures.

A Paul Meurice, 4 mars 1869 :

Je suis content de ce livre, attendu que vous en êtes content. Du reste, vous le savez, je me mets toujours tout entier dans ce que je fais. Et j'y mets aussi mon horizon, qui jadis était Paris, et qui maintenant est l'Océan.

Au directeur du *Daily Telegraph,* le 26 avril 1869 :
Hauteville-House, 26 avril 1869.

Je m'empresse, Monsieur, de répondre à votre lettre. Vous voulez bien attribuer à la publication de *L'Homme qui Rit* une importance qui vous fait souhaiter quelques lignes de moi, spécialement pour l'Angleterre. J'ai peu de choses à ajouter à la préface de *L'Homme qui Rit.* Ce n'est pas un livre anglais ; c'est un livre humain. Il est anglais cependant en ce sens qu'un certain côté, presque inconnu, de l'histoire d'Angleterre y est mis à nu et exposé en pleine lumière, ce qui semblera à l'Angleterre brusque peut-être, mais, à coup sûr, instructif. Le reste des mœurs espagnoles et papistes, personnifiées dans la duchesse Josiane, étonnera certainement la modestie anglaise actuelle, mais c'est au stuartisme et au catholicisme qu'il faut s'en prendre. Je ne suis, moi, qu'historien et philosophe ; je ne sais pas l'anglais ; pourtant, en m'en référant au jugement unanime, je désire que la traduction publiée ressemble à la traduction de mon livre *William Shakespeare,* qui est excellente, et non à la traduction des *Misérables,* qui est détestable et à refaire.

L'Homme qui Rit, je le répète, est surtout un livre humain. L'ancienne aristocratie anglaise y est peinte avec impartialité, et l'historien de *L'Homme qui Rit* a tenu compte de tout ce qu'il y a eu de vraie grandeur dans la domination souvent patriotique des lords. Le ROMAN, tel que je le comprends, tel que je tâche de le faire, est d'un côté DRAME et de l'autre HISTOIRE. Ce que l'Angleterre verra dans ce livre, *L'Homme qui Rit,* c'est ma profonde sympathie pour son progrès et pour sa liberté. Les vieilles jalousies de races n'existent pas pour moi; je suis de toutes les races. Étant homme j'ai le monde pour cité, et je suis chez moi en Angleterre, de même qu'un Anglais est chez lui en France. Effaçons le mot hospitalité, tout charmant qu'il est, et remplaçons-le par le mot droit, «sévère, mais juste». J'aime l'Angleterre, et mon livre le lui prouve. Vous voulez que je le lui dise, c'est fait. Publiez ma lettre si vous le jugez à propos.

Recevez, Monsieur, la nouvelle assurance de ma cordialité.

Victor HUGO
[Source: CFL, t. XIV, 12.]

TABLE DES MATIÈRES DU SECOND TOME

PAR ORDRE DU ROI

LIVRE TROISIÈME

COMMENCEMENT DE LA FÊLURE

I. L'*inn* Tadcaster	7
II. Éloquence en plein vent	11
III. Où le passant reparaît	17
IV. Les contraires fraternisent dans la haine	23
V. Le *wapentake*	28
VI. La souris interrogée par les chats	32
VII. Quelles raisons peut avoir un quadruple pour venir s'encanailler parmi les gros sous	41
VIII. Symptôme d'empoisonnement	48
IX. *Abyssus abyssam vocat*	53

LIVRE QUATRIÈME

LA CAVE PÉNALE

I. La tentation de saint Gwynplaine	65
II. Du plaisant au sévère	73
III. *Lex, rex, fex*	81
IV. Ursus espionne la police	84
V. Mauvais lieu	89

VI.	Quelles magistratures il y avait sous les perruques d'autrefois	92
VII.	Frémissement	96
VIII.	Gémissement	98

LIVRE CINQUIÈME

LA MER ET LE SORT REMUENT SOUS LE MÊME SOUFFLE

I.	Solidité des choses fragiles	115
II.	Ce qui erre ne se trompe pas	125
III.	Aucun homme ne passerait brusquement de la Sibérie au Sénégal sans perdre connaissance. (Humboldt.)	137
IV.	Fascination	140
V.	On croit se souvenir, on oublie	147

LIVRE SIXIÈME

ASPECTS VARIÉS D'URSUS

I.	Ce que dit le misanthrope	157
II.	Ce qu'il fait	161
III.	Complications	174
IV.	*Mœnibus surdis campana muta*	178
V.	La raison d'État travaille en petit comme en grand	184

LIVRE SEPTIÈME

LA TITANE

I.	Réveil	197
II.	Ressemblance d'un palais avec un bois	200
III.	Ève	205
IV.	Satan	213
V.	On se reconnaît, mais on ne se connaît pas	225

LIVRE HUITIÈME

LE CAPITOLE ET SON VOISINAGE

I.	Dissection des choses majestueuses	231
II.	Impartialité	246
III.	La vieille salle	254
IV.	La vieille chambre	260
V.	Causeries altières	266
VI.	La haute et la basse	275
VII.	Les tempêtes d'hommes pires que les tempêtes d'océans	280
VIII.	Serait bon frère s'il n'était bon fils	298

LIVRE NEUVIÈME

EN RUINE

I.	C'est à travers l'excès de grandeur qu'on arrive à l'excès de misère	307
II.	Résidu	311

CONCLUSION

LA MER ET LA NUIT

I.	Chien de garde peut être ange gardien	330
II.	Barkilphedro a visé l'aigle et a atteint la colombe	335
III.	Le paradis retrouvé ici-bas	343
IV.	Non. Là-haut	350

Notes 357

Annexes

1. Notes préparatoires; projets de préface 398
2. Extraits de lettres sur *L'Homme qui Rit* 404

PUBLICATIONS NOUVELLES

ANSELME DE CANTORBERY
Proslogion (717).

ARISTOTE
De l'âme (711).

ASTURIAS
Une certaine mulâtresse (676).

BALZAC
Un début dans la vie (613). Le Colonel Chabert (734). La Recherche de l'absolu (755). Le Cousin Pons (779). La Rabouilleuse (821).

BARBEY D'AUREVILLY
Un prêtre marié (740).

BICHAT
Recherches physiologiques sur la vie et la mort (808).

CALDERON
La Vie est un songe (693).

CHRÉTIEN DE TROYES
Le Chevalier au lion (569). Lancelot ou le chevalier à la charrette (556).

CONDORCET
Cinq mémoires sur l'instruction publique (783).

CONFUCIUS
Entretiens (799).

COUDRETTE
Le Roman de Mélusine (671).

CREBILLON
La Nuit et le moment (736).

CUVIER
Recherches sur les ossements fossiles de quadrupèdes (631).

DA PONTE
Don Juan (939). Les Noces de Figaro (941). Cosi fan tutte (942).

DANTE
L'Enfer (725). Le Purgatoire (724). Le Paradis (726).

DARWIN
L'Origine des espèces (685).

DOSTOÏEVSKI
L'Eternel Mari (610). Notes d'un souterrain (683).

DUMAS
Les Bords du Rhin (592). La Reine Margot (798).

ESOPE
Fables (721).

FITZGERALD
Absolution. Premier mai. Retour à Babylone (695).

GENEVOIX
Rémi des Rauches (745).

GRADUS PHILOSOPHIQUE (773).

HAWTNORNE
Le Manteau de Lady Eléonore et autres contes (681).

HUME
Enquête sur les principes de la morale (654). Les Passions. Traité sur la nature humaine, livre II - Dissertation sur les passions (557). La Morale. Traité de la nature humaine, livre III (702). L'Entendement. Traité de la nature humaine, livre I et appendice (701).

IBSEN
Une maison de poupée (792). Peer Gynt (805).

JEAN DE LA CROIX
Poésies (719).

JOYCE
Gens de Dublin (709).

KAFKA
Dans la colonie pénitentiaire et autres nouvelles (564). Un Jeûneur (730).

KANT
Vers la paix perpétuelle. Que signifie s'orienter dans la pensée. Qu'est-ce que les Lumières ? (573). Anthropologie (665). Métaphysique des mœurs (715 et 716). Théorie et pratique (689).

KIPLING
Le Premier Livre de la jungle (747). Le Second Livre de la jungle (748).

LA FONTAINE
Fables (781).

LAMARCK
Philosophie zoologique (707).

LEIBNIZ
  Système de la nature et de la communication des substances (774).
LOCKE
  Lettre sur la tolérance et autres textes (686).
LOPE DE VEGA
  Fuente Ovejuna (698).
MALEBRANCHE
  Traité de morale (837).
MARIVAUX
  Les Acteurs de bonne foi. La Dispute. L'Epreuve (166). La Fausse Suivante. L'Ecole des mères. La Mère confidente (612).
MAUPASSANT
  Notre cœur (650). Boule de suif (584). Pierre et Jean (627). Bel-Ami (737). Une vie (738).
MUSSET
  Confession d'un enfant du siècle (769).
NERVAL
  Les Chimères — Les Filles du feu (782).
NIETZSCHE
  Le Livre du philosophe (660). Ecce homo – Nietzsche contre Wagner (572). L'Antéchrist (753).
PASTEUR
  Ecrits scientifiques et médicaux (825).
PIRANDELLO
  Ce soir on improvise — Chacun son idée — Six personnages en quête d'acteur (744). Feu Mattia Pascal (735).
PLATON
  Ménon (491). Phédon (489). Timée-Critias (618). Sophiste (687). Théétète (493). Parménide (688). Platon par lui-même (785).
PLAUTE
  Théâtre (600).
PREVOST
  Histoire d'une grecque moderne (612).
QUESNAY
  Physiocratie (655).
RABELAIS
  Gargantua (751). Pantagruel (752). Tiers Livre (767). Quart Livre (766).
RILKE
  Lettres à un jeune poète (787).

RICARDO
  Des principes de l'économie politique et de l'impôt (663).
ROUSSEAU
  Essai sur l'origine des langues et autres textes sur la musique (682).
SHAKESPEARE
  Henry V (658). La Tempête (668). Beaucoup de bruit pour rien (670). Roméo et Juliette (669). La Mégère apprivoisée (743). Macbeth (771). La Nuit des rois (756).
STEVENSON
  L'Ile au Trésor (593). Voyage avec un âne dans les Cévennes (601). Le Creux de la vague (679). Le Cas étrange du Dr Jekyll et M. Hyde (625).
STRINDBERG
  Tschandala (575). Au bord de la vaste mer (677).
TCHEKHOV
  La Steppe (714).
TÉRENCE
  Théâtre (609).
THOMAS D'AQUIN
  Contre Averroès (713).
TITE-LIVE
  La Seconde Guerre Punique I (746). La Seconde Guerre Punique II (940).
TOLSTOÏ
  Maître et serviteur (606).
TWAIN
  Huckleberry Finn (700).
VICO
  De l'antique sagesse de l'Italie (742).
VILLIERS DE L'ISLE-ADAM
  L'Eve future (704).
VILLON
  Poésies (741).
VOLTAIRE
  Candide, Zadig, Mécromégas (811).
WAGNER
  La Walkyrie (816). L'Or du Rhin (817). Le Crépuscule des dieux (823). Siegfried (824).
WHARTON
  Vieux New York (614). Fièvre romaine (818).
WILDE
  Salomé (649).

Vous trouverez chez votre libraire le catalogue complet des livres de poche
GF-Flammarion et Champs-Flammarion.

GF — TEXTE INTÉGRAL — GF

1/2850-XII-1996 — Bussière Camedan Imprimeries, St-Amand (Cher).
N° d'édition FG 038411. — Avril 1982. — Printed in France.